汪燮卿自傳

汪燮卿——著

有機化工專家，中國工程院院士，
曾任石油化工科學研究院總工程師、副院長、學位委員會主任、顧問等職，
現任中國石化集團公司科學技術委員會顧問。

目錄

引　子

生在浙西衢水邊，
幼逢國破負笈難。
挫折不墮鴻鵠志，
逆境持恆駑馬前。
明辨慎思勤作本，
篤行致遠念為先。
終身砥礪興石化，
科技功成績斐然。

——敬賀汪燮卿院士八十五華誕

這首七律是2018年我八十五週歲生日時，石油化工科學研究院的左佳齊同志所贈的賀壽詩。

我如今已經進入耄耋之年了，看到此詩不禁令我浮想聯翩，昔日的往事就像過電影一樣在腦子裡閃回，想發揮了我出生的衢江邊的那個小鎮，想發揮了日本鬼子的燒殺搶掠，想發揮了因日寇的入侵我不得不數次更換學校的求學經歷，想發揮了已經成為記憶的那一年年、一事事、一幕幕……

回首平生，風風雨雨一路走來，我不覺感慨萬千，一股懷舊的情愫油然而生……

第｜一｜章

家鄉與童年

我的祖籍是皖南最南邊的休寧，但生於斯長於斯的家鄉卻是浙江的龍游。

父親和茶圩鎮

1933 年陰曆正月二十一，我出生在浙江省龍游縣衢江邊的茶圩鎮，是家裡的第一個男孩。那年父親 38 歲，是鎮上合盛俊醬園的老闆。年近不惑才喜得貴子，父親自是喜出望外，特請鎮上的算命先生給我算了一卦。可能是因「汪」姓的偏旁是三點水，所以這個算命先生就故弄玄虛地說我命裡缺「火」，補救的方法是，取名時要選帶火字偏旁的字。於是，父親回家後翻閱字典，精心地從中挑選火字偏旁的字，最後選定了「燮」字。當時還沒有簡化字，「燮」的繁體字是「燮」，三個「火」正好對「汪」姓偏旁的三點「水」。父親又在「燮」字後面掛上一個古時對「人」敬稱的「卿」字。就這樣，父親雖一天學堂都沒有上過，卻給自己寄予厚望的大兒子發揮了一個斯斯文文的名字：汪燮卿。

我的父親叫汪高俊，出生於安徽古徽州「一府六縣之一」的休寧縣一個貧苦家庭，出生後 1 歲零 3 個月時我的祖父就去世了。父親是家裡的獨子，無兄弟姐妹。年輕守寡的祖母拉扯著這個幼子，日子過得極其艱難。父親長到五、六歲時，家裡日子窮得實在過不下去了。為了讓孩子能活下去，祖母忍痛將年幼的父親交給了一個同族的堂叔，由這個堂叔帶到浙江東部沿海的海寧縣去學徒，想以此尋找一條活路。就這樣，年僅 6 歲的父親隨堂叔背井離鄉，風餐露宿，歷盡種種磨難，徒步走了一個多星期才到了位於東海之濱錢塘江口的海寧，開始了他的學徒生涯。

幼年的父親在海寧僅過了 3 年，從老家休寧那邊過來的鄉親就帶來了祖母已經去世的消息。聽到噩耗後，當時年僅 9 歲的父親不僅無錢回家奔喪，而且因寄人籬下還不敢聲張，只能悄悄地撕了兩小塊白布縫在鞋上，然後趁夜深人靜之際，一個人默默地來到錢塘江邊，燒上幾張紙，流淚跪下身，朝著家鄉的方向，重重地磕了幾個頭，隔空祭拜母親的亡靈。從那時發揮，父親已經是一個無父無母無兄弟姐妹的小孤兒了。因家鄉已再無直系親人，了無牽掛的父親後來從未回過安徽的老家休寧。

在舊社會，當學徒是非常辛酸和艱苦的。我當然沒有見過父親怎麼樣當學徒，但小時候卻見過父親是怎麼樣帶學徒的，由此可以類推出，父親過去是怎麼熬出來的。學徒經過拜師後，清晨發揮來第一件事就是給老闆倒尿壺，把店門的門板卸下，掃地、擦桌椅、擦櫃臺，然後自己才能洗臉。匆匆吃完早餐就開始上櫃臺接待顧客，到晚上把店門的門板上好後，就開始練習珠算，先從背珠算口訣開始，然後是打算盤，一直要練到把算盤放在頭頂上用手打加減

父親汪高俊

乘除，要每分鐘打多少次準確無誤，練成這樣一手好功夫才算合格。學徒期間，稍不如老闆的意，挨打罰跪，那就更是家常便飯了。

但是，即便如此，父親在海寧依然沒有站住腳。因生計所迫，11 歲時他又隨那個堂叔沿著錢塘江水系溯流而上，向西南方向輾轉漂泊，經富春江、蘭江，最後在浙江西部衢江邊上的龍游縣茶圩鎮落了腳，繼續給人家當學徒做夥計。

艱難困苦，玉汝於成。自強不息的父親勤奮鑽研，透過刻苦自學，不僅學會了打算盤、記帳等，還認識了不少字，具備了一定的文化底子，閒時還喜歡讀一些古詩詞，唱幾句安徽黃梅戲。經過十幾年的不懈努力和頑強打拚，自幼學徒出身的父親不僅在茶圩鎮站住了腳，而且還在鎮上開了一家自己的醬坊，當上了老闆。為昭示自己是醬坊的主人，他挪用名字裡的「俊」字，給醬坊發揮名叫做「合盛俊醬園」，前店後廠，製作和銷售醬油、醬菜及酒、醋等。

龍游地處浙西金衢盆地，東毗金華，西接衢州，南鄰遂昌，北交建德，東北與蘭溪接壤，而茶圩鎮則位於靈山江和衢江的匯合處。自古以來，兩條黃金水道的匯合處，必然會形成商貿重鎮。南來的靈山江是龍游縣境內衢江的第一大支流，是一條典型的山溪性源流，上游中游的河道在峻嶺峽谷中蜿蜒曲折，兩岸群山發揮伏跌宕，溪流時隱時現，時而似玉帶飄拂、步態輕盈，時而似游龍狂舞、氣勢磅礴，流經之處多山林，植被繁茂，物產豐富，舊時尤以紙、竹和冬筍聞名。而下游流經的靈山畈、寺下畈等地，地域開闊，土層深厚，土壤肥沃，陽光充足，非常適宜種植水稻，為舊時的米糧之地，被譽為「龍南糧倉」，曾有「靈山畈的稻，看看不大好，割割挑不了，割稻客吃不消，半夜爬發揮逃」的說法。靈山江水在茶圩鎮處匯入衢江，又滾滾東去。

作為明清時期著名「龍游商幫」與境外通商的主要航道，舊時的靈山江上常常呈現出一派川流不息的繁忙景象：巨龍般的竹排、木排呼嘯而下；貨船載著南紙、茶葉和稻米隨清流蜿蜒而來。抵達驛前碼頭或茶圩碼頭後，集散中轉，運往各地。

茶圩與驛前(原名「官驛前」)，是繁盛於明清時期的商埠鬧市。茶圩位於衢江北岸，驛前處於衢江南岸，一江之隔，遙遙相望。宋宣和年間始創浮橋，其後屢經興廢。清光緒十四年(1888 年)七月初二，龍游知縣高英選擇距茶圩西邊 2 里地的虎頭山與南邊的平政路之間再架浮橋，並在眾多紳董的簇擁下舉行了駕船鋪板儀式。「驛前之對岸茶圩，乃北鄉入金華之蘭溪、嚴州之壽昌，各邑赴處州溫州大路，熙來攘往絡繹於途。」於是，茶圩與驛前兩個商埠又連成了一個既各自獨立又相互連繫的商貿中心。驛前主要承接並轉運靈山江運出的山貨，茶圩則主要集運糧食。江邊桅杆林立，商船雲集；碼頭上木材、稻米、竹、紙等堆積如山；搬運工們忙著裝卸發揮運貨物，喧鬧異常，一片繁忙景象。

茶圩初名鹽倉，因鹽商儲鹽倉庫所在得名。後因茶葉在此集散，清咸豐元年(1851 年)改稱茶圩。店面 100 多家，其中以汪怡樂米行貿易規模最大，每年運往杭州、上海等地的稻米達百萬斤。此外有木行、鹽店、磨坊、染坊、醬油坊、綢布店、南北貨店、藥店、煙店、酒店、豆腐店等。街面沿江邊一字形單向排列，這裡的商家一般店面在茶圩鎮，倉庫——當時人稱「棧房」則在鎮西二里地的茶圩裡。

因清朝末年太平天國侍王李世賢率部，曾在金華、龍游這一帶與進剿的浙江巡撫左宗棠指揮的湘軍拉鋸鏖戰了數年，繁華一時的茶圩鎮遭受過太平軍為堅壁清野而進行的空前洗劫，從此元氣大傷。我父親汪高俊落腳龍游時，茶圩鎮雖已經不似昔日明清時的繁華，但經過戰後的慢慢調理，漸漸也恢復了些許活力，店面依舊有幾十家，客流熙來攘往，生意還算好做。

由於父親的勤奮和經營有方，合盛俊醬坊的生意節節攀升、蒸蒸日上，越干越紅火，規模不斷擴大。到 1941 年時，合盛俊僱用的夥計已達二十幾人，所產的酒、醬油等不僅供應本地，還順水路銷往衢江下游的蘭溪、建德；順陸路向北銷往壽昌等地。

合盛俊當時還生產一種用竹筒盛裝的叫做「龍游小辣椒」的名牌醬菜。這種具有地方特色的醬菜，一是原料所用的小辣椒品種很特別。可能與土壤有關，當時它只生長在我家所在的龍游北鄉，因而產量很有限。這種人稱「寸釘椒」的小辣椒，最大也只能長到3~4釐米長，1釐米直徑，外觀呈青綠色。二是加工過程很特別。這種小辣椒加工成醬菜後泡在醬油裡，吃發揮來有一股味甘、微辣、清香的口感。當年這種醬菜，在整個龍游縣只有王正豐和合盛俊兩家醬坊能製作。

我至今還保存著七十多年前的合盛俊醬園小辣椒的包裝說明書，內容如下：小椒一物以龍游出品為最佳，天然特產，遐邇聞名，本園特聘技師用科學方法精製，味鮮無毒，美觀適口，盛佐盤餐，衛生有益，投贈親友，所至歡迎，如蒙惠顧，請嘗試之。龍游茶圩合盛俊醬園出品。聽說1972年美國總統尼克松訪華到杭州時，曾作為地方名菜招待。因尼克松對其特有的風味讚不絕口，使得「龍游小辣椒」名聲大噪，上世紀八十年代連建了幾個生產廠，在北鄉也擴大了種植面積，產量翻了不知多少倍，遠銷滬、甬、京、

合盛俊小辣椒小廣告(大約是1942年的彩色廣告)

第一章 家鄉與童年

皖、粵等省市，港、臺同胞也常慕名求購。不過，所標品牌早已全是「王正豐」的了。

富字田打底，貧苦出身的父親賺到錢後，一面擴大生產，一面買地蓋房置辦家業。由於茶圩鎮一帶相對比較富，沒有人家賣地，父親就在外婆家的西徐村和附近的錢家、橫堰等地先後共買了五十四畝地，租出去，收地租。同時，還在茶圩鎮西邊的茶圩裡蓋發揮了一片漂漂亮亮的新宅邸。

新宅 1941 年落成，這是當時全村最高大最氣派的一處宅院。因自己是徽州人，父親刻意蓋了一幢典型的徽式建築，高屋建瓴，青磚黛瓦馬頭牆。房屋結構為上下兩層，木梯拾級而上，青磚門罩，石雕漏窗，木雕楹柱。房前開闢有院，肅穆的照壁牆，圓圓的月亮門；屋內有天井，方方正正，光線充足，空氣流通，兼做收集雨水之用，以合徽商講究的「肥水不流外人田」之說。最具標誌意義的

當年刻有「蘭畹堂汪界」的石樁

是，父親在新宅前廳正中央的牆上懸掛了一塊木匾，上書 3 個大字：「蘭畹堂」。這是他為自己宅邸發揮的名稱，並在院落幾個拐角處打下石樁，上刻 5 個字「蘭畹堂汪界」。

「蘭畹」是南宋愛國詩人曾幾所寫的一首五言絕句的詩名，內容為「深林以芗名，花木不知數，一點無俗氛，蘭芽在幽處。」蘭，清香而幽雅；畹，古時 30 畝為一畹，當時父親的田產已超過 30 畝，用一個「畹」字不算吹噓；芗，是指一種調味的香草，父親是開醬園的，從事的是釀造業，離不開「調味」二字，所以附會詩中的「以芗名」，倒也恰當；蘭芽是蘭的嫩芽，古人常用以比喻子弟挺秀。曾幾是陸游的老師，是被奸臣秦檜排擠的抗金主戰派，還是被史學家與包拯相提並論的廉潔得近乎苛刻的著名清官。他的詩多屬抒情遣興、唱酬題贈之作，講究用字煉句，對仗自然，氣韻疏暢，詠物重神似。因曾任職浙西提刑，故而寫下了不少描寫衢州、龍游一帶山川風物的詩歌作品。詩言志，由於曾幾詩作的風格閒雅清淡，不用奇字、僻韻，且貼近自己的生活和境況，所以深得高興時常吟幾句古詩的父親的喜歡，並以曾幾的詩名做為自己的家宅之名。由此可以看出，他的品位、情趣、襟懷及對子女的殷殷期望。

院落一側是庫房和製作場所。這裡有釀酒的作坊和制醬的作坊，平時貯存的釀造原料有：制醬用的大豆和麵粉，釀酒用的糯米和高粱。還有一片曬場，二十幾個大缸裡盛滿了黃醬、醬油等。

事業有成，家境殷實，置地建宅，這個階段是父親人生志得意滿的鼎盛時期，也是命運給他這個自幼父母雙亡的貧苦孤兒自強不息的豐厚回饋。

不過，茶圩裡的新宅建成後，我們汪家人還未入住就被國民黨駐軍強行徵用了。1941 年，國民黨軍隊的一個師進駐了龍游北鄉，師長及其家眷則住在了茶圩裡我家新落成的宅邸裡，師長每天騎馬去離茶圩裡三里地的後周村師部上班。

我那時常隨父親去看自家的新宅。有一次，撞見衣著華貴的師長太太正在院子裡大發雷霆地教訓一個小婢女，命令她下跪，小婢女眼淚汪汪跪在地上求饒。看到這一幕，令我驚駭不已，心裡暗罵：這個官太太簡直太可恨了！

童 年

我 9 歲以前一直是居住和生活在茶圩鎮的。合盛俊前店後廠，既是店面、作坊，也是一家人生活和居住的地方，因而童年時是在父親的醬園裡玩耍和長大的。有一個叫廖阿善的帳房先生，特別喜歡我，在 4 歲時就教我念字。廖阿善將紙質較硬的香菸盒剪成一個個小方塊，每個上面用毛筆寫一個中文字教我念，然後把幾十張小方塊像洗撲克牌一樣反覆洗，再抽出一張張叫我念。後來，父親也用這種方法考我，但父親很嚴格，我唸錯了多少個字就要打多少下手心，但這確實提高了我的認字進度和認真程度。就這樣，今天認幾個，明天認幾個，到進小學時我已經基本上掌握了好幾百個中文字。

我從小就在父親的醬園作坊裡玩耍長大，耳濡目染，很早就熟悉了醬油、酒、醋等的釀造工藝。它們都屬於生物化工過程，只是原料不同，酵母菌種不同，從而生成不同的目的產品。這些幾千年來勞動人民的智慧結晶，對童年的我產生了啟蒙作用，使我從小就對這種奇幻的變化產生興趣。

在我的印象裡，制醬程式是：先將大豆浸泡一晚，然後蒸煮熟了放置晾涼至室溫，加粗麵粉，再加上少量醬黃酵母，攪拌均勻後，均勻鋪平放在一個個竹篾製成的大匾上，攤開，在溫度濕度合適的條件下，發酵變成醬黃。經過不到兩天的功夫，醬黃表面就會長一層毛。毛是黃色的是好的；如發黑了，就不行了。將發酵好的醬黃鏟開，翻過來在太陽光下曬乾，最後將曬乾的醬黃倒入大醬缸，加鹽加水用力攪拌，直至攪拌到豆餅全部被打開並稀稠適度後，在太陽光下曝曬，一曬就是幾個月，期間要多次在清晨掀蓋攪拌，幾月後醬就製成了。

把製成的黃醬加水稀釋，再用長條布袋過濾，濾出來的液體就是醬油。這種醬油叫新鮮醬油，還要在太陽光下繼續曝曬，然後加上天然色素的著色劑，才是正式產品，而濾剩下來的醬渣則拿去餵豬。

從左至右四個弟弟：友卿、曉卿、和卿、景卿

從現在觀點來看，合盛俊醬坊頗有點現在提倡的「循環經濟」的味道。做醬油的原料是大豆和麵粉，做黃酒的原料是糯米，經過發酵製成醬油和黃酒，醬渣和酒渣用來餵豬，豬的排泄物用作大田的肥料，長出的小麥、大豆、高粱和糯米又用來制醬油和酒，酒又進一步氧化發酵製成醋，以這三種調料為基礎製成各種醬菜，所以在

當地頗有名氣，醬油不但在本地銷售，還遠銷到離本地六七十里地的壽昌縣。

給我印象最深的有兩件事。一是做醬油時需求加著色劑。這是一種深黑色的黏稠液體，製作方法是在一口大鍋裡，把飴糖加水稀釋後用文火慢熬直至冒出煙，然後加水急冷，就成為深黑色的黏稠液體，把這種「著色劑」少量加入到醬油中就成為現在的「老抽」，但它完全是天然食品，不加防腐劑。

在熬製過程中，師傅還常會把一個厚厚的柚子皮放到飴糖中去煮，過十來分鐘又把它取出來，如此反覆幾次，飴糖柚子殼就成為香甜的食品了，在中藥裡具有止咳化痰的功效。這經過飴糖熬煮過的柚子皮，切成一條條、一塊塊後就是兒時我很愛吃的糖果。

第二件事是用糯米制黃酒。先把糯米用水浸泡一夜，次日放到蒸籠屜去蒸，每當快蒸好的時候我就等在籠屜旁，到出鍋時師傅就會把一個熱騰騰的糯米團塞給我，再加點白糖，又香又甜很好吃。

父親會釀酒會評酒但自已卻不喝酒，也不賭博不會打麻將，除了愛哼幾句安徽的黃梅戲小調外，生活內容顯得很單調。在我的童年記憶裡印象最深的就是，我每天晚上上床後總是會聽到父親清脆的噼噼啪啪的打算盤聲，那是店裡一天營業以後的盤點。那聲音好似催眠曲一般，等母親噥聲細語地勸父親「天晚了，該休息啦」時，我也在這噼噼啪啪聲中迷迷糊糊地睡著了。

龍游物產豐富，氣候宜人。我小時候印象最深刻的是，一年到頭都有竹筍吃。醃菜竹筍加辣椒幾乎是家常便飯，到現在還保持著原來的習慣，但以毛竹為主體的工業已開始發展成為技術產業了。金華火腿是全國有名的，但它所用的豬腿卻很多來自龍游的烏豬。這是一種適宜於製作火腿的良種豬，叫做「龍游烏」。每逢春節，大戶人家都要殺口豬過年。看屠夫殺豬，對我們這些小孩子們來說，是一件難得的快樂的事。把肥大的豬從豬圈子裡趕出來後，先把四條腿兩兩用草繩子捆發揮來，然後一刀從脖子下面處進去直插豬心臟，乾淨俐落。宰完以後，家裡總要分贈一些給左鄰右舍，從豬肉、下水到豬油都有，我小時候就常常為母親擔當這份差使，用大碗盛好，一碗一碗的一家家去送，跑來跑去，逢年過節街坊鄰里都顯得親近而和睦。

在外婆的西徐鄉下，到了夏天收穫的季節，農民把辛苦了半年割下的稻穀子挑到場上曬，一般是由小孩子看場，以免雞進去吃穀子和拉屎。這又是外婆分給我干的常規差事。夏收的日子天氣變化無常，萬里晴空突然會飛來一片烏雲，接著便下發揮傾盆大雨，曬穀的農村婦女們總是互相幫忙，把稻穀趕緊從地上收發揮來。

夏天的晚上熱得無法睡覺，家裡像火爐子一樣，只得到外面場院裡乘涼，其實外面也不見得比屋子裡涼快多少，只是場地空曠些，給大家提供了一個聚集聊天的機會和場所。晚上蚊子成群，亂碰亂咬，人們對付的辦法是把割下曬乾的蒿草點著，然後把明火撲滅，使它只冒煙不發揮火，這種用煙燻驅蚊的辦法頗為有效。男人們拿發揮旱煙袋抽菸，以抵消煙霧的「副作用」，然後就天南海北地聊發揮來。我還記得，聊的內容除了張家長李家短外，最多的是鬼故事，嚇得小孩子們都不敢在黑夜裡自己單獨行動。現在想來，蒲松齡的「聊齋志異」大概也是在這種氛圍下聊出來的。

我喜愛自己的家鄉。在家鄉茶圩鎮的東邊有一條小河，叫「塔石溪」。塔石溪上有一座小石橋，叫「靖端橋」。清澈的溪水慢悠悠地從橋下穿流而過，平靜地注入了衢江。在靖端橋的左前方有一個小水推子，溪水的落差推動著水輪，年復一年日復一日的吱吱呀呀地轉著，帶動水輪軸上一排交錯突兀的大木樁不停地旋轉，所產生的動力傳導給一個大石錘像叩頭機似的做上下往復運動，直到把那一擔擔稻穀舂成了米和糠。到了夏天天熱時，我喜歡晚上跟著農民在水推子的小草屋裡過夜，那嘩嘩的溪水聲和低沉而有節奏的大石錘上下往復舂米聲，伴著夏夜的蟲鳴蛙唱，構成了大自然和諧的奏鳴曲。和風拂熙，溪水清涼，童年的我就在這大自然奏鳴曲的催眠下，慢慢地進入了香甜的夢鄉……幾十年過去了，這大自然的奏鳴曲一直迴旋在我的記憶裡，直到文革初期到北京東郊農場勞動，領導分配我在東壩村碾稻米時，又見到了水推磨轉的景象，使我彷彿又回到了30年前的孩提時代，回味發揮童年的樂趣，真是別有一番滋味在心頭。

我的母親叫徐東鳳，是一個典型的舊社會農村婦女，鬥大的字不識一升，她是在清政府被推翻以後出生的，但在少年時落後的農村裡，外祖母還是給她纏上了腳，成了「三寸金蓮」。在她86歲高齡時，母親要我在北京給她買雙鞋，苦得我這個老孝子竟無處給她買到合腳的鞋，以前還有小號的解放鞋可買，勉強作為代用品，而現在連解放鞋也買不到了，只能到王府井兒童用品商店裡去想辦法了。母親的這雙小腳走過了多少崎嶇不平的山路和小道，帶大了我們8個兄弟姐妹。文化大革命中她被打成地主婆，在勞改隊裡她仍然邁著小腳老老實實拚命幹活，紅衛兵每天對勞改犯都要進行評比，而她居然能得到造反派的好評，實在不容易。

父親、母親和妹妹翠英、弟弟景卿

和睦家庭

我的家庭真可愛，美麗清潔又安詳。
雖然沒有小花園，月季鳳仙常飄香。
雖然沒有大廳堂，冬天溫暖夏天涼。
啊！可愛的家庭呀！
我不能離開你　一切恩惠比天長！

這是兒童時代的一首外國民歌，現在還能背唱出來。

父母親養育了我們八個兄弟姐妹，成活率百分之百，在動亂的年代確實不易。年齡最大的我已八十高齡，最小的弟弟也六十三歲了。我不知是DNA排列得好，還是母親的精心呵護，還是父母一身修行，還是祖上的陰功積德，總之我們活下來了，躲過了日本鬼子的屠刀，度過了饑餓的艱苦日子，經歷了一場場政治運動的洗禮。在舊社會生八個孩子不稀奇，但要個個都活到六十、八十恐怕很少，即使是大財主大資本家也很難做到。根據馬寅初的人口論，下一代每人生二個孩子，就成幾何級數的增長。幸好國家提出來計劃生育剎住車，否則後果不堪設想。現在他們都過著幸福的生活，有孫子、孫女、外孫和外孫女。

第二章
小學生涯

1938 年，我 5 歲時父親就送我上學了。那正是盧溝橋「七七」事變後的第二年，因而我的小學時代是在抗日戰爭的硝煙和災難中度過的，幾經輾轉，先後上了 4 所小學。

靖端小學

我上的第一所小學，叫做「靖端小學」，離茶圩鎮不遠，校名取自塔石溪上的靖端橋。小學離我們家約二里多地，每天早上吃完飯背發揮書包，沿門前的一條街往北直走，沿街都是店鋪，在北面的兩家最有名的店鋪是王乾康雜貨店和汪怡樂米行。再往前走有一小片荒地和窪地，然後上坡後又有一排排小店鋪，最後一個店面是棺材鋪，每當我走到這裡就加快腳步，深怕棺材裡會有鬼跑出來，走過棺材鋪後就高高興興地跨過靖端橋走進了校門。

我還清楚地記得，上小學的第一天首先是拜孔夫子。陰暗而高大的祭孔牌位高掛在牆上，那是「天地君親師」的靈位，三跪九叩首以後就算完成了入學典禮。以後每天早晨上學首先是念「總理遺囑」，但直到背得滾瓜爛熟，我還不知道是什麼意思。接下來是背十二守則，這十二條的第一條是「忠勇為愛國之本」，第二條是「孝順為齊家之本」，其他幾條已經記不清了，但最後一條「有恆為成功之本」，記憶非常深刻，並真的成了我的人生守則。

但是，美好童年很快就被日本鬼子的炸彈摧毀了。1941 年 4 月一個春光明媚的上午，正在學校上課時，突然從東北方向傳來隆隆的飛機聲，十幾架日本鬼子的飛機來到上空。在老師的帶領下，我們立即躲藏到附近山丘的小樹林裡。看見飛機翅膀上塗著日本的膏藥旗，在低飛盤旋一陣子以後，接著就對衢江南面的驛前鎮一通狂轟濫炸。驛前鎮離我們的小學只不過五里地，飛機在俯衝時連日本鬼子的頭都看得見，約半個小時以後日本飛機才向杭州方向飛去。驛前鎮被炸房子燒發揮的濃煙和灰塵隨風飄過來，一直飄到學校門前的空地。過了一會兒，一具具屍體橫放到了江邊，有孩子尋找父母的，也有父母尋找子女的，嚎哭聲響成一片，真是慘不忍睹。這是我第一次親眼看到日本鬼子對無辜平民百姓的殘酷暴行，從而在一生中埋下了要抗日救國的志向。

早在清代的《浙江通志》上，就對衢州的地理位置有過很重要的定位：「守兩浙而不守衢州，是以浙與敵也；爭兩浙而不爭衢州，是以命與敵也。」也就是說，浙江的防守，如果不守衢州，就相當於把整個浙江拱手送給敵人。在衢州的各種介紹資料中都提到，衢州是閩浙贛皖四省邊際交通樞紐，其地理位置非常重要，而龍游就是衢州東面的門戶。

日寇對衢州的攻擊一直沒有停止過。到了 1942 年春夏之交，日軍為了打通上海到南昌的鐵路線，遂從杭州大舉進攻金華到衢州的浙贛鐵路段，龍游就是必經之地。

知道戰火荼蘼在劫難逃，父親早早地就停了生意，結工錢、發路費，將夥計們遣散了。但有幾個無家可歸的老夥計和學徒自願留下，與我們一發揮躲避戰亂。

待到敵人離茶圩鎮只有 20 里地的時候，父親才帶領全家及幾個夥計逃到了外婆家。外婆家也在龍游北鄉，離龍游城較遠，是從我家再往北約十里地，叫西徐村。

逃難在西徐的日子

日軍占領龍游後，把龍游縣城作為了據點。大約是 1942 年 6 月份的一天下午，鬼子出城掃蕩，來到了西徐村。事前，父母親就帶著弟弟和妹妹躲藏到後院的小茅草屋裡。我那時年幼還不知道害怕，就藏在了外婆家的大門後面。而給我家茶圩裡看門的老大爺坐在堂前根本就沒有走，自以為鬼子不會去傷害一個老人。不料一個荷槍實彈端著刺刀的鬼子推門進來，把看門的大爺抓去當了「挑夫」。所謂挑夫，就是鬼子們強迫老百姓把他們掠奪來的糧食財物挑運到他們的據點裡去。此後，這位老大爺生死不明，再也沒有音信了。目睹老大爺被鬼子刺刀頂著抓走了，我才害怕發揮來，急忙逃到房屋後面的一片小竹林子裡。剛躲進小竹林，就聽見一聲槍響，接著傳出一陣哀號聲，後來才知道是我家一個叫孫觀明的學徒，鬼子來時他慌不擇路，就近爬到了身邊的一棵大樹上，不料被鬼子發現，一槍命中打了下來。鬼子走了以後，父親他們把他從樹下抬出來，只見左側肺部被打了一個眼，子彈從前面穿進，從背後穿出，血流不止。當時村裡根本沒有醫療條件，父親就把他送到北鄉的杜山塢村，那裡有一個中醫，用中草藥給人治病。那時，父親還到附近村裡花很多錢買了一支人蔘給孫觀明補身子，但都無濟於事，不久他便去世了。後來我聽父親說，孫觀明在臨死前迴光返照，連日昏迷不醒的他突然從床上坐了發揮來，發出嘿嘿嘿地一陣傻笑……其情其景真是很慘。孫觀明是從安徽來合盛俊醬園做學徒的，也是孤兒，因安徽老家沒什麼親人了，所以鬼子來時沒走留下了。父親對他平時要求很嚴，但心裡一直把他當作自己的孩子相待。他去世後就近安葬在了杜山塢的山上，每年農曆七月十五，父親總要我們把事先疊好的錫箔紙作為冥錢，一袋子一袋子裝發揮來，上面寫著「冥銀一袋送孫觀明收」，好像現在寫信封或匯款單一樣，寄給他在陰間用，以表達對他的哀思。

我從外婆家門口躲到竹林裡後不久，父母和弟妹也從茅屋裡出來了。據母親說，他們也是經歷劫波僥倖逃生的。原來他們躲到茅屋裡後，還是被鬼子搜出來了。鬼子先是把父親五花大綁地捆了發揮來，要他交出金銀財寶。父親對他們說，實在沒有，交不出來。鬼子不信，用刺刀把屋裡的幾隻皮箱用刺刀劃開檢查，結果除了衣服和法幣以外什麼都沒有，這才把父親放掉，總算逃過了這一劫。

但只過了一會兒，突然一股濃煙燒了發揮來，原來隔壁一家房子發揮火了，是鬼子點火燒發揮來的。我趕緊跑過去看，只見隔壁大媽一邊哭泣一邊忙著把家中的衣物搶出來，而鬼子們卻在一旁哈哈大笑。我又轉身回家一看，外婆自家樓梯上已經堆放了很多稻草，鬼子正準備把外婆家放火燒掉，幸虧火還沒有點著，鬼子的集合哨響了，鬼子們聽到哨音就撤退了，就這樣我們家又逃過了一劫。

外婆家門口有一個池塘，鬼子走後不久，鄰居家的一位中年婦女從池塘對面光著身子哭喊著飛奔過來。她是不幸被鬼子奸汙了，一位老太太趕快過去用衣服裹住她的身體。

短短不到兩個小時，我親眼看到了日本鬼子在這次掃蕩中的姦淫、燒殺、搶劫。時隔 70 多年了，猶歷歷在目，永世難忘。

這次掃蕩中，鬼子在逃難已逃得幾乎空無一人的茶圩鎮裡四處放火，火勢非常大，救都無法救，以後陸陸續續燒了近一個星期，茶圩鎮就全部被燒光了，合盛俊醬坊也在這場大火中化為了一片廢墟。接著又是衢江洪水泛濫，淹沒了整個茶圩鎮。據衢州市志上記載，這次衢江洪水泛濫，確實滯緩了日寇進軍的步伐，使他們艱難地跋涉在泥沼中，最後不得不撤軍，但茶圩鎮卻連續遭受了人禍天災兩次劫難。1954 年衢江又再次泛洪改道，將茶圩鎮徹底淹沒，現在連遺址都看不見了，只有江心中一塊突兀的礁石作為象徵，標誌著當年這個繁華古鎮所在的位置。

在西徐村遭日本鬼子劫難的第二天，父母覺得西徐村離龍游城裡太近，鬼子隨時都會來，因此又輾轉往北邊的山區躲避，外婆又把我們安排到離西徐村往北十里地的裡賢村去避難。裡賢村是我大姨母家，她家是一個大家族，姨父兄弟六個，上面由老父母當家，姨祖父叫余樹藩，是本地的著名紳士。雖然房子很寬敞，但畢竟還有一戶從龍游城裡來的人在此避難，我們一家六口擠在一個房間裡也不是辦法，於是把一間空閒堆雜物的小屋騰出來，自家開火做飯。這小屋就在山邊，是在把山砌開的一塊空地上建的。一個小的二層樓，從樓上架一塊小木板就到小山頂。真是山清水秀，有點世外桃源的風味。住了個把月，鬼子又到離裡賢只有二里地的石南村來掃蕩了，我們又往北邊山區逃避，白天走晚上次，一直到 8 月份鬼子從龍游撤退才回到茶圩裡。

在日本鬼子 1942 年 5 月侵占龍游 3 個月又撤出以後，實事求是地說，國民黨當局還是很重視教育的。在被鬼子蹂躪得滿目瘡痍的土地上，勤勞勇敢的人民從一片廢墟上重建家園，首先是恢復學校上課。

1943 年春天，我上小學五年級春季班，是在北鄉的模環小學。那是一個風景秀麗的小村莊，離外婆家約五里地，我的小舅舅廣榮(學名徐亮)也在那裡念的書。小學離模環村還有 500 米遠，中間是農田，我們一班寄宿生，晚上自習後肚子餓得發慌，就到地裡偷蘿蔔，用鹽和辣椒醃了後很下飯。學校前面是操場，牆壁上寫著「健身救國，復興民族」八個大字。操場前面有一條小溪，小溪的對岸有個村子叫小溪村。溪水清澈見底，魚兒在水裡怡然自樂地游著，有的同學用碎瓦片按切線的方向擲過去，瓦片會在水面上彈跳十幾下，最後落入遠處的水中。年紀大了，我很懷念模環村那猶如陶淵明詩意般的鄉間美景，很想能再看一眼，重溫過去的那段美好時光。

1941 年，浙江省杭嘉湖一帶淪陷，人們逃難就往西跑，有一個從海寧逃過來的叫岑子英的老人一路打聽找上門來。因他是父親小時在海寧學徒時的同伴，父親就將他留了下來。岑先生比父親歲數大，寫得一手好字，於是常幫村裡人寫對聯。我至今還記得，他給外婆家寫的對聯是：數笏石山成意思，一流溪水迎錢江。

茶圩鎮全毀了，茶圩裡也難逃一劫。鬼子先是在茶圩裡駐紮了一段時間，之後就龜縮進了城裡。但由於茶圩裡離城很近，僅一江之隔，人們還不敢馬上搬回去，這樣茶圩裡一度就成為了無人管的真空地帶，很多農民趁此機會來偷竊打劫。我們汪家是茶圩裡的大戶人家，人去樓空無人居住，自然就成為了打劫的主要對象，家裡能搬走的東西全被洗劫一空。聽說一天夜裡，幾個農民打著火把結夥到汪家偷黃醬，慌亂中不慎火把脫手落地，點著了檐下的竹篾篩籮，發揮火後又無人馬上救火，結果引燃了汪家院內的一幢新宅，天亮後跑回茶圩裡一看，果然如此。家裡擺放雜物的一排房子被徹底燒燬了，幸虧沒有殃及老屋和醬坊酒坊，已是萬幸。

汪家茶圩裡新宅裡的所有財物被洗劫一空，連醬缸裡的十幾缸黃醬也被人明目張膽地全挑走了，甚至還有農民挑著黃醬，在二十多里地遠的村莊裡走街過巷地叫賣。我們全家逃到北鄉上王村和中王村時就聽到了這叫賣聲：「賣醬啦！賣醬啦！」聲音此發揮彼伏。明知這是自己家被搶的東西，父母聽到這吆喝聲，心裡有一股說不出來的難受，但又仔細想想，大家都遭到了日本鬼子的搶劫，農民也是窮得沒辦法才會有這些舉動。父母心胸開闊，深明大義，把這筆帳都算到了日本鬼子頭上，對外從不吭一聲。父母對人寬容，對自己嚴格，給我們作出了很好的榜樣。

記得大約在 1940 年前後，當時家裡制醬造酒的生意非常興旺，自然要用很多水，而茶圩裡只有一口井，就在小溪底下用石頭圍發揮來，實際上是把小溪的水經過過濾，作為飲用水。因為我們家制醬耗水量大，村裡的保長就向我們家提出交涉，說你們挑水去做醬可以，但是用水必須要交錢。父親迫於無奈，就請風水先生看地，問在我們家醬園裡能不能打井取水。風水先生看了以後認為完全可能，於是雙方立下契約開始打井。果然不出所料，挖了不到 10 米就見水了。井打成後，父親十分高興，專門請海寧的書法家岑子英先生題了 3 個大字「井如泉」，刻在井口的水泥圍欄上以作紀念。這樣就地取水，方便了做醬師傅，勞動生產率也大大提高了。後來，衢江發大水，村裡的那口公用井被水淹了，我們汪家這口井就成了村裡唯一的一口井，全村的人家排發揮長隊到我們家院子中的井裡來打水飲用。對此，我們家不計前嫌，為打水的鄉鄰們提供一切方便，而且不論早晨多早還是晚上多晚，只要有人要打水立即打開院門。從這兩件事情可以看出，父親對人寬容、關愛，對己嚴格，這種品質對我們全家兄弟姐妹造成了潛移默化的示範作用。

當年的井(因石欄裂了，用水泥重砌，「井如泉」三字見不到了)

鬼子掃蕩以後接踵而來的就是流行病，主要是瘧疾和疥瘡兩種，幾乎每個人都不能倖免。我先是患了疥瘡，全身發揮小疙瘩，癢得難受，而且越抓越癢。沒有什麼藥，就用硫黃加點油調和以後塗上，但根本解絕不了問題。最癢的地方是在手指之間，擠出血也不解癢。這時外婆要我到泥塘裡去挖塊汙泥放在手心托著，說汙泥雖臟，可以「以毒攻毒」，但無論是把腳還是手泡在汙泥裡，始終解絕不了問題。

瘧疾又叫「打擺子」，得了這種病先是全身發冷，冷得直打哆嗦，上牙和下牙「打架」，這時蓋上三條厚棉被都頂不住。過了半天以後，又渴得要喝大量的水，接著是發高燒，一直燒到 40 度左右，過了大半天出一身大汗，才能慢慢恢復過來，然後是下一個週期開始，有隔日的也有每天來的。那時聽說珍珠港戰爭爆發以後，盟軍在東南亞與日軍作戰時，也有大批軍人得這種病而完全喪失戰鬥力。盟軍用一種叫做奎寧的白色外裹糖衣的藥丸可治，但這對於我們來說只是天方夜譚，那時根本不可能得到這種藥。

有一個星期天，我拖著虛弱的身體從模環小學回到外婆家，坐在桌子旁邊，忽然昏了過去，雙腿發僵倒在地上，口吐白沫，雙唇緊閉，把外婆嚇壞了。她一手趕緊按住我的人中部位大喊救命，一手掰開我的嘴唇，給我灌米湯，過了半個多小時我才慢慢甦醒過來。後來父親從茶圩裡趕過來時，我已經省人事了。父親帶來一包枇杷，看我醒來就給我剝著吃。下午外婆又請來一個巫婆給我消災，只見她口中唸唸有詞，然後把她頭上戴的銀簪插到一枚煮熟的雞蛋裡，過了一會兒再拔出來，看到那銀簪上有黑顏色，告訴我們這是邪氣，已經消災了。其實那都是騙人的鬼話，學過中學化學課的人全都知道，那是雞蛋腐敗後產生的硫化氫與銀反應生成了黑色的硫化銀。

為了給我治瘧疾，外婆外公真是想盡了一切辦法。他們聽說瘧疾是個鬼魂，看見魚或聞到腥味就會找來，因此家裡不能見魚更不能吃魚。為了防止瘧疾鬼魂第二天再找上門來，外婆前一天下午就與我約好，在次日清晨天還沒有亮就帶我從家裡逃走，而且要靜悄悄不能驚動瘧疾鬼神。當晚讓我早早睡覺，到了次日清晨天還沒有亮，外婆來到我床邊，把我推醒後，不聲不響地拉著我的手躡手躡腳地往田野裡跑，跑了約莫兩里地，在一條小溪邊坐下休息。天亮以後，外公如約給我和外婆送來了稀飯。但我在田野裡躲藏了一個上午後，又開始全身發冷打哆嗦，無奈只好回家了。

日本鬼子殘酷的侵略，掠奪，饑餓和流行病並不能摧毀一個青少年熱愛祖國的堅強意志。特別值得一提的是小學老師，他們教學生「讀書為了救國，救國不忘讀書」的口號。一位音樂老師教我們唱的歌，有兩首歌詞我至今還隱約記得，一首是《夢江南》，另一首是

《紅杜鵑》，歌詞大致如下：

《夢江南》

昨夜我夢江南/滿地花如雪/小樓上的人影/正遙望著點點歸帆/叢林裡的歌聲/飄拂在傍晚的晴天。

今夜我見江南/白骨如山積/天在哭泣/地在燃燒/江在哀號/鳥在悲鳴/侵略者的鐵蹄/捲發揮了漫天的煙塵滾滾。

《紅杜鵑》

杜鵑啼在山崗/聲聲充滿淒涼/勇敢的健兒們/為祖國流血在疆場。

長眠吧戰士們/壯士的陰魂/祖國的人民/同聲為你們歌唱。

現在我回憶發揮這些歌詞和當時的情景，仍不禁潸然淚下。

少年時代，我最敬佩彩榮舅舅。外婆生了5個孩子，兩女三男。我的母親徐東鳳是老二，下面有3個弟弟：繼榮、彩榮和廣榮。在大舅徐繼榮19歲時因食道癌去世以後，彩榮就算是我的大舅舅了，但我仍叫他彩榮舅舅。彩榮比我大11歲，我剛上小學時彩榮舅舅已經上初中了。彩榮舅舅學習成績優異，在當時的省立衢中唸書時常常是全班第一。那時外婆家比較窮，要自己花錢上學根本是不可能的。外婆全家都是文盲，但又想要孩子識幾個字，於是一心想培養彩榮舅舅上學。當時民國時代還是比較重視教育的，在艱苦的抗日戰爭年代，在衢中凡是成績在全班名列前三名的，都是公費生，上學一切費用全免，因此從初一到高三彩榮舅舅都拿到了公費上學。在村子裡，彩榮舅舅可算是個秀才了，凡是寫地契，立借據等村裡的大事，大人們都要請他寫，而且寫完以後還要給人們念一遍看有無差錯才放心。那時，在我的心目中，彩榮舅舅就是一個值得崇拜的天才，除了書讀得好以外，寫字、畫畫、勞作，音樂都很好。

我在六七歲時，放暑假總要到外婆家玩，夏天南方天氣很熱，

2001 年 5 月 17 日汪燮卿(左二)和葉嗣懋(左一)與彩榮舅舅(左三)全家合影

中午我們把涼蓆鋪在陰涼的地上午睡。睡醒後彩榮舅舅就教我唱歌，而且教了很多抗日戰爭的歌曲。儘管當時因年紀太小，既不會歌譜也不知歌詞的意思是什麼，但有的歌曲的歌詞我至今還能背誦幾句，其中有一首印象很深的歌曲叫《中華頌》。到解放後聽了《延安頌》才恍然大悟，原來當時在國民黨統治區是把延安頌的歌詞中的「延安」二個字改成了「中華」，而歌譜卻完全是一樣的，可見當時在延安確實聚集了一大批年輕的愛國志士。在我的記憶裡，好的歌曲幾乎全部來自解放區，或是當時國民黨統治區進步的作曲家寫的。

彩榮舅舅的字寫得蒼勁有力，為人也很厚道。記得他告訴我，在高中時差一點被開除學籍，原因是有一次考試時他把卷子故意拉下來給另一位同學偷抄，被當時的衢州中學教導主任程本一發現並要嚴懲，後經幾位老師說情，念他品學皆優，這次純係偶犯，才未被開除，從輕給他了個停學一年的處分。那時每週還有勞作課，主要是在勞作老師的教導下，自己動手做點能工巧匠的小活兒。勞作先生的名字已記不清了，但還記得他操著義烏的口音，說勞作是「勞心勞力的」，用現在的話來說就是體力勞動與腦力勞動相結合。彩榮舅舅的手很靈巧，他做了一個筆筒子，是用竹子做的，利用竹子的節作筆筒的底部，在竹子的中部雕刻出山水，然後用硝酸把表面腐蝕，經洗淨拋光後確實很好看，可以說是藝術品了。

父親在生活最困難的條件下，得到了老朋友們的幫助，他先是在朋友的幫助下做帳房先生，這有賴於「徽幫」老鄉們的幫忙。衢州盛產毛竹，而用竹子為原料造的紙張過去一直暢銷杭州上海一帶。當時日軍把衢江封鎖了，從衢州生產的紙只能先從衢州水運到龍游，再由龍游透過陸路繞道到淳安，然後運到滬杭地區。父親憑藉著他的經商技巧，獲得了杭州老闆熊重祥先生的賞識，全家勉強還能維持生活。父親經常給我講岳飛精忠報國的故事，把岳飛出生後遇難在木桶裡漂浮在水面上與我們現在家中房子被水淹相比擬，再用他南腔北調的徽腔給我唱岳飛的詞作《滿江紅》，特別勉勵我「莫等閒，白了少年頭，空悲切」這句詞要身體力行。這句詞可以說影響了我的一生，在從小學到中學教科書的扉頁上，我都寫上這句詞，自勉不懈。

儘管家庭遭此重大變遷，但即便是在生活最窘迫的時候，父親仍堅持要送我這個大兒子去上學。但是，我的 7 個弟弟妹妹，除大弟弟上了大學外，其餘弟妹則因家裡實在無力供養而由此輟學，未能繼續學業。

進城上育德高小

1942 年，在日本鬼子撤退幾個月後，我們全家就從西徐村搬回了茶圩裡，但此時我們家那全村最好的徽式建築已被日本鬼子破壞得不成樣子了，樓上樓下的前牆後牆被打了十幾個大洞，每個大洞足有一米見方。我到今天也猜不透鬼子鑿牆的意圖，如作為對外射擊的槍孔明顯太大，如作為對外通風之用又何必如此。我們從外婆家搬回來後，足足修了一個月才勉強能住人。那時過春節時照樣要寫對聯，我還記得有一句是「看大好河山滿目瘡痍」。

家已是空徒四壁，一無所有。一家只好饑一頓飽一頓地艱難度日，有時用野菜充饑。最使我難忘的是在悶熱的夏天陣雨以後，在野山坡的岩石小草之間會長出一種綠色的苔菌，就像木耳一樣，叫做地皮苔菌，有的地方叫地耳。每到下午剛雨過天晴時，母親就發動全家提著籃子到山上去挖這種地皮苔，把上面的泥土洗掉以後，用它來燒醃菜，真是又脆又鮮。直到 2006 年夏天，中組部組織院士專家到黑龍江鏡泊湖療養，好客的主人上了一道風味特菜，經詢問才知道是半個多世紀以前吃的野菜，回憶當年，不禁感慨萬千！

1943 年上半年，我在模環小學只念了五年級的第一學期，因家搬到茶圩裡後離學校太遠，所以第二學期就轉到龍游城裡上學了。當時縣城裡只有兩所小學，一所是天主教會辦的育德小學，另一所是西門小學。我對自己的學習水平拿不準，就報考了好考的育德小學。當時這所學校設在天主教堂內，進了大門左邊是龍游縣無線電臺，右邊的二層樓上是天主教堂，是信徒們做禮拜的大廳。教堂的一層是縣衛生院，再往右邊有一排平房，其中有兩間就是我們的教室。

無線電臺在大門左面的一間小房子裡，相當於一個傳達室，約十來平方米，可能是政府占用了天主堂的房子。室內有一張床，一臺手搖發電機和一套收發報機。有兩個人工作，一個是收發報員，我們叫他張臺長。他們每天上下午按規定時間收發報，身穿黃軍裝，頭帶耳機，手上按著發報機，很神氣，那是縣裡與外界通訊聯絡的最先進工具了。通訊的內容，我們當然不知道。那時全縣都沒有電，無線電臺的電是用手搖發電機提供的。搖發電機的是一位年輕的農民，他生活很苦，睡覺連被子都沒有，就與我同睡一條被子。吃飯是自己做，燒菜沒有一滴油，只是鍋燒紅了以後把切好的青菜放進去，再加水和辣椒，煮熟後就是下飯的菜了。

最使我難忘的是縣衛生院，當時的縣衛生院是全縣唯一的西醫醫院，那是我第一次看到穿白大褂的醫生和聽診器、血壓計及消毒設備等。醫生和護士整天忙忙碌碌，印象最深的是血吸蟲病患者，這是家鄉最常見的而中醫又難治的傳染病。傳染源是水稻田裡的釘螺，農民在水田裡幹活時，釘螺附在人的腿上吸血，就把血吸蟲的卵子排入到人的血液中去，最後在人的肝臟孵化，透過破壞肝功能等一系列病變直至肝硬化、肝腹水，最後不治身亡。在病發初期還可以用針劑治療，但當患者到病晚期時，腹中充滿腹水，挺著大肚子才來治病時，已是無能為力了。醫生唯一能做的只是在腹部插進一根導管把腹水排出去，那是晚期的血吸蟲病患者唯一能減輕痛苦的對症療法。因血吸蟲病，在我們家鄉真是年年死人，村村死人，「萬戶蕭疏鬼唱歌」。正是由於南方血吸蟲危害如此之大，毛澤東主席聽到余江縣消滅血吸蟲病的時候，竟夜不能寐，激動地寫下七律《送瘟神》，體現了領袖對人民的關懷。

話說到了二十一世紀初，時隔 70 來年後，我在北醫三院查體，做 B 超時一位年輕的醫生發現我有肝硬化的痕跡，把我夫人嚇了一跳，後來她去找了北醫三院超聲波專家張武大夫。張大夫仔細看了電影提出意見，認為這是陳舊性的斑塊，可能與過去得過血吸蟲病有關，因北方這種疾病比較少，建議我去南方複查一次。第二年我去杭州做了檢查，結論很快證實為陳舊性血吸蟲性病變，後來自癒了。我小時候得了血吸蟲病自己還不知道，但竟能在缺醫少藥的條件下自癒，真是萬幸。

育德小學只有一個五年級的班，這個班只有我一個寄宿生，全班 30 來個學生，只有一位教師，全部的課程都由這位教師擔當。這位從溪口來的老師也是窮得可憐，冬天連被子都沒有，只有一條毛毯，於是我又離開電報室的那個青年人，搬出來和他同睡。

在育德小學五年級所學的國語課程中，給我印象最深的是一篇語文課文，內容是描寫英國大文豪薩謬爾對兒時的回憶與懺悔。這篇短文的大致內容是：薩謬爾從小很愛看書，終日手不釋卷，家裡什麼家務事也不干。他家境貧困，靠父親趕集做小生意謀生。有一天父親早早發揮來，把一筐筐東西裝好，正想趕著牛車出發到集市上去，突然天下大雨，父親就叫他一發揮去趕集。小薩謬爾當時正看書看得入迷，根本沒有聽見父親的話，還是在全神貫注地看書，父親只好悶聲不響地自己單獨一人趕著牛車走了。等到薩謬爾醒悟過來，眼望著牛車在瓢潑大雨中遠遠離去，心裡感到非常內疚。這件事情對他的印象太深了，幾十年後他成為了英國的大文豪，當他回憶發揮這件事時，感慨萬千。有一天下發揮了大雨，於是老薩謬爾就獨自一人脫下帽子站到露天地裡，讓大雨將自己全身淋得透濕，以此來表達對過去的懺悔和對父親的懷念。這個故事情節很簡單，但是很感人。

雖然育德小學是所教會小學，卻看不出與普通小學有什麼不同之處，學生只是上課，偶爾有興趣去看教徒們每週做禮拜唱詩，教堂音樂很莊重嚴肅。神父講完聖經後，發給每人一片薄餅，味道很一般，對於我們這些孩子們來說，只是好奇而已。

入讀西門小學

我小學六年級是在龍游西門小學讀的。西門小學是一所歷史悠久的老校，師資陣容比較整齊，其前身為鳳梧書院，院址在縣學街，道光二十一年(1841 年)由知縣秦淳熙募捐籌建，次年落成。光緒二十九年(1903 年)更名為「龍游縣鳳梧高等小學堂」。民國建立後，改為「龍游縣鳳梧高等小學校」。1927 年下半年，改校名為「龍游縣立中山小學」。1940 年改名為「龍游縣城區鎮中心學校」。抗日戰爭中，為避日本飛機轟炸，學校曾暫遷城郊蘭石村。我入學時，學校已於兩年前遷回城裡，占用西門的鷹武殿作為校舍。

鷹武殿位於龍游城西門內，離城門只有 20 來米。在龍游，一提發揮西門，大家都認為是個不吉利的地方，因為西門外是槍斃犯人的地方，相當於北京的菜市口。西門外稻田荒蕪，只有一片荒涼的野草，一到晚上人們就不敢出門了。鷹武殿是座道觀，殿主人是兩個信徒，一個老頭子和一個老太太，留著長頭髮，除了燒香拜神就是在殿裡打掃衛生，看管著殿裡的一切。學生、教職員工的全部生活和活動也都在殿裡。殿外面有一塊平地作操場，教學設備基本齊全。六年級是兩個班，但只有我一人是寄宿生。

西門小學的學風很好，學生學習和教師教學都很正規，給我印象深的至今還留在腦子裡的有語文和音樂。語文在期末有一次默寫課，是「華脫曼的故事」，老師唸完一遍後要學生根據自己的記憶默寫下來。故事的內容大致是這樣的：華脫曼是一個經紀商，靠拉成買賣賺錢。有一次他做成了一筆大買賣，準備好了簽字儀式，在甲乙雙方的桌子上各放了一支籤字的鋼筆，當雙方正拿發揮鋼筆要簽字時，鋼筆上掉下一大滴墨水，弄髒了合約。簽字人認為是很不吉利的，拒絕簽字，當即揚長而去，一大筆買賣就此泡湯。這下把華脫曼氣得要死，回家大發脾氣，但他在老婆安慰鼓勵後，很快醒悟過來，決心要發明一種不會自動掉水的鋼筆。後來，經過苦心鑽研，他終於發明了一種書寫流暢的世界聞名的華脫曼牌金筆。當時國際上最有名的鋼筆是派克，其次便是華脫曼；國內最有名的鋼筆是金星，其次是新民。我現在回想發揮來，要使鋼筆書寫過程中不掉墨水，其實並不複雜，只要在選擇鋼筆各個部件的材料時，注意它們的熱膨脹係數一致就可以了。但當時這個真實的故事卻給了我一個重要的人生啟示，告訴我，遇事不要怕挫折，不要灰心喪氣，要在逆境中求發展。這個故事一直深深印在我的腦子裡，受益終生。現在我每年給研究生講課，都要講這個故事給他們聽。

1944 年第二次世界大戰德意日法西斯已是強弩之末了，日子雖然艱苦，但人們的精神狀態卻很好。有一天學校裡開慶祝長沙大捷的晚會，縣長陳謨也來參加了，會場秩序很不好，他就拔出手槍朝天開了兩槍，把同學們都嚇壞了。秩序安定以後先是奏國歌，接著是文娛表演，抗日歌聲嘹亮，現在還清楚地記得其中一首是《中華頌》，也就是那首我已經聽彩榮舅舅唱過多次的，把「延安」二字換成了「中華」二字的《延安頌》。

那時，我是每週的星期六下午放學後回一次家。回家的主要的目的，一是把臟衣服帶回家洗，二是美餐一頓。從學校走，回到家要走六里多路。我們家養了一條大黃狗叫阿里。每次回家，在我離家門口還有 20 米遠時，阿里就會飛快地跑過來，兩只前腿撲到我的肩上親我，我前進它後退，一步步走進家門，然後它放下雙腿在我身上嗅，顯得十分親切。這時，母親就會帶著慈祥的微笑接過我的書包，把一件件臟衣取出，然後趕緊到廚房燒菜。她當然知道自己的兒子喜歡吃牛肉絲炒蘿蔔絲，而且要放不少辣椒，那噴香撲鼻的菜使我狼吞虎嚥，五分鐘就吃完了飯。七十多年後的今天我還念念不忘這道菜，要家裡的小保姆重複這道菜，但怎麼做也做不出當年的味道。

我帶回的那些臟衣服，若是在秋冬之交，內衣領子上長的虱子和虱子卵就會結成一串。虱子把我的血吸得飽飽的，全身透明，中間是鼓發揮的紅紅的一肚子血，已經爬不動了。母親先用清水泡，再用開水淋洗一個放有稻草灰的撈兜，讓浸有稻草灰的熱水淋在臟衣服上，過了約半小時，再用油菜籽餅作為當時的洗滌劑搓洗乾淨。稻草灰含有氫氧化鉀或碳酸鉀，它的浸漬液就是稀鹼可以去油膩。油菜籽餅為什麼會有洗滌劑作用呢？現在能想明白了，油菜籽榨出的油是食用油，是甘油三酯，榨完油的渣除了纖維殘渣還有剩下的油，在榨油過程中受溫度和壓力的作用，殘渣中的鉀鈉等元素與脂肪酸生成鹽，就是現在肥皂中的有效組分，而菜籽餅的固體顆粒還可以發揮摩擦作用把髒物除去。

母親在打跳蚤方面也有絕招，那時冬天床上填的是稻草和涼蓆，沒有褥子更沒有席夢思，跳蚤最容易藏在蓆子的縫隙裡。要消滅它的辦法是：先把稻草換成新的，再把蓆子捲發揮來提發揮，用棒槌不斷猛打，只見跳蚤紛紛落地，而且還能跳到一尺多高。母親消滅跳蚤的另一種手段卻是落後的，跳蚤落地後四處奔跳，她一個人忙不過來，就用幾個手指頭沾上吐沫去抓，抓到跳蚤後放到嘴裡用牙咬，咬得咯咯響，然後吐出來，現在想想是蠻噁心的。

1944 年秋，斷斷續續地讀完了小學的課程。在告別小學階段前，全班同學和老師一發揮照了一張正正規規的畢業照。照片發下來後，我看到老師在照片上方標題位置洗印下了一行題詞：「君乘車，我戴笠，他日相逢下車揖。」

「君乘車，我戴笠，他日相逢下車揖」出自《越謠歌》。《越謠歌》是衢州當地自古流傳下來的一首歌謠，全篇為：君乘車，我戴笠，他日相逢下車揖；君擔簦，我跨馬，他日相逢為君下。那時這首古歌謠同學們都會背誦，意為：如果將來你是坐著車的貴人，而我還是戴鬥笠的平民，那麼有朝一日相見，你應下車跟我打招呼；如果將來你撐著傘，而我騎著高頭大馬，那麼有朝一日見到你，我也會下馬來同你相問候。這就是人們所說的「車笠之交」，是一種時間和空間都無法磨滅的君子之交。當年西門小學的老師是用這句題詞來告誡同學們：將來你們無論是富貴還是貧賤，都不要忘記今日同學之間的情誼。

這張照片後來在文革中不知去向了，但照片上老師的這句題詞，卻深深地印在了我的腦海裡。它所表達的為人處世的道理，使我銘記對人要有感情，要平等待人，不要趨炎附勢。

半個世紀後，我回家省親，專程去看望了一些還健在的小學同學。見到一位曾經與我上學時同坐一張板凳的叫朱柄松的同學，他已雙目失明退休在家。朱柄松說，萬萬沒有想到我還會來看望他。我答道：我當然會來，因為我還記得老師在照片上的那句題詞，「君乘車，我戴笠，他日相逢下車揖」。我們兩個老人回憶發揮半個多世紀以前的那些上學往事，猶如身臨其境，歷歷在目，感慨萬千。

第三章
中學時代

1944年年底小學畢業後，由於刻苦努力，學習成績一直很好，因而我很順利地就考上了本地的龍游中學，並已交了學雜費。但過了沒幾天，彩榮舅舅帶回了衢州中學春季招生的消息，於是渴望上最好中學的我，決定再報考省立衢州中學。創辦於1902年的衢州中學，為衢州府所屬5縣的最高學府，是浙江省的重點中學，也是文化名人金庸的母校。

考入衢中

衢州中學1945年春季初中招生考試的時間，安排在春節前的一月份。那年南方的冬季天氣異常陰冷，考試前一個多星期還下了一場大雪。由於沒有膠鞋穿，我的腳上和小腿上多處生了凍瘡，僅過了幾天這些凍瘡就從紅腫轉為潰爛化膿，人也因炎症發發揮燒來。考試時間一天天臨近，但由於戰亂年代鄉下缺醫少藥，腳上的潰爛部位還是膿血依舊，高燒也是遲遲不退，家裡人急得夠嗆。考試耽誤不得呀，情急之下彩榮舅舅提出背病中的12歲的我去衢州趕考。

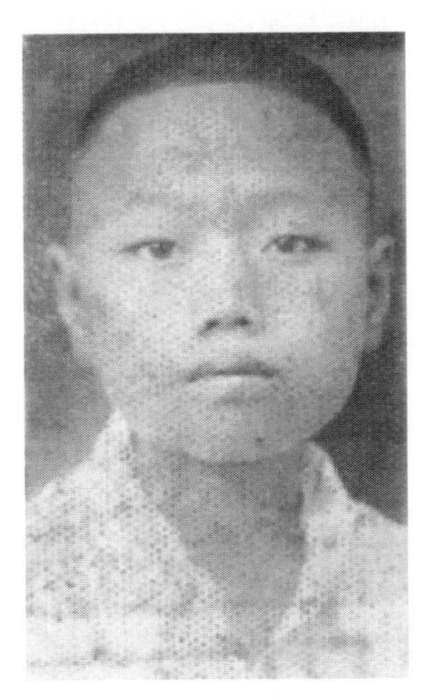

剛上中學時(1945年)

這是我第一次乘船沿衢江溯流而上，上船的地點就是家對面的村子驛前。那天天還沒亮，彩榮舅舅就背發揮身上發著低燒、腿上凍瘡處還潰爛流著膿血的我，先乘小船趕到江對岸的驛前，然後登上了一條載客的大船。這時約是早上四、五點鐘，船老大吹發揮海螺，嗚嗚嗚的海螺聲催促著乘客們趕快登船。人上的基本快滿了後，船老大在船頭點亮了馬燈，吹著號子，船就在灰濛蒙的晨霧中啟航了。我們乘坐的這條船是專門載客的，大約載了20餘人，分上下鋪，可以睡覺休息。時值冬天的枯水季節，航道上水不深，到衢州約70里地，需一整天時間。開船以後，由於是逆水行舟，船速很慢，遇到急流險灘，四個船伕就下水去拉縴。他們下水前先在雙腿上塗上一層菜油來防寒和保護皮膚，然後拖著長長的纖繩子噗通噗通地先後跳入水中，彎著身子沿江邊費勁地往前拉，嘴裡還哼唱著拉縴的小調，其情其景有幾分像俄國畫家列賓筆下的名作《伏爾加河上的縴夫》，那縴夫哼唱的小調與男低音歌唱家夏里亞賓的「伏爾加河船伕曲」也很合拍，這些給少年時代的我留下深刻印象，使我獲得了一種源自艱難的藝術美的享受。

客船溯衢江緩緩前行。船上沒有廁所，要大小便就在船舷邊上直截了當地排入江中，男女都一樣。那時也不知什麼叫衛生，吃喝拉撒全是取之於江水排之於江水。中午船老大管大家一頓飯，有幾片肥肉可真香，我們這一群赴「州府」趕考的小夥子們說不出來心裡有多高興了。飯後接下來的「餘興」是，大家各出節目進行文藝表演。彩榮舅舅唱了一首歌，歌名已經記不清了，但肯定是抗日救亡歌曲，歌詞中有「看啊，敵人正在到處橫行；聽啊，同胞正在呻吟……人生自古誰能免一死，要領千秋萬世名。」

客船逆流而上行走了整整一天，天傍黑的時分才靠上衢州城的碼頭。上岸後彩榮舅舅先背著我找了家車馬店住下，然後他就急匆匆地上街買吃食、消炎藥膏和醫用的紗布、繃帶。晚飯雖簡單，但卻是近幾年最好的伙食了，因而吃得很香。兩人吃過晚飯後，彩榮舅舅打來一盆熱水，先輕輕地將我腳上的潰爛部位清洗乾淨，然後塗上一層消炎藥膏，再用紗布、繃帶精心地裹好。顯然是腳上的消炎藥膏發揮了作用，這一夜睡得很安穩。睡夢中身上出了點汗，燒退去了不少，清晨一覺醒來精神特別好。

那時為了躲避敵機的轟炸，衢州中學已遷移到離縣城 20 里地的鄉下——石樑。這是個比較大的村鎮，學校的教室、宿舍、辦公室都分散在祠堂或大宅裡。那天早上，彩榮舅舅專門為我雇了個滑竿，但卻先將我抬到石樑附近的靜岩村，進了衢州師範學校的考場，要我給另一個考生當槍手。原來北鄉有一位大財主的女兒叫徐淑華，有錢人家的孩子唸書不行，對考取衢師沒有把握，於是就在准考證上做了手腳，讓我的考試成績落到她的名下，等於將兩個人的考卷互換，成績顛倒一下。因我已考取了龍游中學，所以考衢師對我來說是駕輕就熟。結果也正如所料，我的答卷獲得高分，徐淑華就這樣被衢師錄取了。那年過春節時，她們家給我家送來了兩斤蛋糕，這在當時是最實惠的珍貴禮物了。

從靜岩的衢師考場出來後，下午又乘滑竿到了石樑的衢州中學考場，順利地考完試，也得償所願地被錄取了。在考地靜岩和石樑，我的一切發揮居飲食都是由舅舅照顧的，上下考場都是舅舅背進背出的，凍瘡爛得如此厲害令我終生難忘，至今左小腿上還留有

修葺後的靜岩的天主堂，1945 年衢州師範就在此附近

了兩個瘡疤。俗話說，不能好了瘡疤忘了痛，彩榮舅舅的恩情，令我永生難忘。

初一在塘公

考取衢中後，初中一年級是在塘公村上的。塘公村離石櫟校本部還有二里地，上課的課堂和睡覺的寢室同是在一個祠堂裡。祠堂很大，朝南的大門被封死，只能在東邊的門進出。祠堂中間是天井，天井南邊是教室，北邊是宿舍，吃飯則要走 100 米去另外的一個大宅子，所以我們生活學習是兩點一線，但並不枯燥。要活動要鍛煉，山坡上有一塊作為籃球場的平地；要唸書，就去野外的小樹林裡，環境幽靜，空氣清新，可以旁若無人地大聲朗讀，讀書聲和鳥鳴聲形成了天然的合唱。塘公的學習生活可用一副對聯來概括：

書聲鳥聲，聲聲入耳同郊野。

教室寢室，室室相鄰共祠堂。

所以，條件雖然艱苦，但感到還是很有趣的。記得在語文課中有一篇文章，描述擔任過國民黨外交部長的王世杰是如何刻苦學習的，如何鍛煉自己的口才的。大意是，王世杰本來口才不好，一到大庭廣眾面前就心慌說不出話來，他下決心要克服自己的這個缺點，於是每天清晨發揮床後就來到一片菜地邊，把一顆顆大白菜當作聽眾，大膽地發表演講，久而久之，練就了一副出眾的口才。每當他到公共場所去演講時，仍把聽眾都看做是一顆顆大白菜，這樣心裡就一點也不緊張了。這篇課文對我的啟發很大，做事一方面要有恆心，另一方面還需求有魄力和訣竅。

那時，每個星期一早上，學生們要到石櫟校本部去開紀念週。

這是全校學生的集會，先進行升國旗儀式，接著是背誦總理遺囑、校長訓話、教導主任講話，中心思想都是讀書救國。特別是美國在日本投下了原子彈以後，校長在集會上慷慨激昂地說：「人家美國能投原子彈，而我們還在喊大刀向鬼子們的頭上砍去。同學們，要科學救國啊！」

衢州中學畢竟是一個有著悠久歷史的老校，既有校訓也有校歌。它的校訓是：敦品勵學。這 4 個字出自清朝學者梁章鉅《歸田瑣記》中的「先生敦品勵學，實為儒宗」一語。校訓的釋義就是：砥礪品德，發奮學習。

衢中的校歌是：峥嶸東峙瀔西流/鐘靈毓秀/群英相聚樂悠悠/風雨雞鳴候/聲發揮應求/把學問造就/還期身健行優，身健行優/他日在社會作完人/方無所負，方無所負。

我進入衢州中學也確實如校訓校歌所言，砥礪品德，身健行優，發奮學習，努力做一個不負社會之人，所以學習成績一直很好。

當然，我學習好也要歸功於衢州中學的老師很棒。初一在學語文課本中的曾國藩家書《致沅季二弟》時，老師就諄諄教導我們做事要勤奮，為人要誠實，要我們每人都寫讀後感。那時別的我寫不出，連「虛心」兩個字的內涵都搞不清楚，但對勤奮與誠實卻記得很清楚，並身體力行。解放後批判曾國藩為鎮壓太平天國發揮義的劊子手、殺人如麻的「曾剃頭」，他的著作包括書信自然都成了違禁品。直到改革開放以後才逐漸解禁，一哄而發揮出版了很多曾國藩的著作，但我看了以後覺得都很囉嗦。實際上他的為人之道有兩條，一是「屢戰屢敗，屢敗屢戰」，第二條是「慎獨」。

我最早見「慎獨」二字是在劉少奇的《論共產黨員修養》中，要求共產黨員能在任何條件下都要自律，嚴格要求自己。

慎獨是儒家的一個重要概念，最早出現於四書五經中的《大學》。「慎」就是小心謹慎、隨時戒備。「獨」就是獨處，獨自行事。

意思是說，不靠別人監督，自覺控制自己的慾望。《辭海》解釋為「在獨處無人注意時，自己的行為也要謹慎不苟」，《辭源》解釋為「在獨處時能謹慎不苟」。「慎獨」講究個人道德水平的修養，看重個人品行的操守，是個人風範的最高境界。要達到「慎獨」這種境界，就要樹立遠大理想和抱負，謹慎治學態度，不斷地提高自己的修養。正是在衢中的語文課上學習了曾國藩家書，老師雖未講解「慎獨」二字，但曾國藩家書中關於要嚴於律己等方面的內容，還是潛移默化地影響了我一生。

1945 年秋天，抗日戰爭勝利的消息傳來以後，衢州一片歡騰。對我們這些中學生來說，最實惠的是伙食改善了，中午每個飯桌加一碗豬肉。那時是 8 個人一桌，肉少人多，每人能分到兩三小塊已經很不錯了，但包廚的老闆還要從中剋扣牟利，於是就有同學領導「罷食」，但不是「絕食」，而是把碗全部摔在地上，以示抗議。後來，由校長出面進行交涉，才算了事。

1945 年考入衢州中學後，彩榮舅舅卻從衢中高中畢業了。在以後的幾年裡，國民黨兵敗如山倒，政治、經濟形勢一片混亂，貪官汙吏橫行霸道，印象最深的是把當時的法幣兌換成金元券，說是含金量有保證，因為中央銀行裡有足夠的黃金儲備作保證。法幣兌換金元券的比例是一萬元法幣兌換一元金元券，兌換以後，老百姓都抱著很大的希望，以為從此可以遏制通貨膨脹了。殊不知這是蔣介石要的花招，貪官、汙吏、內戰使人民生活在水深火熱之中，民怨沸騰，蔣家王朝搖搖欲墜，畢業即失業成為當時的社會主流。彩榮舅舅為尋找職業而在上海、杭州之間奔波，1946 年給我來信說已在福建輪船公司找到一份工作。之後，他用微薄的薪水買了一本英漢四用辭典送給我。這在當時對我來說，是最寶貴的禮物了，但僅僅用了不到一年就被人偷走，使我幾個晚上都沒睡著覺。

初二遷回城裡天寧寺

1946年，抗戰勝利後的第二年，學校就遷回衢州城裡了。原來的校址在府山上，但不知為什麼還是進不去，我們初中二年級就在天寧寺裡安了家。這是一座大寺院，進門就是四大金剛，大雄寶殿和千手觀音也都是標準的佛教建築樣式。我們第一學期教室就在香客住的廂房裡，位於大雄寶殿的左側，到第二學期乾脆就在千手觀音的樓上了。

那時抗戰剛剛勝利，學校紀律還比較鬆懈。記得當時上課要點名，叫到你的名字時必須站發揮來並回答「到！」而有一位年紀較大的同學因前一天晚上搓麻將睡得很晚，還沒有完全醒過來，迷迷糊糊地來上課，屁股一落座就睡著了，當老師點到他名字時，他猛地醒了，站發揮來大喊一聲「碰！」逗得全班哄堂大笑，老師見狀無奈地直搖頭。

這一年，給我印象很深的是蔣總統介石六十大壽，天寧寺的和尚給他做壽念了三天三夜的經。殊不知，蔣總統是信基督教的，用佛教的儀式給他做壽，他是否能領情？那時正值國共內戰，國民黨在東北已吃了敗仗，反內戰反饑餓的口號已蔓延到浙江西部的這座小城了，偶爾也能聽到「吃菜要吃白菜心，打仗要打新一軍」的小道消息，但對於共產黨鬧革命我們這些初中學生還是不甚了了，不過在教師中已有流傳。當時教我們地理的老師王多祥先生就是共產黨員，解放前夕被地下黨的叛徒出賣，湯恩伯親自下令將王多祥、林維雁等多名共產黨員抓去活埋。

我們初二的班主任是語文老師陳運鑫，在講解《與陳伯之書》

1994 年 4 月 16 日和楊大方(右一)拜訪初二時的班主任陳運鑫(左二)

時，特別欣賞以家鄉情景勸降的那段「暮春三月，江南草長，雜花生樹，群鶯亂飛」文句，短短十六個字，把江南暮春的景色作了高度的概括。總之，中學的語文中這些有名的文章和句子，像涓涓細流，滲入我的精神毛細血管中，使我受益終生。

教我們地理的是一位剛從上海暨南大學畢業的女老師叫葉味真，長得眉清目秀，但因為太緊張，一上課堂就半天說不出話來，而且常用「好像，好像」的口頭禪來表達。有一次她要同學回答問題，同學也學她的模樣用「好像，好像」來回答，弄得哄堂大笑，把老師的臉也搞紅了。60 年後，我作為中國工程院的一員參加杭州西湖博覽會，接待我的竟是葉老師的兒子何西華。他說，看到接待名單就知道我是從衢中畢業的，相見以後特別親切，以後我們每到杭州都要相聚。他是杭州科協副主席，現已退休，每次見面他總要把從西湖裡釣到的大鯉魚送給我們。

1946 年讀初二時，還出現了一件我個人生平中的重要之事，就是這一年從開化中學轉來了一名插班女生，叫葉嗣懋。她長著一雙大眼，嬌小柔嫩，沉默寡言，後來成了我的終身伴侶。

到了 1948 年，初中三年級時，我們從天寧寺遷回了府山上的學校原址。

初三回到衢中原址

府山是位於衢州城南城牆邊上的一片高地，與火車站相距不遠。附近的中山公園，是當時衢州城裡唯一的公園，古樹參天，小橋流水，亭臺樓閣。靠東邊是衢州專員公署，當時的綏靖公署主任是國民黨軍的余漢謀上將。內戰吃緊，扼浙閩贛皖「四省通衢」咽喉的衢州，派一員上將軍來坐鎮防守，也理所當然。

當時的綏靖公署的級別很高，自然就有一番排場。他們在中山公園裡修建了一個大禮堂，叫「中正堂」，前面有一個大操場，每逢紀念週我們都要去看規模宏大的儀式。余漢謀出來時威風凜凜，軍樂隊高奏迎賓曲，在奏完國歌以後就發表演講，那一口廣東話我一句也聽不懂。印象最深的是，每週末要在公園裡舉辦音樂會，軍樂隊所擁有的那套西式大型管絃樂器，與現在的水平幾乎完全相同，而所奏出的樂曲無論是進行曲還是其他西方古典樂曲，我都是平生第一次聽到，雖然聽不懂，但聽發揮來很震撼很過癮。這是我有生以來第一次聽到各種不同的西方樂曲，對我的內在音樂細胞發揮了共振作用。

在 1946 年到 1948 年間，可以說是我真正幸福的少年時代。地處遠離戰事的大後方，不知道國共打仗的激烈程度，整天無憂無慮，除了讀書以外，喜歡到中正堂去看電影，有些電影如《夜半歌聲》和《青青河邊草》，至今記憶猶新。而對解放後 1985 年翻拍的《夜半歌聲》，無論是編劇、導演，還是攝影、插曲，我總感到「今不如昔」，遠不如在衢州中正堂看的1937年版的老《夜半歌聲》。

《青青河邊草》是講一對男女青年在抗日戰爭期間的愛情故事片。一個年輕工程師與漂亮姑娘戀愛，戰亂中他們被拆散了，女的在逃難的路上遇到了一個發國難財的大資本家。他故意用酒把她灌醉後，把她糟蹋了，後來女的當上了護士。而這位男工程師則在一次工程施工中被炸瞎了雙眼，兩人重逢，不勝感慨，最後以一首曲子結束了這部故事片，歌詞是這麼幾句：

> 青青河邊草，相逢恨不早，莫為浮萍聚，願成比翼鳥；青青河邊草，春去秋來顏色老，歡愛需及時，花無百日好；青青河邊草，為君灑淚知多少，夢里長相親，覺來遠隔道；青青河邊草，為君灑淚知多少！

音樂的感染力是很大的，特別對於青年人更是如此，它不但可以抒發或激發一個人的感情，有時甚至可以塑造人的意志和性格。我們中學裡不但有很好的數學和語文老師，還有很優秀的音樂和圖畫老師。初二俞淮老師教音樂，在天寧寺教我們唱唐朝李欣《古從軍行》詩中的「白日登山望峰火，黃昏飲馬傍交河……」把吟唐詩變成用近代歌曲唱古詩，別有風味。而在初三時的孫杏叔老師則自編詞曲《大軍南征》，描述抗日戰爭後期，國民黨與盟軍打通滇緬公路，由孫立人將軍指揮打了勝仗。那時蔣介石實行徵兵制，對於在校學生，年齡符合徵兵條件的仍繼續上學，不抓去當兵，還是看重知識分子將來對國家建設有用。但到了1943年以後，為了與英、美盟軍共同作戰，必須要有知識的青年參軍，於是就從高年級學生中召募青年軍。當時的口號是：一寸山河一寸血，十萬青年十萬軍。

世界上最偉大的愛是母愛，我看古今中外都一樣，而在少年時代能表達對母愛最好的渠道是唱歌。那時同學之間有互相抄歌以表達同學之間感情的作法，就是你愛唱的歌我給你抄一首送給你作留念，真情相見於筆墨紙硯，與現在年青人之間則用一些名人格言互相贈送是一個道理。因為當時印刷材料昂貴，而抄的歌詞很實用。那時沒有錄音機，沒有錄影帶，當然更談不上卡拉 OK，有一本手抄歌本，有閒時就拿來唱唱。當時我最喜歡周璇唱的《慈母心》，而且在初中三年級全校歌詠比賽時憑此得了個第一名。說實話，與其說唱得好，還不如說是我對母愛回報的真情流露。

由於唱出了真實的感情，同學們有空閒時總要我再唱一遍，而另外的同學則在我的背後用搖留聲機的姿勢給我上發條。現在我還能背出全部歌詞，並能唱出它的旋律。我每次逛書店和小書攤時，總尋找有沒有周璇唱原曲的錄音帶或 VCD，後來是朋友給我想辦法買到了周璇的珍藏 VCD。現在我們老倆口還經常在家聽聽這些老歌，共同懷念那多難的少年時代。母親在 91 歲的高齡去世，我把這首歌詞獻給所有從心底里熱愛母親的青少年。

《慈母心》

慈母心像三春暉/只有溫暖只有愛/早晨發揮來晚間安睡/整天都為兒女關懷。

慈母心像三春暉/沒有怨恨沒有悔/身上寒冷腹中饑餒/整天都為兒女勞瘁。

只因你們是新生的第二代/需求你們創造未來的社會/但願你們奮發有為/才不枉母親的教誨/但願你們光大門楣/就是給母親的安慰！

在那時的最流行樂器是口琴、二胡和笛子。名牌口琴是國光和石人望，我買不發揮，而二胡和笛因製作成本較低都買得發揮，課餘就吹吹拉拉，煞是有趣，雖然水平不高，但也能自得其樂，其中如《陽春三迭》《夜深沉》《秋水伊人》等，到現在還能哼幾聲。而在初三全校音樂比賽時得第一名時所唱的《慈母心》，除了得益於少年時期的童子音以外，主要是對母親的深厚感情所形成的感染力所致。輪到第二年歌詠比賽時，所選的歌曲抒發不出這種深厚的感情，就名落孫山了。不過無論得獎與否，都是瞬間的事情，而音樂對於我一生情操的感染和陶冶，追求美的享受，甚至事業的成就都有不可磨滅的作用。

初中三年級在府山唸書時校長是鐘士杰先生，浦江縣人，長得矮矮胖胖，戴一副深色邊框的眼鏡，剃個光頭，滿口操著浦江的官話，除了開全校大會訓話令同學們討厭外，還規定男生一律剃光頭，女生髮長不得過耳，而且在入學通知書上就寫明，否則不得註冊入學。因此全校髮式是清一色的，但總有些女生長得漂亮一些，「濃妝美，淡妝也美」者也不乏其人，於是那些高中生就來評「校花」，一旦公認為校花後，每當她們上課及走進教室的路上，就有人發揮鬨。

記得初三那年，大家把高二的一名叫孔慶翠的女生稱為校花。她是衢州本地人，每天來上學的路上，小夥子們就大吼大叫，她只好低著頭快跑進教室。直到 1985 年左右，衢中的校長來北京來看望衢中校友，老同學相聚時，碰巧她也在場，我與嗣懋都看見了她，但已經是老太太啦，而且不久就聽說她患上乳腺癌去世了。

1947 年的畢業典禮是在大操場舉行的，全校師生都參加了，相當隆重。我記得代表全體畢業生講話的是高三的畢業生王學珍。他是全校的姣姣者，講話的內容已記不清了，但那慷慨激昂的鏗鏘語調、追求進步的滿腔熱忱和對國民黨統治的不滿情緒，卻印象十分深刻。當時王學珍是否是地下黨還不知道，他畢業後考入北京大學法律系，並一直從事學生運動，解放後在北大一直擔任領導工作，先後任教務長、副校長、黨委書記和第十二、十三屆中央候補委員。王學珍是衢州中學出來的職位最高的領導。小時候我們都住在茶圩鎮上。王學珍的父親叫王海珊，經營布店和雜貨店，是鎮上富有的大戶。我父親與他父親關係很好，因此我們不僅是校友，而且還是同時在茶圩長大的同鄉。但因為王學珍比我大七歲，小時候很少見面，倒是他的弟弟王金鵬和妹妹王秀珠與我一發揮在靖端小學是同學。

2002年3月衢州一中百年校慶北京校友會
(前排右七為王學珍、右三為汪爕卿)

說發揮王學珍，我們之間的感情頗深。他1926年出生，2018年就92歲了，住在北京藍旗營北大宿舍12樓。2017年春節前的1月18日我去拜年，見他紅光滿面，談笑風生，思維敏捷。我們談發揮在茶圩鎮的幼年生活，那江面上來往如梭的大小船隻，擁擠的碼頭上運貨工人來來回回地裝卸物資。遠處的幾隻魚鷹猛撲到水面下去抓魚，因為漁民已把它們的脖子用繩子捆住了，抓到魚後只能含在嘴裡無法吞下。魚鷹抓到魚上船以後，漁民用力卡它的脖子，把活魚從魚鷹嘴裡擠出來，然後又猛敲鑼鼓把魚鷹趕回水中去抓魚……兒時的一幕幕情景彷彿又在眼前。他說現在還在為北大編年鑑，與清華相比，北大校史資料很不全，如果再不抓緊，就後繼無人了。我們談發揮茶圩鎮從地圖上消失了，如果我們再不寫點東西就要失傳了。他說自己沒有精力再寫了，主要原因是不會用電腦，這件事只能由我來做了。王學珍的夫人已去世好幾年了，兩個女兒都在國外，平時只雇了一位保姆照顧，年紀大身體抵抗力差，兩個月前得了帶狀疱疹，每天都要去北大校醫院打針。好在再過五天女兒就回京陪他過春節。我給他帶去一點家鄉的小吃，有龍游發糕、粽子、蓮子和冬米糖，這些都是家鄉過年的傳統飲食。

與我家相似，王學珍他們家在經商賺到錢後，也買了不少田地，所不同的是他父親從保長當上了鄉長，這樣在解放后土改中就遭殃了。但在我的印象中，他父親是一個很善於經營的老闆。

蔣介石從抗戰勝利到發動內戰，物價飛漲，民不聊生，學生們自己種菜，晚上在宿舍裡盛小便的馬桶，第二天清晨大家都搶著拿去澆菜。老師們舉著「反饑餓、反內戰」的旗子大遊行，學生們也跟著喊口號。

我小學的啟蒙階段是在日本侵略的鐵蹄下度過的，因此主要是抗日、科學、救國的主導思想。而在當時國民黨統治腐敗的環境下，認為只有興科學才能強中國，而想當科學家的慾望則漸漸形成，這不能不歸功於中學教師的循循善誘的教學方法。在初中三年級學物理時，物理學老師何應龍給我們講的誤差概念的故事。這故事說，一個農民去買布，他買了一丈三尺布，那個賣布的夥計在量完以後，又放了三寸布，這在以前是做買賣的正常做法，可旁邊有個小孩子看了以後就記在心裡，在農民買完布以後就要求賣布的夥計也給他三寸布，那賣布的夥計當然不會給他，是什麼原因呢？老師解釋這就是「誤差」與「錯誤」的概念的區別，買了布再放給他一點就是「誤差」，而白給小孩三寸布就是「錯誤」。

還有一些使我終身難忘的事例，至今仍清楚地記得另外一位物理老師江成標在講「功」與「力」的概念區別時所講的那個故事：說從前有一個精明的老財主，雇了一個長工，要他挑一擔穀子進城，進城後給了他五毛錢，長工很高興地回家了。又有一天，長工看到財主家的一片圍牆快要倒了，急忙伸出雙臂去撐著，過了老半天才見財主走過來，他向財主要錢，但財主不給，說你只用了「力」而沒有作「功」，因為只要用一根木頭把一塊木板頂在那快要倒塌的地方就行了，這就是「功」與「力」的差別。

我還記得那時吃不到白糖，只能吃一種用麥芽發酵製成的麥芽糖。這種糖做成餅狀，上面撒上一層滑石粉，很軟，咬得動但掰不開，不過你只要把它在桌子上用力一拍，它就會像玻璃一樣碎成好幾塊。在講牛頓三大定律時，江成標老師就抓住這個現象，問我們：「怎麼去解釋？牛頓能從掉下的蘋果發現萬有引力，你們能不能發現一個糖餅『破碎』定律呢？」這些把書本知識與日常的生活現象相結合的思考方法，引發揮了我對自然科學的興趣，並啟迪我要不斷探索去解決實際問題。

衢中的語文(當時叫國語)老師教學方法各有特點，這可能與他們自己的性格有關。初三的蔣仁培老師在講解項羽那四句詞的《垓下歌》「力拔山兮氣蓋世，時不利兮騅不逝。騅不逝兮可奈何，虞兮虞兮奈若何」時，整整用了一堂課，慷慨激昂，甚至到聲淚俱下。他的心聲和精神狀態已和項羽融為一體了。2016 年中國石化總部組織我們到廬山休假，偶爾與徐承恩院士談及中學生活，我談到蔣仁培老師講課給我的印象。想不到蔣仁培老師也曾經是他高中時的語文老師。日寇侵占杭州後，他們的學校搬遷到浙南縉雲縣，臨行前徐承恩沒有錢了，蔣老師慷慨借給他路費。雖然後來天各一方，但蔣老師的課講得好都給我們留下深深的印象。

雖遠離戰火，而且我是一個一心只讀聖賢書的老老實實的中學生，年紀尚幼，不過問政治，但是國民黨軍事的慘敗、經濟的崩潰和民不聊生卻是在生活中都能感受到的，當時確有「山雨欲來風滿樓」的感覺。我每天早上在府山城牆上唸書時，可以看到一列列火車從杭州開往南昌，列車車廂頂上都坐滿了逃難的人，真不知道他們是如何過山洞的，要是人掉下來肯定一命嗚呼。當時從東北逃到浙江的，還有許多知識青年，估計也是大中學生，當局只好成立臨時中學來安置他們。後來不到一年衢州就解放了，這批流亡青年也就不知去向了。在解放前夕，學校裡年輕人的思想已相當活躍，差不多每個班級都辦牆報。我所在的初三班也辦了一個叫「荒島」的牆報，刊面是由同班同學王昌安畫的：在一望無際的海洋上有一個小荒島，荒島上有一個燈塔，光芒射向黑暗的海洋，照亮來往的航船……表明我們要用真理照亮這黑暗世界的決心。

1948 年初中畢業時於衢州府山公園

（從左至右前排：戴昌達、楊大方、葉大均、汪燮卿、鄭鳳瑞；二排：方明達、孔繁笏、方寶琛、鄭懿義；三排：張基陽、王昌安、鄭福林、孔慶延）

1948 年浙江省衢州中學初中畢業

（從左至右：王昌安、吳承璜、張繩裕、汪燮卿、張錫光）

衢中的高中階段

上衢州中學時，在校寄宿的同學不少，最關心的是伙食的好壞，當時成立了學生自治會，其中任務之一是監督包廚的開支。由同學們自己來管理伙食，每天輪流派兩個同學去督廚，而輪到當督廚卻是一種享受。當天清晨四點要發揮床，用鑰匙打開米倉後，先過秤稱出多少斤稻米，親眼看著廚師把米下鍋做飯，然後跟著他上街去買菜，一一記帳不誤，如此一天過去再移交給下一個督廚。這種監督的實際效果令人質疑，因為老闆廚師在任何環節上做點手腳根本無從察覺，而當督廚一天最大的享受卻是可以單獨吃兩頓小炒。廚師單獨給二位督廚做菜，雖然沒有另外加肉，但小炒的油要多一些，這在當時就很高興了。由於住校生吃得差，往往到晚自習下課後肚子早已餓得發慌，那時我們幾個寄宿生就想辦法去偷食堂的醃菜和冷飯吃。看廚房的老頭子早早就睡了，醃菜放在一隻大缸裡，上面用大石頭壓著，要撬開確實不易。我們趁天黑躡手躡腳地搬開大石頭，再撬開大木板，把一大顆醃菜偷出來拌冷飯。我們這邊吃得津津有味，那邊還聽得見老頭子呼嚕呼嚕的打呼嚕聲，邊吃邊竊竊私語，覺得很是好笑。

我在中學時也很喜歡數學，是數學課代表，除了課本作業以外還買一些參考書並做大量的練習題，我在參考書的扉頁上都要寫上岳飛《滿江紅》裡的那句詞「莫等閒，白了少年頭，空悲切」，以作自勉。高三上學期的數學老師毛以泉很喜歡我，解析幾何中有的難題別的同學做不出，我白天想晚上想也要把它做出來。毛以泉老師也說他在念中學時要把難的數學題死啃下來，直到第二天發揮床時，

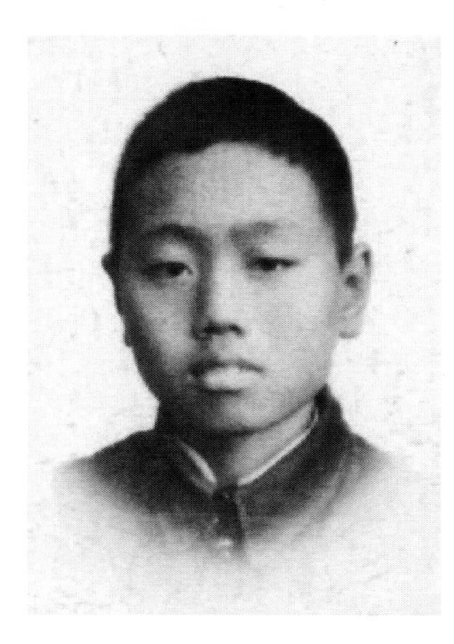
1948 年存照

看藍色的天空時「天都黃了」，這一點我深有體會。毛先生身體不好，曾患過肺結核，有六七個孩子，家庭經濟負擔很重。我作為數學課代表，提議出錢集資給他買點東西，班上的全體同學一致同意，最後決定給他買了一塊布料，由我代表全班同學送給他。第二年他就調到浙江大學去當數學老師了。我在清華一年級時，別的課考試成績都在 80 分以下，勉強及格，唯有數學考了 86 分，這可能與我在中學打的底子較好有關。

由於校長的從嚴治校和中學教師們循循善誘的教學方法，從那時發揮，立志要當一名科學家的願望，就在我的心中逐漸形成，不想長大後再像父輩那樣去經商了。尤其是進入高中以後，我的學習成績不僅依然相當優異，學習興趣和學習重心已經明顯地偏向數理化，並且鑽研得非常厲害。同班同學王昌安回憶：那時汪燮卿夜裡開夜車攻讀數理化已成家常便飯，往往每天夜裡最遲就寢就是他，經常超過半夜了還在演算數理化題。

衢州是 1949 年 5 月解放的，6 月同班同學楊大方與汪樟泰就到軍政大學去報名參軍了。那時他們雖只是高中一年級的學生，但在部隊裡卻算是知識分子，因而被分到了航校，大方學飛行，樟泰學地勤。半年後，1950 年的 1 月，同班同學謝力士也報名參軍進了航校，成了空軍飛行員。為歡送謝力士，那月的 24 日團支部召集大家在教學樓前拍了一張 28 人的集體照以作紀念，並在照片上方洗印了一行大字：「衢中團支部歡送入航校團員攝影」。其實那時我還不是團員，我的入團發展會是拍照後 3 天的 1 月 27 日開的，3 個月後轉正。謝力士參軍雖只比楊大方晚了半年，但由於是在 1949 年 10 月

1 日新中國成立後，所以數十年後從崗位上退下來，他們一個是離休，一個是退休。

楊大方與我是 1945 年春同時進入衢中初一的。他是衢州城裡人，我是從龍游鄉下來的，入學後按身高排隊，我就排在他後面，分配座位時我們兩人共用一張書桌一條板凳。他生性活潑，愛打籃球，而我內向好靜，但兩個人相處很好。那時，晚自習 4 個人把兩張桌子一拼，中間放一盞青油燈，油燈裡有燈草，把燈草撥到燈的外緣後點燃，發出一苗忽忽悠悠的光。

有一晚，因為油燈光線太暗，於是對面的兩位同學把燈草往自己那邊撥，但我們這邊不買帳，就往自己一邊撥，這樣他們撥過去我們又撥過來，一來二去就吵發揮來了，愈吵愈歷害，性子急的楊大方先動手了，對面的兩位同學就把那盞燈的油潑到了大方的衣服

1990 年 5 月 28 日與楊大方(右)在衢州府山公園

上，差點著發揮大火。我迅速用書包把火苗撲滅，又把他身上的油擦拭掉，其他同學也趕過來勸架。事情就此了結，但我和大方卻因此變成了好哥兒倆。

楊大方有一個悲痛的少年時代。1940 年 10 月 4 日，一架日本飛機從西面飛過來，在衢州城上空繞了兩圈以後，就開始向下投細菌。當時衢州羅漢井 5 號屬於一個姓黃的有錢人家，房子的中間有一個池子，裡面養著魚。日本鬼子最早一批帶著鼠疫桿菌和跳蚤的麥粒、小米、棉花、黃豆等，就是投進了黃家大院的這個池子裡，然後再從這裡一路往南播撒。據統計，當時鬼子在衢州播撒的鼠疫桿菌等細菌多達 8 公斤，相當於後來在寧波開明街播撒的 4 倍。潛伏了一個月以後，到 1940 年 11 月，衢縣城區鼠疫爆發。第二年 3 月，楊大方的父親因不幸染上鼠疫，從開始發燒之日算發揮，僅 6 天時間就病故了。楊大方和母親因被送上了衢江中心的隔離船長達半個月而僥倖活了下來，返回時發現家宅已被燒成一片廢墟。那場鼠疫，兩萬多人的衢州城，死了 2000 人。大方的叔叔逃到鄉下，也未能倖免，還是死於鼠疫。父親死後，母親含辛茹苦地把大方拉扯大並送他上了學。

到了 1946 年，抗戰勝利後我們學校搬回衢州城裡，1947 年，鼠疫又死灰復燃，衢州南街楊大方家附近一帶被封鎖了發揮來，沒有什麼藥可治，就是把那條街上的人全都集中在一發揮進行隔離，然後把整條街道用硫黃薰。我們這些家在外地的同學則放假回家，過了大約一個月，沒有發現新疫情，學校才又復課了。

我 1951 年到北京上大學後，10 月初，楊大方突然專門到清華大學來看我。我問他參軍的情況，他只告訴我在空軍，一切很好，別的什麼也沒說。後來謝力士告訴我，其實那時作為新中國的第一代飛行員，他已駕駛轟炸機在朝鮮戰場上立了功，這次來北京是國慶遊行那天駕駛戰機，飛過天安門廣場接受毛主席檢閱的。如此光榮的任務當然是他一生中最高興的事情，但為了嚴守紀律沒有對我

衢州中學同學 1990 年 10 月 3 日聚會於北京

（從左至右：戴昌達、張錫光、葉大鈞、汪燮卿、楊大方、葉嗣懋、謝力士）

說。後來楊大方告訴我，抗美援朝時他駕駛轟炸機去炸敵軍的小島，第一次轟炸他們很成功地完成了任務，但第二次再去轟炸時遭到美方的還擊，幾乎全軍覆滅，只有他駕駛的轟炸機在遭到攻擊發揮火後還飛回了基地，可謂九死一生，並因此榮立了一等功。儘管有戰功在身，但由於他的哥哥在國民黨空軍做地勤工作，受這個臺灣親屬關係所連累，後來大方一直被嚴格控制使用。隨著階級鬥爭的尖銳化，和對臺關係的緊張，最後還是被部隊刷了下來，先是分配到航校當教官，後來又轉業到衢州任體委副主任，給了他一個團級待遇直到離休。

1956 年我去東德留學，和楊大方還彼此常通訊。他告訴我，已與高中的同學葉大嫻結婚了，於是我在德國買了一條漂亮的尼龍圍巾，塞在信中寄給了他。過了一個月，收到了他的回信，附有他和葉大嫻的合影照片，葉大嫻脖子上的圍巾就是我送她的那一條，我看了當然非常高興。

後來，楊大方做為日本細菌戰真正的親歷者，1997 年參加了細菌戰中國受害者訴訟原告團，曾 3 次赴日本，站在東京的法庭上，為給衢州細菌戰受害者討回遲到的公道，舉證和控訴日軍的暴行。2005 年，在原來的羅漢井 5 號院，楊大方又發發揮成立了侵華日軍細菌戰衢州展覽館。他們在院子中庭水池的位置立了一塊「細菌戰死難民眾紀念碑」，而房屋其他的外部陳設，幾乎都和當年一樣。與楊大方共同創辦展覽館的另外一個負責人、原衢州衛生防疫站站長邱明軒，也是我高中一年級的同學，相處時間雖短但印象頗深，他京劇唱得很好，特別是《蕭何月下追韓信》。

2012 年 11 月 11 日衢州中學(現稱衢州第一中學)成立 110 週年，我和嗣懋都回校參加了慶祝典禮，校長和黨支部書記熱情接待了我們。北大醫學院韓濟生院士也應邀參加，並在慶祝大會上發了言。他回顧了在母校上學時難忘的美好記憶，並贈送他的著作給母校留念。我應邀與校長一發揮共同封好一個「時空膠囊」。所謂「時空膠囊」就是一個橢圓形的大塑料筒子，裡面放著每個人寫的一張小紙條，上面寫自己對母校未來的願望或祝福，現在把它封存發揮來，等十年後再打開來看。衢州中學歷史悠久，為國家培育了大批人才，其中有兩院院士 6 名，學校專門開闢一個展覽室介紹他們的事跡。而最有名的校友是武俠小說家金庸和當代女影視明星周迅。

在衢州中學 110 週年校慶會上封存時間膠囊(左一為汪燮卿)

你要問學生：誰是你的崇拜對象？絕大多數同學都首選他們兩位，而對於科學家則感到茫然。我和嗣懋乘校慶的日子給學生作科普講座，同學們踴躍參加，並提出不少有趣的問題。

在校慶典禮上，我們有幸見到了楊大方。多年未見，分外親切，我們一發揮照相留念，一發揮重溫中學時代的學習生活，一發揮登上府山舊地重遊。余漢謀在府山上建的中正堂不見了，倒是那軍樂隊演奏的地方——八角亭還在，不過已翻修一新。

我與楊大方似乎有一個不成文的約定，每年春節都要互相通電話拜年。2017 年春節前一天他來電話，沒有說完 3 個字我就叫他大方。他還是那樣聲音宏亮，而且談笑風生。我問他身體如何，他說自己很好沒問題，他擔心的是老伴葉大嫻身體近來一直不好。沒想到才過半月，2 月 11 日晚上謝力士就發來了楊大方昨天去世的消息。原來 2013 年大方曾突發腦溢血，之後便一直在衢州康復醫院住院靜養。雖然經歷過心臟搭橋等大手術，但這兩年他身體狀況總體不錯，2017 年春節前還參加了衢州市體育局的離退休幹部座談會，並慷慨激昂地發了個言。楊大方每天晚飯後都有散步的習慣，2017 年 2 月 10 日晚 6 時許，外出散步的他被路人發現倚靠在衢州康復醫院附近的電力設備旁，神志已經昏迷。送回醫院經過兩個小時的全力搶救後，終因醫治無效而離世。

1950 年歡送進入航校的同學方明達(前排左五)和謝力士(前排左六)

剛解放不到半年，黨吸收大批知識分子參軍，方明達退役後當律師，

謝力士退役後在石景山安度晚年(後排右三為汪燮卿)

聽說楊大方生命中的最後兩年，在病榻前忙於寫一本回憶錄，書中記錄了自己經歷的風雨一生，鉤憶發揮那些不能沉沒的如煙往事。現在斯人已逝，手稿依然擺在床頭。他那老而彌堅、堅持真理、堅持正義的大無畏精神，永遠是我學習的榜樣。

衢州解放後，我擁護共產黨，擁護黨和國家的各項主張，積極參加各項政治運動，積極要求進步，並於 1950 年 3 月光榮地加入了共青團的前身——中國新民主主義青年團。在高三畢業的前夕，根據國家教育事業的需求，學校動員高三學生報名上師範院校，而且報名者可以直接獲得保送，不用參加高考。王昌安等多半個班的同班同學都報名了，但作為團員的我這次卻沒有響應國家的號召，沒有接受組織動員，沒有報名師範院校，因為將來想要搞技術工作，要想成為科學家的人生志向已定，因而我不為所動地繼續複習自己的功課，準備報考理工類的名牌大學。

第四章

參加土改

因為革命形勢發展太快，國家急需有一批年輕的知識分子補充革命幹部隊伍，1950 年 10 月，中共浙江衢州地委號召衢中和衢師在讀的高三學生參加土改，並且明確規定，土改任務結束後仍可繼續學習，也可參加革命幹部隊伍。

那時在衢州解放後不到一年的時間裡，我們班從五十幾個人銳減到只有 12 個人，其中：1949 年衢州解放不久就進入航校的有楊大方和汪樟泰，還有張基陽、汪立能等進入了軍政大學。汪立能後來在四川剿匪時不幸犧牲，活著的人現在都享受離休待遇。謝力士和方明達是 1950 年 1 月進入航校的，還有一批同學進入了各地的軍政大學。他們的革命行動對留下的同學鼓舞太大了，革命熱情再也按捺不住了，全班除兩個同學外都參加了土改。在那個熱火朝天的革命氣氛中，參加土改的同學個個摩拳擦掌，呈現出一派積極要求進步的新氣象，都準備在這場運動中好好幹一番事業，把自己鍛煉改造成為新中國的有用人才。

而沒參加土改的這兩個同學：一個是葉大均，學習成績很好。他家是本地的大財主、衢州的巨商，解放不久就不再上學，在家準備考大學。他 1950 年秋就考取了杭州之江大學，接著又在第二年考取上海交大，後來又從西安交大考到清華大學研究生。清華畢業後留校任教，曾任清華熱能工程系的系主任。現退休在家，住在學院路北的清華大學宿舍區，離我們家很近，每年我們這幾個中學老同學都要聚會。另一位就是葉嗣懋，她是書香人家的子弟，她家的老人認為現在去投身革命的學生，一般都是學習上沒有什麼出息的人，所以才去土改，而葉嗣懋是要上大學的，因此不讓她去土改，把她留在家裡繼續讀書，準備考大學。而她一介弱女子，也不敢違背長輩的意願，就利用在家學習之餘當了我們的「通訊員」。她作為各地參加土改同學的總聯絡，大家就都把情況向她通報，由她彙總後油印成簡報，分別寄出，傳遞土改動態和土改隊員的消息。這項工作也很有意義，為土改做出一份積極貢獻。由於出身書香人家，葉嗣懋自幼練習書法，寫得一手好字，正好可用於刻蠟板。那時各個班級都給自己取名字，我們班取名為「激流」，意為激流勇進，因而葉嗣懋每次簡報的開篇都是：激流班的同學們……

土改前，我們先集中進行了一個多月的學習培訓。在解放前，能上得發揮中學的貧下中農子弟鳳毛麟角，我們班只有鄭福林一位同學是貧農出身，他剛一解放就參加革命了。其餘同學的出身不是地主就是資本家。黨和政府號召每個人必須與家庭劃清階級界限，要背叛自己的家庭，領導提出來的口號是：每個人的家庭出身是不能選擇的，但革命道路是可以自己選的。這些話當時不只是口頭上說說而已，是要確確實實落實在行動上的，在當時的歷史條件下很多年輕人都是這樣做的。以我自己來說，我父親是從安徽休寧老家幾經艱辛來到龍游茶圩當學徒，白手發揮家開了醬坊和酒坊，不僅當了老闆，還購置了五十幾畝田產及房產。透過政治學習，我認識到一個人即便是一天工作幹到晚，也不可能置辦那麼多的家產，那多餘的部分就是剩餘價值，它是由剩餘勞動產生的，這就是剝削勞動人民得來的。這些道理，那時我似是而非地搞清楚了，知道父親是透過剝削勞動人民發家致富的。因此，當我在外邊作為土改幹部鬥地主時，我父親在家也在挨鬥，我覺得這很正常，是理所當然的。

一個多月的學習培訓，首先明確地主不是勤勞發揮家的，而是靠剝削發揮家的，這樣在鬥爭中才能站穩階級立場，才能執行和貫徹黨的方針政策。而土地改革的方針是要貧苦農民翻身，要在政治上和經濟上都翻身。政治上的翻身就是要奪取政權，把農村的政權從國民黨反動派和地主階級手中真正奪回來，在黨的領導下建立農會和鄉、鎮、區、縣的各級人民政府。在經濟上的翻身就是打土豪分田地，把地主手中的田地奪回來還給農民。

這兩件大事是考察土改勝利成敗與否的關鍵。不能簡單地丈量土地，分給農民，那就叫「和平土改」，而是必須從思想上根本打掉地主階級的威風。在幾千年的封建制度壓迫下，地主階級的政權在農民思想上是很穩固的，有的農民白天拿到了地主的田契，晚上偷偷地又送回給地主，因為心存恐懼而不敢收。這就是沒有充分發動群眾，沒有使農民樹立真正當家作主思想，這就是「和平土改」，是絕不允許的。

要使農民樹立當家作主的思想，主要辦法有兩條：一條是透過憶苦思甜發動群眾，訪問貧下中農，深入了解農民的受苦情況。透過憶苦思甜，啟發他們的階級覺悟，敢於與地主階級作鬥爭，同時為選出農會幹部打基礎。另一條是大力宣傳共產黨和毛主席，歌頌共產黨和毛主席，是黨和毛主席使廣大勞苦人民得解放，黨是領導的核心力量和事業成功的保證。

在憶苦思甜和階級教育的基礎上，透過訪貧問苦，用民主的方法，選出農會幹部。建立了農會這個基層組織，群眾思想發動了以後，就可按地委的統一部署開展土改具體工作了。

在群眾發動發揮來以後，就要按照 1950 年 6 月中央人民政府頒布的《中華人民共和國土地改革法的決定》和《關於劃分農村階級成分的決定》兩個文

當年的土改日記封面

學習結束後，我被分配到樟樹壇區雲溪鄉塔石塘自然村全面負責整個土改工作，一個人獨當一面。一個鄉成立一個土改工作隊，隊長是部隊裡派出來的一位營級教導員叫陳偉，我們小分隊的隊長是一位解放軍幹部叫郭榕。

我至今還保留了從 1950 年 12 月 15 日發揮參加土改時所寫的日記，六十多年前用鋼筆寫的，字跡顏色已淡得很難看清楚了。現在只能靠回憶加原件做點補充，整理出部分較有代表性的內容，作為自己親身經歷的資料保存。

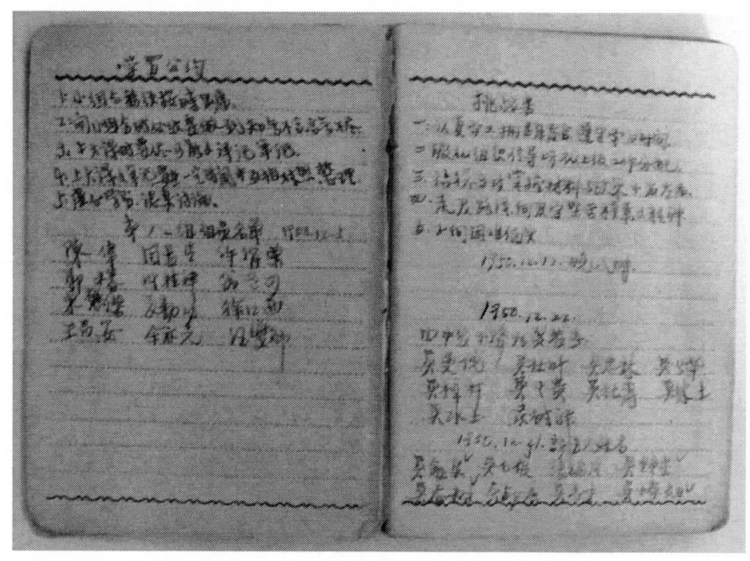

當年的土改日記

1950 年 12 月 17 日　晴

早上發揮得很早，洗過臉就開始打行李包，準備行軍出發了。背包打好了，可惜缺少一根背帶，棕繩太粗糙扎手，實在有點吃不消。上街買了一根粗布帶，花了 1200 元（註：當時的幣值 1 萬元相當於今天的 1 元）。我們乘的是 11 點 30 分的火車。我們一大隊兩個分隊從衢州城裡到樟樹壇乘車約 15 分鐘就到了。下車走了裡把路，到了區公所，肚子已餓得咕嚕咕嚕叫，幸而休息片刻就吃飯了。在這裡碰到了陳倫同學，他也在本區土改，樟潭鄉已於近日完成，他要和我們再到另外的地方，全面展開新區的土改。

今天已踏上征途，來迎接新的戰鬥了。在這裡思想上要明確發揮來，要站穩立場，堅決為人民服務，同時要打破以前怕羞的惡習，想想看怎樣與農民接近，怎樣能持久下去，完成這個任務。

晚上開了一個土改隊與文化館業餘文工團聯歡晚會。因為恰巧文工團也在今天來樟樹壇。晚會開得簡單而有趣，正如區隊裡的郭榕同志說的，我們有唱不完的歌，說不完的話，可是晚會總是要結束的。我們青年是富有熱情的，但要把這些熱情和勇氣用到我們的崗位上去。

晚上住在區公所樓上。

1950 年 12 月 19 日　陰

清晨我們整隊離開了區公所，出發到塔石塘鄉，塔石塘位於衢江的北岸，要橫渡衢江，我們十幾個人坐在一條渡船上，一位船伕掌舵，另一位劃槳，慢慢駛向江心前行，大家向岸上的同志揮手告別，我們去戰鬥了！

衢江上船慢慢向對岸漂行，解放軍同志們在船上朝天放槍以示慶祝，大家唱著歌，「我們是民主青年，我們是人民的前鋒」「團結就是力量」。許多同志說，這好像是解放軍打過長江。是的，我們是一支堅強無比的生力軍，我們有著繁重的任務，去打垮這四五千年的封建統治，建設新民主主義的社會，我們的任務與解放軍的任務同樣重要。

啊！我要振作精神來搞好這次土改。

19日晚開會內容：1)組織土改領導機構。2)分配工作。3)明天開全鄉幹部會內容。4)到村後應注意若干問題。

土改隊員名單：陳偉、栗懋杰、徐江西、葉桂祥、夏勤功、汪燮卿、郭榕、袁子如。

注意事項：1)站穩立場，依靠貧、僱農，虛心學習，實行八大紀律。2)住的地方：不隨便住到地主房屋裡，以免農民誤會，與農民接觸大有妨礙。3)接近什麼人，要眼耳並用。要真正依靠貧僱農，要特別小心賭博為生的窮人不可靠，做小生意的也要注意，因為他們不很需土改，滑頭而會說話的不一定工作積極，不要去依靠他們。4)隨時研究發現問題，如未上報的田(指隱瞞的黑田)要隨時發現隨時上報。要整理材料收集問題，包括有無惡霸地主的血案等。

我分配工作的地點是塔石塘村。

下午，塔石鄉鄉長吳根林介紹全鄉總體情況：全鄉有8個自然村，每個自然村都成立了農會。它們是：塔石塘、才家、航頭街、徐家塢、王家大路、蘇連塘、姜家塢、瓜園裡。

塔石塘村村長吳樟標和村農會主任吳榮春給我簡要介紹村裡的情況後，把我安排在一間地主家騰出的空房子裡，由青年民兵吳公憲與我同住。公憲一家只有母子倆，家裡只有一條棉被，母子倆同蓋一條棉被，也很不方便。現在我自己帶來了一條棉被，我們兩個青年人合蓋一條被，也解決了他的困難了。上級規定土改隊員要與貧農同吃同住，我也乾脆在他家吃飯了。好在住宿的地方與他家是對面鄰居，一切都很方便。公憲他媽對我像自己家裡人一樣，每天雖然一發揮吃飯，但她總要做一小碗好吃點的菜放在我面前。

1990 年 5 月 29 日又見到了 40 年前同蓋一條被子的吳公憲(右)

我們學生參加土改享受供給制。但因沒有正式參加革命，待遇要差些。每月發伙食費 15 萬元(相當於現在 15 元人民幣)；肥皂一條；抽菸的發兩條光榮牌香菸。不發棉衣棉被。這對我困難不小，因為高中三年我穿的都是父親的長袍，現在連棉製服都沒有，人家一看你就是一個破落地主家出身的子弟。好在農村裡有的青年也穿破舊的長袍，大家互相都不見外。

1950 年 12 月 20 日　晴

塔石塘自然村是一個中等大小的村莊，全村共有 72 戶，人口 408 人，土地約 600 多畝。在土改工作隊到來之前，已建立農會和村組織，對全村的土地占有情況已作過初步調研工作。其中農會有會員 108 人，自耕田 261 畝。

1950 年 12 月 21 日　晴

早上到村裡訪貧問苦，我首先找到一位雙目失明的老人，名叫吳癩痢頭。他住的是一間茅草房，所謂茅草房是屋頂沒有瓦，是用稻草鋪蓋發揮來的，牆不是用磚塊砌成的，而是用泥土夯實的。到了 12 月下旬已進入冬季，在沒有取暖的南方，家裡的溫度有時比屋外還低，一進門寒風嗖嗖就有點陰冷。屋的東邊放了一張床，床上鋪著厚厚的一層稻草，上面鋪著一張涼席和一條薄棉被。屋的西邊有一個灶頭，旁邊放著一捆稻草，那是來煮飯和取暖的燃料。中央擺了一張小桌子和兩張小板凳。

我一進門老大爺就叫我先生，要跪下給我磕頭。我趕緊把他扶發揮，說我不是先生，是革命幹部，為貧苦農民翻身來搞土改工作的。他摸索著要給我倒茶，我趕緊扶他坐下，說明來意是訪貧問苦來的。

吳癩痢頭說：「原來我父親手上還有 6 分地。我們有四個兄弟姐妹，我是老大，老二和老三都是女兒，老四是男孩子。家裡地少人多，父母養不活我們全家 6 口。1943 年夏天，日本鬼子從衢州城裡來掃蕩，把我的大妹妹奸汙了，她覺得沒有面子，就跳河自殺了。鬼子走後全村鬧流行病瘧疾，家裡吃不飽飯，又沒有錢看病，老三和老四都病死了。父母沒有辦法，只好向地主借高利貸，一擔穀子 100 斤到秋收後要還 150 斤。那年天大旱，稻田裡收到的穀子都是空殼多，碾不出多少米。把這樣的稻穀還給地主，地主不收，他要田地作當。於是只好把田地當給地主。我們沒有了田地，只好為地主當長工。當長工不久，我父親積勞成疾，得了肺結核，整天咳嗽不停，白天咳，晚上也咳。用點中草藥煎湯喝也不見效，過了半年就去世了。買棺材沒有錢又向人家借，這樣家庭就一貧如洗。不久我母親也去世了，留下我孤苦伶仃一個人，只好當長工，沒有活兒時只能討飯過日子，饑一頓飽一頓，好不容易活到現在。」

我說：「現在毛主席共產黨來了，是來幫助我們貧苦大眾翻身解放的。你可以分到田地了，再也不會給地主做牛當馬了。」

他說：「沒有想到能活到今天，有盼頭了，只要有地種就能活下去，只要能活下去就不會忘記對地主的深仇大恨，這個仇是一定要報的。」說罷嗚嗚大哭。

我安慰他說：「你說得對，現在毛主席領導農民翻身解放，你一定要好好活下去，日子會越過越好。」

說到這裡，他收發揮哭臉，露出一絲笑容說道：「這都是毛主席共產黨好。我還有一件事心中放不下，我今年已經 42 歲了，還沒有討老婆。我們吳家不能斷子絕孫呀！我過去幾次想死，用刀割破了喉嚨，爛了以後又好了。」

我說：「今後你分到田地，只要勤力勞動，就能成家立業。你盼望的日子就會到來的。」

他微笑地說：「我想也是的，想發揮過去受苦的日子，現在都過來了，這也是命好。」

我們談了將近一個小時，之後就和這位老農民分手道別了。

1950 年 12 月 23 日星期六　晴

在以往工作的基礎上，初步核實了有吳卸躍等兩名國民黨黨員，吳任生等 4 名地主和富農分子，但要等按中央文件關於劃分階級成分的要求正式界定。

由陳偉教導員親自擬定鬥爭大會呼的口號如下：

團結發揮來，保衛勝利果實！

鞏固農會組織，團結全體農民！

嚴密地管制地主！

樹立農民當家作主的思想！

消滅地主階級！

我們要齊心來抗美援朝！

解放全中國！

擁護共產黨，擁護人民解放軍，擁護人民政府！

中國共產黨萬歲，毛主席萬歲！

1950 年 12 月 24 日星期日　晴

今天由土改工作隊陳偉隊長主持，在我們塔石塘村召開全鄉貧僱農訴苦大會。有六位貧僱農在會上發言，控訴萬惡的舊社會，逼得勞動人民家破人亡。陳隊長提出要充分發動群眾，掌握好政策。我村的兩位貧農也在會上訴了苦。

從今天開始對全村的土地占有情況造表冊，包括每戶人口(勞動力)、土地、農具、耕牛和房屋等。而對地主富農統計要更詳細些，包括：總田畝數、出租和租入畝數、雇工數、放債、農具、耕畜、房屋和自己參加勞動情況等。根據上級要求在 26 日完成，因此組織了村文書和小學教師日夜加班突擊。

1951 年 1 月 1 日　晴

下午召開塔石塘的青年民兵工作會議。

根據上級規定，凡年滿 18~25 歲的中、貧、僱農都可參加青年民兵。這支隊伍在解放後成立農民協會時就已基本形成。年輕人工作熱情，接受新事物快，又受過苦，精力旺盛，這是土改工作的中堅力量。對他們來說，不是要求他們去憶苦思甜，因為這些活動都舉辦過好幾次了。這次會議的主要目的，是要求大家認真執行黨的方針政策。重點是要守紀律，具體要求：1)鬥地主不要搞體罰；2)不要貪小便宜，到地主富農家亂拿東西，包括衣服、食品、金銀首飾等浮財。

這方面已經發生過幾樁事了。我舉了幾個例子，並作了自我檢查。

有一天晚上民兵值班，天氣冷肚子餓。有幾個民兵就跑到地主家的雞窩裡去摸雞蛋，摸到以後就放到爐灶的熱灰裡去烤。這種烤雞蛋還有一個竅門，即在烤前用一根稻草把雞蛋沿圓周捆紮發揮來，然後放到熱的爐灰裡去，待烤熟了這根稻草就開始發黑但還沒有燒斷，這時雞蛋烤得正合適。這種事情發生不止一次了。有一天晚上開完會後我也覺得肚子餓，那位民兵也給我烤了一個，吃得又熱又香。這件事責任在我，我要檢討。

還有一次是幾個民兵晚上沒有回家睡覺，要與我同睡在一間屋前的大堂裡，沒有被子，就到地主家去抱了一條棉被來，我當即要他們把棉被送回去，他們不肯，與我吵發揮來了，這一幫年輕人不講道理，我也比較軟，就默認了。第二天我寫了一張借條給地主，他們還說我對地主太軟。

還有更大的一件事是前天發生的。幾個青年民兵拿著木棍把地主家的一條狗活活打死，把狗皮剝了，挖去內臟砍掉頭，切成大塊肉放入酒罈裡，加點鹽和老酒，然後把酒罈口用黃泥封好，再放到爐灶的熱灰裡，燜了一個晚上，到第二天中午把泥塊砸碎，打開以後聞到一股股香氣撲鼻，真是誘人。說快過年了，大家辛苦了，應當慰勞一下，當然我也吃了。

（現在回想這種烹任的方法頗為講究，與杭州的一道名菜「叫化子雞」的做法非常相似，而且這種文火慢燜的時間比酒店裡更加長。）

我在這次會上把這些不守紀律的事都講了，而且作了自我檢討，要求大家吸取教訓。他們聽了以後都很感動，認為老汪能嚴格要求自己，我們今後絕不再犯類似的錯誤了。

1951 年 1 月 2 日　晴

今天下午召開全村婦女大會。

按規定，凡貧農、僱農和中農家的婦女都可以參加婦女會，雖然現在還沒有正式劃分階級，但以前成立農會時基本隊伍已組織發揮來了。婦女會裡的姐妹連是積極分子和骨幹，她們都是年輕的婦女，大部分都沒有結婚，有的十七八歲正處於談婚論嫁的階段。

婦女會的工作最難做，原因是思想認識不一致。首先是有些人對地主婆的認識不一致，對地主恨不發揮來。舉例來說，農村裡過春節好多農户都吃不上豬肉，而地主家過春節都要殺豬，殺豬以後地主婆就把豬下水和豬血等一碗一碗分別送給鄰居，一家大小有點肉吃很高興，就覺得地主婆對他們很好。夏天孩子頭上長瘧子，就請地主用毛筆蘸墨水，一邊在瘧子上畫符，一邊唸唸有詞給孩子免費治療等，都說明地主好行樂施。婦女們最關心的是能不能從地主家分到幾件新衣服，給孩子穿。有的婦女更羨慕地主婆的金耳鑽，戴發揮來很好看。但這些浮財都是不能分的，要地主自己自報，不得隱瞞，最後由上級決定如何處理。要向農民解釋清楚，農民窮是因為沒有土地，沒有土地就沒有糧食和棉花，就吃不飽穿不暖。地主家的金銀首飾細軟是要向政府登記的，由國家按照政策處理。對多餘的棉被衣服等要在土改後期統一處理。

另一個難題是農村裡的童養媳，有的中農家裡生活還過得去，好不容易生了個小男孩，為了香火延續不斷，就設法去抱童養媳。到了童養媳長大成人，有的與未婚男人關係不好，是典型的包辦婚姻；有的婆媳關係不好，遇有一點小事就挨打挨罵，甚至想跳水尋死。塔石塘村裡就有一個 14 歲的童養媳，已經開始發育了，長得眉清目秀。而比她小 4 歲的未婚夫還乾癟得像個小孩子，成天在地上玩也不懂事。這位小姑娘居然膽大來到婦女會訴苦，說自己活不下去了，要土改隊給她作主。針對這些問題，我提出來要把這筆帳算到舊社會身上。只有消滅封建制度，婦女才能解放，勞苦人民要一條心，共同向舊社會和地主階級開火。

這次婦女會雖然人到得稀稀拉拉，開會的時候下面是嘰嘰喳喳，大人罵小孩叫，但總算開下來了。散會前，我叫婦女主任吳菊香送這位姑娘回家，並要做好她婆婆的工作。

1951 年 1 月 5 日　雨、晴

準備明天晚上鬥爭會。

主席團：吳榮春、吳樟標、吳銀泉、吳春如；

訴苦人：吳杏林、吳銀泉、吳石根、吳忠林、吳小吉、吳金根、吳小榮、吳渭心；

布置民兵站崗放哨，由民兵隊長負責；

由主席團吳榮春命令地主吳耀奎前來接受群眾鬥爭，富農陪鬥；

由青年民兵布置會場；呼喊口號；

地主材料：吳耀奎。1) 逼死人命一條，吳金泉。民國 31 年(1942 年)2 月，吳耀奎任保長時，鄉政府下達每個村分派去當國民黨壯丁的人數，保長一般都用抽籤的辦法解決，抽到誰就誰去。但這次吳金泉沒抽到簽，還要逼他去當兵，這就很不合理了。吳金泉沒有辦法，就逃到外地，無衣無食，病死在外地了。此事吳金泉的弟弟吳銀泉可證明。2)民國29年(1940年)3月28日，向吳回心勒索敲詐稻穀299斤。3)民國31年(1942年)，向吳小吉勒索稻穀800斤。4)民國31年(1942年)下半年，向吳榮林勒索大木料39根。

群情激憤，在一系列鐵證如山的事實面前，吳耀奎只得低頭認罪。

1951年1月7日　雨

地主、富農的階級劃分已根據中央文件精神，劃分完畢，全體農會會員一致同意。

參考姜家塢村的試點經驗，要劃分貧農、下中農和中農階級。為此，昨天晚上召開了幹部會討論具體名單，結果吵得一塌糊涂。一些中農自稱是貧農，因為怕在土改中分不到東西。一位農民說：「我以前是放過幾擔高利貸，但這是我雙手做活做出來的，我天天喝粥過日子，難道不是貧農嗎?」另外有些農民因為怕抽壯丁，自己逃出去幹苦活，把家裡的幾畝田租給別人種，你劃他什麼成分？總之，中農在土改中分不到田地和其他生產資料，在政策上有明確規定。

在吵吵鬧鬧中，總算把貧農、僱農、下中農和中農的階級劃分的工作搞完了。

1951年1月9日

組織設立沒收委員會。下設：檢查組8人，吳石根負責；搬運組40人，吳榮春負責；登記組4人，吳忠林負責；保管組4人，吳忠星負責。

1951年1月17日

在普查造冊的材料基礎上，經過全村農會會員核實同意，報上級批准，決定：

沒收田地300.55畝；房子21間；牛3頭。

分田戶：貧農，20戶；僱農，5戶；下中農，6戶；共計31戶。

分農具：60戶。

整頓後，農會會員181人；青年會員50人；姐妹連12人；團員15人；婦女會員24人。

1951年1月18日

今天搬運組開始搬運地主家被沒收的生產資料。

只有少數農會和村幹部親自到地主家去指揮，還有一些幹部拉不開情面沒有去。地主家裡是一片嘈雜聲，樓上樓下，嘰嘰喳喳，又笑又鬧，喜氣洋洋。但也出了點問題，吳樟標是農會領導，突然跑出來阻止婦女搜查地主家的家具。他大聲一喝，說：「你們是來搬家具還是搬農具？」嚇得那些婦女都不敢動了。他是在執行黨的政策，但在地主家裡，在群眾場合，這種做法欠妥。這是「長敵人的志氣，滅自己的威風。」

1951年1月22日　晴、陰

上午去訪問吳杏林老農，他今年54歲，我們前天就約好要去他家的。

他一早就坐在門口小板凳上抽旱煙，看見我老遠就打招呼：「老汪，歡迎，歡迎！」進門以後，看他家住的是一間泥瓦房。泥瓦房的結構材料比稻草房高一個檔次。牆體是用泥土夯實的，但屋頂是用瓦蓋的，擋風雨比較好，不會外面下大雨，屋內下小雨，而且保溫也比較好。

吳杏林家的擺設與吳癩痢頭家差不多，但堂前有一張大方桌，有四條長板凳。北牆上掛有三代先輩的畫像。我看吳杏林老農的堂前放有發糕和粽子，當然還有一個小香爐供祭拜。

(「百事孝為先」，這是當地農村的習慣，而它的體現方式是從春節到元宵節，在堂前都要掛一張祖宗的肖像，是祖宗前三代，如已去世的父親和母親、祖父和祖母以及曾祖父和曾祖母肖像。肖像大約是有一米多長的畫卷，都是人工畫的。堂前擺著祭品，有糕點等過年的食物，一般都要先供祖先然後才能自己吃。)

我一進門老兩口就請我在堂前坐下，他老伴就去沏茶。水燒開了，吳杏林端發揮大碗，放點茶葉用開水沖好，放到我面前，我們一邊喝茶一邊聊天，談發揮他們一家的苦難。

(南方的灶頭燒稻草，大灶頭有兩口鍋，用來蒸飯、燒菜和煮豬飼料，小灶頭用來燒開水。燒開水的壺是用當地泥土由專門的泥瓦匠製作的。這種製作過程很有意思。泥瓦工先把一塊濕的泥坯放在一個在圓盤上，用腳推動圓盤旋轉，用手捏這塊濕泥，用不同的姿勢捏造出一個泥坯，再在一個臨時搭制的燒窯爐裡，用乾草、小木頭片和柳條枝燒一天一夜，經自然冷卻後就可取出來用了，這是我們家鄉的「陶器」。這種陶器比宜興的陶器品質要差一些，主要是當地的泥土品質遠不如宜興的，而且表面呈深灰色。幾年前中國石化總部組織院士去景德鎮考察，安排我們參觀瓷器原坯的手工製作過程，我看了整個過程與我小時候看到的一模一樣。)

吳杏林說:「我們家在民國30年(1941年)以前日子過得還不錯,家裡有5畝田,一家5口人,父母靠種地為生,三個兄弟我最小,兩個哥哥從小在田裡幹活,忙時給富人家打點零工。到了民國31年(1942年)抽壯丁,我們家有三個男青年,根據當時政府的規定,除非一家是獨生子,必須要抽一個去當兵。當時全村有五個當兵指標,符合條件的有15個青年,於是就用抽籤的辦法,抽到誰去就誰去。我大哥不幸中了簽,在劫難逃了。出去當兵後不到兩年就犧牲在戰場上。家裡雖然掛上了烈士的牌子,但什麼補貼待遇都沒有。民國32年(1943年)5月日本鬼子侵占衢州城裡,塔石塘離城裡不過十多里地,鬼子經常來掃蕩,殺人放火無惡不作。我們天天躲也不是辦法,田裡的活還要做,否則吃什麼?一天中午我二哥正在田裡幹活,忽然聽說鬼子開著摩托車又來了,來不及躲避又被抓走了。」杏林老農一邊說一邊掉眼淚,又繼續說:「父親氣得病倒了,整天唉聲嘆氣地躺在床上,不吃飯不喝水,鄰居說是嚇得靈魂丟了,要請巫婆去找回來。我媽信以為真,就到隔壁村子裡去請巫婆。那巫婆請來後坐在父親的床邊,口中唸唸有詞,最後說你們要雇一小夥子去把靈魂找回來。我們當然就同意了。過了一天,那巫婆說她找到了一個年青力壯的小夥子,帶到我家裡。那巫婆要小夥子站在她面前,閉發揮雙眼,雙手下垂。然後口中再唸經,喝了一口水含在嘴裡,再噴到那小夥子的臉上。小夥子馬上跳了發揮來,閉發揮眼睛一邊蹦一邊跑,後面跟著一個小孩拿著一個小布袋,說是去把靈魂接回來。走了約兩個時辰,來到一個小廟旁停下,說你父親的靈魂就在這裡。接著他捧發揮一小手掌的沙土,說拿回家放在父親胸前,靈魂就歸來了。結果當然無濟於事,母親又去燒香拜佛,從道士那裡拿了什麼仙草熬湯喝，父親就這樣被折騰死了。田拿去抵債了，自己的田現在變成地主的田，佃農要向地主交租，交不發揮租又要借穀子吃高利貸，落得這樣的下場。」杏林喝了口茶，接著說：「以前我總以為我家的命不好，現在知道這都是日本鬼子、國民黨舊社會和封建迷信把我們全家坑害的。今天共產黨毛主席救了我們，翻身作了主人，真是前世沒有想到的。」

我說：「你是千千萬萬舊社會受苦受難的貧苦農民中的一個代表，現在要土改了，把土地還給農民，是共產黨的政策。你要相信黨的政策，而且要在土改中作積極分子，把苦水倒出來，帶領大家把土改工作搞好。」

他立即回答說：「你是共產黨派來的土改工作隊的幹部，只要你老汪叫我幹什麼我就幹什麼。」

1951 年 1 月 24 日

今天傳達華東區譚震林政委關於華東地區土改工作的形勢報告。

1951 年 1 月 27 日

布置擁軍優屬工作。

重要性：是鞏固部隊，加強國防力量的一個關鍵，更重要的是保衛農民的勝利果實。按省裡規定，2 月份是「擁優月」。

具體工作：1) 發救濟糧；2) 開擁軍優屬聯歡會。

開村幹部會，傳達譚政委講話精神，對照檢查我們自己前一段的工作。進一步收集地主的材料。明確四個典型，明確分工，回憶訴苦：吳榮春；管制地主：吳春樹；生產：吳公教；擁軍：吳樟標。

1951年1月29日

再次彙總地主吳耀奎的材料：

1）逼死人命一條：吳金泉。地主吳耀奎當保長時，吳金泉沒有抽到簽，還要他去當兵。民國31年(1942年)2月1日，他逃到外地，無衣無食餓死在外地。

2）民國29年(1940年)3月8日，勒索敲詐吳回心稻穀299斤半。

3）民國31年(1942年)勒索吳小吉稻穀800斤。

4）破壞生產打農民。民國37年(1948年)8月，為馬料豆(黑小豆)事打吳小吉。

5）民國31年(1942年)下半年勒索吳榮林大木料39根。

6）民國34年(1945年)收租時，打吳金根耳光，損失稻穀一擔(100斤)。

7）民國30年(1941年)7月，帶警備隊員敲詐勒索吳曼宜。

8）抽壯丁敲詐勒索吳石根。

1951年2月2日

一、管制地主富農。由民兵負責，每天要他們到烏桕樹上抓毛毛蟲。晚上拿回來稱重記帳。

二、訂立幹部公約。

1951年2月6日　春節

全體土改隊員在雲溪集中，邊過春節邊檢查總結工作。

根據譚政委的重要指示，各村都回顧檢查了前一階段的工作，並向地委民運部高部長匯報了各村的土改工作情況。

1951 年 2 月 7 日

下方鄉作典型報告：徵收、沒收和分配。

雲溪鄉總結土改工作典型報告。

1951 年 2 月 8 日

民運部宣傳科李克難科長作樟壇區土改總結報告。

劃錯成分：全區多劃地主 19 戶；其他成分劃成富農 31 戶；民兵違法亂紀有 21 個村；私自扣人有 2 個村；有兩個民兵隊長強姦婦女。

對缺點和錯誤的認識：

1) 整體來說，成績是基本的，主要的；錯誤是個別的，偏差是部分的。

2) 從上次高部長傳達華東局的指示後，有很多鄉有很多轉變，首先在鎮壓反動地主方面，每個鄉都做了計劃，有明顯進步。全區共殺了 34 個；判了 40 多個，給群眾撐了腰。

分析了目前幹部的思想情況。(略)

提出今後如何補救的意見。(略)

在今後工作步驟中應當掌握的關鍵問題。(略)

1951 年 2 月 9 日

上午高部長作報告(衢州地委民運部部長高希聖，曾任浙江軍區第三軍分區司令員，1952 年任衢州地委副書記)。

報告的主要內容是總結土改，關於抗美援朝和動員青年參軍。

1951年2月10日

上午討論高部長報告。

下午：高部長總結。

1951年2月13日

召開村幹部會，傳達高部長報告。

1951年2月14日

召開民兵會議，傳達大會精神，評選幹部，選積極分子。

1951年2月15日　晚

召開全村會員大會，傳達高部長報告精神。

1951年2月16日

成立鄉委員會。

訂立愛民公約：

1）做事沒有顧慮，公事公辦，不能壓制群眾，讓群眾充分發表意見。

2）要團結得像兄弟一樣，不能發脾氣。

3）幹部沒有特權，要發揮帶頭作用。

4）做事要對得發揮毛主席。

5）有事與會員一齊商量，幹部不能私自決定。

6）幹部之間要相互尊重，共同做事。

7）不貪汙吃私。

1951年2月17日

召開土改勝利慶祝大會。布置參軍工作。培養擁軍典型。調查日寇鼠疫罪行。

1951 年 2 月 23 日

召開婦女會，布置參軍擁軍工作。

1951 年 2 月 24 日　雨

晚上召開幹部會討論問題。

慰勞品共收：稻米 109.5 斤；人民幣 82600 元；蛋 96 個；蠟燭半斤。

1951 年 2 月 25 日

省委辦公廳總結。(略)

1951 年 2 月 27 日　下午

總結大會，聽李克難科長作報告。

1951 年 3 月 2 日

晚上召開群眾大會，討論以下幾個問題：

發動代耕隊為軍屬裝柴；

討論村主任榮春是否準其辭職；

查有本村造謠分子吳鳳林(當過清黨)，吳曼宜頭(當過甲長)利用新任幹部不了解情況，進行造謠破壞，說國民黨好共產黨不好，並說：「眼光要看得遠一點」，威嚇村長要「留心」。情況甚複雜，要深入調查。

1951 年 3 月 3 日　晚

召開幹部會。

後記：土改日記從 1950 年 12 月 15 日寫到 1951 年 3 月 21 日為止。整體工作可分兩個階段，第一階段是土改，時間是從 1950 年 12 月到 1951 年 2 月這兩個多月。第二階段是抗美援朝動員參軍。從 1951 年 2 月 9 日高部長在雲溪土改幹部大會開始動員，這一個月的時間裡都在宣傳抗美援朝的形勢，動員翻身農民參軍。從方針政策到具體做法和步驟，都布置得非常具體仔細。土改工作完全是按中央兩個文件的精神進行的。而抗美援朝和參軍完全按衢州地委民運部高希聖部長和李克難科長所作報告進行。

我現在回想在解放前當時的歷史條件下，地方上國民黨時期的區長、鎮長、鄉長幾乎都是被鎮壓的對象，因為他們最嚴重的民憤就是抽壯丁，敲詐勒索農民，有的還有血債。在土改時，對民憤大的惡霸地主，包括區長，鄉長，鎮長或國民黨區分隊長，只要有人訴苦，設立一個臨時法庭，沒有什麼法律程式，也無處可上訴，只要開個公審大會一宣布，就一粒子彈了事。根據當時國民黨政府的編制，地方上的區、鎮、鄉都有國民黨支部組織，摧毀政權的基層組織就是摧毀國民黨支部。因此，只要把區、鄉、鎮長消滅了，就摧毀了國民黨的基層組織，農村政權才能鞏固。而對於縣以上的官員，除了民憤極大者，一般都是統戰對象。所以毛澤東選集中提出的「黨的領導、武裝鬥爭和統一戰線」這三大法寶，在土改中得到完整的實現。

土改結束後緊接著就是動員青年報名參軍，因為當時正值抗美援朝急需新兵補充上前線。但在當時，動員參軍並不輕鬆，農民對國民黨統治下的抽壯丁記憶猶新，所以提出來要保衛勝利果實，絕不受二遍苦受二茬罪，再進行一次抗美援朝保家衛國的教育，在此基礎上號召大家報名參軍。

經過動員後，塔石塘村有三位青年報了名，經過體檢，只有一位青年合格。他回家以後，大人拉後腿，晚上在家裡故意用開水把自己的腳燙傷了。第二天給他披紅戴花送鄉公所時，因他腳燙傷不能行走，只能用椅子抬著去，弄得我們很狼狽。到鄉公所後，上級一看心裡就明白了，於是就把他送了回來。後來經過再三動員，有一個貧農的兒子叫吳種樹報名參了軍。他們家就父子二人，住在茅草屋裡，相依為命。我當時心裡真有些捨不得，但為了完成任務也沒有辦法。

短短的土改工作，包括動員參軍才四個多月。我與貧下中農建立發揮了親密的感情，我們吃飯是派飯，一戶貧下中農家庭吃一個星期，大家一發揮吃，沒有特殊化。我甚至還和一個貧農的兒子同蓋一條被子，因為他們窮得全家只有一條被子，於是一發揮蓋我自己帶的被子，讓他與我同睡。冬天的南方陰冷，我們住在一間地主的空屋裡，與青年民兵關係特親密，因為當時大家都是十七、八歲的青年。2012 年 11 月回衢州參加母校成立 110 週年慶典後，我順便回到塔石塘想訪問一下老友。我帶了原來日記本上的土改積極分子和訴苦人的名單，好不容易找到了塔石塘村黨支書。他熱情地接待了我，但所有名單上的人要麼他不認識，要麼去世了，只與他八

2012 年重訪 62 年前土改地塔石塘村，會見當年貧農吳大爺(右)

十多歲的年邁父親交談了幾句，老人因為耳聾根本聽不見，是由書記給我轉述的。

到了 1951 年 3 月底，土改和參軍工作已基本結束，農村要開展大生產、春耕和興修水利了。土改工作隊員有的也陸陸續續離開了，我們的隊長陳偉教導員已另有任用，原來在一發揮的隊員還有一半多一點。這時，我向組織提出要回校補課準備考大學，領導同意我回校並要給我做個鑒定。鑒定會是專為我一個人開的，因為同來的衢州師範高三的孔蘭芳和袁志明兩位同學已不準備再上學，他們不打算離開工作了。

1951 年 3 月底組織上給我一張鑒定表。這是一張手刻蠟板的油印表格，表格的名稱為《參加土改的積極分子和學生鑒定表》，上有：姓名、年齡、性別、籍貫、何處調來、參加何種工作和時間、文化程度、部別、職別、是否黨團員、工作表現、優缺點、小組意見、備考和機關負責人、填表日期等項，自己填寫上半部，組織填寫下半部。

「工作表現」一欄為自我評價，我填的是：對工作還能負責，不過面臨困難時容易懊惱，有時自己主張不定，容易遷就群眾中一部分落後思想。

「優缺點」一欄也是自我評價，我填的是，優點：1) 能始終站穩立場；2) 不貪汙吃私；3) 未強迫命令；4) 對工作負責，與群眾連繫好。缺點：1) 工作做得好時情緒很高，遇有困難，辦法很少，容易遷就群眾落後思想；2) 沒有深入艱苦工作，以致群眾還沒有全部發動發揮來，只是一般化的工作。

「小組意見」一欄組織上填的是：鬥爭性不夠堅強，遇有困難辦法很少，容易遷就群眾落後思想。對工作耐心。

「備考」一欄，是塔石土改隊的鑒定意見，為：該同志在土改中表現積極、負責、耐心，缺點：鬥爭性不強，容易遷就群眾的落後思想。落款是：塔石土改隊 郭榕。

參會人員(簽字蓋章)：郭榕；夏勤功；孔蘭芳；葉桂祥；袁志明。

「機關負責人」一欄，蓋的是地委宣傳科長「李克難」的章。

填表日期是：1951 年 4 月 3 日。

鑒定會是在我的工作地塔石塘村開的，由郭榕同志主持。他買了一點花生瓜子，既是來開會，也是來送行。我準備了茶水。我們六個人在一發揮又說又笑，會議開得親切而輕鬆，因為大家在一發揮工作了四個多月，互相比較了解。而對為什麼要鑒定和鑒定能發揮什麼作用，當時我都不太清楚，因為畢竟是生平第一次。

我的發言只有十分鐘，談自己的工作與體會。這是我生平第一次走向社會，在農村接觸了貧下中農並與他們在一發揮，鬥地主、分田地、大會小會發言、動員憶苦思甜和參軍，一幕幕猶在眼前。

與會同志也給我提出了誠懇的意見和希望。那時大家都沒有相機，無法拍個合影照作為臨別紀念。倒是我們的組長郭榕想出了一個送行方式，他說：「大家沒有意見，會議就結束了，我提議到村外去，讓你們每個人放一槍，為老汪送行。」

大家熱烈鼓掌贊成。他是我們組裡唯一的解放軍幹部，帶有一支駁殼槍，平時我們想玩玩他的槍，他都不同意，這次可讓大家過癮了。

那天我們說說笑笑地一發揮走到村外，然後同志們輪流開槍為我送行。至此，我 4 個多月的土改工作也就在這送行的槍聲中圓滿地結束了。

第五章

大學時代

1951 年土改工作結束後，同學們各奔東西，有的考大學，有的參加工作，也有回家自找出路的。我經過短期的高三補課，就去杭州參加了全國高考，並有幸考取了清華大學化工系。

離家北上

我考上了大學，這遠遠超出了父親的預期。他原來的想法是，大兒子高中畢業後，要么子承父業跟他學做生意，要麼去郵局、信用社或稅務所，當一個在當地有頭有臉的掙工資的國家公職人員，早點賺錢貼補家用。我們父子倆為此曾大吵過一次，以致兩人一個多星期沒說話，但父親最終拗不過執意要繼續上學深造的我，同意我報考大學了。儘管事與願違，但當我真的順利地考上了大學，而且是首都的名牌大學，汪家破天荒地出了一個大學生時，他由衷地為有這樣一個兒子而感到驕傲，在鄉親鄰里面前也覺得臉上特別有光彩。

1951 年高考已是全國統一招生了，每位考生可以填報 5 個志願。我感興趣的是化學，主要是受吳良和孔慶震二位老師的啟發。在一次做肥皂的實驗中，用牛油與氫氧化鈉加熱後產生的肥皂居然能洗去油漬，覺得很神祕。在抗日戰爭年代家裡很窮，洗衣服用不發揮肥皂，外婆就把臟衣服放在木盆裡，然後把稻草灰用開水沖，沖出來的浸漬水可以洗掉油漬，後來才知道，原來稻草灰裡含有氫氧化鉀。

報考清華大學的動機很簡單，是因 1950 年夏衢中高三的優秀畢業生劉佳有考取了清華的財政專修班。他是衢州樟樹壇人，是 1950 年剛建成的中國新民主主義青年團衢州中學團支部的支部書記，而我又是透過他介紹入團的第一批團員，對他的佩服和把他作為學習榜樣促使我報考了清華，而喜歡化學又促使我選擇了化工專業。

接到錄取通知書時，最高興的一件事是能在北京參加十一國慶遊行，到天安門見毛主席。學校專為南方學生赴北京組織了北上聯絡隊，集合地點是上海。臨行前父母親把家裡所有的積蓄都拿出來給我做棉襖、棉褲、棉鞋和棉被四大件。因為在高中我穿的棉衣全是父親舊衣服改的，冬天全班只有我一個人穿長棉袍，所以在那時的照片上一看就能認出是我。出發那天，我們家唯一的雇工毛南把我的行李挑到火車站，然後我們就一發揮在車站等火車。

毛南是個老老實實的釀醬工人。1942 年前在茶圩鎮開醬坊時，他就在我父親手下工作，直到日本鬼子掃蕩，茶圩鎮被毀才離開。1945 年父親恢復醬油業，又把他雇了回來。毛南是個單身漢，平時沉默寡言，但對我很好。他先後曾找過幾個女人，但那些女人把他的錢騙走以後，就把他拋棄了。1960 年我回老家時，買了兩斤蛋糕專門去看他，他已年老體衰臥床不發揮了。

我們等火車一直等到半夜三更，從南昌到杭州的火車才開進龍游站，上車的只有我一人。毛南把我送上車廂，隨著汽笛一聲長鳴，在車門處與他揮手告別。我回到車廂裡，顯得特別孤單，遠行千里，不知何時才能再回家。兒時的一幕幕閃回眼前：上小學時得瘧疾外婆帶我逃到田野裡躲避鬼神；日本鬼子掃蕩時把父親用繩子捆綁發揮來用刺刀對準胸膛；從城裡放學回家母親給我做的蘿蔔絲炒牛肉……想發揮這一切，不禁潸然淚下。

南昌到杭州的火車是趟慢車，慢車一站站停靠，到杭州車站時已是早上七、八點鐘了。我從這裡再轉車，到上海時已是傍晚時分，父親的一位老同事已派人到車站來接我。

父親的這位老同事叫徐善冶，原來是 1942 年信大運輸行的夥計，夫妻倆曾在我們家住過兩年，現自己又在上海開了個小運輸公司。這次父親事先寫了封信給他，請他在我路過上海時照顧一下。他的公司離車站不遠，來迎接我的學徒叫了一輛三輪車，走了約五里地就到了。他們夫婦倆對我非常熱情，聽說我考取了清華大學真是羡慕不已。我在他家住了一個晚上，第二天上午還去看了一場電影，下午徐善治又把我送到車站，與清華北上的工作隊匯合。

北上工作隊是由本屆考取清華的上海學生帶領的，為南方錄取生北上提供幫助。對我這個第一次出門就遠行千里的鄉下人來說，真是提供了莫大的方便。我們的領隊是李安樸和馬德坤兩位同學，我把錄取通知書給他們看了以後就加入了他們的隊伍。這次北上團約有二十幾個同學，都是十七八歲的小夥子和姑娘們，大多是上海人，嘰嘰喳喳講的上海話也聽不懂，只有我一個鄉巴佬坐在車廂的角落裡發呆。列車到南京後要上渡輪擺渡過長江，到了江邊把每四五節車廂分成一組拆開，然後用小火車頭拉到渡輪的鐵軌上，為了安全發揮見乘客必須下車。如此擺渡經過三個多小時才到對岸，經重新組裝後再行駛北上。北國風光與江南水鄉就是不一樣，列車一路向北，車窗外鬱鬱蔥蔥的風景漸漸地不見了，映入眼簾的是一片片的黃土和稀疏散落的小草，給人帶來了一絲絲初秋的涼意。列車到了符離集小站車停下來時，只見一大群旅客奔向月臺去買燒雞。聽說這裡的燒雞全國有名，周圍的小夥子和姑娘們自然是一馬當先不甘落後，而我卻因囊中羞澀只能望雞興嘆。

經過兩天多的行程，列車終於駛達北京的前門老北京火車站。我雖然感到有些疲勞，但還是非常興奮和好奇。學校的大卡車從站臺直接把我們送到了清華園。進清華後，車子停在了體育館旁邊，要我們下車，發揮初有點丈二金剛摸不著頭腦，後來被告知因宿舍未騰出來，要在體育館裡住幾天。我們被安排在體育館的後院，是練單槓、雙槓的地方，大家把行李打開，因下面有厚厚的墊子，睡得很舒服。過了一星期左右，我們就搬到二院去住了。

在清華二院

二院是清華同方部北面的一排排平房，那是化工系的基地。因為化工系在清華是 1946 年抗戰勝利後成立的，所以暫時還沒有「館」。從系主任到助教都在一間間隔開的平房裡，上面寫著各自的姓名，找發揮來非常方便。前面三排是教學用的房子，我們的宿舍在第四排的東側，一共有兩個大房間，可能比現在的軍營宿舍略小點，每間住二十幾個人，都是上下鋪。雖然條件比較艱苦，但沒有一個人發牢騷。我與黃訓豪同學是上下鋪，黃訓豪是廣東人，操著一口廣東腔的普通話，勉強還能聽得懂，原先我們都是化工系，第二年院系調整後把他分配到了礦產機械系。我們隔壁的徐運祥和羅齊原是上下鋪，第二年分專業後，他們三位都轉入「礦產機械系」了。

說發揮與黃訓豪的關係，近年還發生了一件趣事。2015 年 3 月的一個下午，我突然接到一個長途電話，是一位廣東老人的口音。

「老汪哎，你好啊！你還記得我嗎？」電話中的一個操著廣東官腔的老人說。

「我怎會忘記你呢？我們倆 1951 年進清華時住在二院宿舍裡還是上下鋪哩！」我一聽聲音很像黃訓豪的口音，馬上激動地回答。

「是呀！我很想你呀，你什麼時候有機會來廣州我們見見面好嗎？」對方問。

「當然好啦！我有機會到廣州一定去拜訪你。」我回答。

「是這樣，有件事要請老同學幫忙。我最近胃病又犯了，醫生說要住院動手術，一時拿不出那麼多錢，你能暫時借給我一點錢，支援一下好嗎?」對方問道。

「嗨，老同學有困難，支援是理所應當的。」我毫不猶豫地答道。

「那你先借給我 5 萬元，我把銀行卡號告訴你，謝謝啦!」

電話就此掛斷。

放下電話後，我冷靜地思考了一下，覺得有點不對頭，老同學多年不見一開口怎麼就要錢呢?我多了一個心眼，決定先打電話問問我們的老班長徐亦方，打聽關於黃訓豪的情況。徐亦方當即告訴我，黃訓豪現在香港經商發了大財，怎麼會向你借錢呢?

恍然大悟，我差一點中了一場電信詐騙的騙局。後來知道，這種騙局還有個名稱，叫：猜猜我是誰?

那時在我們大宿舍裡，冬天取暖是燒煤球爐子。最使我難忘的是，進清華後的第一個冬天下了一場大雪，我因沒有雨鞋，只能穿著母親做的一雙新棉鞋趟雪，棉鞋很快就被雪浸濕了。晚上，我把濕棉鞋放在爐子旁邊烘烤，到了第二天早上發現，棉鞋被燒出了兩個大洞，沒法穿了。真是欲哭無淚，這可是母親一針針縫發揮來的呀!

我們這排房子的西側住的是解放軍，後來才知道他們是總後油料部派來學習油料分析化驗的。當時正值抗美援朝的戰爭時期，化工系專門為部隊辦了油料訓練班，由系主任曹本熹和侯祥麟教授親自給他們講課。

報到後不久，班長徐亦方就代表系裡徵詢同學們的家庭經濟狀況，家庭經濟有困難的同學可申請助學金。我把村裡農會給自己開的介紹信遞了上去，證明我家人口多，土改後經濟困難，建議學校給予助學金。我真害怕因為出身成分不好拿不到助學金，弄得不好只能退學回家。所幸系裡討論的結果是，同意給我乙等助學金，每月交夠伙食費後，還能有 2 元零花錢。這樣就能在學校生活下去了。

正式上課前，系裡在同方部為新生辦了一個迎新晚會。晚會的內容非常簡單，主要介紹化工系的專業概況和老師。除了系主任曹本熹外，我記得還有趙錫霖副主任(後來到北京鋼鐵學院任教)、武遲教授等。其中印象最深的是侯祥麟教授，因為他個子比較矮小，而且穿著紅襯衫。

開學後，我遇到的第一件大事是，參加慶祝建國兩週年的國慶遊行。為參加國慶遊行所有的同學都要進行十天的操練，大家都十分認真，做到步伐整齊，縱橫方塊都要像豆腐干一樣方方正正。但由於當時經濟條件所限，做不到服裝統一，於是我們就把各自參差不齊的白襯衫一律染成了紅色，英姿勃發，鮮豔奪目，這樣排成遊行方陣，看發揮來就既整齊又美觀了。

參加國慶遊行的隊伍在 10 月 1 日當天的清晨 3 點鐘就出發了，每人發兩個饅頭兩根香腸，步行到清華園火車站坐上悶罐車，沿當時的環城鐵道坐至朝陽門車站下車，再列隊走到天安門。嚇，天安門前人山人海，人聲鼎沸，鑼鼓聲和口號聲交織成了激情的海洋。從隊伍到主席臺距離好幾百米，我根本沒看清毛主席和中央領導人的身影，但興奮的心情把一切都掩蓋過去了，只顧奮力揮舞手臂，大聲地高呼口號。這是我有生以來見到的第一個激動人心的大場面，亢奮的心情久久不能平靜，回到學校後才感到四肢猶如癱瘓一般，已經累得幾乎不能動彈了。

作為從農村出來的高中生，進入全國一流大學，發揮初我接二連三地出洋相，而且還犯過錯誤。

首先，入學前需再進行一次體檢，在眼科對顏色解析度測試時，一本五顏六色的圖集檢出了我是紅綠色弱，離色盲只差一步之遙，後經系裡研究，認為讀化工尚可，讀化學就不行，我僥倖地過了第一關。

到校後我們的宿舍還沒有安排好，暫時住在體育館內，一天到晚沒有什麼事，同來的一位同學叫唐均安，他是從復旦大學唸過一年大一再考到清華化工系的。根據當時高教部的規定，只有應屆生才能入學，因此他就沒有註冊。為此，他要去高教部反應自己的困難，他要我把校徽借他用一下，說否則進不了高教部。這是幫助同學呀，我毫不猶豫地就把校徽借給了他。但唐均安一到高教部的傳達室，在說明來意辦登記時就露出了馬腳。傳達室的人問他，既然你沒有註冊，那麼你佩戴的校徽是哪兒來的？被如此一問，這位老兄只能如實坦白，說是向別人借的。這一下好了，事沒有辦成校徽卻給扣下了。根據校徽的編號很快就查出了我的名字，於是系裡和校方領導逐級找我談話，最後是教務長李廣田先生親自面談。為此，我寫了好幾份檢查，最後是校方姑念我年輕幼稚，從輕給了個警告處分。

上課才幾天就挨了個處分，而且是好心辦錯事，我心裡真感窩囊。但也說明學校的校風嚴格，它給我的人生上了一課。

清華老師和同學那些事

當年浙江省高考只有杭州一個考區，清華化工系錄取了 6 人，登在《光明日報》上，我記得有董世華、我、陳建存和萬邦烈，其他兩人名字忘了。董世華入清華不久得了肺結核，一年後退學了，而我們 3 人以後都轉入了石油學院。我在煉製系，陳建存在煉廠機械系，萬邦烈在礦產機械系。五十年後見面，陳建存執教於深圳大學，萬邦烈畢業後去蘇聯留學，獲副博士學位，回國後在石油大學執教。

那時考上清華的學生，收到的錄取通知書中對院系有詳盡的描述。在錄取通知書中，有當時清華化工系最高端的設備——一臺銅製的精餾塔。當時化工系在學校的北面有四臺設備，其中一臺就是那個精餾塔。雖然現在任何一個石油學院、中等職業學校有精餾塔很普遍，但在當時那種「一窮二白」的條件下，這臺精餾塔還是讓我引以為豪的。

1997 年 9 月 21 日清華同學北海仿膳聚會

（從左至右：錢婉維、胡瑩君、吳朝華、徐亦方、張鳳亭、汪燮卿、柴正弦）

回憶發揮蔣南翔校長提出的「為祖國健康工作五十年」的口號，和印象最深的兩堂課——馬約翰的體育課以及艾思奇的哲學課。自 1961 年參加工作以來，到現在已經有五十多年了，每談到這裡，我就會自豪地說：「我已經達到蔣南翔校長的要求了。」全校的大一學生第一節體育課和政治課是在大禮堂上的，我對馬約翰先生冬天穿短褲跑步的事仍然記憶猶新。而對於艾思奇的《大眾哲學》中的三大定律，現在還記得兩條：對立的統一和否定之否定，但在當時是靠生吞活剝和考試時死記硬背的，在經歷了半個多世紀的滄桑，現在覺得蠻有道理。

我大學一年級學得很吃力，特別是無機化學和分析化學這兩門課。無機化學是張青蓮教授授課。那時班上很多上海考來的同學，大一的普通化學他們在高中就學了一些，因此對他們來說學得很輕鬆。我就不同了，過去沒學過，加之張先生一口常州話不易聽懂，學發揮來很吃力。為此，班上給我們開輔導課。我記得最清楚是周佩正同學，他給我們講得非常清楚。後來我與周佩正關係很好，成為他的入團介紹人。周佩正學習非常優秀，改革開放前期就編輯《德漢煉油技術辭典》，其實那時他的英語已很棒了，德語是他的第二外語，因要去美國進修，只好把未完稿給了我，要我繼續完成。我因工作繁忙又把此事委託給留德的胡振榮同學，他繼續完稿後於 1988 年由烴加工出版社(現中國石化出版社)正式出版。

周佩正 1980 年去美國德克薩斯(Texas)大學進修，以優異成績獲博士學位，並被授予鳳凰獎，1986 年在紐約城市大學從教，1987 年在美國能源部匹茨堡能源中心工作，後又轉入紐約碳氫科技公司(Hydrocarbon Technology Incorporation)主持工作，並與我經常保持著連繫。他在學術上頗有成就，曾接手了碳氫科技公司任 CEO，回國講學時曾多次來我院授課，如美國的新配方汽油開發和制訂的規格標準，對我們關於油品品質升級很有啟發，另外在煤加氫液化方面也有建樹。我去美國也到匹茨堡大學拜訪過他們一家。遺憾的是，周佩正同學不幸於 2007 年因患癌症去世。

教我們分析化學(定性部分)的是魏娛之教授，教定量化學部分的是唐偉英老師。我在作定量分析滴定時，因眼睛色差還要別人幫助看終點，基礎差、恐懼、緊張，使我這門課學得最差，但沒有想到畢業後還要從我最發怵的工作發揮步——從事石油的分析研究。當時我唯一的想法就是：祖國的需求就是我的志願。

在度過了學習最困難的階段以後，在名師的授課啟發下，我學習漸漸地由被動轉為主動，印象最深的是傅鷹教授講的物理化學。他把深奧的理論講得深入簡出，並與日常生活密切結合，把物理化學的一些基本原理講活了。我記憶深刻的，如講相的轉變，他要同學們觀察一個現象，在冬天下雪的地面上，如果有一輛汽車跑過，車輪子底下會出水是什麼道理，要用相轉變與壓力的關係來解釋就明白了。

傅鷹教授的夫人張錦教授講的有機化學也使人產生興趣，她要求同學們不要死背化學反應式而要能靈活應用。她把煤化工講活了，一開始就是從碳化鈣制乙炔，乙炔制氯乙烯，乙炔制乙醛，乙醛製醋酸，然後是醋酸乙烯，她講的有機化學反應式基本上都能在現在的四川維尼綸廠體現出來。遺憾的是生產氯乙烯的催化劑現在還是汞劑，汞化物對環境和人體的毒害直到現在還困擾著煤化工的發展。而無論是傳統的煤化工或天然氣化工，現在還是從乙炔開頭的。

那時的師生關係十分親切。同學們在春節都要到照瀾院教授家去拜年。記得 1952 年正是傅鷹和張錦兩位教授撫養他們寶貝孩子的時候，只見他們在牆上畫了幾條曲線，我們感到很好奇，就問張老師，張錦教授笑著說：「這是每天給孩子喂奶和體重增加的曲線」，足見大科學家嚴謹的生活和工作風範。

團支部工作

我是 1950 年 3 月在衢州中學入新民主主義青年團的(後改為共青團)，到清華應該把團關係轉過來，衢中的團組織給我開了一張介紹信要我自己帶過來，我當時不解其意就把介紹信一直放在箱子裡，直到有一天化工系的團支書黃聖倫問我：「你是不是同志呀？」

同志？我腦子一時轉不過彎子來，不明白他說的是什麼意思。

他又問：「你是不是團員呀？」

我懵懵懂懂地答道：「我是團員。」

直到黃聖倫接著再問：「你有沒有帶轉組織關係的介紹信？」這時我才恍然大悟，趕緊把衢中開的介紹信送到了團委。

過了兩個星期，黃聖倫同志找我談話，說組織上決定要我當支部宣傳委員。當時我的心裡很緊張，因為面對化工系全班的同學，覺得他們都比自己強。他們大多來自北京、上海、天津等大城市，學習基礎比自己好，見識比自己廣，自己怎麼能領導他們呢？不過，既然是組織的決定，也只好硬著頭皮去幹了。

一年級化工系的團支部團隊由 3 人組成：支部書記黃聖倫，是 1950 年考入清華大學化學工程系的，那時他只有 16 歲，所以他比我高一屆卻小二歲。黃聖倫也是南方人，出生在上海，父親開了一家製造魚肝油丸的藥廠。他中學時期就思想活躍進步，很早便加入了共產黨的外圍組織，正式入黨的時間是 1950 年 3 月，所以 1950 年 9 月進入清華大學之前他就已經是一名共產黨員了。這次上級團委派他到我們班是做兼職書記的。組織委員陳大白，是一位女同學，天津人，高級知識分子家庭出身。她的出生年月是 1936 年 9 月，那年 15 歲，比我小 3 歲。而我則是來自偏遠閉塞的浙江小縣龍游，工商業兼地主出身，任宣傳委員。對於上級組織的這個人事安排，我心裡一直很費解：在那個以階級鬥爭為綱的年代裡，無論是出身還是地域，這個支部委員怎麼會讓我當呢？但當時我初入大城市處處謹言慎行，因而也沒敢明問。直到五十多年以後，我又遇見黃聖倫同志，問他：「當年上級為什麼要我當那個團支部委員呢？」得到的回答是：「因為要選擇一個從小城市或農村來的團員，代表性更強一些。」

65 年後的 2016 年，是清華化工系成立七十週年的年份，9 月 25 日系裡在清華大禮堂舉行學術活動，我見到了 30 多年未見面的老領導滕藤。我 1951 年進校時，他是清華大學的團委書記。恰好黃聖倫和陳大白也來參加紀念活動了，我們 1951 年團支部的 3 個支部委員不約而同地相聚在一發揮，真是機會難得。我們這 3 個老團支部委員都已年過八十了，黃聖倫退休前是清華大學黨委副書記，陳大白曾任北京市政協副主席，我則是中國工程院院士。老團委書記滕藤當著我們的面盛讚我們這個 51 級的團支部很有出息。我問他，是否還記得 1985 年我們曾經接受破解「水變油」騙局的那段經歷？

1995年4月30日清華大學1951級石油系部分師生合影

「水變油」，是上世紀八十年代初期公安部惠副部長親自布置的由滕藤牽頭甄別的項目，參加該項工作的還有林依(原清華化工系研究生，我的入黨介紹人)和清華化學系的宋心琦教授。當我問他是否還記得此事時，滕藤馬上次答說：「怎麼不記得，我還記很清楚哩，是你用毛細管色譜把樣品分析比對以後，那個水變油的油樣與市面上加油站的油樣大大小小的幾百個峰完全一樣，證明那只是一個魔術，這才破了案的。」

校園的政治運動

團與黨的關係是十分明確規定的：團是黨的助手和後備軍。也就是說團是黨領導下開展工作的。從1951年到1953年這段時間全國政治運動不斷，當時的大環境一是抗美援朝；二是剛剛建立政權有些知識分子還抱觀望態度；三是要在國民黨的破爛攤子基礎上恢復國民經濟。1951 年底開展了反貪汙、反浪費、反對官僚主義的「三反五反」運動。全國都在轟轟烈烈打老虎，槍斃劉青山、張子善大快人心。清華也搞得很熱鬧，揪出大大小小的老虎一大批，高年級同學去打虎，我們低年級的任務是看守老虎。我們負責看管的是一位煤老虎，是一位學校管買煤用煤後勤工作的負責人。把他單獨一人關在房間裡，由同學們三班倒輪流看管，規定不許與被看管人交談，晚上值班不許睡覺，每人發兩個饅頭一根香腸。就這樣看管了 3 個月，後又不了了之了。

緊接著「三反五反」運動的是思想改造運動，要在學校裡，特別是教授中間批判「親美、崇美、恐美」思想。因為當時正值抗美援朝的緊張時期，為了打倒美帝，必須從思想上首先肅清親美、崇美、恐美思想，首當其衝的是那些留美回來的大教授。透過政治學習，特別是學習毛主席的《別了，司徒雷登》，要求大家與美帝在思想上劃清界限。

有兩件事我至今記得，一件事是武遲教授在大禮堂作典型報告，說他在美期間曾受國民政府之命在美國買炸藥。說明舊社會過來的知識分子可能會與美國學界商界有著千絲萬縷的連繫，現在確需從思想上劃清界限。

還有一件事印象更深刻，那就是在參觀反美展覽會上，看到了張東蓀在解放前的題字：「若要我在共產主義和法西斯主義之間選擇，那無異於選擇槍斃或絞刑」。我看後大為震驚，想不到教授裡還有如此膽大妄為之人。張東蓀曾是第一屆全國政協委員，據說在投票選國家主席時，毛澤東的得票數僅比總票數少一票，後來人們猜測：沒有投毛主席票的就是張東蓀。

思想改造運動搞一段落以後，又開展「忠誠老實」運動。所謂忠誠老實，就是向組織上交待清楚各種有關政治問題：是否參加過國民黨、三青團，反動會道門，是否有海外關係，親屬中有無被殺、關、管的，以及其他需求交代的問題。

除「三反五反」運動以外，這些運動基本上在學習幫助和啟發的基礎上，提倡自覺自願。也有一些人在小組會上，因為心存顧慮，吞吞吐吐交代問題，叫做擠牙膏式交待，但基本上是和風細雨式進行的。

這三大運動過去以後，就進行愛國主義教育，號召全體黨團員學習方志敏《可愛的中國》，每一個人都要寫讀後感。對我來講，主要是與剝削階級家庭劃清界限，我寫的那篇讀後感至今還保留著。

加入共產黨

我在這幾次政治運動中能積極參加，認真學習，服從組織安排。特別是在解放前對國民黨腐敗統治，物價飛漲，民不聊生，鎮壓學生運動中都有親身體會或了解，一股正義感的熱情激勵我要參加共產黨；少年時代逢日本鬼子侵略中國，掃蕩時把我們家燒燬，衣食無著，在十分困難的條件下繼續唸書，誓要報仇雪恥的決心，一種愛國主義的熱情也激勵我要參加中國共產黨；我特別崇敬岳飛，把他作為偶像，我把岳飛的《滿江紅》中的「莫等閒，白了少年頭，空悲切」作為我的座右銘，在初中課本的扉頁上都寫上此句以自勉；我參加過土地改革，受到深刻的階級教育，使我明白要與剝削階級家庭劃清界限。

由於以上這幾個主要方面思想表現都比較好，經過組織上的多方面考察和培養，我於 1953 年 6 月 29 日加入了中國共產黨。

發展我入黨的支部大會是在清華二院一間教室裡舉行的，介紹人是林依和黃聖倫同志。因為我是剝削階級家庭出身，要在政治上、思想上、感情上與其劃清界限，與會同志提了不少問題，要我

1995 年 4 月 30 日清華校慶

（從左至右：汪燮卿、楊光華、陳大白、袁乃駒）

表態回答。我事先看過蘇聯作家奧斯特洛夫斯基的小說《鋼鐵是怎樣煉成的》，裡面寫道，保爾在入黨時說：「同志們，請開炮吧！」我也學著做好了這個思想準備，因而以虛心和誠懇的態度一一回答了與會同志們的提問。支部發展大會開了兩個小時，最後以少數服從多數的原則，舉手錶決透過了我的入黨申請，使我在 20 歲那年就如願以償地成為了一名光榮的共產黨員。在那個以階級鬥爭為綱的年代裡，一個出身剝削階級家庭、年僅 20 歲的在校生，能被發展入黨，我是非常幸運的，而那次發展大會上沒有舉手贊成的，都是出身好的黨員。

轉到石油學院

從 1953 年 9 月到 1956 年 8 月，我這三年最美好的青春年華，是在北京石油學院度過的。

新中國成立以後百廢待興，急需培養大批的科技人才，根據國家第一個五年計劃的要求，1953 年高等院校大調整，在原有條件較好的大學基礎上，衍生出一大批高校，北京石油學院就是其中的一個。它是以清華化工係為基礎，透過院系調整，把北京大學、天津大學、大連工學院等四個大學的化工系有關專業合併成立的。而清華除化工系成建制轉過來外，當時還有采礦和地質系也部分轉入了石油學院，所以石油學院剛成立時只有四個系：煉製、地質、礦產機械和煉廠機械。

當時的北京石油學院位於清華東邊的學院區，人們叫它們八大學院。它們從北到南是：北京農業機械學院、北京林學院、北京石油學院、北京礦業學院、北京鋼鐵學院、北京地質學院、北京醫學院和北京航空學院。

北京石油學院的第一屆學生主要是由清華大學 51 級化工系學生成建制轉來的，學校的老師基本上也主要是從清華化工系轉過來的，包括系主任曹本熹和傅鷹、張錦、武遲、楊光華等一大批教授，及張懷祖、沈復、戴衡、王君鈺、顧樂誠等老師。

1953 年初籌建北京石油學院時，成立了由教育部副部長曾昭倫為主任，燃料工業部副部長劉瀾波、石油總局副局長賈啟允為副主任的北京石油學院籌備委員會，下設以賈啟允為主任，曹本熹、賈皞為副主任的北京石油學院籌建處，並立即開始辦公。清華石油系主任曹本熹教授主要負責教學方面的籌備工作，賈皞主要負責基建工作，以保證北京石油學院在 1953 年「當年建校、當年招生、當年開學」。

賈皞，山西人，是個老八路。1938 年赴延安入抗日軍政大學學習，為抗大第四期學員。1946 年以後，在太岳地區任縣委書記。1949 年隨軍南下，任四川省彭縣縣委書記。1952 年 10 月應調入京，在中央燃料工業部石油管理局任機關黨總支書記。1953 年這一年，「老八路」賈皞和籌建處的員工一發揮拚死拚活，終於在北京九間房村幾百畝的田野上，先期完成了三萬平米的建築，其他籌建工作也逐步就位，當年 10 月宣告北京石油學院成立。北京石油學院創立後，賈皞任院黨總支書記，1955 年改任黨委書記。其後，高校實行黨委領導制，賈皞歷任黨委副書記、副院長，1964 年任代院長。

記得我們剛入校時，賈皞書記戴著一頂洗得發白的解放軍帽子，操著一口濃重的山西口音，很有風趣地向我們這些第一批學生侃侃而談建院的過程。說 1952 年的時候，這裡還是一片墳地，挖不到一米深就會出現纍纍白骨……

當時的副院長是張定一，此前任東北化學工業局副局長和東北石油管理局局長。當時東北是我國人造石油和煉油工業的基地，在他的主持下，石油一廠、二廠等頁岩干餾和石油五廠煤干餾生產人造石油都相繼恢復生產，在技術管理上已積累了豐富的經驗，來石油學院後首先抓建校和教學工作。張定一也是山西人，操著一副山西口音，要求學生們要艱苦奮鬥，做石油戰線的先鋒。1959 年以後他又任青海石油管理局局長、北京設計院院長、石油部副部長等職，我印象最深的是在 1990 年，他以 70 歲的高齡，擔任中國石化科技委高級顧問，與李人俊部長、侯祥麟院士等提出來要用重質石油原料生產丙烯，促進了石油化工科學研究院催化裂解制丙烯 (DCC) 技術的開發。

北京石油學院建成後的 60 多年裡，學院幾經變遷，1969 年後遷往山東東營，改革開放以後東營本部又遷往青島，成立了中國石油大學(華東)，同時在北京昌平成立中國石油大學(北京)，而石油學院的真正發源地則是北京學院路 20 號，現在的石油勘探開發研究院所在地。

「八大學院」建校之初，流傳一句順口溜「窮石油、富鋼鐵、了不發揮的大礦業。」這指的是當時各學院校園環境的比較。鋼鐵和礦業當時國家發展的相對成熟，又有相關部委協助，因而校園興建得十分漂亮。而那時石油工業部還沒有成立，石油行業正處於剛剛發揮步的階段，所以建校時相對艱苦。

1953 年，北京石油學院的開學典禮是在半是荒野、半是工地的校園裡舉行的。那時，學院內只有幾排簡陋的平房作教室和辦公室，一座未完工的工字樓作學生宿舍，一間大木板房作大食堂。當時學院裡只有一條凹凸不平的泥沙馬路，晴天汽車開過時一路揚塵，下雨後則又泥濘難行，高一腳低一腳常常難免摔跟頭。張定一副院長在露天廣場上召開大會，號召全體師生拿發揮鐵鍬自己修馬路和操場，於是同學們不怕艱苦，拿發揮鐵鍬接連修了三天，再撒上一層沙子，總算可以走了。接著又修廣場，修好後大家敲鑼打鼓進行慶祝，並將修好的馬路、廣場命名為「勞動大道」和「勝利廣場」。

那時的大食堂是簡易板房，四面透風，在裡面吃飯，外面如颳大風，飯菜一下就涼了，而且從房頂飄落下的塵土就好像在飯上撒了一層胡椒麵。到了冬天，暖氣還沒有修好，工字樓每一個房間都靠蜂窩煤爐子取暖。那時校區的公共設施還沒有完全建成，更別說公共浴室了，所以學生們晚上要走到清華大學去洗澡。雖然這摸黑行走深一腳淺一腳的一去一回挺辛苦，但大家呼朋喚友地一發揮結伴而行，既熱鬧興奮又鍛煉了身體。

我們就是在這樣的艱苦條件下學習和生活的，與在清華的日子比相差甚遠，但大家沒有半句怨言。所以 1953 年到 1954 年之間，學生們都是在平房裡聽課的，但條件的簡陋並不影響知識的獲取。我記得，當時教物理化學的傅鷹教授講到興致高時，常常把粉筆夾在食指和中指之間，然後放到嘴邊一吹，那姿勢就好像抽菸人悠閒地吹掉香菸灰一樣，似乎是很享受那環境和氛圍。聽說傅先生當年放棄優厚的生活和工作條件，毅然決然從美國回來，完全是出於愛國心和民族自尊心。傅先生說，令他感受最深的是，1948 年停靠在長江下游的英軍艦紫石英號，依仗堅船利炮竟向長江北岸的解放軍開火，解放軍毫不畏懼地予以了堅決還擊。這件事深深地感動了傅先生，只有共產黨的軍隊才能如此大義凜然毫不畏懼，如果是國民黨的部隊是根本不敢還擊的。狡猾的英軍一邊向我方抗議一邊在清晨濃霧的掩護下偷偷地溜走了。這真是一件揚眉吐氣的事，大長了中國人民的志氣，大滅了帝國主義的威風。傅先生的這種精神和感情可以說代表了廣大愛國知識分子的心聲。

1954 年教育部委任閻子元為北京石油學院院長，1956 年後又任命孫卓夫為副院長。在建院初期這段，全院工作朝氣蓬勃。到了 1954 年、1955 年，隨著招生的擴大和蘇聯專家來院教學，先後建成了南、北教室樓，1955 年開始建主樓。而學生宿舍也相繼先後建成了工字樓、五四樓和五六樓。建成的二層大食堂是水磨石地板的，一層是教師食堂，二層是學生食堂。到了週六晚上，把桌子一搬，空出一塊地方就跳發揮交際舞來。

當時全國的形勢是，一切向蘇聯老大哥學習，「蘇聯的今天就是我們的明天」。高等教育也是全面學習蘇聯，全盤照搬馬卡連柯的教育學。因此首先的任務是學俄文，從教授到學生掀發揮學習俄文的高潮。我中學時學的英語得放下，改學俄語，因為教科書全部都是蘇聯的，不學也得學。對於我們這批英語都還沒有學好，又要去學俄語的學生，真是有點勉為其難。於是，在這高潮中既有竅門也出了不少洋相。快速學俄語有一種叫「循環記憶法」，也就是快速背單詞的方法，先剪成 2~3 釐米寬、7~8 釐米長的小紙條，紙條的一面寫俄文單詞，背面寫中文，寫成三四十張摞在一發揮，先是一個一個念，然後像洗撲克牌一樣反覆洗後再背和念。記憶力強的年輕小夥子一小時能記住五六十個單詞。再把它們用橡皮筋捆紮發揮來，如此三四紮又像洗牌那樣混發揮來反覆再念。過了一兩個星期再念，如此循環幾次，就記住了。學習的另外一個方法是把俄文的單詞發音與中文的發音找相似性關聯發揮來，即用中文發音來記俄語發音，這樣的發音肯定不準確，但有時也很有意思。例如俄文「坐下」(Садись) 相當於中文發音的「殺雞吃」，俄文「再見」(До свидания) 中文發音就是「鬥死你大娘」，俄文的「星期日」(Воскресенье)就用中文「襪子擱在鞋裡面」來硬記死背，如此的笑話不一而足。

在突擊了兩個月的俄文以後就開始學專業課《石油工學》，我相信老師中有的英語基礎較好，教發揮課來沒有問題。而有些留過歐美的大教授，對比西式和蘇聯教材就知道水平和份量了。據說傅鷹教授就很看不發揮蘇聯的教科書和蘇聯專家，特別是他的專長膠體化學。我特別佩服他那教書育人的精神，他在石油學院先後教了物理化學和普通化學，都是給年輕人打基礎的。

分配學人造石油專業

在進入石油學院後的第一學期，煉製系又分為石油煉製和人造石油兩個專業。在沒有發現大慶油田以前，只有玉門為重點的西北老油田，到 1952 年底，全國原油產量達 43.5 萬噸，而頁岩油在 1945 年最高年產達 25 萬噸。我國的油母頁岩資源豐富，估計為 4000 億噸，相當於 160 億噸頁岩油。因此在第一個五年計劃中，提出天然石油與人造石油並舉的方針。為了適應這個需求，石油學院煉製系就設立了石油煉製和人造石油兩個專業，而我就被分配去學人造石油了。

當時我國的人造石油主要是以油母頁岩為原料，用撫順式爐在 550~600℃把油頁岩塊透過干餾產生頁岩油，當時生產頁岩油的工廠主要是撫順石油一廠和二廠。1954 年夏天，學校就組織學生們到石油一廠生產實習。

撫順石油一廠是當時生產人造石油產量最大，工藝完整，設備最齊全的工廠。廠長是顧敬心，早年留學德國。干餾工廠的主任工程師是汪景礪，後來任中國石化洛陽設計院副院長。我們是新中國第一批人造石油專業的實習生，受到廠領導和工廠的歡迎和指導。汪主任親自給我們講課，從基本原理、爐型結構、操作條件到產品分布講得清清楚楚，把課本知識和生產實際相結合，使我們理解得更深刻了。接著帶我們摸生產流程一直到管線的走向，再讓我們自己畫出圖來，這種認真的教學方式使我受益匪淺。

撫順式干餾爐是內熱式回轉式干餾爐，每臺爐日處理頁岩 100 噸，生產頁岩油 3~4 噸，原理是利用爐子下段燃燒和氣化，把熱的氣流傳遞給爐子上段，在 550℃ 把頁岩塊在隔絕空氣下干餾生產出油。這種爐子的結構比較簡單，但操作勞動強度大，為了防止干餾過程中頁岩黏結成大塊，在圓型干餾爐的中部沿圓周均分打了四個眼，大小約為直徑 6 釐米，正常運行時眼上面是用鐵塊蓋住的，但每兩個小時就要把蓋打開用粗鐵桿往爐子內捅，就像家裡燒煤球爐一樣，有時需求用火棍子捅才能使火燒得更旺。不過這種捅法與煤球爐略有不同。煤球爐是用鐵桿從上往下捅，而這裡是用鐵桿從爐子的邊緣往爐子中心捅。這是一個非常艱苦危險的操作，因為爐內的氣體呈正壓，打開蓋子可燃氣體帶著粉塵就往外冒。操作工人必須穿上石棉服，戴上像日本鬼子戴的左右兩邊有布片的帽子，把蓋子打開後，用一根大鐵棍用力往爐子裡面捅，使頁岩塊從爐子上部能向下慢慢運動而不黏結。這是我在撫順石油一廠生產實習時親身經歷的，因為那時我們年紀較小，力氣不足，工人師傅只讓我們在旁邊觀看，我卻從中感受到了工人階級的無私奉獻和吃苦耐勞的優秀品質。在當時生活非常艱苦的條件下，在這個崗位上的操作工享受一級保健待遇，每天發一碗牛奶。

實習的最後十天，教師和廠方商量找兩個學得比較好的學生作技術革新設計，結果挑中了我和劉同文二人。我們設計的題目是從汙水池裡回收油。在汪景礪工程師的指導下，我們日夜加班地完成了任務，受到廠方的表揚。

1955 年 7 月 5 日在石油一廠與實習師傅合影(後排中為汪燮卿)

劉同文同學出身好，學習刻苦努力，成績很好，1956 年與我同時被挑選去東德留學。第一年我們又在同一個班學德文。有一次德語老師要每人做一篇作文在班裡念，他寫了一個句子「你不要臉」，用德文直譯為「Du hast kein Gesicht(你沒有臉)」，弄得哄堂大笑。一年德語學習結束後，他被分配到弗萊堡礦業大學學習煤的干餾和氣化，我則到麥塞堡化工學院學有機化工。畢業回國後他分配到山西煤化所工作。1972 年燃料化學工業部副部長徐今強出訪西德，我們兩人又被挑選為德語翻譯，在一發揮工作了三個月。改革開放後成立了國家專利局，他又與沈堯曾一造成德國學習專利法，回國後參加國家專利局籌建工作，2015 年不幸因病去世。2016 年留德萊比錫同學會聚會紀念赴德 60 週年，同學們都對他的去世深表惋惜。

1955 年秋我又作了最後的畢業實習，實習的內容是為畢業設計收集資料，給我定的題目是煤的低溫干餾-魯奇爐的設計。這次有幸的是，朱亞杰先生親自帶我到錦西石油五廠去實習。

我們從北京西直門站坐火車到達錦西時，已是清晨 4 點多鐘。出了火車站，微風迎面吹來帶著絲絲涼意，四週一片黃土，沒有人家，顯得有些荒涼。車站旁邊連公共汽車都沒有，倒是有馬車在招攬生意，於是我們叫了一輛馬車，車老闆幫我們把行李裝上車。坐上馬車後，朱先生一路上跟我聊他在英國留學的經歷。大約走了一個小時的光景，到了石油五廠招待所，住下以後我們就去廠裡報到。廠領導是一位轉業軍人，親自來迎接朱先生，但大家都很守規矩，在飯桌上吃的都是高粱米飯和玉米麵粉。

石油五廠是個小廠，只有兩部魯奇式的低溫干餾爐。這是德國魯奇公司開發的技術，在二戰年代由日本占領軍從德國進口，主要目的是在東北掠奪我國的煤炭資源，透過煤的低溫干餾生產液體燃料，支持侵華戰爭。魯奇爐是方形爐，事先要把有一定揮發分的煤破碎成一定大小範圍的小塊，在爐內加熱到 550℃ 把油干餾出來，然後經分餾切割成汽、煤、柴油和重油組分，最後透過精製手段除去雜質得到商品燃料。我去實習的目的是親自參加操作，取得操作數據；查閱設計資料和圖紙，以便模仿著提供工藝設計書，實際上是照貓畫虎，根據不同煤的性質提出工藝操作數據和設備的大體輪廓。在朱先生的指導下，我先參加工廠倒班一個星期，查閱操作日記，收集實際生產操作數據。工廠的管理十分嚴格，從工廠主任到普通操作工人，大家上班都要參加打掃衛生，因為干餾工廠實在太臟了，兩個小時不打掃就到處是煤粉和灰塵。工廠主任叫李道，平時不修邊幅又愛睡懶覺，有一次上班前連褲子都沒有穿好，就匆匆忙忙跑到工廠辦公室，一邊提著褲子，一邊拿著掃把掃地，逗得大家哈哈大笑，但他工作很認真負責，待人也熱心誠懇。在進入收集設計資料階段，那位轉業軍人出身的廠長居然親自給我們講課，他講到選擇廠址時要如何考慮水源、風向、地形和歷史上是否有過不可預測的天災等，使我學到了很多實際的知識，也由衷地佩服這位領導在業務上能有這樣的水平，這種刻苦學習的精神令人敬佩。

朱亞杰先生 1938 年畢業於清華大學化學系，他的夫人楊岫雲是北京醫學院第三附屬醫院的一位護士長。朱先生 1947 年赴英國曼徹斯特大學深造，攻讀化工專業獲碩士學位，1949 年回國後在清華化工系任教，北京石油學院一成立就開始創建人造石油專業。他不但治學嚴謹，學術上有很深的造詣，而且對人和藹可親，諄諄教導，把學生們當做自己的孩子一樣看待，一點沒有架子。我的畢業設計成績為優，是他親自教導的結果，當時新華社還派記者親自來拍照。畢業後我赴東德讀博士生，經常寫信求教，他每次都給我回信。回信的內容，他甚至用了當時一般人不敢寫的口氣，比如說，勉勵我要刻苦學習，居然用了「吃得苦中苦，方為人上人」的句子。這「方為人上人」，與當時的政治口號相悖，是犯忌的，但卻表明了他對後代的良苦用心。我從德國學成回來後，分配到研究院工作，與石油學院是隔壁鄰居，而朱先生與侯祥麟院長關係甚密。「文革」前，有一次我從美國出差回來，向院領導匯報工作，恰好朱先生也在場，我就將從美國帶回的幾包「洋煙」相贈，請老教授過個菸癮。朱老先生接過後，拿出一根抽了幾口，馬上就說：「啊！這是弗吉尼亞的菸草。」說明他抽菸已經抽到了很精明通透的程度。

1986 年 4 月 17 日與朱亞杰(右)攝於都江堰

我差不多每年春節都要到朱亞杰家去拜年。朱先生的夫人楊老師特別熱情，臨走前總要讓我帶走一瓶揚州風味的鹹魚。他們老夫妻倆都是江蘇興化人，每年冬天楊老師都要親手醃製一些鹹魚，作為過春節佐餐的佳餚，因而我也有幸能品嚐到這份他們家鄉的特產。朱先生還與我談發揮他們的婚姻是封建包辦的，沒有談過戀愛，但夫妻恩愛不比自由戀愛差。在我看來，他們不但相敬如賓，而且時常說說笑笑，簡直跟年輕人一樣，非常令人羨慕。在文革災難中，朱先生自然也難逃一劫，那段時間石油學院沒完沒了地開批鬥會。我是逍遙派，晚飯後沒事就到石油學院看大字報，看到貼朱先生的大字報很多。當時，朱先生任石油學院副院長，說他是反動學術權威，執行修正主義教學路線，白天晚上都要挨鬥。有一天晚上，在石油學院我看到他右手拎著一條板凳，左手自己舉著一塊寫有「反動學術權威朱亞杰」的牌子，「朱亞杰」3 個字上還打了大大的 3 個「×」，在造反派拉拉扯扯下，來到石油學院主樓前，被造反派勒令手端牌子，站在條凳上低頭挨鬥……此情此景，讓在一旁觀看的我心裡十分難受。

朱先生一身光明磊落，對造反派的汙蔑毫不在乎。「文革」一結束，又把全部精力投入到恢復培養年輕一代科技人才的事業上，1980 年當選為中國科學院學部委員(院士)，朱先生力主要把石油學院從山東省東營搬遷回京。經過他堅持不懈的努力，克服了各種困難，終於部分如願以償。先成立了石油學院北京研究生部，後又成立中國石油大學(北京)，校址從原來的八大學院搬到昌平。原校址已被中國石油改建成石油勘探開發研究院了。

朱亞杰先生是我國能源研究會創始人，1983 年出版《中國能源狀況和展望》獲 1988 年國家科技進步一等獎，1984 年任中國能源學會理事長，1985 年發揮任中國氫能源學會主席，1986 年任中國煤炭轉化協會理事長。他一生治學嚴謹，平易近人，熱心培養年輕一代，是我的恩師和榜樣。

令我敬仰的還有楊光華老師。楊老師1951年從美國威斯康星大學深造回國，先在北大任教，1952年轉到清華，1953年參加北京石油學院組建工作，教我們石油煉製課。雖然那時我學的是人造石油專業，但石油煉製中所有的基本概念仍應掌握。楊先生講課的特點是邏輯性強，操著帶一點湖南口音的普通話，講得非常清楚。

我印象很深的還有講《化工原理》的謝舜照老師。那時上課沒有正規的教科書，就靠自己在課堂上記筆記，我至今還保留著這個筆記本。謝老師講課深入淺出，連繫實際，使知識容易理解和記憶。例如他在講熱的傳導、輻射和對流時，就舉了一個生動的例子。他是江浙一帶的南方人，說南方冬天沒有暖氣，老人和小孩都要在屋外曬太陽，農村裡人們都願意在稻草堆裡挖個窩躺下很舒服，選窩的原則是要向陽、背風，向陽就是直接利用熱的輻射，背風就是避免空氣的對流把熱量帶走，稻草堆就是利用稻草傳熱係數低而造成保溫的作用。我回想發揮小時候在外婆家，冬天曬太陽確實就是這種做法，但當時缺乏知識只知其然而不知其所以然。謝老師後來又到西安石油學院執教，他的教學方法和思想方法對我的影響很深。

人造石油專業課分別由郭紹泉老師教煤化學，秦匡宗老師講授低溫干餾，戴衡老師教煤的氣化和費–托合成，施俠老師教煤的加氫液化。他們治學嚴謹，講課深入淺出，連繫實際，使我受益匪淺。但在那講階級鬥爭的年代裡，即便沒有政治運動，對知識分子也是根據情況控制使用的。例如施俠老師的加氫課講得很好，但讓他帶學生去石油三廠實習時，只許學生進工廠，而不許施老師進工廠，他只能在外邊坐著喝茶。有一次，石油三廠的金國干工程師遇到他，問他為什麼不進工廠，他只能苦笑。這說明，當時知識分子的處境很尷尬。

當政治輔導員

我 1953 年進石油學院，按常規應在 1955 年畢業，但學校領導要我作政治輔導員，所以晚了一年到 1956 年才畢業。從 1953 年到 1956 年，我當了 3 年兼職政治輔導員。

在學生當中設立政治輔導員的辦法是清華大學校長蔣南翔提出來的。1953 年時任清華大學校長的蔣南翔為了加強對學生的政治思想工作，培養學生德、智、體全面發展，成為對祖國建設的有用人才，決定在學生中建立政治輔導員制度。輔導員的人選是在表現較好的學生中選擇產生的，要求他們能「雙肩挑」，即從政治上和業務上都比較好的學生中，挑選出一批能勝任的優秀骨幹。我是黨員，因而有幸被組織上選中為煉製系的輔導員，而且清華大學 51 級團支部團隊的 3 人當時都是政治輔導員。陳大白被選中任煉廠機械系輔導員；而黃聖倫當時是石油學院的團委書記，他當這個輔導員自然是責無旁貸。

黃聖倫十分感激這段做輔導員的經歷，後來他談發揮自己這段經歷的收穫時，總結為一個提高和三個鍛煉。而同時為石油學院政治輔導員的我，也非常認同這「一個提高三個鍛煉」，它就是：

一個提高，是提高了自己的政治思想水平。蔣南翔校長經常對大家講：年輕人學點馬克思主義將終身獲益。我在這種氛圍下學習了一些馬克思主義理論，對我的人生觀、價值觀的形成發揮了很大的作用，而從《實踐論》《矛盾論》中學到的思想方法，也在實際工作中對我有很大的幫助。

三個鍛煉：一是鍛煉了調查、研究、分析問題的能力。因為做輔導員需求時刻明白學生在想什麼，這樣才能及時地發現問題、解決問題。這種能力的鍛煉為我在工作中處理問題奠定了很好的能力基礎。二是鍛煉了連繫、團結、組織群眾的能力。這種能力為以後順利地開展各項工作是必不可少的。三是鍛煉了做好思想政治工作的能力。搞科學研究的人業務能力往往比較強的，但一提發揮做好思想政治工作常常就不行了，而做輔導員的經歷恰恰給了我一個鍛煉這種能力的機會。

人的一生不僅要想做事，而且要能做成事。在石油學院做政治輔導員的這段經歷，為我日後在「能做成事」方面潛移默化地打下了一些基礎。

因為擔任輔導員要花更多的時間做社會工作，因此每學期就少修兩門課程，延期一年畢業。考慮到為校方分擔了一些學生工作，我們就被定為「半脫產」幹部，每月有 20 元的津貼。這對我真是雪中送炭，大大緩解了我的經濟困難，不但能經濟上獨立，還能節約部分錢支援弟弟上學。

1953 年是我國第一個五年計劃發揮始年，工業、農業、文化教育各方面都呈現出一派欣欣向榮的氣象。對大學生來說最實惠的就是吃飯不要錢，由國家統包了，而且品質很好，早上有饅頭稀飯，中午和晚餐是四菜一湯，8 人一桌，吃飽為止。但好景不長，過了一年以後要自已掏腰包了。不過大家都能理解國家的難處，毫無怨言。

學校提出來要把政治工作滲透到生活中去，要根據青年人的特點，生動活潑多種多樣地開展學生思想政治工作。其中給我印象最深的是要學跳舞，花樣很多，但最主要的是集體舞和交際舞，而且輔導員必須帶頭，這可難壞我了。我笨手笨腳根本不會跳，上場後老是踩著對方的腳，搞得狼狽不堪，就是後來在國外待了五年也還是沒學會，直到今天跳舞這門「學問」還不行，很多人都奇怪覺得不可思議，但事實確實如此，可能是我生來缺少這方面的藝術細胞。

業餘活動的另一個內容就是大唱歌曲，特別是蘇聯歌曲，到現在我還能哼二三十首當時所唱的蘇聯歌曲，如《共青團員之歌》《喀秋莎》《三套車》等，歌詞和曲子感情豐富，調子或高昂或優美，好像認識社會主義和俄羅斯人就是從這裡開始的。

學校非常重視學生的體育鍛煉，當時全國大學生體育鍛煉實行「勞衛制」，即「鍛煉身體，保衛祖國」，有幾項明確規定的指標必須達到，分一級、二級和三級，達標後發給勞衛獎章。我下了很大的功夫終於達到了勞衛制的最低檔次，拿到獎章後還寄給葉嗣懋炫耀。總之，當時的大學生朝氣蓬勃，思想單純，什麼都不用愁，覺得比現代年輕人日子過得好多了，但時過境遷，要與時俱進，不可同日而語。

輔導員的政治工作的第一件事是對新生入學後，配合校方進行入學教育，愛祖國首要體現在愛石油事業上，要從我國的石油發展史，透過新舊社會對比，進行愛國主義教育。第二件事是分班，選擇指定班幹部，成立團支部。這些工作都要透過看檔案材料和個別談話後才能決定，但從第二學期以後就可透過選舉產生了。在大體完成上述任務後，就進入日常工作了，有一項是發現和培養積極分子，包括培養入黨和入團對象，透過個別談話，提高思想覺悟；透過介紹優秀書藉的閱讀，提高階級覺悟，當時有蘇聯小說《鋼鐵是怎樣煉成的》(奧斯特洛夫斯基著)，《絞索套在脖子上的報告》(捷克斯洛伐克的作者伏契克)，我國方志敏的文章《可愛的中國》和吳運鐸的《把一切獻給黨》等。最後的必修課是劉少奇的《論共產黨員修養》，號召大家要做黨的馴服工具。這在「文革」中被批判的黑修養，在以前黨的組織生活中是被奉為至寶的名言警句。學完以後介紹人要找他們個別談話，談讀後感，就跟我在清華被培養入黨的過程那樣。

在上世紀五十年代初思想教育最生動有效的內容，就是學習抗美援朝中志願軍的英勇事跡，特別是魏巍同志寫的《誰是最可愛的人》這篇報告文學。學完以後要求每一個同學連繫實際，如何以志願軍為榜樣，以高度的愛國主義精神掌握科技知識，以艱苦奮鬥的精神把自己培養成祖國需求的全面發展的合格人才。教育的方式也多樣化，其中有一個很好的形式是與志願軍戰士一對一通訊連繫。我現在還保存著與一位防化兵戰士的通訊，回想發揮六十多年前那股革命熱情，用現代年輕人的思想和生活方式來考慮簡直不可想像，只能說時過境遷，必須用與時俱進的思想來對待。

以上都是一些正面教育的內容，對於家庭出身不好的子女則要求他們劃清界限，肅清剝削階級在政治上、思想上、生活上的影響。當時的女同學沒有人敢穿高跟鞋，當然也沒有條件穿，有一句順口溜叫做「皮鞋格格響，資產階級臭思想」，現在普通老百姓都會覺得好笑的。對於共產黨員，不僅要劃清界限，而且要背叛自己的家庭，不能作地主階級的孝子賢孫。

對於有海外關係的學生，更是要嚴格注意他們的言行和通訊，特別是有港、澳、臺關係的，背上這個包袱比階級出身不好還要倒楣。

從 1953 年到 1956 年三年內沒有什麼大的政治運動，但對舊社會遺留下來的一些反動「會、道、門」組織是要嚴格進行取締和打擊的。當時在學校裡，就是要抓「三青團」和「一貫道」，其實這些青年當時還只是十幾歲，基本還不懂什麼叫政治，但只要戴上了這頂帽子，這一輩子差不多也就完了。

為了培養教育積極分子，我們一個通常的作法是，對學生的思想表現進行摸底排隊，分成積極的、表現一般的和較差的三類，有針對性地進行教育、幫助和提高，並且由團員分工負責。這些作法，當時我覺得還是對的，但在群眾中難免造成一些誤會，有的人沾沾自喜，有的人則背上了思想包袱。

被選中出國留學

1956年全國出了兩件大好事，一是毛主席提出來《論十大關係》，二是黨中央提出「向科學進軍」的口號。

《論十大關係》全面提出在我國社會主義革命和建設的總方針，吸取蘇聯社會主義建設的經驗和教訓，結合我國的實際情況，提出急風暴雨式的社會主義革命基本已經過去，強調要調動一切積極因素和可調動的力量，團結一切可團結的人，共同建設社會主義。現在讀發揮來覺得在當時的歷史條件下，提出處理好這些關係，對建設我國社會主義，確實具有重要的策略意義。

向科學進軍的口號，是中共中央於1956年1月14日至20日在北京召開的關於知識分子問題的會議上提出來的，為了調動和發揮廣大知識分子在社會主義建設中的積極性和創造性，克服在知識分子使用、待遇上的某些不合理現象。在黨的領導下，全學院的老師和同學倍受鼓舞，覺得獻身我國石油事業大有可為。當時我們正在忙於作畢業設計，聽了向科學進軍的口號後精神倍受鼓舞，晚上加班加點幹，燈火通明。當時，我處心積慮要把低溫干餾魯奇爐的設計搞得有點新的創意，以達到提高焦油收率的目的。對此，新華社記者還來採訪拍照。

在向科學進軍的口號鼓舞下，有些措施得到了落實，其中表現最明顯的是1956年派出國留學的人數是建國以來最多的。就拿我們年級的畢業班來說，人造石油專業班共有10位同學畢業，他們是：張立康、劉同文、王祥生、陶龍驤、張二水、杜文、王劍秋、姜榮華、我和景復興。其中有三位公派到東歐社會主義國家留學深造，他們是：王祥生赴捷克斯洛伐克；劉同文和我赴東德。煉油專業班畢業共有 16 位同學，他們是：周清潮、蔣蘊瑤、王受文、張昌祥、王宗璋、王錚、邵其炳、周裕之、李文釗、張盈珍、李再婷、孫有本、張銘澄、宣達果、沈惠能和王俊和。其中有兩位公派留學深造：張昌祥赴羅馬尼亞，李文釗赴蘇聯。我有幸被選中去東德學習人造石油，因為那是二次大戰期間煤煉油的發祥地。

部分 1952 年入學的老同學與錢家麟老師(前排右三)合影(後排右二為汪燮卿)

部分 1952 年入學的老同學合影

1956年7月，在畢業設計答辯完以後，我就到魏公村留蘇預備部報到，聽領導講形勢，講對出國學生的要求和期望，學習出國注意事項，使我深深感到這是黨和人民交給自己的光榮而艱巨的任務。我們被告知，在國外的一切費用全是我國政府自己負擔的，每個人的開支相當於18個農民所交的農業收入，所以一定不能辜負黨和人民的期望，要奮發有為，學成後報效祖國。

在預備班學習結束後，安排我們在出國人員服務部做西服、呢絨中山服，一直到襪子和手帕全都一應俱全。當然，最重要的是一本德漢大字典，那時簡直就是我的性命，因為那時我們德文一點都不會，全靠它來學習和交流。

一個月後，我踏上了赴民主德國學習的征途。

第六章

留學東德

上世紀五十年代國家尚未對外開放，爭取一次公派出國的留學機會是一件極不容易的事情。1956 年 6 月份接到通知，匆匆考完畢業考試，然後經過了一系列繁雜的出國程式，同年 8 月份，我連家也沒有顧上次就踏上西去東德之旅。

漫長的旅途

現在去德國，坐飛機一天就可以到了，可上世紀五十年代我們出國是全程坐火車，而且車速還很慢。先從北京向北到滿洲裡出境，然後向西透過橫跨蘇聯的西伯利亞大鐵道到莫斯科，再從莫斯科西經波蘭首都華沙到民主德國(東德)首都柏林，最後從柏林往南到萊比錫才是我們此行的終點。路上整整花了 9 天的時間，其中在火車上度過了 7 天多，比現在的一個黃金週還長。

從北京到中蘇邊境的滿洲裡，火車就走了一天半。我們坐的專列全是硬臥車廂，載著留學生約四、五百名，是分別去蘇聯、民主德國、保加利亞、羅馬尼亞、匈牙利和波蘭等國家的。這趟臥鋪車原是用於運送志願軍傷病員的，車廂內全都漆成了白色，放行李的架子也改裝成了可以睡人的兩層臥鋪。車上伙食很好，二葷二素，四菜一湯，這麼好的伙食我長這麼大還是第一次享用。

因為中蘇兩國的軌道寬度不同，到了滿洲裡後我們就換乘成蘇聯列車。蘇聯的車廂比較高級，雖然也是硬臥卻是四人一個房間，結構與我們現在的軟臥車廂基本相同。

列車進入蘇聯國境後，我就一直凝視著窗外，初次進入異國他鄉的興奮心情，使我對車窗外的一切都充滿了好奇。但車行了一個多小時，駛過之處除幾塊長滿蘆葦的水草地外，大部分都是光禿禿的不毛之地。然而，當列車駛入西伯利亞大草原後，美麗的自然風光就豁然展現在了眼前。

八月，可能是西北利亞最好的季節，陽光下的大草原美麗得像法國畫家柯羅筆下的油畫。淡藍的天空、墨綠的森林、深藍的湖水、灰黑的遠山、空曠的草原上星布著五顏六色的野花，廣袤而蒼茫……我們乘坐的這臺老式蒸汽機車拉著汽笛，吐著白煙拖著一列長長的車廂，「哐噹噹……哐噹噹……」地駛入了這幅沉寂而靜止的大自然畫卷，給畫卷注入了勃勃的生機和鮮活的動感。

我拉發揮車窗，一縷縷青草的芬芳立即隨風飄了進來，沁人肺腑，很容易使人聯想發揮高爾基筆下的流浪的茨崗人：蓬亂的頭髮黏著草葉，被太陽沐浴過的面龐黝黑而粗糙，手指根夾著一支自卷的嗆人的馬合煙，慵懶地仰面躺在散發著清香的草叢中，從嘴裡向空中吐著一個個煙圈，悠悠閒閒地講著那些據稱是親眼所見的讓人似信非信的離奇故事……一派原生態的淳樸。

風景最美的是貝加爾湖地帶，列車好像圍著這個世界第一大湖畫了個大大的弧線，整整行駛了幾個小時。明媚的陽光、深藍的湖水、美麗的白樺林、遠處覆蓋著殘雪的山脈，彼此烘托、相互映襯，充滿了鮮活而凝重的生命力。

因要加煤加水，進入蘇聯後的第二天下午，列車在伊爾庫茨克附近的一個小站停了下來。領隊告訴同學們：列車要停半個小時，大家可以下車到站臺上活動一下。我想，臨行前給每人發的幾元盧布也許可以派上用場了，於是隨大家一發揮下了車。大家的想法是一致的，站臺上的小賣店前很快就排發揮了長隊。就在我快排到的時候，忽聽耳邊啪的一響，扭頭一看，原來自己插在襯衣小口袋裡的鋼筆被一個黃頭髮的個子與自己差不多的蘇聯小偷給偷走了。

「抓小偷！快抓住那個小偷——」我急忙高喊，扭身就追。

那小偷原是裝作若無其事的樣子，但聞聽我這一喊迅即擺動光著的雙腳飛跑了發揮來。畢竟是做賊心虛，他見站臺上都是中國人，唯恐脫不了身，沒跑多遠便把鋼筆扔在了地上，逃之夭夭了。鋼筆沒丟，我就無心再追了，不過望著跑遠的連鋼筆都偷的小偷，以及那雙飛奔的光腳，心頭不由得掠過了一絲悲憫，初次踏上老大哥的國土就感觸到了當時蘇聯普通百姓的貧困。

列車駛離伊爾庫茨克附近那個小站後，經過斯維爾德洛夫斯克，穿越烏拉爾山脈這條歐亞大陸的交界線進入了歐洲。一路上，車站建築是千篇一律的俄羅斯風格，牆壁都是土黃色的，胖胖的婦女拎著大包小包蹣跚於車站，而男人們則頭戴哥薩克帽叼著自卷的卷煙大口大口地吸著……這番情景，我在蕭洛霍夫的《靜靜的頓河》一書裡已經看到過了。

由於是運送學生的專列，火車沒有固定的停車站，走走停停，不知什麼時間在什麼地方停多長時間。蘇聯列車的車廂雖比國內那列運送志願軍傷病員的專列寬敞，但餐車的供應情況卻糟糕透了，還有那個「西餐」更是不敢恭維。頓頓幾乎都是一碗僅有幾片蔬菜和漂著星點油花的菜湯，再就是黑麵包、一小塊奶油和幾片香腸。我是平生第一次接觸奶油，剛聞到氣味就噁心得想吐，好在每節車廂有一個茶爐，始終有紅茶可以喝。

1956 年於萊比錫

「別扔，別扔！給我，我特別喜歡吃這個東西。」就在我打算將難吃的奶油扔到車窗外時，鄰座一位男同學把奶油給收走了。接著，他又四處遊走，把別人不吃的奶油全蒐集到一發揮堆到自己的面前，然後一塊一塊的厚厚地抹到粗糙的黑麵包上，非常享受地大嚼大嚥了發揮來。我在一旁羨慕地看著他有滋有味地品食著奶油，心想：在這食品短缺的年代，此公能有一副歐洲人的腸胃，也算是前世修來的福氣了。這位愛吃奶油的男同學，就是二十年後因成功地導演了電影《保密局的槍聲》而名噪一時的著名導演常彥。他是長春電影製片廠選派到德國學電影攝影專業的。

旅途漫長而單調，好在是一群年輕人，一路上嘻嘻哈哈地聊天。「中國同學請注意，中國同學請注意：你們好！現在餐車正在舉辦交際舞會，歡迎同學們參加，歡迎同學們參加！」晚飯後廣播裡響發揮了蘇聯列車員生硬的中國話。作為「社會主義老大哥」的蘇聯列車員在上世紀五十年代就已很有經濟頭腦，且經營有道。晚飯開完以後，男女列車員就趕緊把餐桌搬走，將餐車打掃乾淨並裝飾得五彩繽紛，然後誠邀中國學生跳舞。同學們中雖然去的不多，但四、五百學生裡去個十分之一，也很可觀了。《紅莓花兒開》《喀秋莎》《三套車》等中國留學生熟悉的蘇聯歌曲播放發揮來後，領隊一號召，有情不自禁的，有幹部發揮帶頭作用的，也有生拉硬拽的，總之去的學生很快就隨著歌曲的旋律旋轉了發揮來。因為大家臨行前都學過交際舞，一般都會幾下，所以列車上每晚的舞會辦得都是熱熱鬧鬧的，為枯燥的車廂生活增添了不少樂趣。我是個書呆子，臨行前教交際舞時笨得沒學會，所以沒有去。但去跳舞的同學跳罷一輪都跑回來取東西，我問他們取什麼，說是取送給列車員的小禮品。列車員最感興趣的是毛巾、手帕和絲襪等。一場舞會下來，列車員們收穫頗豐，而開舞會的醉翁之意，也盡在不言中。不過，雖未跳舞但我卻記住了蘇聯人的這一喜好，後來在八十年代，隨團再次路過莫斯科時，還特意帶了一些小禮品送給接待我們的工作人員，然而所送禮品的檔次卻不同了，最受歡迎的是茅臺酒，另外還有絲巾等。

第七天清晨，列車駛進了莫斯科車站。

途經莫斯科

「莫斯科到了，莫斯科到了！」

「哇，這就是心馳神往的莫斯科呀——」大家都非常興奮。

到蘇聯留學的同學，他們的終點站到了；到東歐其他國家留學的同學也將在這裡倒車，各奔東西。我也高興異常，因為在莫斯科有足足八個小時的自由活動時間，對於被困在列車上近一個星期的我來說，這簡直太奢侈了，可以好好地逛一逛這座偉大的嚮往已久的城市啦。

「注意啦——去東德的同學在這裡集合，去東德的同學在這裡集合！」隨著領隊一遍遍的喊聲，我們在站臺上聚集到了一發揮。領隊先是強調今天全部是集體行動，接著講了這一天的日程安排及注意事項，最後清點人數。在領隊一個個地點名、同學們一個個地答「到」的過程中，我心裡默數了一下，去東德的學生一共有五十多名。之後，我們與去東歐其他國家的同學們互相作了告別，列隊走出了車站。

我們先去了全蘇農業展覽館。汽車把我們拉到列寧山上，在展覽館門前停下。展覽館建築得高大而宏偉，館前的廣場也很開闊。這麼大的場面，我是第一次見到。民以食為天，此時大家早已饑腸轆轆了，於是一下汽車就分散開，三五成群地到露天小攤上去買油炸肉餅吃。確實比列車上的黑麵包好吃多了，所以當時同學們個個吃得都很香，滿嘴油光光的。這個展覽館的圖片和展品集中體現了蘇維埃政權實行農業集體化的成就，但是沒有人講解，我們又不懂俄文，所以只能像劉姥姥進大觀園一樣草草地瀏覽了一圈，照了幾張相片，留作到此一遊的憑證。

接著我們去參觀了莫斯科大學。我早就聽說，這是社會主義國家裡最好的大學，不但設備先進而且住宿條件很好，是兩個人一間，還有洗澡間。帶隊的專門讓我們參觀了這種宿舍，同學們看了以後唏噓不已，羨慕得不得了。但在之後的1960年夏天，我回國集訓，路過莫斯科時，駐蘇使館專門安排我們在這種宿舍裡住了一個晚上。真是領教夠了，那一夜我是基本沒睡著覺，渾身被蚊子和臭蟲咬得大包連著小包，衛生條件之差難以想像。

參觀完莫斯科大學以後，最有紀念意義的是去參觀克里姆林宮和列寧、史達林的陵墓，但當天下午到達紅場時，那裡早已排發揮了很長的隊。

「唉喲，照這麼個排法，我們還趕得上今天傍晚的火車嗎？」剛排了一會兒隊，隊伍裡就發出了議論聲。

帶領參觀的是我國留蘇的學生，聽到議論後，他看了看手錶又看了看前面長長的隊伍，扭頭和領隊說了一聲「我去和他們的領導交涉一下」後，就離開了隊伍。他很快就找到了守衛陵墓的軍隊領導，聽說還是一位少將。幸虧當時蘇聯老大哥對中國兄弟還十分友好，聽了留蘇學生的訴求後，少將同志滿口答應並立即吩咐部下給予照顧。

帶領參觀的留蘇學生回來時，身邊多了一名蘇聯士兵。在這名士兵的帶領下，我們很快就被領到了隊伍的前面，大家一個緊跟著一個地魚貫進入陵墓。不許出聲，透過地下通道，先瞻仰列寧遺容，後瞻仰史達林遺容。兩個墓室因為人太多只能停留幾秒鐘，連鞠躬致敬的時間都沒有，當然更不許照相。出來後，我們在陵墓廣場照了一張集體相，背景是克里姆林宮高聳的尖頂。這張照片一直是我一生中珍貴的收藏。

那天傍晚時分，我們搭上去柏林的快車，途經波蘭，穿過奧德-尼斯河德波邊境進入東德後，大約四五個小時就到達了柏林，整個行程約三十多個小時。望著車窗外不斷閃過的波蘭和東德的土地，遙想發揮當年希特勒發動第二次世界大戰，吞併波蘭，侵犯蘇聯，逼近莫斯科，可謂不可一世，但最後正義終究戰勝了邪惡。想到這些，我不由地從心底對偉大的蘇聯人民和浴血奮戰的蘇聯紅軍肅然發揮敬。

火車抵達到柏林的時間，大約是第三天上午的十點。下車以後，見車站兩邊還有殘垣斷壁，我的第一感受就是戰爭的創傷還歷歷在目。一陣涼風吹來，不禁又回想發揮了幼時日本鬼子侵略龍游家鄉的悲慘情景。中國的使館人員早已等待在站臺上了，然後把我們送到了使館。稍事休息後，是一頓美味的中餐招待。一個多星期沒有吃到中餐了，一大群小夥子，包括年輕的姑娘在內，那種狼吞虎嚥的情景可想而知。還是中餐好吃啊，這絕非列車上的黑麵包和莫斯科的油炸肉餅可比。飯後，使館文化參贊稍作指示，我們一行五十多人就乘大公共汽車南下萊比錫，開始了一年的德語學習。

在萊比錫學德文

民主德國是社會主義國家，那時西方對我們在政治上和經濟上全面封鎖，所以要出國學習只能去社會主義陣營的國家。那時，去蘇聯留學的學生可以先在俄文專科學校學一年俄文後再出國。但由於派往東歐國家的留學生較少，教育部沒有設留學預備班，所以我們只能到國外去學習語言，有點像大清王朝派的出國留學生一樣。但也有好處，從生活和習慣上都把你放在那個環境中去薰陶，可能會學得更快更好。當然創造了一個好環境，學得好壞還要靠自己努力。

我們學德文的被安排在萊比錫卡爾·馬克思大學即現在的萊比錫大學工農學院 ABF(Arbeiter und Bauern Fakultät)。當時的東德在教育體制上也是學蘇聯的，與我國一樣要培養工農子弟，確保無產階級掌權。ABF 學院專門給外國留學生開設德語學習班，除了中國、朝鮮、越南等社會主義國家外，還有非洲、拉美等反殖民主義國家的學生。

1957 年 8 月 25 日出國一週年於萊比錫

這是一種強化式的德語訓練，要求透過一年的德語學習，不但要會聽、說、讀、寫，而且還要能適應德國人的生活和上學能聽懂大學專業課程，能作論文搞研究。而我們來前是德文一字不識，只帶了一部德漢字典作為唯一的工具書，在異國他鄉語言不通的情況下，要達到上述要求，其難度也是可想而知的。

中國學生被分成 4 個班，每班 12~16 名學生，我和劉同文分在同一個班，還有北京醫學院的李桂瑞、高昌烈，北京大學學物化的徐潔二位以及南京藥學院的周亦昌。第一學期從 9 月到 12 月聖誕節為止，這學期的主要任務是學習生活日常用語和基本詞彙。

學習是緊張而有趣的。先由上一年在這裡學習的中國同學介紹學習方法，並幫助德語老師將新同學的中文名字轉換成德語拼音。可能是這位南方同學普通話說得不過關，地方口音太重，結果我的名字寫成德文後成了 Wang Chiä-dchin，造成在德五年間沒有一個德國人叫我名字時，本人能聽懂的。接著是辦學生證和銀行儲蓄卡。我們的助學金是由中國駐德使館透過銀行發的，大學生每月 180 馬克，研究生 230 馬克。我是研究生，每月 230 馬克，相當於人民幣 150 元。這大約是當時國內技術 6 級和行政 13 級的工資數額，比發揮那時第一年拿 48 元，第二年拿 55 元，然後連續幾年工資不再長的國內大學畢業生來說，這個助學金是可望而不可及的。我在東德每月吃飯大約用 120 馬克，還剩近一半的助學金可用於其他方面。但使館有一條規定，助學金有積餘不能匯回國內，因而無法貼補國內家裡窘迫的生活。

1958 年元旦晚會

校方請的老師都是優秀的中學教師，但他們不會中文，而我們又不會德文，因此教學方式便有點特殊了。首先是學生自己備課，大家把第二天要學的課文中的生詞一個個地全用德漢字典查出來，輪流翻譯好再互相抄。然後在課堂上由同學自己一段一段講解，翻得對不對老師也不知道，只能大家互相糾正。老師只管教發音，有時也借助手勢表達。這種摸著石頭過河式的教學方法效果竟然很好，逼得學生認真備課和做發音訓練。在學習字母發音時，先碰到的難關是把俄語字母 P 與德文字母 R 相混淆，前者是要卷大舌頭，後者則要求輕輕地捲小舌頭，這兩種髮音在中文發音中幾乎沒有。大家在課堂上學，下課後更是用盡一切辦法練習，有人就在口中含一口水，像刷完牙後漱口一樣仰發揮頭來練發音，如此苦練頗為奏效，但也有人直到現在還沒有學會。

1958 年在麥塞堡化工學院元旦聯歡

（前排左發揮：張志中、張玲、劉同文、陳文生、汪燮卿、孫粹芳；後排左發揮：林文新、沈堯曾、莫瑞訥、胡振榮、黃雪梅、馬竹如、邵兆南）

在東德，有一種邊上課邊實習的教學方式很好。我們第一階段學習的主要內容是日常生活用語，解決衣、食、住、行問題，除了在課堂上學單詞和會話的句子以外，老師還把學生們帶出教室，去火車站教我們如何買車票，走第幾號站臺、上幾號車廂、找幾號座位；如何到銀行存取款；如何到郵局寄信；如何去商店購物；如何去劇院看戲劇；一直到老師家作客，等等。透過對實際生活的親身體驗和老師生動的現場講解，我們不僅印象深刻，而且德語表達能力進步很快。最感興趣的是，教我們如何過聖誕節和如何過生日，老師講得興致勃勃、聲情並茂，同學們聽得津津有味。

三個多月的口語學習，效果非常明顯，到過聖誕節時我已基本掌握了日常生活詞彙。這種學習外語的速度，如在國內，會覺得是不可思議，但在當時那個環境中我們卻做到了。接下去就是訓練聽專業課的德語學習，校方請中學的數理化老師用中學的課本來教，效果也很好。由於我們德文的生活詞彙已較豐富了，因而彼此交流發揮來基本無障礙。在半年的專業德語學習過程中，我不但在語言上進步很快，而且在基礎理論上也有收穫。因為一些著名的物理學家都出自德國，如開創相對論的大科學家愛因斯坦、發現 X 光的倫琴、量子化學的倡導者海森伯格和薛定諤等。這些基本理論知識的學習雖然時間很短，但印象很深。

感受戰後的德國

教我們德文的一位女老師叫皮夫剋夫人。她的丈夫在二戰中戰死在了戰場上，留下孤兒寡母，生活很艱難，家裡牆上掛著丈夫的照片，看發揮來是一名飛行員，每當談發揮這場戰爭給老百姓帶來的災難時，不勝唏噓。雖然她們都是民主德國統一工人黨(共產黨)的黨員，但仍流露出很大的不滿情緒。商品缺乏，每人每月都憑票定量供應奶油、食糖等生活必需品，人民生活十分困難，怨聲載道。

東西兩個德國都是戰後從廢墟中建發揮來的，東西兩部分人民從教育和文化完全是一樣的，只不過是人為地被分開了，形成了在不同制度下生活的局面，因而造成了彼此發展的情況大不一樣：戰後美國在歐洲實施馬歇爾計劃，經濟援助使得西德很快得到恢復和發展。而對比美軍占領的西德，東德人民遭受了更重的苦難，因為他們還要償還戰爭賠款，可謂雪上加霜。當時蘇聯人將東德工廠大批的裝置和設備拆回去作為戰爭賠償，包括高壓輸電的電線杆和電纜也都成為了賠償物資。

我在市郊的公路上就親眼目睹了一幕拔電線杆和割電纜線的場面。那天早上我經過這條路去了郊區的一個農場，可下午回來時路被攔住了，上前一看，原來正在拆高壓線。我以為是要搞什麼大工程呢，於是好奇地問正在攔截線前擔任保安的德國人：「這裡計劃蓋什麼建築？」

得到回答是：「這裡什麼都不蓋。電線杆和電纜線是蘇聯人拆走的，用它們來抵消戰爭賠款。」

因路被攔住過不去，我只好繞道回城。遠遠望著電線杆拔走後留下的一個個深坑和堆成堆的一捆捆舊電纜線，心裡大惑不解：這是社會主義國家的兄弟情意嗎？把好端端的高壓電線杆拔走、高壓電纜割走，簡直就是破壞。實際上許多東西是不能重複使用的，一拆下來基本就成為了一堆廢銅爛鐵。

還有一件事也使我更加認清了當時蘇聯老大哥的「兄弟情意」。這就是蘇聯人把德國的煤煉油用的氣化爐子拆走，不是運回國重新安裝使用，而是在上世紀五十年代中期將這套舊裝置賣給了中國，在雲南的壓力氣化爐就是這麼一樁買賣。後來中國煤炭工業部的一個代表團來東德訪問，想了解煤煉油氣化爐如何開工，使館安排我去當翻譯，這才了解到了其中的底細。

那時東德老百姓表面上說蘇聯老大哥的好話，內心卻在積蓄著不滿，暗地裡牢騷不斷。發揮初東西德邊界雖然卡得比較嚴，但在東西柏林之間還通地鐵，有很多東德人就從萊比錫到東柏林，從東柏林坐地鐵到西柏林，再從西柏林乘飛機去西德，所以逃到西德還是比較方便的。到了 1961 年，封閉了地鐵，修建了「柏林牆」，從表面上看逃亡人數減少了，但民怨卻更大了，所以很容易理解為什麼三十年後「柏林牆」會被推倒。

德方為我們學好德語確實下了功夫，安排我們住在奧古斯特·倍倍爾大街的一幢學生宿舍裡，兩人一個房間。為了給我們創造一個好的語言學習環境，校方還特意安排每個房間由一位德國同學與一位中國學生同住。這些德國同學都是 ABF 工農學院上大學預備班的學生，這樣他們就成為了中國留學生的德語輔導員。與我的同房間的德國同學叫沃爾夫岡，面容清瘦，戴著一副眼鏡，看發揮來性格有點內向靦腆，但對我要求十分嚴格。沃爾夫岡看見中國同學串門聊天時喜歡用中文，於是就在房門上貼了一張紙條，上寫「In diesem Zimmer wird nur Deutsch gesprochen」，翻成中文就是「本房間只說德語」。這辦法果然靈驗，來串門的同學不說中文了，因而給我營造了一個學習德語的語言環境。

我與同宿舍的沃爾夫岡關係處得很好。由於我們來自社會主義友好國家，因而在當時十分困難的生活條件下受到了優厚的待遇：每人每月有一公斤白糖；每天有一小塊十克左右的奶油。對東德人來說，一小塊奶油吃一餐都不夠，所以只能以人造奶油來補充。白糖和奶油都是憑票供應，購物票是按等級發給國民的。當時我的待遇水平相當於東德的一個科級幹部。發揮初作為東方人，我吃不了那麼多的奶油和白糖，但我還是把配額的東西全部買回來，然後送給沃爾夫岡。沃爾夫岡很懂事，他自已捨不得吃，總是通通帶回家孝敬母親。而他母親則將這些東西做成蛋糕，再由沃爾夫岡帶回來一兩塊送給我吃，說這是他母親對我表示的感謝。這是一個很合算的交換，既交換了食品，也傳遞了友誼。一般來講，中國人愛吃洋

1957 年與德語輔導員沃爾夫岡合影(左一為汪燮卿)

糕點，在那種生活條件下這已是一種很高級的享受了。因為咖啡豆產自南美，而那時民主德國缺少外匯，所以我們喝的咖啡也是代用品，與現在賓館裡的大麥茶差不多，叫 Malzkaffe，但其顏色和味道都比大麥茶要濃得多。那時，東德用的家具大部分都是塑料製品，是木材的代用品；穿的是合成纖維或人造纖維製成的服裝，是棉毛織物的代用品；小汽車也是以塑鋼材為主，車體的強度和行駛速度都差得遠。當然，與當時社會主義陣營裡的國家比發揮來，民主德國和捷克斯洛伐克這兩個國家生活水平還是最高的，由此可見兩個陣營生活水平差距之大。為了改善這種局面，東德的德國統一社會黨(SED)的總書記瓦爾特・烏布利希提出口號是大力發展化學工業，「化學給人們麵包、富裕和美好」。但對於我們從一個一窮二白的國家去的人，在生活上什麼都滿意。我在萊比錫三個月，就用省下的生活費買了平生第一塊手錶，再過半年又買了一架莫扎特牌的手風琴。除了買不發揮照相機以外，基本上滿足了我所有的慾望。

我是在讀高中一年級時衢州才解放的，那時在民國時代在學校裡除了解數理化外，在語文、英語和地理歷史方面，對西方的介紹還很少，其中英語課本裡有介紹莎士比亞的短篇《威尼斯商人夏洛克》，音樂老師孫杏叔教過我們唱舒伯特的《菩提樹下》，聽發揮來非常優美。而使我對西方古典交響樂感興趣的，要歸功於衢州綏靖公署的軍樂團，在府山公園裡演奏的進行曲很雄壯，也演奏各種西方古典名曲，從而在我的心田裡播下了愛好音樂的種子。

解放後在「一邊倒」的政策指導下，我們根本沒有機會再接觸西方的古典音樂了。但到東德後，這方面情況大不一樣，東德當時雖是社會主義國家，但貝多芬、莫扎特、舒伯特等大師都是他們優秀的傳統文化的傑出人物，這無疑於給我開了一扇學習的大門，使我的生活中充滿了音樂的內容。這好像並不費勁，相反，它是一種休息、欣賞和自娛自樂。

德國學生可能在中學時就學彈鋼琴，飯廳旁邊就有一架鋼琴，我聽得最熟悉的就是舒伯特作曲的《菩提樹下》，看了繆勒的原詞與在中學裡唱的中文翻譯的內容對比，覺得非常準確而帶有溫情。

在學習德語的日子裡，我們這些二十多歲的大學畢業生，除了學課本，還要學唱德文歌，印象很深的是唱《野玫瑰》，而且是像十來歲的小學生那樣，老師唱一句，我們跟著唱一句，一句一句跟唱學會的。這是奧地利作曲家舒伯特根據德國大文豪歌德的同名詩作創作出的一首民歌，曲調舒緩、委婉、深沉，且帶有傷感色彩，表達出了對野玫瑰命運的感嘆和憂傷。歌中唱道：

男孩看見野玫瑰，荒地上的野玫瑰，
清早盛開真鮮美，急忙跑去近前看，
愈看愈覺歡喜，玫瑰 玫瑰 紅玫瑰，荒地上的玫瑰。
男孩說我要采你，荒地上的野玫瑰，
玫瑰說我要刺你，使你常會想發揮我，
不敢輕舉妄為，玫瑰 玫瑰 紅玫瑰，荒地上的玫瑰。
男孩終於來折它，荒地上的野玫瑰，
玫瑰刺他也不管，玫瑰叫著也不理，
只好由他折取，玫瑰 玫瑰 紅玫瑰，荒地上的玫瑰。

《野玫瑰》是奧地利作曲家舒伯特的代表作之一。因為在德國這是一首膾炙人口的歌曲，所以老師在教這首歌之前還向我們津津有味地介紹了它的誕生過程。

十九世紀初(1814年)的一個夜晚，一個酷愛音樂的年輕人走過維也納街頭。因為家境貧窮，買不發揮鋼琴，他只好每天到一所小學去練鋼琴。他喜歡作曲，可是有時拮据得連作曲的紙都沒錢買。此刻，他正在回家的路上為生計犯愁，忽然看見一家舊貨店旁站著一個衣衫襤褸的小孩，手中拿著一本書和一件舊衣在叫賣。年輕人認出這個小孩曾在他教學的唱詩班當過歌童，他頓時鼻子發酸，巨大的同情心驅使他不由自主地在單薄的衣衫裡摸出了僅有的一點古爾盾，買下了那本舊書。青年人邊走邊看那本書，竟發現其中有大詩人歌德的詩作《野玫瑰》。他一遍又一遍地朗誦，整個身心被詩的意境融化了。一段清新而親切的旋律從靈魂深處飄了出來。這個青年就是後來被人稱為「歌曲之王」的舒伯特，他寫的這首《野玫瑰》名曲也成為世界音樂寶庫中的瑰寶，其手稿價值連城。而正是知道了這首名曲的誕生過程，知道了它的誕生是源自於一顆善良的心，所以六十年過去了，這首歌在我的腦海裡仍然印象深刻。

當然，革命歌曲也要唱，如《藍旗飛揚向柏林》，因為在國內當時也很流行了，所以一唱就會。

在公路上在鐵道上，祖國青年向前進，藍色天空飛揚著藍旗，藍旗飛揚向柏林。整齊步伐，萬眾一心，年青的隊伍向前進，我們鮮明的旗幟在招展，引導我們去鬥爭。

舉發揮大旗迎風飄揚，唱著新的藍旗歌，我們是德意志新的生命，爭取和平齊向前。千萬人民熱愛和平，和平力量強無敵，藍色旗幟高高飄揚，燦爛光輝在晴空。

藍色天空陽光照耀，照在祖國大地上，我們是自由德意志青年，歌聲嘹亮齊向前。建設我們可愛的祖國，齊心團結像鋼鐵，藍旗高像飄揚在晴空，飛揚在祖國大地上。

學校還經常組織我們看電影，內容都是比較經典的名著改編的，如蘇聯肖洛霍夫的《靜靜的頓河》，描述音樂家生平的傳記片《舒伯特》和義大利偉大的歌劇家《威爾第》等。對我來說，當時因到德國的時間不長，還在學語言的階段，所以要聽懂電影中的對話是十分困難的，對話不但語速太快，而且表達的文學性很強不容易懂，因而只能有個大概的了解與體會。例如，看完電影《舒伯特》以後，現在我只記住一句話：「Ich habe nicht umsonst gelebt.」(我未虛度此生)經歷的坎坷、生性的樂觀、對人民的熱愛，造就了舒伯特的一生。

給我印象最深的是，看了《威爾第》的電影傳記片。發揮初我不懂西方歌劇，覺得只是用假嗓子大喊大叫，吵吵鬧鬧的聽不懂。但看了介紹威爾第生平的這部電影后，不知是因他那小酒館經營者的出身，還是因他第一任妻子和兩個孩子相繼而亡所帶來的巨大痛苦，或是因他那橫溢的壓制不住的音樂才華，以及他對愛情婚姻嚴肅態度，總之我不僅看懂了，而且很受感動，有一種心靈相通的感覺，認為他在思想、道德、生活作風和為人方面，都是自己的楷模。他第一任妻子臨去世以前，把她與威爾第的結婚戒指交給了自己的父親，要她父親仔細觀察威爾第日後對婚姻的態度和找的配偶是否正派。威爾第嚴肅的婚姻觀得到了他原來老丈人的首肯，於是親自把他女兒留下的戒指送給了威爾第的第二任妻子。威爾第和他的第二任妻子在感情上和事業上都很美滿，白頭偕老。兩人在看歌劇時，共用一個望遠鏡，彼此交換著看，琴瑟和諧，顯得十分親暱。但很不幸的是，第二任妻子後來也先他而去了。電影鏡頭的描述很含蓄，很藝術，不是平鋪直敘，而是用看歌劇時互傳望遠鏡的形式來表現：當威爾第把望遠鏡下意識地順手遞給旁邊的夫人時，發現已沒有人接了，這種夫妻恩愛相濡以沫的描述方式很令人感動。

威爾第的歌劇中充滿了反抗外族侵略的愛國主義精神，我最愛聽他的一首《VA PENSIERO》和《凱旋進行曲》。這些曲子與歌劇的畫面配合真是十分動人，當幕布徐徐升上，跪在地上的囚犯們隨著音樂的旋律慢慢站發揮來時，我的淚水不禁奪眶而出。

威爾第把一生都獻給了歌劇事業，義大利人民稱他為英雄。在他最後因疾病而臥床不發揮的日子裡，人們自覺地在他住宅周圍的街道上鋪上稻草，避免馬車路過時吵醒他。這一幕也很令我感動。

威爾第 1901 年 1 月 27 日在米蘭去世，享年 87 歲。義大利政府為他舉行了民族英雄葬禮，予以國葬悼念。

在萊比錫，有一個歐洲聞名的托馬斯童聲合唱團，都是年齡在 7~15 歲的兒童，唱的曲子大部分是教堂音樂，也有德國的名歌。我至今還保存著一本紙張已發黃的德國歌本，有時拿出來哼哼。在做博士論文期間，還參加了貝林工廠的文化俱樂部，有一個德國老太太專門教我拉手風琴，可惜我沒有堅持下去。

在 1957 年的春季，學校組織我們到魏瑪去旅行，從萊比錫往西南方向坐車約三個小時就到了圖林根的魏瑪城。這是德國偉大文學家歌德和席勒的故鄉，城中有紀念兩位巨匠的博物館和銅製雕塑。我們參觀了博物館，在雕塑前拍照合影，吃完了帶來的麵包夾香腸後，又來到了不遠的二次大戰時德國法西斯的集中營舊址——著名的布痕瓦爾德集中營。

1957 年春遊魏瑪在歌德和席勒的銅像前留影

我很敬佩德國人對二戰的懺悔，特別是對法西斯屠殺猶太人的罪惡所表示出來的懺悔精神。為了表達對死難者的哀悼，告誡後人永遠不再重犯這種滔天罪行，整個集中營保留了原樣。遠遠望去，在一片開闊地上，在一根根水泥柱子上拉發揮來的密密麻麻的鐵絲電網，把整個集中營圍得嚴嚴實實。進了大門後有一個展覽廳，裡面陳列著用從死難者身上剝下的人皮所製成的各種日用品，包括人皮燈罩和人皮鞋；還有用人的毛髮生產的醬油。那煙囪聳立的焚燒爐和推屍體的鐵車，幾乎與國內火葬場的一樣，只不過多了一排排刑具和屠宰場裡用的鐵鉤……

德國人能夠勇敢地承認歷史，懺悔罪行，面向未來，這就是一個偉大的民族。

進麥塞堡化工學院

1957 年 9 月，在萊比錫學完一年德語後，我被分配到麥塞堡化工學院攻讀有機化工博士學位。一同分配來的還有沈堯曾和孫粹芳同學，他們二人是華東化工學院派遣來的，在萊比錫學德文時不是一個班，但沈堯曾是我們德文班的學生會主席，所以還比較熟悉。在化工學院除我們 3 人讀博士生以外，還有 6 位中國同學是從羅斯托克州的格萊夫斯瓦特大學轉學過來的，比我們 3 人晚來 3 個月。他們是：林文新、黃雪梅、胡振榮、邵兆南、張玲和馬竹如。除此之外，還有戎大慶、戴榮芝和董如秀同學，他們原是 1957 年在萊比錫大學讀化學系的，因為要學化工，所以也轉到麥塞堡來上學了。這樣，當時在麥塞堡化工學院一共有 12 個中國留學生。一年以後，又有一批朝鮮和越南的留學生來學化工專業。

麥塞堡化工學院位於麥塞堡的新區，這裡一沒有大樓，二沒有操場，只有4幢學生宿舍和幾排平房作臨時教室，沒有德國人給我們介紹學校的歷史和前景。這裡又像工地又不像工地，說它像工地是因為道路坑坑窪窪，崎嶇不平；說它不像工地是見不到發揮重機和吊車，安安靜靜的。這也反映了當時東德的現實情況和德國人的心情，想建設，但沒有錢。這情景不禁使我回憶發揮剛建北京石油學院時的情景，這裡除了有飯廳和暖氣以外，與當年的北京石油學院幾乎沒有什麼差別。因此給我的感覺是，這座學校大概剛剛開始建設一二年。

那時，我心裡就一直嘀咕：東德為什麼要在這裡建這座新的化工學院？經過兩年的學習生活，終於摸出了一點門道。

麥塞堡是一個小縣城，人口不滿5萬，所以很多人把麥塞堡叫做麥塞村。麥塞堡地方雖小，但卻位於哈雷和萊比錫之間，與兩地相距都不過二三十公里，呈三角地帶，是民主德國的化工工業中心。在1916年，德國最著名的化工企業BASF，就在離麥塞堡城南不到10公里的洛伊納建有生產裝置。在上世紀五十年代，則是煤化工中心，德國統一後又成為石油化工中心。而在北部離城約15公里處的則是布納(BUNA)化工廠，它是世界有名的人造橡膠廠。在離城15公里附近還有一個大的露天煤礦。因此，從化工資源、技術優勢和化工產品集散地三者考慮，麥塞堡都處於當時東德無可爭議的中心地位，從好的方面看是這樣。但從不好的方面看是，麥塞堡夾在兩個大化工基地的中心，每天都能聞到惡臭，北風颳來布納的廢氣，南風則刮來洛伊納的氨氣。

相傳Merseburg是斯拉夫語「Mese」轉過來，意為「中心」，Burg則是歐洲通稱的「城堡」之意。麥塞堡的老城區有薩爾河流過，但汙水的治理很差，色黑味臭，雖然教堂和尖塔形的哥特式建築林立，古色古香，但離我們新區較遠，很少去光顧。

化工學院處於麥塞堡的新區叫高索街，是城南的新開發區，除了一些居民樓房以外，還有一個蘇軍的軍營，駐紮著大約一個營的蘇軍。軍營就在我們學校的東側，與學校只隔一條馬路。每逢星期天，他們都要集隊在我們這條馬路上邁著整齊的步伐行軍操練，威風凜凜的，前面還有軍樂隊奏進行曲。久而久之，我對其中一首進行曲都能背下來了，但不知曲名是什麼。直到 2016 年因骨折在石油化工科學研究院內 19 號樓東邊的小花園裡休息時，聽到原第二研究室一位提前退休的老同志在拉手風琴，其中有一首曲子我覺得有點耳熟，於是跑過去問他，他告訴我這首曲子叫《斯拉夫女人的告別》，是蘇聯軍樂隊中有名的進行曲。回到家中上網一查，得知這首進行曲原是一首軍樂曲，又名《斯拉夫送行曲》，創作於 1912 年，是為「送郎上戰場」的所有巴爾幹婦女而作。原曲沒有歌詞，後被填入了多種版本的歌詞。1995 年，為紀念世界反法西斯戰爭勝利 50 週年，紅場舉行盛世大閱兵式，軍樂隊曾輪番演奏《斯拉夫送行曲》。歌中唱到：「四一年唱著它保衛莫斯科，四五年唱著它進柏林，俄羅斯站發揮來，萬眾一心，多少年經風雪、歷艱辛。假如有一天，敵人來進犯，我們為祖國，奮發揮投入神聖戰爭！」曲子雖雄壯，但帶有離別的悲情，我不知這些年輕的戰士們千里迢迢遠離家鄉父母，聽到這支曲子時心裡是什麼滋味。

因為蘇聯軍營離我們的宿舍很近，我從自己宿舍二樓的房間裡望出去就能看到他們在操場上的活動。有一次我親眼看到一位小士兵一個人偷偷跑到操場的木格柵邊上，撬開一塊格柵，看見道路旁有一個德國小孩在玩耍，就向他招手。小孩過來後，士兵給了小孩幾個馬克，比劃著告訴小孩，要他到馬路對面的合作社裡去給他買伏特加酒，那小孩馬上心領神會，拿到士兵的錢飛跑著就給他買回來了。這種事情幹了恐怕不止一次了，因為雙方的動作都很老練，像是已熟門熟路。不過，如果一旦被上司發現恐怕就夠嗆了。

蘇軍對中國同學很友好，他們有時搞點文娛活動也請我們去參加。有一次一個雜技團來表演，我們也被邀請到他們的俱樂部去看演出，其中有一個節目是一位男子漢光著上身穿越過火圈，我看好像是中國人，但因紀律關係大家都不互相打招呼。

到麥塞堡化工學院後，我們中國同學都住進了剛建成不久的三層樓的宿舍，外表與北京石油學院的宿舍差不多，但內部的裝修和設備要好得多，兩個學生住一間套房，外間有兩張書桌，一個書架；裡間是臥室，有兩張床和一個衣櫃。這種套房原定也是一個中國學生與一個德國學生合住的，但開學時還沒有準備好，因此還是兩個中國同學住在一發揮。我與沈堯曾住一個房間，隔壁一間是林文新和胡振榮住。盥洗室和洗手間是集體共用的，但在盥洗室水池子對面還有一排煤氣灶，在對面的牆上安裝著一排排小冰箱，這些小冰箱與國內中藥店裡存放各種中草藥的一個個抽屜有點相仿。每人一個小冰箱，因而管理員發給我們一人一把鑰匙。這些裝備可解決了我們的大問題，每人可以舒舒服服地做中國飯了。恰好離我們宿舍旁邊不到 10 米遠就有一個消費合作社，主要供應主副食品和日常生活用品，非常方便。除了早餐吃麵包果醬以外，中午和晚上我們都自己做飯。

約見雷曼教授和萊勃尼茨教授

我們把生活安排好了以後，馬上就向校長辦公室登記，預約與教授會談的時間。過了一個星期才通知沈堯曾、孫粹芳和我三個人同時去見教務長雷曼教授(Prof. Lehmann)。這當然是一次很重要的會見，我們都穿好西裝打好領帶，很緊張地正襟危坐在教授辦公室的外屋。雷曼教授從裡屋出來後，與我們一一握手，寒暄幾句就開始談主題。他抬發揮高傲的頭顱望著天花板說：「你們在中國學的蘇聯一套教學內容，基礎理論太差，必須補課達到德國大學畢業生

Diplom(註：德國的一種學位)的水平以後，才能開始做博士論文。」我們問他要補多長時間，他說至少要一年半，而且要每門課考試合格後方可開始做論文。至於導師的問題，已初步定好：沈堯曾和孫粹芳學無機化工，由雷曼教授自己帶；而我學有機化工，導師是萊勃尼茨教授(Prof. E. Leibnitz)。他是本學院的掛名院長，有一間辦公室，但很少來上班。他的主要工作，是任德國柏林科學院有機化工研究所所長，該研究所設在萊比錫。他是民主德國國家獎的獲得者，在當時的東德是化工學術界的權威。

1959 年 10 月 Leibnitz 教授在 Boehlen 作報告

與教務長雷曼談話後，我們 3 人的心情十分沉重。因為教授的話猶如在我們每人頭上澆了一盆冷水，一方面是覺得德方看不發揮我們，同樣是大學畢業生卻要比他們德國學生矮一截，心裡感到委曲。更重要的方面是，學習時間又要延期，不能按期畢業回國了。

隨後，我在 1957 年 12 月 22 日寫給嗣懋的信中，又發牢騷又不服氣，摘要如下：「這個學期的學習生活真不好受，就像是抽筋剝

1959年10月14日參加論壇，與協助指導老師畢特勒博士(右排二)

皮一樣，到現在才了解自己學習是多麼不夠，各方面與德國同學比發揮來差得太遠了。人家唸書以後簡直能背下來，而我們在國內不強調記憶背誦。他們一天到晚在實驗室打圈子，而我們的獨立工作能力太差了，一些德國同學和助教簡直認為我們沒有唸過大學的。當然也有同學同情幫助我們的，但自己心裡總感到不好受，因為人家看到的是一個國家而不是個人。有時候我罵自己是太缺少勇氣了。總之，這種心情在國內是從來沒有過的。但仔細想想，更重要的還是：充分利用國外有利條件，多學一些，學好一些，對自己要求實事求是一些。」

那時，我頭腦中滋生了急功近利和好大喜功的思想，覺得：如果這樣按部就班地學下去，太落後於大躍進的形勢了。當時國內的口號是「一天等於二十年」，補習兩年，就意味著晚回國兩年；晚回國兩年，德國的先進技術就晚用於社會主義建設兩年；那樣我國的科學技術就會落後於世界水平……

「國內正在一日千里地『超英趕美』，我們還能在這裡心安理得地『炒剩飯』嗎？」經過一連串想當然的推理，我意識到了問題的「嚴重性」，頭腦發熱了，於是與同班的沈堯曾、孫粹芳商量，決定一發揮找教務長談一次話，強烈要求不再補課也不做論文，只希望能到附近幾個大化工廠去實習一年，然後立即回國。這幾個大化工廠包括：洛伊納是大型合成氨和高壓加氫煤煉油，布納（BUNA）是從乙炔到合成橡膠，貝林 Bōhlen 是褐煤造氣、高壓加氫、烷基化和非貴金屬重整生產高辛烷值汽油等，專業內容都很對口。

「教務長，有一件非常重要的事，我們必須和您開誠布公地談談。」一天，我們 3 人終於鼓足勇氣走進了教務長雷曼教授的辦公室。但當我們一五一十地談出自己的想法後，立即受到了嚴厲的批評。

雷曼教授說：「你們如果是要來德國帶點技術回國，就好比用剪刀剪點資料拿回去，那容易得很。但，這不是我們的意圖。我們的意圖是，你們要用知識武裝自己的腦袋，要打好基礎，學會靈活運用知識，為國家建設做貢獻。為此，你們必須要按部就班，從基礎課的補課開始，完全按照德國的教育制度和教學方法行事。」

德國人辦事是認真的，也是固執的。說服不了雷曼教授，我們又把這件事上報給了中國大使館，希望組織能給我們撐腰。意見上報使館後，使館管理留學生的胡守鑫同志認為應該聽從校方的安排，反而來給我們做思想工作，說這是德國教學制度對學生要求嚴格。使館的決定使我們覺得確實要遵守規定，認真好好學習。

在無可奈何的情況下，我們只好按照校方的規定繼續進行補課。但數年後，我就體會到雷曼教授的話是對的。如果按當時自己的想法行事，急功近利地實習一年就回國，以後恐怕很難有大作為。

萊勃尼茨教授在當時頗有名氣，見他要事先預約。我透過學校祕書再三連繫，入學兩個月後才有幸與教授見了第一面。教授身著一套深色西裝，白襯衫領子下帶了一個紳士領結，灰白色的頭髮梳得非常光亮而呈波浪發揮伏狀。

「歡迎你，汪先生！下面我們來談談你的學習。」教授說話開門

1989 年 2 月 3 日在石科院與當時駐德國大使宋之光(左)交談

見山，在表示了歡迎後，直截了當地提出要我補習兩年的大學基礎課，每門課考試及格後再開研究生課題，具體研究方向和課時以後再說。這次苦等了兩個多月的見面，前後竟不到 10 分鐘。

初次約見萊勃尼茨教授，我的第一感受就是日爾曼人的高傲，但在以後為數僅三四次的交往中，又使我逐漸改變了對教授的看法。要補兩年大學的課程，「師命」難違，只得服從。

大局定下以後，接著就由 3 位助教分別給我們安排補課的課程、實驗和進度。

這一年半的補課，是我一生中學習最緊張也是收穫最大的一段日子。說實話，我們的德語還沒有過關，而補課的內容，特別是實驗的訓練在國內是沒有經歷過的。每天晚上開夜車都要到 12 點以後才能上床，而早上 6 點以前必須發揮來，因為我們要趕 7 點的班車去哈雷上課。

萬事開頭難

當時學院在麥塞堡的那部分還在建設中，還有一部分在哈雷城，那裡是馬丁路德大學的校址。因為學院剛剛成立，基礎課就在哈雷的大學聽。從麥塞堡到哈雷 20 公里，學生們坐學院早上開的班車去。

德國當地的緯度相當於中國最北面的漠河，比北京要高得多，冬天自然也比北京冷，太陽也出來得晚。每天清晨迷迷糊糊地從床上爬發揮來，草草地吃個小麵包就登上班車，往車座一靠，眼睛一閉，昏昏沉沉地繼續自己的美夢，但路過布納廠附近時我們就醒了。那是二戰時主要的軍工廠，合成橡膠以布納(BUNA)命名的品種不下數十種。因為布納廠周圍的空氣太糟了，不是一般的臭味，而是一種刺鼻得令人感覺特別難受的 stinken，德國人叫做「惡臭」。後來才知道，這是一種三氫化磷化合物，是電弧法生產乙炔產生的氣體雜質。那是一條「臭帶」，開車過了三分鐘才慢慢消失。然後再前行半小時就到了哈雷。

車子開到馬丁路德大學教學樓的臺階旁邊停下來後，同學們魚貫下車，匆匆走進教室去搶座位。我反而晃徉徊悠地走在後面，因為當時對我來說，聽教授講課簡直像是聽天書，根本聽不懂，所以乾脆躲在後面，便於打盹。雖然當時使勁聽也能聽懂百分之三四十，但當放映幻燈片時，只要把窗簾一拉，電燈一關，整個教室馬上一片漆黑，我的上眼皮就漸漸不由自主地與下眼皮合到了一發揮，開始打盹……好在下課時，同學們要敲桌子表示對教授講課的讚許，那一陣亂糟糟的聲音就會把我吵醒。這是德國大學裡特有的習慣：學生認為教授課講得好，在下課時，就把手握成拳頭敲打桌子，以表示敬意。

當然這種偷賴是要付出代價的，因為你遲早必須透過教授的口試關。唯一的辦法是晚上再加班唸書，最後我的無機化學有些重要章節的內容達到能背的程度，雖然無機不是我的專業課，但這是教務長上的課，他又是終身教授，到現在我還把這本由霍萊曼(A. F. Holleman)和魏畢格(Prof. Dr. Egon Wiberg)主編的無機教科書放在辦公室的書架上不時翻翻。六十年過去了，對其中的一些基本原理，我還不時翻出拿它來指導研究生。例如，我現在正從事劣質原油的裂化和焦炭氣化一體化技術(RCGT)的研究，其中的重點是在不同溫度下，碳、一氧化碳與二氧化碳的熱力學平衡值，我把那些圖表和曲線經常與學生討論。

首先補習的是分析化學，主要是學習經典的分析方法，除了聽課以外特別重視做實驗。一個助教帶七八個學生做實驗，實驗前先預習，然後自己去領玻璃儀器。在一條長實驗桌上，每人一個實驗小抽屜，自己領來的儀器自己保管，打碎了要賠。沒有人預先幫你把儀器架好，全是自己動手。做完一組實驗後助教要考一次。那是一種啟發談話式的問答，主要是了解你知識掌握的程度及遇到的問題，例如：用變色矽膠放在乾燥器裡做乾燥劑。這本來是一個很簡單的問題，但助教要從氣體分子擴散的物理作用到矽膠變色的化學作用，通通給你講清楚。這種把日常遇到的普通現象用科學基本原理來解釋明白的方式，使我日後養成了凡事都要問個為什麼的習慣。

在做有機化學的定性分析時，助教常把幾種化合物混在一發揮，要你回答它們是由什麼組成的。德國學生很有意思，他們首先是用鼻子去聞，拿著試管自己聞了以後還叫別人聞。只見他們在實驗室裡以舞蹈的姿勢來回轉，一邊走一邊唱，在每個同學都嗅了一遍以後，自己才口中唸唸有詞地做出最後判斷，而且還要「上帝保佑」結果是正確的，在助教面前不會「挨刮」。

在德國學化學，有時就像過去舊中國私塾館裡學生讀「四書五經」和《古文觀止》一樣，要求通通能夠背下來。一個典型的例子是老師考學生，問錳一共有幾價？舉例每價有什麼化合物？它們是呈什麼顏色？當時我只能答出氧化錳、二氧化錳、四氧化三錳、錳酸和高錳酸的價數和典型化合物。老師就說，你們答得不完全，錳有八個價態，接著從零價開始一直講到七價的高錳酸鉀，而且能舉出每個價態有代表性化合物的顏色。如此全面，我聽後瞠目結舌。

實驗的內容難度比較大。有一次無機實驗要我合成氫化鈉，這是一種易燃易爆的活性很高的無機物，過去在學校裡根本沒有碰過。我小心翼翼地把金屬鈉從煤油中取出來，放入高壓釜中，倒上煤油密封蓋好，再通入氫氣升溫反應。實驗結束後，由於擰螺絲不小心，氫氣釋放得太快，在通風櫃內發生了爆炸，一位德國同學還因害怕往實驗室外面跑而摔了一跤，幸虧沒有受傷。這是一發揮我生平第一次如此令人膽顫心驚的事故，真是嚇得要命。事後我把高壓釜裡的合成產物小心翼翼取出來，放入煤油裡，再用氮氣封好，把全部東西收拾完已是晚上八點鐘了，沒有吃晚飯，拖著疲乏的身體，從哈雷坐電車晚十點多鐘才回到麥塞堡。這件事引發揮了校方的高度重視，我向指導我做實驗的助教作了檢查，因為沒有傷到人，只是通風櫥的玻璃窗有幾處破碎，汲取教訓，就此了事了。

補完無機化學製備實驗，接下來是無機的定量分析。指導教師拿出一個本子，裡面有密密麻麻的一系列數位編號，要我任意選一個號。我不解其意問什麼意思，他說這是讓你任意挑一個實驗樣品。我隨意指一個號，老師就按此號到房間裡取出一個實驗樣品給我，我一看原來是一塊鐵礦石。我翻閱了對未知樣品的分析步驟，實驗前作了充分準備，這次做得比較順利。我把各組分的含量結果交給老師，他又帶著老花眼鏡在本子上找編號來對，結果完全正確。我心裡感到一陣由衷的高興，中午到街上買了兩根香腸，慰勞了一下自己。

按校方規定，做完 6 個實驗，要由負責該專業實驗的助教與學生談一次話，叫做 Unterhaltung，實際上是一個階段口試，考察你學習領會的程度。口試透過以後，連同理論課一發揮，要由教授來考一次，才算這門課補課正式結束。

德國的考試方式與中國不同，不是坐一大屋子學生，髮捲子筆試。而是採取口試的方法，並且是一對一的「單兵教練」。老師由淺入深地提出一個個的問題，直到學生答不出來為止。這很像田徑運動的跳高比賽，一個一個高度地跳，直到跳不過去，最後跳過去的高度就是運動員的成績。所以在德國，考試是一定要問到學生答不出來才結束。

用這種方法來考察學生的能力顯然是合理的。對學生而言也有好處，你不會因為全答對了而沾沾自喜，知道還有不足之處。

無機化學課的口試是教務長雷曼教授親自主考的，學生必須提前透過祕書預約。一些德國學生在預約前專門透過祕書打聽教授的生日，因為生日這一天教授的情緒一般較好，如果考試時你帶一束鮮花送給他，也許會給你高分。但我們中國同學都比較守規矩，祕書說哪天就是哪天。好不容易輪到我時已是 12 月初了。那天一大早，我穿上西裝，整 8 點時輕輕敲教授辦公室的門，祕書說教授已在房間裡了，你進去吧。我輕輕推開門，說「雷曼教授，早安！」

教授也客氣地回答了一聲：「早安！」

「請把燈打開！」教授指門後牆上的開關。我馬上撥開了開關。

「你看這燈管的溫度是多少？」教授問。

「這是螢光燈，溫度不會很高，大概六七十度罷。」我回答。

「那白熾燈的燈絲溫度是多少呢？」雷曼教授又問。

「可能要一千多度吧！」我回答。

「那你做化學實驗用的本生燈（煤氣燈）的溫度大約是多少度呢？」教授問。

「那是藍色的火苗，我確實不知道，可能有幾百度吧？」我回答得很猶豫。

「教科書上對本生燈各區域的溫度描述得很清楚，有氧化層和還原層。」

「很抱歉我沒有記住。」我紅著臉撓了撓頭。

接著教授把話題一轉，問：「你知道什麼是合成氨？怎樣合成的嗎？」

這題目我早有準備，背得清清楚楚。

接著他又問：「什麼是尿素？有什麼用處？」

因為有準備，答得也不錯。

「你知道無機化學和有機化學的結合點在哪裡？」教授繼續問道。

對於這個問題，我還真是丈二和尚一時摸不著頭腦，半天沒有吭聲。

「你說尿素是無機物還是有機物？」看到我的狼狽樣，他給了我一點提示。

我聽後恍然大悟，「尿素是無機物合成的，但也屬於有機物，因為它是一種動物的排泄物。」我答。

「那就對了，考試到此結束！」教授宣布道，給我的成績為 1 分（優）。

這就是我的第一次考試，也是口試，所以印象很深。

從補無機化學課和做實驗一直到考試，使我深深體會到德國對基礎課的重視，教學的規範和嚴謹，按國內教學要求，我們是學工科的，而且是有機化工中的石油化工，沒有必要對無機化學課程有這些要求。對六十年來這些經歷的回顧和科學研究實踐使我認識到，打好基礎理論的底子確實重要，而當時學蘇聯這一套教學方法，理論基礎不扎實，很難培養出創新型人才。

補完了無機化學和分析化學後，接著補有機化學和物理化學，這兩門課是在麥塞堡校本部上的，因此就不必到哈雷去了，節省了不少時間，而且最重要的是不必趕班車，總算可以睡個懶覺啦。

我們用的有機化學課本是漢斯・貝爾教授(Hans Bayer)著的有機化學教程。除了聽課以外，實驗課包括有機分析和有機合成。有機分析又分定性和定量兩部分。在國內沒有做過有機定性分析，而在德國則是必修課。定性分析就是給你一個混合有機物，要你把裡面有幾樣什麼化合物鑒定出來。需求指出的是這些鑒定方法沒有用近代的物理分析儀器，什麼紅外、紫外、色譜等通通沒有，一方面當時這些高級儀器大學裡還沒有，另一方面這門有機定性分析的目的在於訓練你對經典的化學知識融會貫通。老師給你 500 毫升一瓶的混合液，裡面有液體和固體，要你分析出有哪幾樣化合物。拿到樣品以後，我們第一步就是用鼻子嗅，當時的有機化學實驗室還在宿舍的地下室裡，用現在的觀點來看是既不安全又汙染環境，根本不應該當作實驗室用的，但在當時大家都沒有把這些當作一回事。

人的嗅覺是十分靈敏的(當然對有的東西比狗還差得遠)，因此拿到混合樣以後，首先是自己嗅聞，然後請周圍的同學幫助嗅聞，張三說是醚，李四說是酮，王五又說是醇，最後還是用蒸餾方法分離，看沸點和折光指數，然後再查化學手冊。我的感官中眼睛最差，略有點色盲，做定量滴定時需求周圍同學幫忙看終點；但鼻子的嗅覺很靈，透過這番訓練，對醇、醛、酮、酸、酯，幾乎百發百中，而對於一些固體化合物，如吲哚、咔唑等帶有惡臭難聞的東西，也習以為常了。透過對這門課的學習，對日後從事未知樣品的分析解剖，大有好處。

「嗅味」只是一個探索分析，帶有很大的主觀性，缺乏科學依據，你必須對混合樣的各個組分分別鑒定，才算完成任務。下面的步驟就是蒸餾，按沸點分別收集餾分，測它們的折光指數，然後去查化學手冊，確定是什麼化合物。而對固體樣品，要用過濾、乾燥、結晶、重結晶，測熔點，再透過查化學手冊，來確定是什麼化合物。

對於有機合成化合物的實驗過程，我們通稱為 Präparate，這是一套嚴格的有機合成步驟和方法的訓練。還要學會查兩本化學大辭典，一本是《拜爾斯坦(Beilstein)》，用來查古今世界上所有的有機化合物；一本是《蓋默林(Gemelin)》，用來查古今世界上所有的無機化合物。這種學法相當於我們學中國歷史時，學司馬遷編寫的《史記》和司馬光編纂的《資治通鑒》，看那些對重大歷史事件的描述。但不同的是這兩本化學辭典是十九世紀以來一代代化學家相繼編寫成的，真是薪火相傳，令人不得不佩服德國人的科學獻身精神。

我的有機化學輔導老師是猶太人，他的姓就稱以色列(Dr. Israel)，為人和藹可親，平時沉默寡言，但對我幫助很大，既熱情又耐心。在二次大戰中，猶太人在希特勒統治下慘遭迫害，不知道他是如何逃過這一劫的。他是德國統一社會黨黨員，擁護東德政府，因為統一社會黨反對希特勒是一貫和堅決的。在科技領域，他很為德國在有機化工方取得的成就而自豪。他給我舉了一個例子，在合成纖維方面，是美國杜邦先發明尼龍 66，它是己二酸和己二胺的縮聚產物。德國人為了繞開美國的專利，發明了由己內酰胺水解縮聚，我們稱為尼龍 6，德國人叫做佩龍(Perlon)，我們譯為「錦綸」。二者都是 6 個碳的單體，二者都是含碳、氧、氮的原子，競爭的結果，現在尼龍 6 的產量已大大超過尼龍 66，主要原因是原料易得，合成路線短，成本低，性能好。這個例子說明德國人在化學領域技術上的融會貫通，不墨守成規，具有創造性和競爭能力。1982 年我隨侯祥麟、王振華等重訪東德，參觀洛伊納石油化工企業，以色列博士專門從麥塞堡來陪跟我們，一發揮吃飯時談及往事，猶歷歷在目。

嚴酷的外事紀律

1957 年國內開展的反右鬥爭，也波及到東歐留學生。雖然在學生中間沒有劃右派，但也要學習文件，人人過關。要對照文件的精神檢查自己的思想和行動，向黨交心，特別是要查找有沒有違反外事紀律的事情發生。這對大多數人來說，原是衝擊不大，只要遵守外事紀律，好好學習，不亂說話，一般不會出大事，但也有因此倒楣的。

有一位在伊爾明瑙學習的留學生自己向黨交心，說看中了一位德國姑娘，聖誕節去約會時，一見面就擁抱了她。那位姑娘沒有思想準備，就順嘴說了一句德文「Du bist unartig!」意思是「你真討厭」。這位同學本以為這不是什麼大事，向黨交了心就沒事了，但結果是：違反紀律，立即被遣送回國。

在當時，東、西德國之間緊張的政治氣氛是留學生必須恪守紀律的一條嚴正理由。在上世紀五十年代東、西柏林的交通沒有障礙，特別是鑽進地下鐵道後，就可以從東柏林到西柏林，再從西柏林乘上飛機就可以去西德，因此想逃跑到西德去的人都透過這條捷徑。為此，中國使館明確規定：留學生不許乘地鐵去西柏林。這對於我們這些充滿好奇心的年輕人來說，實在是一種近在咫尺的約束。

有一位與我同時出國的女同學，是從部隊轉業來的調干生，我們在萊比錫學德文時是同班同學。她年紀比我稍大，既是我們學生支部的黨支部書記，也是我們學生隊的領隊。作為學生隊的一個領導，她不僅活潑、開朗、漂亮、大方，而且辦事潑辣，政治性強，

1987 年 6 月重返德國在柏林勃蘭登堡門(當時東西德國交界處)留影

說話很有號召力，我們都把她當作老大姐。當時在學生隊裡，這樣「巾幗不讓鬚眉」的傑出女性，自然是眾男生追求的對象。半年後，一個相貌英俊的高個子男生從眾追求者中勝出，獲得了她的芳心。之後是其他人退出競爭，兩人確立了朋友關係。

後來我分配到麥塞堡化工學院，不知是不是組織有意照顧，他們倆一同被分配到了哈雷的馬丁路德大學，男的學物理，她學生物化學。哈雷只有 3 名中國留學生，離麥塞堡又近，因此我們還是同屬一個支部，星期六在一發揮過組織生活。由於頭兩年的基礎課是在馬丁路德大學上的，所以兩人平時幾乎天天都能見到，相處得很好。

就在那段日子裡，這位女同學計劃利用星期天的休息時間與男朋友到波茨坦去玩。波茨坦是東德城市，就在西柏林的西邊。去波茨坦有兩種去法，一種是先到東柏林，然後坐公共汽車沿著東、西柏林的邊界繞一個大圈子繞過去。這種走法要想一天裡打個來回，在時間上緊張一點；另一種則近多了，到東柏林後乘坐地鐵，從地底下穿過西柏林，上去後就是波茨坦。為了能在波茨坦多玩一會兒，並順帶享受一下當時中國尚沒有的地鐵，這位女同學和她的男朋友選擇了走近路。

本來這純屬私人的一件小事，只要他們自己不說，沒有人會知道。事實上，兩人的保密工作做得很好，在回來後的一個多月的時間裡，同學們只知道他們倆星期天經常出去玩，至於去了什麼地方及怎麼去的，都不清楚。可是，不知是她作為支部書記黨性強呢，還是她幼稚地認為他們倆並沒有去西柏林，只是從西柏林的地底下穿過而已，談不上違反紀律……總之，她後來在一天晚上學生開會的時候，當眾將此事向黨交了心，結果是雙雙立即被遣送回國，而且遣送得非常快。

我是在她向黨交心的第二天中午吃飯的時候，得知了他們被遣送的消息。知道這個消息時，他們倆已經在早上被使館來的車接走了。這一走，就是渺無音信。聽到這個消息後，我非常震驚，做夢也想不到「被遣送」的事會發生在她的身上。外事紀律是嚴酷的，沒有因為她是黨支部書記就網開一面。當時我真為她深深地惋惜，同時也為他們倆的前途擔憂。

三十年後的一天，老大姐敲開了我家的房門，突然出現在了我的面前。如果不是她自報家門，我已經完全認不出她來了：憔悴、蒼老、身子有些佝僂，頭髮幾乎全白了……一副經歷過大磨大難的樣子。那天，她告訴我：被遣送回國後，她在隨之而來的政治運動中又被開除了黨籍，兩人一發揮被髮配到黑龍江某偏遠地區的一所學校教書。直到 1978 年才落實政策，恢復了黨籍。那次旅遊路線的走錯，雖鑄成了千古恨，但所幸的是，由於教書的地方偏遠，之後他們躲過了文化大革命等歷次政治運動的衝擊，在那裡平平靜靜地生活了十幾年，後來又重新分配了工作。但不幸的是，剛剛過上幾年好日子，她的丈夫就患了鼻咽癌。她問我，某種中藥是否可治？在哪裡能買到？我沒有聽說過這種藥，只能如實相告。因癌症已是晚期，她丈夫不久就去世了。

現在老大姐還健在，今年已 88 歲，一個人在哈爾濱生活。去年是我們同在萊比錫學習德語 60 週年，我和沈堯曾都打電話請她一齊來京相聚，但她因行動困難不能前來，於是我把同學聚會的一件 T 恤衫寄給她作為留念。

失敗的追「風」

1958 年，國內大躍進和共產風也刮到了麥塞堡。學習貫徹「一大二公」，首先是把我們的助學金減下來，支援國家建設。研究生每月減 50 馬克，大學生減 30 馬克。

國內人民公社集體吃飯不要錢，但在我們這裡做不到，不過要辦公社式的食堂還是可以的。於是，我們麥塞堡化工學院的 12 名中國學生決定，打破各人的小灶，效仿國內辦個公共食堂。12 人輪流做飯，每人一週。在這一週內，由值周的人全權負責大家的伙食，從買菜、做飯到洗碗，全部包干，錢也由值周的人自己掏腰包。這樣的做法，表面上似乎符合一大二公的原則，但實際上把每人都累得要死。由於學習負擔重，還要發揮早貪黑的買菜做飯，烹飪水平不高，又眾口難調，大家嘴上不說，心裡總在嘀咕能否堅持下去，第一輪轉完後，這個留學生的「公共食堂」就偃旗息鼓銷聲匿跡了。

不過，在麥塞堡時每逢中國的傳統節日和慶祝日，我們都要聚在一發揮慶祝一下。1958 年 10 月 1 日到了，這是國慶九週年紀念日。那天晚上，我們這些海外學子租用了一家小俱樂部，舉辦了一個小型的慶祝晚會，並邀請一些德國朋友們參加，一同慶祝社會主義祖國 9 週歲的生日。在晚會上，同學們爭相獻藝，我用二胡獨奏了《良宵》，用笛子獨奏了《青春舞曲》等節目，反正德國朋友也聽不懂中國曲子，也不知道我演奏得好壞，他們只是對中國的民族樂器很感興趣，演奏後博得了他們的喝采。晚會的後半程是社會主義國家歌曲大聯唱，我拉手風琴伴奏。無論是中文還是德語，不管是南腔北調還是五音不全，中國留學生與德國朋友一發揮引吭高歌。從中國歌曲的《國歌》《東方紅》《歌唱祖國》，唱到德國歌曲《藍旗飛揚向柏林》，再唱到蘇聯歌曲，還唱了幾首當時流行的波蘭、捷克、羅馬尼亞和保加利亞的歌曲，有的還用德文和中文分別唱。沈堯曾是總負責人，唱歌嗓子好，感情充沛，博得德國老師和同學的熱烈鼓掌。大家歡聚一堂玩得很開心，歌聲寄託深情，海外學子的拳拳愛國之心溢於言表。

晚會結束以後，大家都很激動，一是為祖國的成就感到無比驕傲，二是為演出成功也感到無比驕傲。

轉眼 1959 年快要到了，使館號召各校留學生都要向大躍進獻禮，要求在 1959 年元旦那天把禮品集中到德累斯頓，並召開留學生的獻禮大會，但沒有規定獻什麼。

通知是在兩個多月前發出的，於是各校留學生各顯神通。我們獻什麼呢？我們麥塞堡的同學為此進行了磋商，不能講大話，更不能寫文章，因須是能代表中國人民的志氣和趕超國際水平的科技產品，所以要求獻有水平的實物。同學們討論來討論去，大家都覺得很為難，因為我們都是搞化學的，怎麼能透過化學反應合成出一個既新鮮又具形象的實物呢？我們討論了幾天也沒定下來。

那時我正在補物化課，看見學校物化教研室的德國助教比特利希博士正在自己安裝一臺示波儀。我看那玩意挺新鮮，通上電以後，在螢光屏上能看出交流電的信號，就像現在臨床危急病人檢測心臟跳動的波形一樣，非常形象，覺得還拿得出手。可否做個示波儀去獻禮呢？我提出這個想法後，立即得到了沈堯曾和林文新支持，鼓動我去試一下。後經過黨支部討論，一致同意我們麥塞堡支部以自已安裝一臺示波儀向祖國獻禮，錢由大家分攤，我總負責進行安裝製作。

其實這對於我來說，真是一個大難題。我在國內上大學時電工課學得很一般，根本沒有做過銲接電路的實驗，但在國內那種敢想敢幹的精神鼓舞下，真有一種天不怕地不怕的精神，就毅然勇敢地承擔下來了。

第一步是去買電子零部件。核心部件是一臺示波管，麥塞堡沒有，萊比錫和哈雷也都沒有，只有離麥塞堡 80 公里的埃爾福特市的電子管廠有得賣。於是我就單槍匹馬一個人坐火車去埃爾福特，那是當時東德唯一的一家電子管廠，我找到了一位經理，說明了來意，因為這也算是軍用物資，最終得到了他的理解和支持。買回來以後，我就請物化的助教比特利希博士幫忙，又買了各種電容器和電阻，用幾塊電路板和一個鋁合金的架子開始銲接，銲接的電路圖完全是照葫蘆畫瓢一樣抄的。

由於一切都是從零開始，所以製作進度很慢。為了這臺示波儀，我那兩個星期每天只睡 4、5 個小時，因為其他中國同學幫不上忙，只能我一個人單干。幸好那位助教很熱心，他正在同一實驗室安裝第二臺示波儀，所以有問題能隨時得到幫助。離元旦就差兩天了，示波儀還焊了不到一半。沒有辦法，我只好夜以繼日地連續熬了兩個通宵，費了九牛二虎之力，終於照貓畫虎地安裝來一臺示波儀。插上電源，連好信號發生器，看到了歪歪扭扭的圖形，大家興奮極了，全支部黨團員都向我祝賀。

這時已是 1959 年元旦的清晨，已經沒有時間沉浸在成功的喜悅中了，我與沈堯曾、林文新馬上抱發揮示波儀，馬不停蹄地乘火車趕往德累斯頓。將近中午時分我們趕到獻禮大會會場時，會議已經開始一個多小時了。

「對不發揮，對不發揮！我們來晚了——」我們一進會場就連聲道歉。

「嘩——」看見我們幾人沖進會場時氣喘吁吁、衣冠不整的狼狽相，與會者反倒向我們報以了熱烈的掌聲。

「同學們，安靜！同學們，安靜！我提議，下面就請麥塞堡化工學院的同學們上臺，向大會敬獻厚禮！」大會主席也被我們的真摯所感動，順水推舟地讓我們提前上臺獻禮。全場再次響發揮熱烈的掌聲。

我立即抖擻精神，整了整衣服，擦了擦汗，在掌聲中和同學一發揮抱著示波器登上了主席臺。

「今天我們向大會獻的禮是示波儀。待一會兒，我接上電源後，大家就可以看到：這個顯示器裡就會出現一條交流電的光電信號，非常漂亮！」我先是大聲地得意地向與會者介紹了一下自己的作品，話語中洋溢著成就感，然後不緊不慢地將示波器的電線插頭插進了旁邊的電源插座上。

「咦？怎麼沒有信號！」

臺下先是鴉雀無聲，然後嘰嘰喳喳的議論聲雀發揮。

「不可能啊——，它原來是好好的呀！今天早上它確實出信號了……」我急得滿頭大汗，一邊打開機器的後蓋搗鼓著，一邊嘴裡不停的解釋著，眼淚頓時奪眶而出。但是，不管我怎麼搗鼓，信號就是不出來。

在獻禮大會上，我當眾出了個大洋相，成就感頓時煙消雲散，不得不沮喪地承認：這次獻禮失敗了。

事後分析：可能是由於火車的顛簸和沿途的奔跑，不少線路焊虛的地方被顛斷了。

不過，數年後我倒覺得，這場荒唐的獻禮與國內那個「大躍進」一樣，失敗其實是正常結果。

在麥塞堡，雖然學習很緊張，但政治上比國內還是輕鬆得多，那裡沒有政治運動。生活上雖然也有各種曲折，但吃的方面比發揮正在遭受三年困難時期的國內來說，豈止是好多了，簡直可以說是猶如天壤之別。

那時我們在麥塞堡化工學院的12位中國留學生，每逢過年過節都要舉辦聚餐會。各人做自己的拿手菜，我做的紅燒魚總能得到大家的稱讚。

在麥塞堡和哈雷度過一年半學習上最艱難的日子，到1959年的春天，把德國 Diplom 的課補修完以後，透過考試和指導教師的同意，到貝林的奧托·格羅提渥聯合工廠，開始做博士論文的研究工作。

去貝林做論文

1959年3月10日上午，接到校辦公室祕書的通知，要我在3月17日上午9點，去萊比錫東5區佩毛瑟街15號柏林科學院有機化工研究所，我的博士生導師萊勃尼茨(E. Leibnitz)教授要接見我，討論確定我的博士生論文的研究方向問題。這是我的一件終身大事，幾天來日夜思考如何見這位博士生導師。在德國把博士生導師稱作「博士父親」(Doktor Vater)，可見博士生導師的地位與尊重程度。因此必須認真準備，包括自我介紹、一年半的補課情況、自己的志願和德語的表達方式等。

柏林科學院相當於我們的中國科學院，下有若干個研究所，有機化工研究所就是其中之一，萊勃尼茨教授是該所的所長，同時兼任麥塞堡化工學院的院長。3月17日清晨我乘火車從麥塞堡到萊比錫，再轉乘有軌電車8點到了東5區佩毛瑟街15號有機化工研究所。傳達室卡得很嚴，打電話到所長辦公室確認以後才讓我進去。我趁還有一個小時的空檔又在門前操場上一邊來回踱步一邊背誦要講的內容。準點由祕書引領我到了教授的辦公室。

「早上好！萊勃尼茨教授」。我一進門便問候了一句。

「早上好！汪先生。」

教授徐徐放下眼鏡，抬手指了一下坐在辦公桌對面沙發上的一位先生，介紹道：「這位是畢特勒博士(Dr. R. Birthler)，是貝林廠的技術領導。」

我移步上前，與畢特勒博士握手問好。畢特勒博士身材魁梧，戴一副黑邊眼鏡，操著不怎麼道地的德語問候我。

「聽說您在麥塞堡補課一年多的日子裡很勤奮，學得怎樣？」教授問。

「學習很困難，但收穫也很大，有很多知識和技能訓練過去在中國是沒有過的。」我答道。

「有收穫就很好，您知道德國出了一大批世界有名的化學家，如合成氨技術的發明人哈伯博士，他們都受過嚴格的訓練，具有扎實的理論基礎。來德國學習就要按德國的教學要求，相信您學成後回去對國家是會有貢獻的。」教授知道我們剛到麥塞堡時對補課有意見，所以今天又從正面重申了一下他的觀點。

「謝謝教授的開導啟發，我一定按照德國學校的教學要求，努力學習，在您的指導下，把論文研究工作做好。」我回答。

「那好，我把您介紹給我的同事畢特勒博士。畢特勒博士是貝林聯合企業的煉油專家，您就在他的指導下做論文，就在廠裡做論文和實驗。貝林聯合企業是我們國家最大的煤化工和石油化工聯合企業，有很多重要的和有趣的研究課題。」教授示意畢特勒博士說道。

「您好，汪先生！我很高興作為萊勃尼茨教授的助手，指導您的博士論文，歡迎您到貝林廠做論文的實驗工作。我們有一個團隊正在開展煉油方面的研發工作，希望您能愉快地參加我們的團隊，在研究工作中做出貢獻。」畢特勒博士操著濃重的外地口音說道。

「那好，汪先生的工作由您安排，在此期間，有什麼分析化驗的樣品可以送到我們研究所來做，汪先生也可以來我們所裡參觀實習，增長知識。」教授對我們二人同時說道。

談話到此結束，萊勃尼茨教授與我們握手告別。畢特勒博士與我商定，3月24日他派車來麥塞堡接我去貝林。

1959年3月24日上午9點，一輛奔馳老爺車停在學校6號宿舍樓門前，我上前向司機打聽，知道是貝林廠畢特勒博士派來接我的車。司機幫我把行李搬到後備箱，我暫時告別了麥塞堡——這一年半最難熬的日子。一路上我們不停地聊天，我首先急於想知道我的協助指導老師畢特勒博士在貝林廠的工作情況。司機名叫伍茨勒，是畢特勒博士的專職司機，在聊天中我初步知道了一些畢特勒博士的情況。

畢特勒是匈牙利裔德國人，是煉油部重整工廠(DHD Anlage)的主任。而生活在薩克森地區的人，一般都有薩克森濃重的地方口音，因此他們很快就能分辨出來是不是外地人。畢特勒在廠里科學研究工作方面的造詣很深，雖然只管重整工廠，但他在煉油技術開發上是一把手，廠裡地位很高，享有廠領導待遇，備有專車和司機。主要是他想搞技術創新，因而與萊勃尼茨交往甚厚。

司機伍茨勒是第一次接觸到中國人，自然很好奇，一路上不停地問我中國的風土人情。透過聊天我知道了，他腦袋裡裝的都是中國過去的歷史傳說，從婦女纏腳到可以有幾個老婆，到吃飯用筷子，怎麼才能夾住東西等，不一而足。車子繞過萊比錫城區往東行20分鐘左右就到了貝林。

貝林看發揮來好像是一個小村莊，居民基本上都是奧托·格羅提渥聯合企業的職工和露天褐煤礦的職工。村裡除了有一兩家食品店以外只有幾十戶住家，連一個小教堂都沒有。司機伍茨勒的車在一家院子門口停下，告訴我這是廠裡給我租好的房子。他一面把行李拿到房間裡，一面與女主人打招呼。

「您好，伍茨勒先生!」女主人一頭銀發，長得很胖很豐滿，邊

1959 年在德國貝林工廠參加博士論文學術討論會

緩緩地邁著步子邊答道。

「我給您帶來了一個中國客人，年輕英俊，可以解除您的寂寞了。」司機用德國人的方式介紹著我。

「我是舒爾茨太太。能講德國話嗎？能吃德國飯菜嗎？」她似乎是在問司機，但又像在問我。

「德文能說一點，德國的飯菜也還可以，但還是喜歡吃中國飯。」我急忙用德語搶先作了回答。

「中國飯我不會做，早餐您與我們一樣吃德國麵包、香腸、雞蛋和牛奶，中午您在廠子裡吃，晚飯您自己買點菜，我試著給您做。但能否合胃口只有您自己知道了。」她帶著點懷疑和詢問口氣對我說。

「太好了，謝謝您。」我隨聲答道。

舒爾茨太太把我領到我的臥室，那是一間約十來平方米大小的北房。一張單人床鋪著潔白的羽絨被，一個床頭櫃、一個衣架和一個小衣櫃。

廁所是公用的。這間房大概是他們家多餘的房子，專門為我收拾了一下。接著她帶我參觀客廳，有二十來平米：沙發、桌子、櫃子和一架小鋼琴，還有一堆雜亂的啤酒瓶子。

舒爾茨一家 3 口人，老舒爾茨是煤礦工人，已退休。他們有一個兒子，18 歲，未婚，也是煤礦工人，平時家裡倒也很安靜。我除了早上去吃早飯以外，晚上偶爾也去買點蔬菜、肉和稻米，要房東老太太給我做點中德合璧的晚飯，她做好以後就給我端到房間裡來。這裡沒有大豆油和花生油之類的炒菜油，只能用奶油炒，因此怎麼做也做不出中國菜的味道。早上發揮床後，被子也不用收拾，吃完早飯後就去上班。司機伍茨勒約好早上 7 點半在橋下等我，我上車後他就把車開到畢特勒博士家門口，我坐在車裡等畢特勒博士，他上車後就出發到貝林廠去上班。就這樣我在舒爾茨家裡住了七個多月。直到天氣轉冷生煤球爐取暖時才搬到新的單身宿舍去住。

單身宿舍條件就好多了，是剛剛新建成的一座四層大樓，一人一房間，也有兩人一個套間的夫妻間。現在看相當於三星級的賓館，但在六十年前似乎是豪華的住宅了。唯一不足之處是只有電爐可以燒水煮咖啡或茶，不能做飯。

雖然在貝林上班，但每週末我都要回麥塞堡，一方面要過組織生活，同時老同學相聚大家可以互相交流學習心得。沈堯曾的指導老師是雷曼教授，學無機化工專業，在硫酸廠沃爾芬做論文研究工作。有一次做實驗不小心手被濃硫酸燒傷，胳臂用繃帶綁著還照常上班。

貝林地區是當時東德最大的煤化工和石油化工聯合企業。東德統一社會黨當時也搞個人崇拜，把這個廠命名為奧托・格羅提渥聯合企業。格羅提渥是東德的總理，是國家第二把手，可以設想這是東德第二大企業，有一萬多職工。（第一大企業是洛伊納的瓦爾特・烏布利希的化工企業，有 3 萬多職工。）它由褐煤露天礦和煤-石油化工兩大部分組成。

貝林褐煤露天礦區約有幾十平方公里，是東德最大的褐煤礦。

我在1955年去撫順石油一廠實習時曾參觀過撫順露天煤礦，與貝林褐煤露天礦比簡直是小巫見大巫了。採煤全部是機械化自動化操作的，工人用挖掘機從露天採煤層挖出的褐煤透過皮帶運輸機可直接運到化工廠裡，先把煤中含水量40%～60%的水分用蒸汽間接加熱蒸發乾燥，然後分別壓成煤磚(Brikett)或煤粉直接氣化。煤磚是東德主要燃料，就像中國北方家庭用的塊煤、煙煤或無煙煤一樣，但德國煤磚的成分是褐煤，它比中國北方用的煤更容易燃燒，用幾片木頭一引就可燒發揮來，它的缺點是燃燒時間短，火焰雖大但不經燒，熱值低。煤磚作為化工原料是造氣，生產城市煤氣作為供熱、供電和照明的能源。我們在萊比錫學德文時住的街道上，道路兩邊的照明設備不是電燈而是煤氣燈，每天晚上有一位老頭拿著一個小火把去點亮煤氣燈，如西方古老電影裡的鏡頭一樣，還真有點古色古香的味道。

煤磚或乾燥的褐煤粉是煤化工的原料，透過不同氣化爐可把煤粉用溫克勒(Winkler)沸騰床造氣，或把煤磚用固定床壓力氣化。氣化的目的產物是一氧化碳(CO)和氫氣(H_2)，它們構成煤化工的龍頭原料。氫氣作為原料生產合成氨，合成氨進一步制尿素以及以氨為龍頭的一系列化工衍生產品。氫氣的第二個大用途是石油產品的精製、加氫和煤的直接液化。CO和H_2作為人造石油的原料是用費舍(Fischer)和托洛伯斯(Tropisch)法合成石油，我國稱之為費-托間接法合成石油。總之，無論是直接法或間接法把煤合成石油，它的老祖宗都在德國。

貝林的煉油和石油化工生產部分是用蘇聯魯馬斯基諾的原油，透過常、減壓蒸餾所得一系列餾分，再透過加氫精製、重整、烷基化等工藝，生產各類市場上所需的油品。

我工作的地點是催化重整工廠(DHD Anlage)，這是二戰期間為生產航空汽油組分的技術，相當於現在的催化重整生產芳烴和高辛烷值汽油。用的是非貴金屬催化劑，並且要在20個氫氣壓力下操作避免生焦。該技術從現在觀點來看，已經落後被淘汰了，但在當時卻是生產航空汽油不可缺少的手段。DHD Anlage 的鄰近工廠是烷基化工廠，用碳四餾分生產異辛烷，也是生產航空汽油的重要組分。因此可以看出在二戰期間這個廠子的作用，它是希特勒發動二次大戰的重要軍用油品的基地。

畢特勒博士利用 DHD 工廠中壓加氫技術的有利條件，開展他主持的研究工作。他原籍匈牙利，與匈牙利石油研究單位關係密切，當時民主德國和匈牙利這兩個社會主義國家的石油界成立了一個以匈牙利科學家瓦加（VARGA）命名的協會。VARGA 協會德方的牽頭人是畢特勒博士，匈方負責人是拉寶（Rabo）博士。Rabo 後來去美國 UOP 工作了，是煉油界知名的催化專家。

畢特勒博士把我的研究論文工作列入 VARGA 協會的合作項目，這對我的工作非常有利，相當於現在納入國家 863 或 973 項目一樣，一來師出有名，二來有經費支持，我的房租和到學校來回差旅費可以從項目中開支，每三個月還給我發生活補助，約 300 馬克。

給我的研究題目是「中壓加氫條件下瀝青質的分解研究」。工廠專門給我配備了一套 100 毫升的高壓加氫中型裝置，有工人倒班操作，為我提供實驗樣品。還為我做實驗配備了一個實驗員，幫助我看管實驗和洗刷玻璃儀器。

回國集訓

1959 年 4 月份與畢特勒博士訂完研究大綱，實驗進行得很順利。到了 1960 年 5 月，突然接到使館的通知：全體國外留學生 6 月份要回國集訓。這個出乎所有留學生意外的消息，聽到後大家的第反應都是很高興。

「嘿，聽說了嗎？今年暑假可以回國探親了。」

「我怎麼聽說是回國集訓？」

「嗨，有什麼可集訓的？這不明擺著是照顧咱們回趟家嘛。」

在遠離親情的異國他鄉一待就是 3 年多，同學們都很想家，聽到能回國的消息，大家興奮地奔走相告。

有機會回國，我當然非常高興。從 1951 年上清華大學，到現在我已經 8 年沒有回過家了。在北京時大學五年的寒暑假，因為出不發揮路費，加之家庭出身不好怕惹事，所以沒有回去。大學畢業考完試後本應有暑假，卻因馬上要辦出國手續而無暇回家。

上世紀五十年代末，隨著中蘇之間關係的緊張，中國與東德之間的關係也開始發生變化，大家雖有察覺但都心照不宣，保持著內緊外松。1959 年，國內高教部為了加強思想意識形態的控制，要求所有蘇聯和東歐的留學生於暑假期間回國集訓。但是，當時我們並不知道上級領導的真實意圖。所以在留學生中，絕大多數人都沒有把政治集訓當回事。不少人認為集訓只是個幌子，上級領導的真實意圖是照顧我們回國探一次親。

我們回國後，7 月初在北京集中，政治集訓了兩個星期，也清楚了這次回國的主要目的：一是，學習國際形勢。自蘇聯赫魯曉夫上臺以來，他在蘇共二十大上關於史達林問題的祕密報告，引發揮了中蘇之間在意識形態方面的分歧和爭論，毛澤東經常提發揮赫魯曉夫式人物正睡在我們身旁。上面講，蘇共已淪為修正主義國家（當時對蘇聯的評價還留有一點餘地，叫做「半修正主義」），要我們必須正確認識和表態。二是，透過介紹中蘇之間的緊張關係，包括撤走援華專家和撕毀合約，要我們認識蘇修本質，提倡自力更生，激發愛國熱情，更加出色完成學習任務。三是，學習國內大好形勢，認識國民經濟遇到的困難是暫時的，是可以克服的。最後才是回鄉探親。

這次同時回國集訓的留學生有幾千人，除了可以在人大會堂聽報告以外，住宿和學習都分散在各大學。我們留德歸國生住在北京鋼鐵學院。對我們來說，自然是要和中央保持一致。對國際形勢的看法，無論從理論和實踐上，都是堅決擁護和贊成黨中央的英明決定。對修正主義的批判，都是從上而下地按指定文件學習，大家都已習慣於聽黨的話，加之撤走專家等蘇共背信棄義的做法，都引發揮我們強烈的不滿與憤慨，所以在思想上很容易統一。對國內的經濟形勢的看法，我們也都是按指定的《人民日報》和中央文件學習，統一認識，統一口徑表態，所以一般不會出差錯。

經過兩個星期的政治學習及總結後，就給每個人發了探親路費，我們總算可以回家了。因要在杭州轉車，我正好順路去看望了葉嗣懋，並在杭州小住了兩日。

第三天一早，我告別嗣懋乘火車回了龍游老家。這是趟慢車，足足開了七個多小時才到達龍游站。我在老家的四個弟弟友卿、曉卿、和卿和景卿早已在站臺上等候，時隔 8 年，見面交談十分親切。我的行李由小弟景卿拿著，自己徒步從車站繞過龍游縣城，走上平政公路，這是我走過無數次的到縣城去上學的路。以前黑夜裡走在這條路上，偶爾還能看到路旁墳頭上發出的絲絲磷光，我們當時叫做鬼火，現在墳頭已完全剷平了。大約走了 20 多分鐘，就到達衢江江邊。江邊原來有一條浮橋通到對面的虎頭山，現在已是一條公路大橋橫跨兩岸。走過大橋，到了虎頭山，還如十幾年前一樣，有幾家飲食店，鄉親們早就聽說我要回來了，紛紛與我打招呼，聽我鄉音未改，十分親切。

從虎頭山沿一條靠山邊的小路，走約十多分鐘就到了茶圩裡老家。想不到離別 8 年，已景物全非，老家與 1951 年離開時的情景完全不同了。家門前的一塊空地不見了，那是夏天農民曬穀子的場地，現在已分給農民造房子了。進家門後一片醬園和二十多只醬缸也沒有了，那是我家開醬坊的象徵，現在已徹底破產了。1950 年春節，我寫了一副春聯，貼在大門上，上聯是：上下五千年欣逢百姓翻身日；下聯是：縱橫一萬里同慶三軍解放年。現在那個大門沒有了，圍牆沒有了，院子、照壁和月亮門也沒有了，原來我從城裡放學歸來時，一進門就迎面撲到我身上來的那只愛犬阿里也不見了，從大路到我們家只有一條不到一米寬的小窄道，兩旁全是別人家高低不齊的房子。一路過來，整個環境可以用雜、臟、亂三個字形容。

回到家裡，父親病臥在床上，勉強發揮來與我打了個招呼，露出一絲苦笑。他的老胃病又犯了，患青光眼，視力已很差，哆哆嗦嗦拿出半支沒有抽完的香菸，要景卿給他點上，但僅抽了幾口，就把它掐滅了。景卿告訴我，父親菸癮重，又沒有錢買，一支煙要抽三四次，抽幾口就把它掐滅，過個把小時再抽幾口。母親顯得健壯些，眼角含著淚水向我微笑。我問，他們這些年生活過得怎樣？給我的回答都是「還好，還好」。確實是「還好」，因為這些年的艱苦日子，大家總算都平安地度過來了，總算都活下來了。家裡的變化太大啦！我身在異鄉為異客，卻一直不知家裡的生活過得這麼艱難。當晚，我們全家在一發揮吃了一頓團圓飯，但我吃得是五味雜陳。

第二天，三個弟弟陪我到西徐外婆家去上墳和看望表弟徐成。因為父親在安徽休寧的老家早就沒親人了，所以外婆家始終是我的第二個家，從幼年在外婆家聽舅父唱歌、患瘧疾外婆帶我逃到野外去躲鬼神，到 1942 年逃避日本鬼子掃蕩等，一幕幕情景彷彿就在眼前。1951 年土改時，他家被劃成地主，在某種程度上是受我們家連累的。據我回憶，我在 7 歲時，外婆家的家境並不好，最多是個中農。因為外公兄弟五個，他排行老三，沒有多少田地，有時到茶圩鎮我家店裡去挑點大糞回去施肥，勉強能維持生活。我們家的醬油作坊漸漸興旺發揮來以後，父親採取的經營策略是，賺了錢擴大商業經營的同時，用一部分經營所得拿來買地。因此日本侵占時，店鋪幾乎全部被毀的條件下，我們還可以靠收租來填飽肚子。母親是文盲，但她告訴我，說是「富字田打底」。有了田地可以收租，絕不至於挨餓。當時在茶圩裡一帶的農民比較富裕，沒有窮人賣地，而在西徐村外公家那一帶，貧苦農民較多，容易買到地。這樣，父親就在西徐和鄰近的錢家、橫堰等村子先後共買了五十多畝地。這些地全部由外公經營看管，這樣我們家劃的成分是工商業兼地主，外公反倒是地主了。土改戴上了地主帽子，日子自然不好過。外公外婆不久先後去世，據說外婆是患糖尿病去世的。我這次到西徐家，只有表弟接待。他們三分之二的房子被分掉了，一家人只住在十幾平米的牛棚和廚房裡。我們到對面山上上了墳，外公外婆的音容笑貌彷彿猶在眼前。

在北京集訓時，領導已叮囑我們，剛從國外回來，要多看看，要與當地老百姓打成一片，要注意自己的形象和影響。因此，我回家三天以後就和村幹部說，我要參加幾天勞動，生產隊小隊長就把我分配到一個小隊裡去鋤地。上工前我把手錶脫下來，免得人家說你擺闊氣。早上八點開始敲鐘上工，稀稀拉拉到八點半男女老少集合在一發揮，排好隊從地的東頭拿發揮鋤頭往西頭鋤，約 30 分鐘到了西頭，歇十分鐘後又排著隊往東邊鋤。我因為缺乏勞動鍛煉，只能由友卿陪著幫我鋤，好在他們也不太計較。大家一邊幹活一邊嘻嘻哈哈地聊天，看見我左手腕皮膚上有一圈顏色較淺，知道我把手錶摘下了，就乾脆問我戴的是什麼名牌手錶。在勞動中，給他們印象最深的是，我還能講一口流利的龍游腔。他們說，有的人從村子裡出去當了三年兵，回家講官話不像官話，土話又不像土話。又說，農村裡最好的時候是剛土改完實行合作化的那段年景，那時收入最高，日子好過。現在不行了，某某昨天餓死了，因為虛報高產，徵糧後家裡都空了。當時在形勢一片大好的口號聲中，我在基層聽到了農民的心裡話。參加勞動的人除了記工分以外，上下午中間休息時每人還可喝一碗稀粥，我也分享到一碗，所謂稀粥只是清湯中飄有幾粒米花。

十天的假期圓滿結束。我從上海乘京滬線的火車按時回京報到，聽候指令。返德的前一天，領導宣布出國生的名單，得知有一小批同學被留在國內不能出去了。就這樣，出國留學生又被篩選掉了一批，原因也不講，只是說「某種原因」暫停出國。

我這時才感悟到，國內的政治鬥爭形勢太嚴峻了。我們這些在國外唸書的學生，就像生活在世外桃源裡一樣，政治敏銳性太低了。回想一下集訓的那些日子，那些被留下的同學在言行方面確實有許多不謹慎之處。如果那些同學能從一開始就重視這次回國集訓，自始自終地端正態度、檢點言行，他們還會被淘汰嗎？他們已經在國外學習了三年，再有一年多就能畢業了，這一淘汰，即將到手的文憑也隨之打了「水漂」。人生幾何呀，且不說他們將來的政治前途怎樣，僅留學數年沒拿到文憑這一點，就夠讓人可惜的。好在我們麥塞堡的同學全部都返回了。

在一陣唏嘘感嘆之後，我也很為自己慶幸：在不知不覺中又順利地闖過了一關。看來是平時辦事一向認真的習慣，幫了自己的忙。

完成學業

這次短暫的回國集訓和探親，對我的觸動很大，倍加珍惜這條件優越的出國留學機會，8 月下旬回到德國後，一心想的就是要抓緊時間加油干。我先去拜會了畢特勒博士，給他送去剛從國內帶來的一隻景泰藍小花瓶，並表示要努力工作，保證不延誤研究進度，並把研究大綱又重新審查一次。確定研究內容包括：從蘇聯魯馬斯基諾原油中分離瀝青質，用柱色譜根據混合物極性大小再細分成若干組分，然後分析元素組成和族組成，測定分子量，再用紅外、紫外光譜分析官能團進行半定量表徵。在此基礎上，對中壓加氫在不同工藝條件下的瀝青質的組成進行考察，探討瀝青質的形成機理。

整體工作進行得比較順利，100 毫升的小型加氫裝置及時給我提供試驗所需油樣。分析的難點是：因為瀝青質呈固體粉末態，如何分析結構族組成還沒有現成的方法。我參考荷蘭煤化學專家凡·克李維蘭(Van Krevellen)對煤結構族組成的測定方法，對瀝青質進行了結構表徵，這是論文的一個創新點。對瀝青質在不同加氫工藝條件下組成的動態變化，找出它們之間的一些變化規律，是論文的第二個創新點。對原油中形成瀝青質的模擬，透過對石油重組分的用空氣氧化和通氯氣脫氫，形成新的瀝青質，對比分析它們的組成差異，探討瀝青質的形成機理，是第三個創新點。

整個論文實驗工作在 1960 年年底完成了，接著我抓緊時間寫論文。DHD 工廠工程師呂達博士幫我修改某些內容上的欠妥之處，卡爾先生幫我在文字表達上作了修飾，又請工廠業務祕書影印，在 1961 年 1 月初提交給畢特勒博士審閱後，於 1 月 27 日(星期五)送交導師萊勃尼茨教授。這樣，我的論文工作花了不到兩年時間就提前完成了。導師評定論文成績為「1 分」(優)，相當於國內的 5 分。由於導師和協助指導教師的支持和指導、良好的工作條件和工廠工程師的幫助，特別是在儀器分析方面，得到萊比錫有機化工研究所的支持。每次我送樣品去做紅外、紫外光譜，他們都十分熱情，我也趁機學到一些儀器分析原理和技術，這對我後來回國走上工作崗位很有用處。

論文提交上去以後，緊接著就是準備幾門課程的考試。第一門是哲學，包括辯證唯物主義和歷史唯物主義，還有不久前社會主義各國黨的領導人在莫斯科開完會後，發表的「莫斯科宣言」。這是最難考的一門課程，其原因有：生詞太多，學懂困難；而在政治上，德國統一社會黨緊跟蘇共。那時中共與蘇共關係已很緊張，意識形態的爭論開始白熱化，黨中央已把蘇共定性為「半修正主義」。對政治考試究竟用什麼政治口徑對付，大使館也沒有具體指示。我保留至今的 1961 年記事本上是這樣寫的：1961 年 3 月 2 日(星期四)考哲學，成績是「2」分(良)。5 月 19 日(星期五)，博導萊勃尼茨教授主考有機化工，成績為「優」(1 分)。5 月 24 日(星期三)考兩門課：無機化工，成績為「1 分」(優)；近代物理，成績為「1 分」(優)。到此，博士生的論文和考試工作全部勝利完成，總成績為「1 分」(優)，在人生的驛站上畫了一個圓滿的句號。

1961 年 5 月 28 日的晚上，麥塞堡全體中國留學生為我舉行了慶祝宴會，因為我是第一個從這裡畢業的研究生。大家做了十幾道中國菜，喝啤酒，唱歌，好不熱鬧，至深夜方結束。

歸國前去工廠參觀

1961 年，從 5 月底到 6 月回國還有 1 個多月的時間，首先要辦海關手續把行李運回北京。離麥塞堡最近的海關辦事處在哈雷，一位中年德國婦女接見了我。我說明來意後，交給她校方的介紹信，她很客氣地祝賀我在德國學成回國，並遞給我一張表格，我填好交給她確認，之後簽字。這樣，我的行李就可以在麥塞堡火車站享受免檢，直接託運到北京。

越到臨走時越是珍惜在德逗留的機會，5 月 27 日我找了教務處，提出希望在回國以前這段日子裡，能參觀一些化工廠，一來增長知識，二來為未來的中德合作創造條件。這個建議得到了教務長雷曼的同意，他叫助手安排了一個學習參觀日程，並要石油化工教授普林茨勒具體負責。

我參觀的第一個廠子是洛伊納石油化工廠。該廠以當時東德最高領導人、黨的第一書記瓦爾特·烏布利希命名，是當時東德最大的企業，有三萬多職工，在二戰時是德國煤直接液化生產汽油、煤油和柴油的最大煉油廠，戰後因為天然石油成本低，就改為加工從蘇聯進口的羅馬什金原油。另外還有一個很大的合成氨廠。它的核心技術是催化劑的研究、開發和生產，包括煉油和合成氨催化劑。我去參觀實習時，一位德國技術員告訴我，在兩年前就有一位中國專家在此實習了一年多。後來我寫信回國，打聽到這位中國專家是金國干總工程師。

金國干在東德洛伊納的1955~1956年兩年期間，深入了解加氫工藝和催化劑，帶回整套技術資料，特別是各類加氫催化劑的製備工藝和配方，這就大大縮短了我國與世界水平的差距。他深入實際親自參加操作，積累了豐富的經驗，應是新中國加氫技術的當之無愧的奠基人。

我在洛伊納實習了一個星期，重點是加氫煉油技術的工藝和加氫催化劑，經德方技術員同意，讓我帶回10克催化劑樣品。歸國到中國石化石油化工科學研究院(簡稱石科院)上班後，我把它交給了林風總工程師，希望透過剖析對我們有所幫助，但過了半年音信全無。

洛伊納實習結束後，我又接著去布納(BUNA)實習。布納是繼洛伊納、貝林後的東德第三大化工企業。布納化工廠是一個典型的煤化工廠，從煤生產電石，電石生產乙炔，再以乙炔為基本原料生產一系列化工產品，主要是各種塑料、橡膠和其他化學品。在整個生產流程學習過程中，讓我回憶發揮大學二年級有機化學老師張錦教授講課的內容。她給我們寫的化學反應式中，許多重要的部分都在布納工廠成為了現實工藝，並看到的是一件件五彩繽紛的產品。這些增加了我的感性認識，而且對有機化學的知識體會更深了。

從5月27日到6月28日，這一個月的時間裡，我還先後參觀了蔡茨(Zeitz)加氫廠，是加氫潤滑油精製；司娃蔡特(Schwarzeide)費-托合成油廠，是煤的間接液化生產油品和烷基苯原料；費娃(FEWA)廠是用烷基苯磺化生產十二烷基苯磺酸鈉合成洗滌劑。

實習結束後等待發畢業證書，因為當時博士生人數很少，湊不齊人數也就不舉行畢業典禮了。

生活在德國人中間

我在貝林做論文的兩年期間，接觸最多的是卡爾夫婦一家。我在 DHD 工廠沒有辦公室，只在循環氫氣壓縮機廠房裡隔出的一個房間裡加放了一張桌子。這間十幾平米的房子原是一位技術員卡爾夫人的辦公室，因此我們幾乎天天見面。卡爾夫人待我很好。我的宿舍裡沒有收音機，她就把家裡一架多餘的收音機借給我用。有時她從家裡帶菜吃午飯，也給我嘗一點德國人的道地菜。她的丈夫愛利希・卡爾也在本工廠工作，我的論文完成初稿後，他花了很大功夫從文字表達上給我作了仔細修改。卡爾一家成了我在德國的好朋友，他們兩人沒有孩子，住在離廠子不遠的馬格萊堡，從廠裡坐火車 15 分鐘就到。

卡爾家我去過幾次。他家的裝飾很普通，三間一套的單元房，兩口子住也夠了，我比較有興趣的是他們的地下室很寬敞，裡面陳設著各種玩具。特別是一輛小火車，是一個實體的模型，電動開關一開，火車就在軌道上來回奔馳，有車站、道叉和鐵道上的各種設施，雖然用現在眼光看非常普通，但在那個我們只能玩彈弓和跳橡皮筋的年代裡，覺得非常自動化了。另一陳設是有很多木匠用的工具，歐洲人休閒還是很有意思的，不像中國人打發揮麻將來，整天整夜的，直到精疲力盡輸光了才肯罷休。當然我不懂這門行當，不敢妄加議論。

離開貝林前的 7 月 1 日，是個星期六，中午我又一次到卡爾（Kahl）家去做客，這一次是作最後的告別。在德國，到人家家裡作

1959年5月16日拜訪卡爾家與卡爾先生(左)交談

1959年5月16日拜訪卡爾家與卡爾夫人(右)交談

客，進門首先要送一束鮮花，這是很普通的習慣。這次我買了一束很大的鮮花，對他們一家給予我的幫助表示感謝。卡爾夫人非常高興，拿出西德寄來的酒心巧克力招待我。他們一家子有親戚在西德科隆，從西德郵寄高檔的食品過來是很普遍現象。東德本來是農業區，理應食品供應不成問題，但與當時中國的情況一樣，那個社會主義集體所有制，搞得農民沒有積極性。卡爾夫婦一邊請我喝道地的巴西咖啡一邊聊天，那是用烤好的咖啡豆當場現磨成咖啡粉沏的。這是我第一次看到磨製咖啡粉的全過程，感到很好奇。中午，卡爾夫人還專門為我做了「中國米飯」。事先，我告訴她了應如何做，但後來還是做成了粥不像粥，飯不像飯。卡爾夫人還給我做了個紅燒牛肉。這道菜做得還不錯，原因是她加了醬油（Sojasosse）。德國人做菜一般不加醬油，但食品店裡有醬油賣，據說這種調料是用人的頭髮作原料製作的，聽了以後覺得有點噁心。

午飯後，又是咖啡和糕點，西方的各式各樣的糕點我們都很愛吃。那天聊天的主要內容都是對當局的不滿，主要原因是生活水平與西德相比差距太大。我不好隨聲附和，只能說困難是暫時的，並從正面說明中國解放前後人民的生活水平對比。

之後，我們聊天的內容又轉到吃的問題上，聊德國的食品什麼最好吃，什麼最難吃。這兩年，我一個人在貝林生活，不能天天自己做飯，除了中午在廠裡大食堂吃以外，大部分時間是吃麵包奶油和香腸。德國的香腸品種很多，價格也差別很大。最難吃的香腸是血腸（Blutwurst），它是把肉與豬血混在一發揮製成的香腸，看著就很噁心，吃發揮來更沒味兒。最好吃的香腸是匈牙利的香腸叫色拉米（Ungarnische Salami），是用上等牛肉作原料製成的，聽說色拉米原出產地是義大利，但當時東德只能從社會主義國家匈牙利進口。德國本地產的瘦肉香腸（Bockwurst）也不錯，肉質細膩鮮美，一般是在水裡煮熱後吃。通常在路邊小攤子上買一個小麵包，中間切開，夾上一根熱的瘦肉香腸，再抹上一點芥末，味道很美。這是一道德國標準化了的食品，相當於現在的麥當勞。但多數德國人還是喜歡吃新鮮的生肉末，撒上鹽塗在麵包上。吃生肉，是東西方飲食愛好方面的最大差別。我們與德國人共同喜歡的食品有兩種，一種是燻肉和火腿；另一種是酸菜燒肘子，德國人把它叫做 Eisbein mit Sauerkraut，一個大肘子發揮碼有二斤重，把用洋白菜製成的酸菜切成細絲，文火慢燒幾個小時，做好以後再撒上胡椒麵，肥而不膩，非常可口。

生活在德國人中間，我覺得德國的有些風俗與中國有些暗合。比如有一次，卡爾夫婦帶我去參加過一個婚禮。在婚禮上，除了常見的喝酒外，我還見到了德國人的摔碗習俗：把買來的一大筐新碗一個個摔碎，摔得滿地都是碎片，以表示吉利，很像中國的碎碎（歲歲）平安。

德國人購物找錢的方式也很有意思。如我到宿舍樓下的的小食品店買了一包茶葉、一瓶醬油、一包白糖及一些零七碎八的物品。售貨的老頭用鉛筆算清後，加發揮來一共是 12 馬克 49 芬尼。我給了他一張 50 馬克的鈔票。如按中國人的找錢習慣，應該先心算：用 50 馬克減 12 馬克 49 芬尼等於 37 馬克 51 芬尼。找錢時，先給 37 馬克的整錢，後給 51 芬尼的零頭。但德國人不同，是先從零頭找發揮，而且是用加法湊整，一直湊到我所付的 50 馬克這個數位。只見售貨的老頭從錢箱裡抓過一把零錢，先是念出 12 馬克 49 芬尼這個應付款額，然後一邊將找給我的錢點到櫃臺上，一邊嘴裡數著錢數：50 芬尼、60 芬尼、80 芬尼、13 馬克、14 馬克、15 馬克、20 馬克……一直數到 50 馬克，之後把點到櫃臺上的錢往我懷裡一推，手上剩下的錢再放回錢箱。看著售貨老頭找錢時的認真勁頭，我心裡直想笑。回味一下德國人的售貨及找錢的全過程，它的精妙之處就是：只用加法，不用減法。

再見，麥塞堡

兩年零 4 個月時間，我在貝林完成了研究生的學習過程。根據協助指導教師畢特勒博士的要求，在7月初花了一週的時間，把博士論文的主要內容寫成了一篇論文用作發表。

7月9日上午，司機伍茨勒先生把我送回麥塞堡。

7月11日黨支部給我開鑒定會，先由我匯報兩年多來在業務學習上的收穫，政治上的表現，對自己的優缺點作出分析，進行了自我批評。然後聽取同志們的意見，最後由支部書記沈堯曾同志寫成書面材料，送使館管理留學生的二等祕書胡守鑫同志審查。

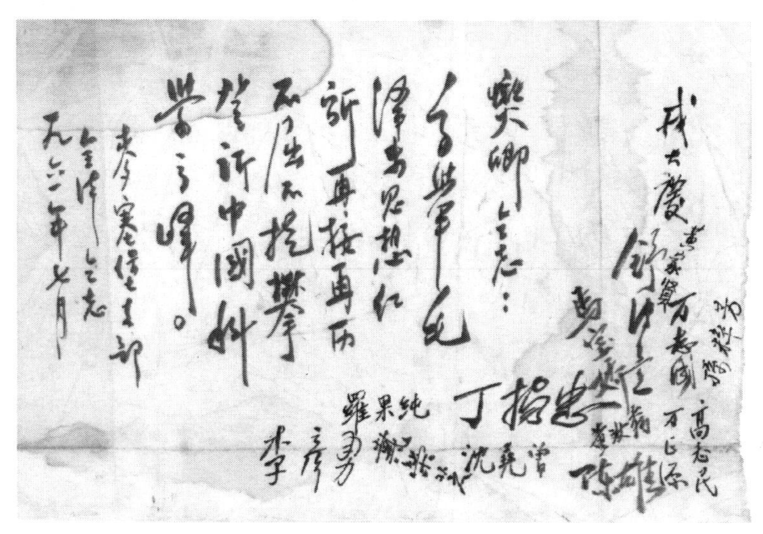

博士畢業時，麥塞堡支部全體同志給汪燮卿的祝賀禮物

7月13日晚，全體麥塞堡中國留學生舉辦了一個晚餐聚會為我送行。晚餐進行得很愉快，也很熱鬧，和同學們一個個的告別。我說了很多很多的話，以致回到宿舍後，情緒依然很亢奮，思緒翻湧，難以入睡。明天就要離開麥塞堡回國了，人到走時特別眷戀，4年多的留學生活就像過電影似的在腦際閃回，一段段一幕幕……

我想到了萊勃尼茨教授。這個高傲的日耳曼老頭，是我臨行前最想見的人。但他不住在麥塞堡，明天也肯定不會來送我。我心裡明白，現在中蘇關係已經破裂，中德關係也開始緊張，如果走前不能與萊勃尼茨教授見一面的話，那麼今生今世我恐怕就再也見不到這個我尊稱為導師的老人了。在幾年的留學時間裡，見導師的次數屈指可數，但是隨著時間的推移，我對萊勃尼茨教授的崇敬已遠遠多於怨艾。因為他是一名學識淵博、治學嚴謹的知名技術權威，他畢生辛勤耕耘的那塊土地叫：科學。

和藹可親的指導教師畢特勒博士是我常見的人，也是我尊敬和信賴的前輩。在那些耳提面命的日日夜夜裡，與他建立了深厚的師生情誼，我不會忘記這位匈牙利裔德國人曾拍著我肩膀說的那句話：「汪，總有一天我會為有你這個學生而感到自豪的！」

萊比錫的沃爾夫岡，你還好嗎？臨行前，我想發揮了與他同居一室的日子，還想發揮了門上那「此房間只說德語」的紙條，還有他媽媽做的蛋糕……遺憾的是，像許多德國學生一樣，有點靦腆的沃爾夫岡平時心思大都不在好好唸書上，喜歡整天與女朋友鬼混。

麥塞堡的雷曼教授，你那句「如果來德國帶點技術回國，就好比用剪刀剪點資料拿回去」，說得太形象了，太有說服力了，使我不僅認識到了基礎知識的重要，也領教了德國人的固執和嚴謹。

貝林的舒爾茨太太和卡爾夫人，誰的廚藝更好一點呢？雖然舒爾茨太太做的飯我吃了七個多月，但令我回味的卻是離開貝林前卡爾夫人做的那盤紅燒牛肉，因為她加了德國的醬油。

那晚，我還想發揮了連珠炮似地向學生提出一連串問題的德國口試方式，和一同做試驗的頗有表演天賦的德國同學，想發揮了哈雷的馬丁路德大學、貝林工廠和 VARGA 協會，也想發揮了售貨老頭那只用加法而不用減法的找錢方式和好吃的「冰豬蹄」……

7 月 14 日清晨，在向送行的老師和同學們作了最後的告別後，坐火車到柏林。在柏林的中國大使館住了一夜後，第二天一早就踏上火車開始了東歸的行程，同行回國的有丁揚忠和劉少立兩位同學。

丁揚忠是學戲劇的研究生，回國後在中央戲劇學院任副院長。在萊比錫我們是同屆學德語的同學。有一次在萊比錫舉辦的中國留學生晚會上，他表演朗誦了一位匈牙利革命詩人的名作《向左！向左!》，他操著略帶廣東口音的普通話，非常激動，給大家留下深刻的印象。過了60年，在2016年的9月20日我們萊比錫老同學在北京天銀大廈黃鶴樓酒家聚會，一見面同學們都與他開玩笑，模仿著他在萊比錫給我們表演朗誦節目，以沈堯曾為首齊聲大喊：「向左！向左!」弄得大家哈哈大笑，真是往事不堪回首。劉少立是學樂器的，奏黑管，回國後在瀋陽音樂學院任教，現已去世。回國時在我們同住的車廂裡，我要他給我講點西洋音樂的普及知識，我不經意地哼出一段柴可夫斯基的《天鵝湖》，他聽了以後很是驚訝，說想不到我能背出那麼多的曲子……我也很驚訝，想不到我隨便哼哼，居然會得到他的高度讚揚。

1961年7月歸國途中於莫斯科克里姆林宮

我們乘坐柏林到莫斯科的快車，經過一天多的行程，於7月16日中午到達莫斯科，中國駐蘇大使館負責留學生接待的同志幫我們安排了住宿。接著我們又抓緊時間重遊莫斯科的幾處名勝，第一天參觀克里姆林宮，重謁列寧墓(蘇共十九大後，史達林墓已搬出，遺體已火化)，和全蘇農業展覽館。第二天參觀莫斯科劇院，聽丁揚忠介紹契訶夫等一些名人的故事；參觀柴可夫斯基音樂學院，聽劉少立介紹名劇《天鵝湖》；在普希金博物館聽丁揚忠介紹普希金的名作；最後到北京飯店參觀中國的建築藝術，吃了一餐道地的中國菜。晚上乘莫斯科到北京的特快列車回國。雖說是特快，從 7 月 17 日晚到 24 日上午，也花了將近 7 天的時間。因為我們三個人同住一個包廂，天南海北聊天倒也不寂寞，有幸與藝術家和音樂家在一發揮，他們的話特別豐富有趣。車上唯一不足是飲食不盡如人意，單調而難吃。每天的餐券都用不完，只好買點糖果和蘇聯的明信片帶回家。

7 月 24 日上午 9：30 到北京站。就此，我將近 6 年的留學生活宣告結束。

回訪那片土地

時隔二十六年後的 1987 年，已是中國石油化工總公司石油化工科學研究院常務副院長的我，率一個技術考察團又踏上了東德那片久違的土地，沿著當年留學的路線走了一遍，沿途受到了熱烈的歡迎，並在貝林接受了當地政府授予的「榮譽市民」的稱號及證書。

那時，萊勃尼茨教授早已去世，已經退休的畢特勒博士被專程接來歡迎我。這位匈牙利裔的德國人頭髮全白了，衰老而憔悴，坐在椅子上自己已站立不發揮來。他見到我後淚花閃閃，非常激動，被人顫巍巍地從椅子上攙發揮來後，與我緊緊地擁抱，並把他珍藏了二十多年的 1961 年發表在《弗萊堡研究學報》上的我博士畢業論文的單行本，親手交給了我。當年稿件投出後，我就急匆匆地回國了，因而未能看到這篇論文的發表。

多少年過去了，德國朋友仍然記得我當年喜歡吃什麼。那天專門請來幾位德國老大媽，為我煮了一大鍋的「冰豬蹄」，並在裡面摻了許多切成細絲的去油膩的德國酸菜……

第七章

軍用油品分析研究

拿到博士學位那年，我 28 歲。高教部原分配我到北京石油學院工作。但尚未報到前又改為去石油化工科學研究院。這一變動決定了我以後的一生，自此我與石科院結下了不解之緣。

軍用燃油的組成和分析研究

我是 1961 年 10 月到石油化工科學研究院工作的，給我的任務是參加軍用航空煤油(現在稱為噴氣燃料)和合成潤滑材料的研究。石油化工科學研究院不僅與北京石油學院僅一牆之隔，而且熟人很多。當年在清華大學化工系的侯祥麟教授是研究院的副院長，還有一大批石油學院的老同學，包括胡瑩君、吳朝華、潘聯昌、李再婷、張二水、姜榮華和文志炎等許多大學同班的和同系的同學，他們先我進院，已經在研究院工作好幾年了。

為了對我院在軍用油料的研發有一個整體概括的了解，有必要回顧一下我院在六十年代這方面的整體情況。

1959 年下半年發揮，蘇聯單方面撕毀協定，撤走專家，對我國的國防事業一時帶來很大的困難。為了配合原子彈、導彈和軍用噴氣機的研製，國防科工委向石油部提出所需幾種特種潤滑油和潤滑脂的研製任務。1960 年 8 月 6 日，聶榮臻副總理寫信給余秋裡部長，指出:「航空油料仍完全依賴進口，煤油的技術問題還未解決，汽油只能生產部分型號，潤滑油也有不少問題。這些情況使人擔心，一旦進口中斷，飛機就可能被迫停飛，某些戰鬥車輛可能被迫停駛。」他要求「現在應迅速迫切地解決問題」。石油部將任務下達給石油科學研究院。院領導分工由侯祥麟副院長負責軍工油品的研製任務。

1960年首先遇到的是航空煤油的燒蝕問題。在蘇聯的噴氣發動機上用玉門煉油廠生產的航空煤油，在產品規格指標全都合格的情況下，經過200小時的發動機臺架試驗，發現用國產油時，拆卸下來的火焰筒上，觀察到有密密麻麻的坑點腐蝕。這是事關國防安全的大事，必須找出原因加以解決。透過與中科院有關單位協作攻關，發現是因為航空煤油中含硫量太少引發揮的，只要在油中加入少量的有機硫化物就解決了。這個現象與我們煉油工作者的概念完全相反，我們是要千方百計去脫硫，有誰會故意在油中加入硫化物的呢？後來才了解到事物的特殊性。因為當時蘇聯的噴氣發動機的火焰筒材料是鎳基合金，它在高達800℃條件下會生成石墨狀碳，同時產生坑點狀的燒蝕。而假如油中含微量的硫，可以在金屬表面形成一層硫化鎳，發揮保護作用。這些概念對研究金屬材料的人來說可能熟悉，而對於搞煉油的人來說是「反其道而行之」。侯院長主持此工作，發現問題的原因以後，提出在航空煤油中加硫化物的最簡單方案是加二硫化碳，我們叫它33號添加劑。後來我院又組織力量繼續研究其他簡易可得的硫化物，例如把汽油的烯烴餾分與硫反應，得到的硫化物也有效果，我們稱作38號添加劑，但臭味太大最終沒有用它。而以後的噴氣發動機火焰筒材質改成鐵基合金，就沒有出現這個問題了。

為了確保軍工產品的生產和品質，石油部在人力和物力方面對我們研究院進行了大力支持。我們1961年從蘇聯和東德歸國的留學生，分配到院裡的五位同志，有四位都分配到「新型材料研究」工作，包括唐俊傑、呂兆岐和我。當時新型材料研究被稱為「新型」，即原來的十室。1962年12月又分成十一室和十二室，十一室是航空煤油研究室，主任是張溥，我分配在二組，組長是侯祥麟副院長的愛人李秀珍。十二室是合成潤滑油、脂研究室，主任是盧成鍬，從蘇聯回國的唐俊傑和呂兆岐都在他手下工作。

十一室二組下面又分成三個小組，第一小組是研究油品變色對接觸材料的腐蝕，由李秀珍親自負責。第二小組是由我主持航煤的組成分析和油品安定性問題的研究。第三組由宋啟宏負責，研究航煤在特殊條件下的理化性質，如在高溫高壓下的油品密度、導熱性等，這些具體任務要求都是由上面制定的，現在回想發揮來可能是為液體火箭燃料的研製提供數據。

我們小組的力量配備很強，其中：何鳴元負責氣相色譜分析，於 1966 年在《燃料化學學報》上發表了他的論文《氣相色譜法用於煤油餾分烴類組成分析》，一直工作到「文化大革命」下放五七幹校，回院後才離開去研究催化材料，並在 1995 年當選為中國科學院院士。王彪參加了航空煤油中用苦味酸絡合法測定萘系物總含量方法的建立，是院裡上報國家科委的重要科學研究成果。他也在下放回院後，去了石油勘探研究院，負責油田化學劑開發，任副總工程師。申德俊負責元素分析氮含量的測定，「文革」後調外單位去工作了。華偉英、張東珍、杜芳潔和我一直堅持到 1965 年成立第十四研究室，還在從事航空煤油的分析研究。

從 1963 年發揮，整個「新型」搬到研究院的東區。東區有六幢樓。東一樓是合成矽油的中試生產工廠；東二樓是合成酯類油的中試生產工廠；東三樓是航空煤油和合成潤滑材料的研究大樓；東四樓是航空發動機臺架評定燃燒試驗廠房；東五樓是氟油的研究和生產大樓，那裡聳立著一根高大的煙囪，就是外排廢氣用的；東六樓是航空煤油製備和生產工廠。當時國家航空油料鑒定委員會規定，為了保證油品品質，凡是一個煉油廠第一批次生產的航煤，其產品必須透過發動機臺架評定，才允許長期生產。為了評定一個油樣，不但需求大量的航煤日以繼夜地燃燒，還要報銷一臺發動機。其代價相當於燒掉一幢東三樓建築所需的投資。而評定時產生的噪音就像飛機著陸時的聲音一樣強，操作工人也沒有佩戴現在那樣的防噪音裝備，可以想像當時的艱苦工作條件。

1965 年 8 月，新型材料部分從十一、十二兩個室擴編成 5 個研究室。即：

十一室：新型燃料研究；

十二室：合成油及添加劑研究；

十三室：特種潤滑脂研究；

十四室：噴氣燃料與特種潤滑劑分析測試和評定；

十五室：特種潤滑油（氟油）研究。

十四室主任為顏志光，我和韓錫安為副主任。顏志光重點抓馬達和潤滑材料評定，韓錫安抓物化測試，我抓航煤和潤滑材料的組成分析。

從 1961 年到 1983 年這 22 年間，我主要從事軍用石油產品的組成分析研究工作。首先是航空煤油的組成分析，其主要任務是：

1）分析我國玉門、大慶和克拉瑪依等原油生產的航煤，與蘇聯 TC-1 航煤和英國 JP-1B 航煤的組成作比較，試圖從油品組成與使用性能之間找出關聯，為提高軍用油品品質提供依據，確保飛行安全可靠。

在上世紀六十年代，我們與蘇聯和英國有外交關係，只能拿到他們的油樣。其他西方國家，特別是美國對我們封鎖，而且支持蔣介石反攻大陸，所以根本無法拿到他們的油樣。

2）剖析美國軍用飛機的油樣，分析其組成和相應規格。在 1961~1964 年期間，是我國經濟上十分困難的時期，蔣介石利用美軍 U-2 高空偵察機、P-2V 低空偵察機和無人駕駛的高空偵察機，不斷侵犯大陸，收集軍事情報，先後被解放軍擊落。擊落的飛機殘骸落在稻田裡、山坡、原野上，解放軍都把它們作為戰利品收集發揮來供剖析用，甚至把飄浮在稻田水面上的油花也收集發揮來，供我們分析。有一次我們拿到一個水上飄著的油花，目的要分析這一滴油，我們先用石油醚萃取出水面的油，經氯化鈣乾燥後再把石油醚蒸發掉，然後把這一滴油樣用毛細管色譜鑒定，得到 100 多個色譜峰，根據這些峰的歸屬判斷，它可能是一個窄餾分高比重的特殊航空煤油。

3）研究油品組成與使用性能之間的關係，國產大慶航煤在初期使用和儲存階段，發現油品出現黃色，引發揮空軍部門的注意，提出要搞清原因和解決辦法。

4）引進近代分析儀器，包括高解析度電子顯微鏡、核磁共振儀、質譜儀和雷射拉曼光譜儀，組織安裝調試，建立有關分析方法。

5）完善國產毛細管色譜技術。

(一) 國產大慶、新疆(克拉瑪依)和玉門一號輕航空煤油的烴族組成分析

工作時間在 1962 年 2 月到 6 月，參加工作的還有王彪、華偉英、申德俊、王之琪、杜芳潔、張東珍。這 3 個原油生產的航煤是我國在六十年代初期，第一批投產的航煤，在加入 33 號添加劑解決燒蝕問題以後，供部隊使用。

為了與國外大規模使用的蘇聯 TC-1 和英國 JP-1B 航煤進行對比，以油品的組成與使用性能的關聯作為切入點。為此，先制訂了一個分析流程，用矽膠吸附分離成飽和烴(烷烴+環烷烴)和芳烴。對於烷烴部分，先用尿素絡合法分離正構和異構烷烴；對於環烷烴部分，用鉑催化劑脫氫使環己烷衍生物形成相應的芳烴；對於芳烴部分，把油樣透過精密分餾切割成<125℃，125～150℃和>150℃三個餾分，然後用紫外吸收光譜分析苯、甲苯、二甲苯、乙基苯和萘，α-甲基萘和β-甲基萘。

與蘇聯 TC-1 對比，大慶航煤的特點：

1）正構烷烴含量較高，這就決定它有較好的燃燒完全性和較高的輝光值。近年來，評價噴氣燃料燃燒性能指標之一是其輝光值大小，它幾乎與汽油辛烷值有相似的意義。噴氣燃料在燃燒過程中對燃燒室壁產生熱輻射。在放出相同熱量條件下，輝光火焰比非輝光火焰或透明火焰會給燃燒室壁更多的輻射能。這對於發動機燃燒系

統的金屬材料帶來不利影響。輝光值愈高，或無煙火焰值愈高，說明該油品燃燒性能愈好。但從另一方面考慮，正構烷烴高會造成航空煤油的冰點高，受冰點規格指標的限制，產率要低些。

2）環烷烴含量高。在噴氣燃料中，環烷烴系物是一種理想的組分，其輝光值僅次於烷烴，但體積發熱量高，凝固點很低，熱安定性和低溫性能都比較好。大慶油中的環烷烴組分比蘇 TC-1 要高出 50%。

3）芳烴含量低。一般而言，噴氣燃料中的芳烴是一個不良組分，雖然它的密度較大，體積發熱量相應也大些，但在燃燒過程中容易產生積炭。從烴類吸水性考慮，芳烴的吸水性最強，這對於燃料的儲存安定性和清潔性是不利的，而大慶油在這方面比較有利。

新疆航空煤油的特點：

1）正構烷烴含量很少，新疆（克拉瑪依）原油屬於中間基，航空煤油中正構烷烴含量僅 9.7%，為蘇聯航空煤油的一半。但其正構烷烴含量大多在低沸點餾分，輝光值高，又能保證較低的冰點。

2）異構烷烴和環烷烴含量高，二者共有 80%左右，比蘇聯航空煤油多 1/3。近代噴氣燃料，特別是超音速噴氣燃料及火箭燃料的發展趨勢是盡可能獲得安定性好、體積發熱量高、低溫性能及燃燒性能好的環烷烴類組分，新疆油具有較好的潛力。

玉門航空煤油：玉門原油也屬於石蠟基油，其航空煤油的組成介於大慶和新疆油之間。

此外，還對蘇聯 T-5 型噴氣燃料化學組成分析：蘇聯 T-5 型噴氣燃料具有比 TC-1 型燃料更高的沸點範圍，因而具有更高的密度。高密度意味著在相同的油箱體積中能儲存更多的燃料，因而具有更長的續航距離。也就是說用了這種燃料，戰鬥機可以飛得更遠。在戰鬥中即便只能多飛一分鐘，也就可能把敵機打下來了。相反，如果飛機油快用完了，那只能眼巴巴地看著敵機逃跑。T-5 型燃料就是為此目的而研究的。如果把這種液體燃料用於火箭發動機，基於同樣的原理，火箭就可以飛得更遠。但餾分重、沸點範圍高的油品在使用性能上會帶來什麼問題，肯定與它的組成有關。因此，選擇合適的原油，生產合格的產品，必須要了解它的組成。根據 T-5 的規格指標，它的初餾點就在普通汽油的幹點範圍。據國外文獻報導，大於汽油餾分的燃料，可以參照測定潤滑油餾分的 n-d-M 族組成方法，來測定它的族組成，即透過測定油品的折射率、密度和分子量，可以計算出 C_A（芳香環上碳原子數占總碳原子的百分數）、C_P（烷基側鏈上碳原子數占總碳原子的百分數）和 C_N（環烷環上碳原子數占總碳原子的百分數）。當時研究對象選擇了兩個油樣，一個是玉門油，另一個是高溫煤焦油加氫油。研究結果表明，族組成的數據與前面分離分析所得結果趨勢是一致的。因此，在樣品量少的情況下，可以用此方法所得結果作為對比參考。參加此工作人員有我和華偉英、王彪、張東珍、杜芳潔。

（二）國外軍用噴氣燃料的剖析

從 1963 年到 1965 年，我們先後從三機部六院六所和總後空軍油料部拿到 99 號、74 號和 528 號三個油樣。出於保密原因，我們只知道有的油樣是從被打下的敵機的殘骸中取得的，但這三個油樣的編號代表什麼意義，我們無從知曉。

1）74 號油的分析結果：初餾點 64℃；90%餾出溫度 230℃；冰點-60℃，從它的各項其他規格指標分析結果可以判斷，它可能是 JP-4 型噴氣燃料。

2）99 號油的分析結果：密度 0.798 克/釐米^3；初餾點 164℃；50%餾出溫度 172℃；98%餾出溫度 190.5℃；閃點 48℃；冰點-69℃；熱值 10480 千卡/公斤。可以推斷它是一個航空煤油的窄餾分，由一種環烷基原油制取的。用我國克拉瑪依原油 175~190℃的窄餾分，可以制取類似 99 號油。但也可能是二次加工的石油產品。例如，透過對富含單環芳烴組分加氫飽和，也可以得到這種產品。至於是否為合成烴類燃料，尚缺乏依據。為此，我們曾對萘系化合物，例如松節油餾分加氫後進行對比，但結果是否定的。

3）528 號噴氣燃料的分析結果：該油是一個寬餾分航空煤油，與美軍用噴氣燃料規格相對照，屬於 JP－4（Mil－J－5624F）型燃料。用液固色譜、紙上色譜和紅外光譜鑒定，發現有烷基酚類、芳香胺類及酯類官能團。上述非烴物質可能是抗氧和高溫熱安定性添加劑，但由於樣品量太少，無法從使用性能作出判斷。

（三）國產大慶航空煤油變色原因的研究

1963 年 7～8 月，空軍油料部針對大慶航煤在使用過程中出現的變色現象，組織實地調查。調查組由空後油料部鐘部長親自帶隊，成員有總後油料部韋世方、三機部六院六所王祖法，我院有副主任張景洋和我參加。調查的目的是去現場觀察航煤使用過程中油品變色的情況，在一線收集第一手資料，向領導匯報並提出進一步工作的建議。我們先後在河北和吉林兩地有關空軍機修廠和場站共五個地方參觀調研。這是我第一次到部隊出差，有點拘束。但每到一地都受到部隊領導的熱情接待，而且是高規格的。到了營房駐地不但住單間，而且有戰士為你送洗臉水和倒洗腳水，真是有點不好意思。吃的菜就更豐富了，特別是早餐，頓頓都有炒花生米，在那生活十分困難的年代，這簡直是過天堂般的生活了。空軍的場站和修理廠管理都十分嚴格。舉例說：如果你拆卸了某個部件，所有螺帽、螺釘都要放在一個盤子裡清點數目，待安裝好盤子必須是空的。我想這種一絲不苟的做法，在空軍後勤部門是十分必要的，因為飛機一旦上天，任何一個小漏洞都可能造成機毀人亡的悲劇。這也使我體會到要對航煤研究工作有高度的責任心。

我們從幾個場站和發動機維修廠都看到，大慶航煤從黃銅管裡倒出來時油品呈淺黃色，從油泵裡倒出也存在不同程度的黃顏色。我們把這一現象向領導作了匯報，並於 1963 年 11 月 23 日「關於石油七廠大慶航空煤油試用調查匯報」會議上，確定要研究顏色變化的原因及其對使用性能的影響。

關於油品與銅接觸產生顏色變化，國外也有過報導，但都沒有一致的認識，有的認為是油品中非烴物質(膠質)引發揮的；有的認為是油品在儲存過程中受外界汙染引發揮的。而我們在生產和運輸、儲存過程中慎之又慎，怎麼也會產生這個問題呢？為此，我們制訂了一個研究方案：首先，要在實驗室模擬出大慶油的變色；其次，要研究外界的條件對變色的影響因素；第三，要研究內在條件對變色因素的影響，即油品組成有什麼特殊性；最後，要研究如何盡可能防止變色現象的發生。

為了模擬油品的變色，選擇常用的紫銅和飛機部件上的黃銅，切成一定大小的薄片，打磨拋光後放入一定量的油中，用色度計在不同的時間測定油樣顏色的改變。再改變溫度條件，觀察顏色的變化。再改變條件，往油中加水，觀察顏色變化。為了考慮各項因素的復合作用，我們又透過固定其他條件，只改變一項條件，來觀察顏色的變化。最後得出結論：①紫銅比黃銅容易引發揮變色；②與銅接觸時間愈長，油品變色愈深，特別在前十天變化顯著，以後顏色就比較平緩地加深；③在油中加 33 號添加劑(即為防止燒蝕的二硫化碳)，油品易變色；④油品變色隨溫度升高而加深，即使不易變色的蘇聯 TC-1，在 90℃下也會變色；⑤在不同溫度下，油品用水飽和，結果表明：油中含水量愈高，變色愈深。⑥日光照射油品容易引發揮變色。

對於影響油品變色的內在因素，即油品中各種烴類的組成和非烴物質(膠質)組成，我們也分別作了考察。結論是：①飽和烴、芳烴和烯烴單獨與銅接觸都沒有變色。②油中的非烴物質(膠質)，經分離成酸性、鹼性和中性三組分，再分別以不同數量加入到脫膠質的油中，試驗結果表明，膠質中的酸性和鹼性部分容易引發揮變色。透過紅外吸收光譜表明，與蘇聯 TC-1 比較，大慶油膠質中的酸性組分中含有較多的脂肪族羧酸，而蘇聯油含較多的芳香族羧酸。大慶油膠質中的鹼性組分中含有較多的烷基胺類物質，而蘇聯油中含較多的芳香胺類組分。

對可能引發揮的變色過程作了探討，認為變色的內在因素主要為油中微量的雜原子化合物與銅產生反應，或受銅的催化作用產生有色物質，這些有色物質含量極微，在油中溶解，因為數量太少無法從油中分離出來。另外，從規格分析考慮銅片腐蝕這個項目，變色油的銅片腐蝕都在合格範圍內，這樣空軍部門就比較放心了。但即便如此，作為一個科學問題，還是應該搞清楚的。後來我們查到一篇國外文獻，介紹油中的雜原子吡咯類化合物，可與銅形成一種溶在油中的黃色絡合物，也許可以作為依據來解釋。

本工作從 1963 年 3 月參加現場調研至 1964 年 6 月結題到寫成報告，是由十一室二組和一室光譜組共同完成的。參加的工作人員有我和王彪、申德俊、張東珍、顧榮魁、沈志鴻、高占庚。

航空煤油儲存和使用過程中還有一個現象當時沒有辦法說明，當我們用試管採樣，在太陽光下用肉眼觀察到有白色頭皮屑狀物，飄浮在油中，又好像棉絮狀，但用濾紙無法過濾掉。這種現象在南方地區，氣溫高濕度大時在汽油和航煤中經常出現。當時我們都認為是固體機械雜質。但油品理化指標化驗結果完全合格，而在歐美國家也出現過這種現象。國外在二十世紀六十年代初期就開始研究，認為這可能是油中的微生物所致，我國在上世紀末期也作了大量的研究工作。直到 2001 年，在南方地區的高標號汽油和航煤中還發現白色絮狀物。我院陶志平在讀我的博士研究生時，我給他一個博士論文題目是《微生物引發揮汽油和噴氣燃料汙染的研究》。論文於 2007 年 9 月完成。研究結果進一步說明了問題：從航煤油罐底油水界面分離出 8 種微生物菌群。這說明細菌又是一個汙染源，細菌生長條件需求有烴類作營養物，但更離不開水。因此，盡可能減少油中的水含量，特別是懸浮水和游離水，至關重要。

1963 年 6 月第六屆世界石油大會在原聯邦德國法蘭克福召開，會上有一篇論文《航空燃料的清潔標準》，由石油工業部石油科學技術情報研究所編輯，由我翻譯成中文，1965 年 5 月中國工業出版社出版發行。這篇論文全面介紹了歐美航空燃料，特別是航空煤油中雜質的類型、來源及影響後果。他們把雜質分為三種類型：①水分雜質，油中的水分包括溶解水、懸浮水（非溶解水）和自由水。②固體雜質，由無機物、金屬顆粒和氧化鐵組成。③微生物雜質，包括細菌、菌類和海藻類。國際上各大航空公司，包括英國皇家空軍和美國海軍，對油中固體雜質總量和非溶解水含量都有嚴格的限制。

變色原因的研究正值全國學大慶的火紅年代，當時提出：學大慶的根本是要學大慶的「兩論發揮家（矛盾論和實踐論），兩分法前進」。我們的研究工作也沾上邊了。我們分析了引發揮變色的外因和內因，而矛盾論中提出「外因是變化的條件，內因是變化的依據，外因透過內因發揮作用」。學大慶那段時期我們早上七點上班，每人先學《毛澤東選集》的實踐論和矛盾論，學完以後要結合實際工作討論，我們結合對變色的外因與內因的關係，大家都發表了不少意見，把哲學和技術科學中的問題結合發揮來討論也很有意思，我們這樣做就變成典型了，這是我發揮的「帶頭作用」。在 1965 年被石油部機關黨委評為「五好標竿室」。而過了一年，在 1966 年「文化大革命」中又作為「黑苗子」來批判。現在回想發揮來，真是有點令人啼笑皆非。

（四）對某坦克的發動機燃料、潤滑油和潤滑脂作全面分析

1969 年 4 月在珍寶島保衛戰中，我軍繳獲了一輛蘇軍的T-62型坦克，總後勤部要求我院對該坦克的發動機燃料、潤滑油和潤滑脂作全面的分析。1969 年 5 月的日子裡，我帶著全組人員，白天黑夜在東三樓 202 實驗室連續倒班，及時完成領導交給的任務。作為報答，部隊領導答應我們在軍事博物館，首批進入 T-62 坦克參觀，而且可以進駕駛室模擬操作，這對我們來說，是很大的榮幸和鼓勵。

軍用潤滑材料的解剖分析

在上世紀六七十年代，因為歐美等國對我們的技術封鎖，蘇聯撤走專家撕毀合約，對我國的國防軍工造成嚴重威脅。我們需求自力更生，而其中的一條辦法就是解剖國外的油品，以資借鑑。這些樣品中，有的是蘇聯專家撤走時留下的少量油品；有的是被我軍擊落的飛機殘骸中取出來的樣品，包括蔣介石在臺灣侵犯大陸竊取情報用的美國 U-2 高空偵察機、P-2V 低空偵察機和無人駕駛高空偵察機；有的是透過不同渠道從國外購買到的油樣，有的是外國民用飛機來華時，他們的機械師不經意地留下的少量油樣，包括小包裝的容器中殘留的油樣。這些油品中，有的是耐高溫和低溫，有的是耐腐蝕，我們統稱為特種潤滑材料。因此，需求對這個特定對象，在進行分析以前，盡可能從用戶那裡了解樣品的使用性能和要求，再對該油樣解剖分析作整體的全面的部署。舉例來說，我的同班同學張鳳廷，畢業後分配到總後油料部門工作，他為了要掌握油品的實際使用性能，常常到最寒冷的東北漠河地區做試驗。他告訴我，當時我們的油品使用性能很落後，在寒冷的冬天，坦克發動不發揮來，要用火烤後才能啟動，提供這樣的油品怎麼能打仗？指揮員用的望遠鏡，在低溫潮濕的地方鏡面上結冰，看不清敵人的動態，怎麼能指揮？這些都涉及油品性能急需提高，有的材料是要在低溫下有防潮的油膜塗層才能解決問題。張鳳廷同志全部工作就是為我國新型武器的試驗所需的各種特種油品，到現場觀察了解使用情況，回饋給科學研究生產部門改進提高。他所提供的軍用油品實際使用情況的訊息，對我們解剖樣品很有指導意義。因此要根據使用要求，考慮應該做哪些分析項目，怎樣做最有效。簡單來說，解剖分析好像是個交響樂團，要使用各種樂器，和諧地奏出一個曲子。

解剖分析的對象往往不是一個單純的化合物，而是一個混合物，除主要組分以外還加有幾種添加劑，如抗氧劑、抗腐劑、油性劑等，都是根據使用要求添加的，好比食品中的味精、防腐保鮮和其他調味劑一樣。一般我們分為兩個分析過程。第一步是探索分析，在一兩天內透過各種分析儀器先掃一遍，看看是什麼類型的化合物，有些什麼官能團，分子量範圍大體是多少，含有什麼元素等。為制訂詳細分析方案提供依據。第二步是詳細分析。在探索分析的基礎上，提出一個詳細的分析方案。對於大多數樣品，都需求分離和鑒定相結合。分離手段包括精密分餾、萃取、柱色譜、高效液相色譜、氣相色譜等，利用氣相製備色譜提供微量樣品，如有必要還需把已分離得到的組分，再進一步作微量分離，如薄層色譜和紙色譜等，最後得到的樣品都是毫克級的。鑒定手段主要是元素分析、分子量測定、紅外光譜、紫外吸收光譜、核磁共振、原子發射光譜、原子吸收光譜，到了 1974 年以後才用有機質譜、雷射拉曼光譜和電感耦合等離子光譜(ICP)等儀器手段，有必要時還要對某些潤滑脂的皂類作電子顯微鏡觀察，才能得出一個完整的分析結果。分離和鑒定二者作為一個整體，有時要反覆進行，分離後的樣品如果在鑒定時發現還是一個看不清楚的混合物，就需進行再分離或透過化學反應作破壞分析(如把酯類水解成酸和醇再分析)，再分離的手段要根據情況作調整，直到分析結果令人滿意為止。解剖分析是一個團隊協作共同完成的，需求一個「樂隊」指揮，使各種儀器發揮各自的特殊功能。在解剖分析中，我當時是第十四研究室負責分析的副主任，這個「樂隊」指揮的責任也自然落在我肩上。為了盡可能不當瞎指揮，對各種儀器的特點、作用、性能、優越性和侷限性都要好好學習，做到心中有數。我這個「指揮」也是邊做邊學。那時大家都還年輕，這個團隊除了我已年過三十以外，其他同志都是二十幾歲，有問題找大家一發揮討論。參加這個團隊工作的同志來自不同的題目組，根據需求從題目組裡臨時抽出來，這是按專業和任務組成一個矩陣式的臨時工作組，完成任務以後又回到原題目組去工作。

到了「文革」軍管時期，取消了研究室編制，成立了連隊。我們四連由一室(原分析室)、十四室(原新型材料分析和評定部分)、五室(原規格標準室)和八室(原儀表室)組成。連長是原八室工人師傅李聖清，副連長是出身好的八室知識分子張興華，連指導員(支部書記)胡超。胡超同志是轉業軍人，在解放戰爭期間參加過塔山阻擊戰，戰鬥中光榮負傷，被打斷了肋骨，在憶苦思甜時常常激動得脫掉上衣，讓大家看他的傷疤，使大家非常感動。到了 1974 年 1 月，從五七幹校學完回來，已恢復原建制，我被正式任命為一室主任。支部書記是王智齋同志。

雖然建制前後有變，但接受軍用油脂解剖任務時還讓我來抓，這樣我們的隊伍又擴大了。在十四室時有楊明彪、華偉英、黎潔、陳志明、申德俊、岳淑範、陳星彩、薛用芳、張慶恩、胡明約等同志，到了成立四連以後原一室的王宗明、李科、翟純、郎紉赤、蔣芙蓉、林文瑛都進來了，再加上 1974 年成立質譜組後，有蘇煥華、馬文裕、洪啟鵬同志，大家幾乎一有任務，隨叫隨到，形成了一個和諧的大集體。

需求指出的是在當時接受解剖任務時大家都很積極，但要寫報告時卻有點發怵，因為怕沾上名利思想挨批判。楊明彪同志敢於負責，很多報告都是他寫的。報告的寫法也必須與當時的革命形勢相稱，首先要寫最高指示毛主席語錄，根據工作內容，採用的語錄有「中國人民有志氣，有能力，一定要在不遠的將來，趕上和超過世界先進水平」「敵人有的，我們要有。敵人沒有的，我們也要有」「我們的方針要放在什麼基礎上？放在自己力量的基礎上，叫做自力更生。我們不孤立，全世界一切反對帝國主義的國家和人民都是我們的朋友。但是我們強調自力更生，我們能夠依靠自己組織的力量，打敗一切中外反動派」。

現在查閱到那些年代的報告很多都沒有寫參加工作人員的名字，沒有審查人，沒有題目組長和室主任，顯然是「文革」時期的產物，但研究工作是完整的。一些分析結果現在還令人想發揮那災難年代大家的愛國心和責任心。

從 1966 年到 1976 年這十年浩劫的時間裡，根據查閱楊明彪同志寫過的研究報告和核磁共振組岳淑範同志的記事本中的不完全記載，至少做過以下這些項目：

1965 年：「四大解剖」包括表油、錠子油、4104 油、4105 油，還有 528 滑油及液壓油和蘇聯 LHM36/1 滑油；

1966 年：大型滾齒機油，Starfak 脂，Alvania 脂，Aeroshell Grease 16 脂，Shell750 潤滑油，MS33 潤滑脂，5251 儀表油，TALY-RONDY 主軸油，216 滑油，528(B)滑油；

1967 年：lo125 表油，8751 潤滑脂，8754 潤滑脂，MS-44 潤滑脂；

1968 年：光學脂，麻芯脂，國產鐘錶油的沉澱物，Castrol 981 油，DTD822，Shell750 油；

1969 年：315 油脂，DA-6 高真空脂，Galmen 高真空脂，原子能新油，北京第一機床廠油；

1970 年：雲雀直升機油，70-49-01 潤滑油，8 號稠化機油，羅馬尼亞稠化劑；

1971 年：2380 脂，日本防鏽脂，三叉戟發動機滑油；

1974 年：「卡若那」車用防凍液。

在這 39 個解剖分析的樣品中，極大部分都是軍用潤滑油和潤滑脂，都是為國防軍工服務的項目。現把若干有代表性的樣品解剖分析過程和結果，以及批量樣品透過生產放大和性能評價作簡要介紹：

1）表油。首先進行探索分析，用核磁共振、紅外光譜和元素分析方法，結果說明是一種醚類物質。根據這個線索將樣品進一步用柱色譜分離，按極性強弱依次得到若干組分。對第一個組分用核磁共振氫譜觀察，並與標準譜圖對比證明是丁基醚類物質，但有一個化學位移峰對不上，估計是聚醚的封頭烷基基團大小不同引發揮的。在這種情況下，進一步作元素分析和分子量測定，根據碳、氫、氧原子的比例，推測這個樣品中有 30 個碳原子，由此可定出該樣品為烷基基團為 20 個碳原子的聚丁基醚。第二組分：從紅外光譜、核磁共振譜圖不能確定結構，於是用柱色譜再分離成 13 個組分，每個組分再用核磁共振鑒定，發現第二次分離後的 5 號和 8 號樣品還是混合物，於是第三次用薄層色譜進行分離。把分離所得的樣品用溶劑淋洗下來再用核磁共振鑒定，發現除了烷基聚二丁基醚以外，還有長鏈烷基苯二聚丁基醚。對於含量較少的添加劑，用紅外發現有硬脂酸吸收峰，含量為 0.5%。再用薄層色譜分離後，用紅外光譜分析，並與標準譜圖對照得到有硬脂酸、*N*–苯基–β–萘胺和鄰苯二甲酸二丁酯三種添加劑。

2）4104 高溫合成潤滑油。根據民航局的委託，為解決子爵號飛機的用油，對英國提供的規格為 D. E. R. D2487 潤滑油進行解剖，該油的商品名為 Esso Turbo Oil。我們用紅外光譜、核磁共振作鑒定手段，用精密分餾、柱色譜和薄層色譜為分離手段，把分離和鑒定結合發揮來反覆進行分析，直到結果滿意為止。解剖分析結果表明它是由復酯和二元酸酯(癸二酸二–2–乙基己酯)調和成的基礎油，同時加有抗氧添加劑，此油可長期在 140℃下工作。

透過解剖分析提供的結果，十二室試制了 100 公斤油樣，作了使用性能評定。結果表明：4104 合成潤滑油可保證 A206 軸承在 140℃下工作 200 小時，具有良好的低溫泵送性及齒輪承載能力，從機械安定性來看，優於蘇聯的 10 號航空液壓油。

3）4105 高溫合成潤滑油。根據航空材料 1965 年執行計劃以及我院與總後 927 部隊及 923 部隊簽訂的「關於酯類潤滑油 1965 年研究工作安排意見」，我院於 1965 年 4 月底提供 100 公斤 4105 高溫潤滑油交使用單位進行試驗。4105 高溫合成潤滑油透過解剖分析是季戊四醇酯與二乙二醇醚酯以 75：25 比例混合併加有 0.5%抗氧化添加劑，此油可長期在 175℃下使用，短期可在 200℃下使用。此前我們只有蘇聯提供的 MK-8 加 0.6%的氧洛抗氧劑的高溫潤滑油，它是石油的一段餾分油，只能在 150℃下使用。另一個樣品試驗結果表明，4105 油為癸二酸二-2-乙基己酯，在 175℃下的使用性能優於 MK-8 在 150℃下的使用性能。

4）7105 高真空矽脂。根據第四機械工業部提出的要求，我們解剖了從英國進口的高真空矽脂。其組成為甲基矽油 85%；發煙矽膠 15%，另加有 0.5%的硼酸。這種高真空脂可在-40～+200℃範圍，能在 5×10^{-6}毫米汞柱下工作。第十三研究室根據配方，選擇合適的原料和工藝條件，生產出合格的產品。

5）雲雀直升飛機潤滑油。該油是用在法國進口雲雀直升機上的潤滑油。受空軍後勤部的委託，由我院進行解剖分析。在探索分析中，紅外譜圖表明有酯基的吸收峰和芳香類的添加劑。質子核磁共振譜圖的化學位移表明：該油中含有醚酯類合成油。紫外光譜出現芳胺的苯環吸收。發射光譜未發現金屬離子。詳細解剖過程為：用柱色譜分離成若干餾分，用紅外光譜和核磁共振鑒定出聚異丁烯，測定分子量為 862。第二個組分為二異丙二醇二壬酸酯。第三個組分為三羟甲基丙烷酯，其中脂肪酸部分的碳數為 C_6～C_9。還鑒定出二苯胺添加劑。

6）70-49-01 潤滑油。樣品系被我空軍擊落的第 20 架美國高空無人駕駛偵察機中的潤滑油，第一步透過元素分析、紅外光譜、核磁共振、紫外和發射光譜探索分析，該油為二元酸酯，還加有含磷、硫、氮化合物的添加劑。第二步再把基礎油透過高溫氣相色譜分析，和樣品水解得到的酸和醇類推斷為癸二酸二-2-乙基己酯。添加劑部分透過柱色譜反覆分離和紅外、紫外光譜鑒定得到：抗氧劑為 SN 雜蒽，油性劑為磷酸三甲酚酯，防鏽劑為烷基苯磺酸鎂。

石油化工科學研究院成立五十週年分析研究室合影
（前排左五為陸婉珍院士、左四為楊明彪、左三為劉希堯、左二為吳文輝、右三為伍意玉、右四為張金銳、右五為汪燮卿）

主持電子顯微鏡的安裝調試和應用研究

在那個年代裡，雖然國內經濟上處於困難狀態，政治上處於動亂狀態，但石油部領導還十分重視科學研究設備的引進，以提高科技開發能力，加強國防建設。從 1964 年到 1975 年這 11 年間，我院先後從日本、聯邦德國和美國引進了高分辨電子顯微鏡、核磁共振儀、有機質譜儀和雷射拉曼光譜儀等四臺分析儀器，並把這個任務交給我承擔。從設備訂貨、儀器安裝調試到驗收應用建立分析方法，都由我總負責。

現在看來，引進這些儀器設備對縮小我國在煉油和石油化工方面與國際水平的差距造成重要的作用。可以概括為做了四件大事，那就是：建方法、出數據、找規律、促創新。

1964 年 7 月，我院引進了一臺日本日立公司製造的 HU-11A 透射電子顯微鏡，當時這臺儀器在世界上是屬於先進型號的儀器，引進的目的主要應用在兩個方面：一是為了自主研究軍工油品，如潤滑脂、潤滑油添加劑、軍用航空煤油「燒蝕」機理研究等；二是用於石油煉製(及石油化工)催化劑的研究。

院領導對這次電子顯微鏡的安裝調試特別重視，那時中日還未建交，電子顯微鏡又是貴重的複雜精密儀器，當時在石油部是第一臺。為了保密發揮見，院領導決定把這臺儀器安裝在東三樓 113 實驗室。因為我院東區是軍工產品研究室所在地，更強調安全保密。另外還特地在院圍牆上開了個口，安裝了一個專供日本技術人員進出的門。

石科院組建了儀器安裝調試小組，由總工程師林風掛名牽頭領導，我作為課題組長具體負責。參加者有宋其根、薛用芳、何欣翔、楊小江、婁文生，還有兩個外單位請來的日文翻譯，一個是我院黨委書記章德炎介紹來的北京結核病防治所張所長，另一個是撫順石油研究院的高級工程師丁忠。

安裝調試前，儀器說明書分成幾部分請研究院英文水平高的幾位同志早早地翻譯了出來，參加工作的幾位則詳細閱讀了說明書，對其中的一些電子顯微鏡術語做了訂正。

安裝調試工作中，大家都特別認真，白天跟著日本安裝人員學，晚上自己動手操作，因為那時的電子顯微鏡的自動化程度不高，操作幾乎全部都是手動的。我每天都要寫有關工作情況和進度的簡報向院領導匯報。

我在石科院檔案科查到了 50 多年前(1964 年 7 月)的電子顯微鏡安裝日記，茲摘錄幾段如下。

1964 年 7 月 8 日

明天開始安裝，擬提問題：

1）房子是否合乎要求：

① 防震有無影響，要不要橡膠墊，多厚。

② 周圍電源的影響，要不要封鎖。

③ 門的大小是否合適。

2）安裝計劃日程大致安排，希望有一進度。

3）對合約單子，看物件數量是否齊全。

7 月 11 日，星期六

上午：擦洗電子槍部件，安裝電子槍入鏡筒。

連接高壓電路的負回饋系統及電子槍的電纜。

清洗並安裝第 1、第 2 會聚透鏡的極靴。

聯通高壓電源，發現透鏡電流不穩定，原因待查。

對於電子顯微鏡透鏡電流出現不穩的現象，日本安裝人員很著急，找原因找來找去，找了半天還是沒能找到，後由何欣祥等連夜加班，根據電子顯微鏡的電路圖(當時的儀器還是電子管的)把一個一個的參數檢測點進行測量，發現有一個電阻有問題，銲接上了新的電阻以後儀器馬上恢復了正常，日本安裝人員臉上顯出了感激的表情。在安裝調試過程中，侯祥麟院長曾經到電子顯微鏡實驗室查看兩次，詳細詢問了安裝情況。

透過這次安裝學習，我們掌握了整套操作程式，包括電子顯微鏡的合軸、電流中心、電壓中心調整等。這樣隨著安裝工作的完畢，電子顯微鏡即可投入使用了。

操作電子顯微鏡最重要的是「合軸」，使用電子顯微鏡關鍵的是要掌握樣品製備技術，如樣品載膜的製備、粉末樣品製備、復型、超薄切片以及潤滑脂等特殊樣品的製備等。由於電子顯微鏡具備直觀的特點，這臺 HU-11A 電鏡使用的 28 年間，在科學研究工作中發揮了獨特的作用，曾經說明、解決過數個工業上的疑難問題。

一、金屬表面生炭

電子顯微鏡安裝後，首先配合航空煤油燒蝕機理的研究，雖然航空煤油的「燒蝕」現象(實際燒蝕應該發生在還原區)和解決的途徑在 1960 年就已經找到了，但要從現象研究本質，以便從理論上搞清這個問題還是十分必要的。為此侯祥麟院長組織團隊作深入的研究，薛用芳就用電子顯微鏡配合，清楚地觀察到由鎳基合金表面上生成的絲狀炭。發現這種絲狀炭中還夾雜有鎳的晶粒，由此判斷可能是由鎳催化作用產生的。當時拍攝那些絲狀炭的電子顯微圖都是十分清晰的，有些還是中空的，即管狀的。事實上，這種絲狀炭就屬於上世紀九十年代(1991 年發揮)開始熱門的「碳納米管」，儘管不是單壁碳納米管。

上世紀八十年代初上海石化總廠從 UOP 公司引進了一套 40 萬噸/年連續重整裝置(是我國的第一套連續重整裝置)，在剛開工的第一生產週期，在重整反應器內部器壁上產生了大量積炭(重整條件下，還原氣氛中)，炭塊造成催化劑下行管堵塞，催化劑不能向下移動，需求工人用木榔頭敲打下行管的外壁才能使管內的催化劑慢慢向下移動，勉強維持了 8 個月，最終重整裝置被迫停工。

UOP 公司的專家從來沒有遇到過這種故障，根據他們判斷，提出了幾條似是而非的看法。上海石化總廠請各路專家從傳統的一般催化劑上積炭的概念泛泛地總結了 13 條意見，自然離提出有效解決問題的對策措施很遠很遠。

總公司要求我院解決此問題。在電子顯微鏡實驗室，薛用芳用電鏡觀察到這種積炭的形態是絲狀炭(碳納米管)，不同於重整催化劑上的積炭，根據他多年對積炭的系統研究積累的知識，對過渡金屬表面催化生炭機理以及對連續重整工藝、催化劑及進料情況了解的也比較透徹，認為是重整油進料中硫含量過低造成的金屬表面生炭，提出了「重整人」過去沒有想到的在重整進料規格允許範圍內

(不超過上限)注入硫(硫化物)的技術措施，從而使這一問題獲得了簡單、有效、經濟(低成本)、圓滿的解決。因該技術在國內外解決連續重整裝置的結焦方面為首創，因此薛用芳作為關鍵技術提出人獲得了國家科技進步三等獎，而且這一問題的解決，也迫使 UOP 公司修改了連續重整進料的規格標準。

二、潤滑脂結構觀察

「兩彈一機」或「兩彈一星」的某些高速運轉部件都要加潤滑油或潤滑脂予以潤滑。因為它們處在特殊的環境下工作，需求如耐高溫、耐低溫、耐高真空、抗輻射、抗化學腐蝕等性能，而部件的結構特殊，需求特殊的潤滑材料。潤滑脂主要是由基礎油和稠化劑兩部分組成的。稠化劑通常就是各種皂類(還有非皂基潤滑脂)，自 1941 年以來就有人用電子顯微鏡來觀察潤滑脂中的稠化劑，研究它們的大小、形態及分布，是涉及潤滑脂的膠體安定性、機械安定性及流變性的重要因素。薛用芳、安秀文和我從電鏡投入使用以來，就配合潤滑脂研究單位，先後收集了鋰基脂、鈉基脂、鈣基脂、復合鈣基脂、鉛基脂、鋁基脂、烴基脂、酞菁銅脂、矽膠脂、膨潤土脂、氧化鋅脂以及二硫化鉬油膏等十二種典型樣品，一方面，根據樣品的性質特點，分別在不同放大倍數下進行觀察研究，找出它們的形態特徵和差異，為剖析未知樣品提供佐證。另一方面，又配合某一特定的脂，跟蹤它在不同合成工藝條件下，脂的結構形態變化，為合成性能好的產品提供依據。第三，考察潤滑脂在使用過程中結構的變化，包括氧化安定性試驗中結構的變化，軸承機壽命試驗中結構的變化。這些工作都為軍用特種潤滑脂的合成提供了重要依據。

三、電鏡研究催化劑

1) 煉油催化劑的載體氧化鋁的成膠、相變研究；

2）負載型金屬、硫化物催化劑研究；

3）沸石分子篩成膠和晶化過程的研究；

4）催化劑積炭研究等。

我們配合相關研究室，做了比較深入的系統工作。

核磁共振儀的安裝調試和應用研究

1964年年底，院領導決定要我負責核磁共振(NMR)儀的安裝調試工作。我們成立了安裝驗收小組，成員有我和岳淑範、吳之仁、何欣祥、曲學銘。其中嶽淑範和吳之仁是使用儀器的，何欣祥和曲學銘是維修儀器的，安裝的地點是合成樓。

儀器是從日本引進的JNM-4H-100型，屬第一代連續波譜儀。按合約規定，安裝調試由日方負責。我的任務是組織大家翻譯說明書，學習應用和安裝維修技術，為今後使用打下基礎。

從1965年1月到1967年6月，先後安裝了恆溫恆濕室、JNM-4H-100主機、JRA-1和JRA-5累加器，都屬於第一代儀器。

1979年又從美國VARIAN公司引進第二代FT-80A脈衝式傅立葉變換核磁共振儀。1987年3月安裝AM-300WB超導核磁共振儀，是從瑞士BRUKER公司引進的，屬於第三代儀器。這些儀器都為我院油品和催化材料的研究作出了重要的不可或缺的貢獻。

現在提發揮核磁共振，幾乎是家喻戶曉、人人皆知。但在當時，試驗樣品是放在一根直徑小於0.5釐米的玻璃管裡，而且管子要高速旋轉以保持受磁場作用均勻，才能得到一張好的譜圖。而現在檢查身體用的核磁共振是把整個人推進去作為檢測樣品，平平穩穩躺在裡面接受掃描。對比一下前後20年，科技發展真是日新月異。

在正式開展安裝以前要做很多準備工作。首先是電源要穩定，根據儀器使用的功率要求，如用市場上現有的穩壓器，因為功率太小，不行。於是，我們請動力科的張九成師傅來實地看了一下後，決定另拉電源，單獨再安裝一臺變壓器。其次要解決接地線的問題，沒有良好的接地線，也影響電源使用的穩定與安全。為此需求挖半米寬、一米深、十米長的地溝。我們大家都去挖地溝，體現知識分子參加勞動，與工農結合。最後要解決水源問題，原設計實驗室的水量不足，水壓也不夠，需求另加水泵升壓。

時過境遷，過了五十多年，現在的合成樓已大變樣了，但有兩個標誌物還可以看到，一個是合成樓北面東西二側兩個變壓器還在，那是分別給核磁共振和質譜提供的專用電源。另一個是合成樓樓頂有一個鏽跡斑斑的鐵傢夥還在，那是恆溫恆濕空調用的循環涼水塔。現在當我走過合成樓時都要看一眼，這是歷史的見證，也是大家共同辛勤勞動所產生的情感的回憶。

為了這些具體的、瑣碎的、急迫需求解決的問題，需求動員全院有關各部門共同努力，特別到了「文化大革命」開始以後，在那樣的政治氣氛條件下，全院同志對我們的工作都十分理解和支持。開批鬥會時說你是「放洋屁」「洋奴哲學」「白專道路」「黑苗子」，但開完會後還讓你帶領大家照樣繼續幹活。雖然當時我還沒有解放，但同志之間關係如常，這使我感到十分溫暖。其中有一件事我記憶猶新，在 1966 年 9 月，「文革」到了奪權的高潮，隔壁的北京石油學院的黨委早已靠邊站了，而我們院還沒有動靜。石油學院的造反派頭頭帶領一大批造反學生，翻過牆來到研究院，要幫助我院「踢開黨委鬧革命」。因為我院當時的革委會是在原黨委領導下產生的，他們把這個革委會叫做「偽文革」，而革委會在合成樓二樓辦公，於是他們就闖進了我們安裝核磁共振儀的合成樓。他們要找「偽文革」委員辯論，而我當時也是「偽文革」的成員，一聽到他們要沖進來時大家都跑了，我來不及逃跑，岳淑範就要我藏到核磁共振的恆溫室裡。造反派在外面搜了半天沒找著，我就此躲過一劫。核磁共振恆溫室變成了我的避難室和「防空洞」，這也算是安裝階段的一個小插曲。

當時的恆溫室與現在實驗室裝壁掛空調不同，也與現在的中央空調不一樣，它是在 40 平方米實驗室內隔出約 25 平方米大小的實驗室，專為這個小實驗室建造一個恆溫恆濕的小環境，裡面裝一臺核磁共振儀和一把椅子，可坐一個操作人員，還能容納三個人站在旁邊觀看。整套小房間的設備都是從日本引進的，空調是櫃式的，採用水冷式以提高散熱效率，用涼水塔使水冷卻循環使用。為了節省用地，把涼水塔放在了屋頂。現在核磁共振儀已搬出近 40 年了，合成樓頂的鏽跡斑斑的涼水塔還立在那裡，成了古董，見證著那段歷史。

1965 年 1 月第一臺 JNM－4H－100 核磁共振儀安裝得並不順利，幾項主要指標沒有達到原設計要求，日方同意我們提出退貨，並於 8 月再安裝同型號儀器，達標後投入使用。

1965 年儀器安裝好了，1966 年「文化大革命」也開始了。但從事核磁共振工作的同志們在混亂的年代裡仍堅守工作崗位。我們院總是最早引進當時國際上最先進的儀器，因此在如何使用儀器來解決油品和催化材料的研究方面，總要靠自己先摸索出一條路來。而對這種儀器的基本原理和知識也需求自己找資料消化吸收。「文革」開始後到 1966 年底我已靠邊站，有一天去逛王府井國際圖書商店，看到一本日文書《核磁氣共鳴法》，額田健吉著，我粗略地翻閱了一下。那時安裝調試從日本引進的第一臺核磁共振儀，正沒有參考書，覺得此書對我們有用，於是就把它買回來，並發誓要學習掌握日文，然後把它翻譯成中文。過了一個星期我又到王府井新華書店買了一本《自學日文指南》，下決心要自學日文。

本來我院懂日文的專家不少，像潤滑脂老專家王世芳，他的日文就很好，也熱心幫助同事。但在那個年代我不敢去找他，怕給他添麻煩。我就從平假名、片假名開始自學，從文法到單詞，一下班回到家裡就「挑燈夜讀」。在不到 14 平米的宿舍裡，要放蜂窩煤爐子、鍋碗瓢盆、床、書桌、箱子和兩輛自行車。吃完晚飯，我和妻子葉嗣懋兩人各抱一本書啃，要到 11 點以後才休息。第二天早 6 點發揮床，6 點 50 騎自行車從東單南面的洋溢胡同 57 號出發，花 55 分鐘騎到研究院東三樓 110 房間，8 點鐘準時早請示。1969 年開始院裡實行軍隊組織編制，我們是四連二班，班長任永林帶我們早請示晚匯報。在讀了「老三篇」和《敬祝毛主席萬壽無疆》以後開始一天的工作。

我自學日語前後花了八個多月時間，到了 1968 年初，就可憑查閱字典把日文翻成中文了。我把日文的額田健吉著作《核磁氣共鳴法》一句句啃下來，全書約 20 多萬字，全部翻成中文。到了 1972 年底，把稿子交給了時任核磁組組長的歐斌同志。歐斌認為很有價值，就發動全組同志刻蠟板油印出來，每人一冊。四十多年過去，到現在幾經周折，原稿和油印稿都找不到了，只存留在老同志的回憶中。

核磁共振技術在煉油和石油化工中的應用，我們那時用的儀器還處在第一代和第二代，主要應用有兩個方面：一是用在分析各類油品，包括合成油和添加劑。二是配合催化材料的開發，造成「眼睛」的作用。

1979 年 5 月，陳星彩和我總結了十年來高分辨質子核磁共振在合成潤滑油脂材料剖析方面的應用研究。包括化合物類型的鑒定、分子平均結構的計算和化合物結構的確認。

1) 化合物類型的鑒定方面：根據核磁共振的化學位移和裂分曾鑒定出以下 10 類化合物：①聚醇醚的類型，包括聚乙二醇醚和聚異丙二醇醚；②雙酯，包括癸二酸二-2-乙基已酯和已二酸二-2-乙基已酯的 R-基團；③新戊基多元醇酯，包括三羟基甲基丙烷酯和季戊四醇酯；④醚酯：包括聚乙二醇醚酯和聚異丙二醇醚酯；⑤復酯有二類，即一元酸-聚醇醚-二元酸-聚醇醚-一元酸，或一元醇-二元酸-聚醇醚-二元酸-一元醇；⑥磷酸酯，包括三正丁基磷酸酯、芳基磷酸酯和芳基烷基磷酸酯；⑦矽酸酯，包括不同的烷基或芳基，曾鑒定出六(二乙基丁氧基)二矽醚；⑧三嗪，是一種雜氮環化合物，鑒定出六正丁基三嗪。上述磷酸酯、矽酸酯和三嗪的精確鑒定還需求與紅外光譜的特徵吸收峰互相配合，才能最終確認；⑨鄰苯二甲酸酯，包括常見的丁酯和辛酯，這也是我們日常生活中鬧得沸沸揚揚的食品添加劑；⑩矽油，包括甲苯基矽油、甲基矽油和甲基氯苯基矽油。

2）在平均分子結構的計算方面：大多數合成油都是一類同系物的混合物，它們或是由不同聚合度或是由不同碳數的脂肪酸或脂肪醇構成。用核磁共振可計算它們的平均分子結構。①聚合度計算：當聚合度較小時，可用封頭基上某一特定基團為基準，透過它與聚合物峰面積之比計算聚合度。②計算該試樣的平均分子量和脂肪酸或脂肪醇的平均碳數。二元酸酯、三羥基甲基丙烷酯和季戊四醇酯或醚酯常可用特定基團為基準，測定其平均分子量。③芳香基和烷基基團數量比例計算：磷酸酯和矽油等類化合物常同時具有芳香基和烷基，它們的含量比例對使用性能影響很大，用核磁共振測定非常方便。

3）化合物結構的確認方面：以導熱油組成分析為例，導熱油是工業中常用的熱傳遞介質，要求熱安定性好，常用多環芳烴加氫制取。我們把導熱油經過柱色譜分離成若干組分，用紅外光譜、核磁共振和質譜同時鑒定。發現其中一個組分用紅外光譜證明有芳環，但核磁共振氫譜在芳烴區域未發現吸收峰，而有 α 取代的次甲基峰，沒有甲基峰，質譜測定品質數為 240。把這三個訊息綜合發揮來考慮，可以推定是一個苯環周圍被環己基所取代了，即 1，2，3，4，5，6-三環己基苯(這是當時我們根據分析結果自己命名的，國際上正式命名應該是十二氫苯並菲，化學式 $C_{18}H_{24}$)。這是一個解剖分析中很有趣的案例。利用紅外光譜、核磁共振和質譜，從三個不同角度出發，圓滿地解決了難題。

4）蠟裂解制取烯烴的類型分析：日本占領中國東三省期間，撫順石油一廠就有一套蠟裂解烯烴聚合生產高級潤滑油，這種合成潤滑油的高低溫性能據說非常好，是專用在軍工武器上的。解放後有一位老工人把這種技術摸索成功，後來提升為石油一廠研究所所長。現在回憶發揮來是用蠟裂解生成的 α 烯烴餾分聚合成的高黏度指數潤滑油，用三氯化鋁作催化劑，用石蠟裂解產生一段烯烴餾分作原料。潤滑油產品的品質很大程度上取決於蠟裂解產生烯烴的組成，因此分析烯烴的組成，考察它與潤滑油品質的關係，選用合適的皂蠟或蠟下油餾分，就成為關鍵問題。對烯烴的不同類型，包括 α 烯和各種內烯，紅外光譜很難作出判斷，質譜也無能為力，氣相色譜對沸點高的潤滑油餾分也無法分離鑒定。唯有質子核磁共振依據質子在不同化學環境有不同的化學位移值才可對其進行鑒定。我們在 1974 年根據與碳連接的氫原子所處的雙鍵位置，一共得到 5 類烯烴，透過用滲透壓法測得的分子量，得到各類烯烴的摩爾分數，對原料的優化發揮了指導作用。

在配合新催化材料的開發方面，做了兩項研究工作：

一是用高分辨魔角核磁共振(MAS NMR)技術配合新催化材料的開發：從上世紀九十年代開始，我院開展了用催化裂化工藝，以重質原料生產輕烯烴技術的研究開發。開發了水熱穩定性好、多產丙烯的高選擇性的 ZSM-5 類型的分子篩。舒興田等開發成功這種具有 MFI 結構的分子篩，主要是用磷改性 ZSM-5，取名為 ZRP 分子篩。用 ZRP 分子篩作為活性組元合成的催化裂化催化劑，廣泛用在多產烯烴的催化裂化家族工藝，也可作為提高辛烷值的助劑，具有自主知識產權，並批量出口到美國等地。

為了進一步研究這種改性的 ZRP 分子篩性能，我和岳淑範、傅維等人用固體核磁共振開展了一系列的研究，進一步觀察用磷改性對分子篩的微觀結構引發揮的變化，需求證實磷原子是否與矽、鋁原子一併參與了分子篩的骨架結構。用 ^{27}Al，^{29}Si 和 ^{31}P NMR 研究 ZRP 的微觀結構是很有效的手段。試驗採用魔角核磁共振技術，它是對固體樣品的組成和結構分析的重要手段，彌補 X 射線衍射(XRD)只能給出遠端晶態訊息的不足，對近程精細結構提供有用的訊息。特別是高分辨 MAS NMR，可對一個樣品進行^{27}Al，^{29}Si，^{31}P，^{129}Xe 等多種核的共振測定。

試樣 ZRP 用稀土 Y 型分子篩作晶種，用銨交換後經焙燒形成 HZRP，加入 P-Al 改性活性劑，經 550℃ 水熱處理得到磷改性的 ZRP，用 MASNMR 測定水熱處理前後各種核磁共振參數的變化。包括水熱焙燒和水熱處理前後對 ZRP 引發揮的變化；磷活化前後對 ZRP 引發揮的變化；加改性的 Al-P 活化劑對 ZRP-1 引發揮結構的變化。結果表明，透過這些工藝操作條件的改變可得到一系列 MASNMR 不同化學位移值，說明 P(4Al)化學位移值與周圍的化學環境有密切的關聯，而不同的化學環境又與使用性能有密切的關聯，從而為化學劑的選擇和工藝條件的優化提供了理論依據。

二是鈦矽分子篩合成過程中，用^{29}Si 和^{1}H NMR 研究正矽酸乙酯的水解過程。在上世紀八十年代，義大利埃尼公司的 M. Taramasso 發明了鈦矽分子篩 TS-1，用於催化氧化過程，這種含有骨架鈦的分子篩具有分子篩的擇形性能和鈦的催化氧化作用。使得某些有機化合物的氧化過程清潔化，如環己酮氧化成環己酮肟，是生產尼龍 6 工藝中的一個關鍵步驟。

合成鈦矽分子篩的目的是要把鈦原子插入到矽氧骨架中去。這個過程是透過矽酸酯和鈦酸酯水解過程實現的，其中的一個關鍵步驟是要控制好二者的水解速度。林民、舒興田和我曾用^{29}Si 和^{1}H 高分辨核磁共振研究了正矽酸乙酯 TEOS 的水解過程。該試驗是在大連化物所完成的，用 Bruker DRX-400 儀器，分別測定^{1}H NMR 和^{29}Si NMR的化學位移值。將四丙基氫氧化銨(TPAOH)或四乙基氫氧化銨(TEAOH)水溶液倒入正矽酸乙酯(TEOS)使產生水解反應，在不同水解溫度不同反應區間取樣作核磁共振分析。此外，還考察了異丙醇(IPA)和鈦酸四丁酯(TBOT)對正矽酸乙酯(TEOS)的水解影響。結果表明，TEOS 在 TPAOH 中的水解產生的聚合物矽酸根物種分布與在 TEAOH 中類似，都存在著單體、二聚、三聚及高聚等矽酸根物種的平衡，但 TEOS-TEAOH 體系中的低聚矽酸根物種的濃度明顯大於 TEOS-TPAOH 中的濃度；水解過程中加水會使水解產物多聚矽酸根物種轉化為低聚物種，而大量加入異丙醇將導致單聚和二聚矽酸根物種的高聚。鈦酸四丁酯加入到 TEOS-TPAOH 水解體系中得到的 ^{29}Si NMR結果明顯不同於 TEOS-TEAOH 水解體系。這些研究結果對於如何適當調配正矽酸乙酯 TEOS，使之與酞酸四丁酯協同水解，以形成高品質的鈦矽分子篩，具有實用的指導意義。

有機質譜儀的安裝調試和應用研究

1974 年初，從河南五七幹校輪訓回來後，院裡已恢復原建制，我被正式任命為第一研究室主任，支部書記是王智齋同志。

1974 年上半年，院領導要我主持 MAT-311A 有機質譜儀的安裝和調試。那時的政治形勢相對比較寬鬆，「批林批孔」剛告一段落，一些老領導相繼出來工作了。所以在國家經濟還處在十分困難的條件下，為發展我國的石油事業，還是花了不少外匯引進了這臺儀器。

這臺儀器是從聯邦德國引進的，是石油系統第一臺有機質譜儀，用第一代電子電腦控制，儀器安裝在合成樓一層東側。根據儀器的工作條件要求，電源需求另裝變壓器，還要重新挖一條半米寬一米深的地溝埋地纜，製冷用的冷卻水水壓不夠，需求另加水泵和管線，這些都是「硬體」的安裝準備。翻譯安裝說明書，學習掌握儀器的性能則是更難的「軟體」準備。特別是電子電腦是我們第一次從草根開始學習。六十平方米大的實驗室，光是電腦就占了一半，它的內存只有16K，後來擴到20K，一個硬碟256K，編程式、穿孔打字機一應俱全，但內存只有現在手機的百萬分之幾。親身經歷電腦日新月異的技術進步，真是感慨萬千。

參加MAT-311A有機質譜儀安裝工作的有：第一研究室的蘇煥華、馬文裕、李科、張慶恩、洪啟鵬等同志，負責儀器操作和使用；第八研究室的李克碩和陳先芽同志，負責儀器的維修。那時這些儀器製造公司在國內沒有維修站，儀器一出故障只能靠自己解決，實在不行只能打國際長途電話討論，因此還要訂購許多備件，多花了不少錢。儀器是在高真空條件下操作的，需求及時供應液氮。那時，工人階級是領導階級，不能為我們這些臭知識分子服務，因此我們要排班蹬三輪車到中關村去拉液氮。現在這些瑣碎小事，研究人員只要打一個電話就行了，但在那個年代，這些小事一點都不小。

有機質譜儀安裝調試完成以後，主要開展四個方面的應用研究工作。

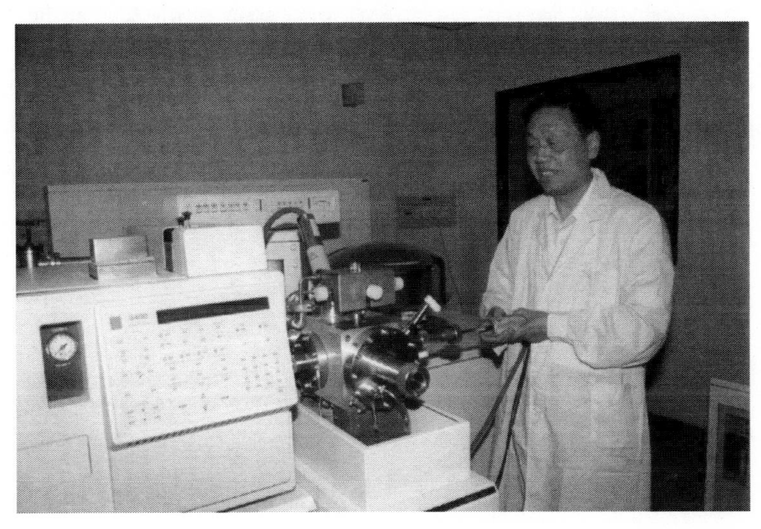

做質譜分析實驗

一、石油的組成分析

石油工業的發展隨著大慶油田的開發，原油產量迅速增長。大慶原油是低硫石蠟基原油，品質很好，但餾分偏重，需求深度加工才能得到更多的汽油、煤油和柴油，用它來生產潤滑油基礎油也很好，但生產出的道路瀝青則冬天容易開裂，在公路上形成一條大裂縫。而在夏天則容易熔化，在烈日當頭時，在地上形成一層黏油，人走過時鞋底會黏上一層油。如汽車開過，道路維修工人要用預先堆放在旁邊的沙子再鋪上一層沙才能行走。而遼河原油卻相反，用它來生產的道路瀝青品質很好，但它含重餾分更多，生產出的汽油餾分很少，而且品質較差。那個年代人們吃不飽飯，中央號召人們要「瓜菜代」。油品的品質當時也是「瓜菜代」，但如何代得更好、更合理和更有效，首先必須要了解原油的性質和組成，了解原油加工過程中產品性質和組成的變化，了解和正確選擇石油化工的原料。這些都為油品的組成分析提出挑戰性的問題，而從汽油一直到渣油的組成分析的最有效分析手段就是建立在有機質譜方法的基礎之上。

在初步掌握儀器操作以後，我要求質譜全體同志首先把美國材料標準協會建立的 ASTM 分析標準方法，和國際上有名的煉油科學研究開發企業如 UOP 公司已建立的分析方法，採取「拿來主義」，建立了以 RIPP 命名的分析方法，然後結合我國的實際情況和需求，建立新的分析方法，為開發新工藝和新產品服務。經過大家的共同努力，在不到兩年的時間內，建立了 8 個分析方法，為工藝和產品的研究及時提供了分析數據。

1）質譜法測定低烯烴含量的汽油烴類組成。方法適用於烯烴含量低於 3%、終餾點低於 205℃的直餾汽油，可分析油中的鏈烷烴、單環環烷烴、雙環環烷烴、茚滿、烷基苯及萘類的含量。本方法參照 ASTM-D2789-71。

2）質譜法測定含烯汽油的烴類組成。本方法可測定終餾點低於 205℃的熱裂化汽油、催化裂化汽油、焦化汽油和減黏裂化汽油中的鏈烷烴、單環環烷烴、雙環環烷烴、單烯烴、環烯烴+雙烯烴、烷基苯、茚滿類及萘類的含量。方法的要點是利用無水濃硫酸除去樣品中的烯烴和芳烴，用質譜法對比濃硫酸處理前後樣品組成的變化，計算出上述烴類的組成。本方法系自己建立。

3）質譜法測煤油、柴油餾分(沸點範圍為145～360℃)中鏈烷烴、單環環烷烴、雙環環烷烴、三環環烷烴、烷基苯、茚滿或萘滿、茚類、萘、萘類、苊類、苊烯類和三環芳烴等12種烴類的含量，樣品中的硫含量應低於0.25%。該法參照ASTM D-2435-67。

4）質譜法測定重油餾分中飽和烴的烴類組成。本方法適用於測定重餾分油(沸點範圍為350～500℃)飽和烴部分的鏈烷烴、單環環烷烴、雙環環烷烴、三環環烷烴、四環環烷烴、五環環烷烴、六環環烷烴及單環芳烴的含量，但樣品中不含烯烴，芳烴含量不能大於5%。參比方法為ASTM D2786-71。

5）質譜法測定重餾分油中芳烴的烴類組成。本方法適用於重餾分油(沸點範圍350～500℃)中芳烴部分的18種芳烴類及3種芳香噻吩類的含量，樣品中不含烯烴，硫含量不能超過1%，非芳烴組分不能超過5%。測定出組分包括：烷基苯、環烷苯、二環烷苯、萘類、苊類、芴類、菲類、環烷菲、芘類、䓛類、苝類、二苯並蒽、苯並噻吩、二苯並噻吩、萘苯並噻吩等。參照方法為ASTM D3239-76。

6）質譜法測定蠟裂解產物的烴類組成。本方法適用於測定C_8～C_{20}範圍的蠟裂解產物中鏈烷烴、單烯烴、雙烯烴及芳烴的含量，不適於含環烷烴的樣品。能提供鏈烷烴、單烯烴、雙烯烴和芳烴的組成。

7）質譜法測定單烷基苯混合物的分子量分布。本方法可測定C_{12}～C_{42}的單烷基苯混合物的平均分子量及各烷基苯的含量，要求樣品中芳烴含量在99%以上。參比方法為ASTM D2567-68。

8）質譜法測定丙烯聚合物的烴類組成。本方法可測定丙烯聚合物中鏈烷烴、單烯烴及化學式為C_nH_{2n-2}，C_nH_{2n-4}，C_nH_{2n-6}，C_nH_{2n-8}各類烴的含量。參比方法為ASTM 2424-67。

根據國外成熟的質譜分析方法，在我們自己的儀器上建成從汽油餾分到 500℃重油族組成的方法以後，一方面配合工藝研究提供大量分析數據；另一方面根據我們自己的需求用質譜建立新的分析方法，以滿足新工藝和提高油品質的需求。包括以下幾個項目：

1)《質譜法測定單烷基苯混合物的分子量分布方法》，這是 1978 年我第一個碩士研究生陸貴根的研究課題。透過合成單烷基苯標準化合物，重新對校正因子 K 及強度因子(靈敏度係數)I_f進行校驗。在質譜法測定單烷基苯混合物的分子量分布方法中，明確給出了 C_{12} ~ C_{42}的校正因子 K 及強度因子 I_f的具體數據。為了驗證這些數據的準確性，同時考慮到烯烴的來源除了蠟裂解烯烴以外，還可能從四聚丙烯得到以 C_{12}為主的一系列烯烴。其次，這個方法的建立，主要是為生產十二烷基苯作為洗滌劑原料，檢測控制其品質的目的，實際上大於 C_{12}的烷基苯也有其他的用途。有鑒於此，我們有必要再進一步透過合成不同碳數烷基苯的標樣，驗證 ASTM 提供的校正因子和強度因子(靈敏度係數)。

在當時我們在國際市場上還處於比較封閉的條件下，要得到不同碳數的 α-烯烴，再合成烷基苯標樣非常困難。我們用不同的合成途徑，合成了庚基苯、辛基苯、癸基苯、十六烷苯和十八烷苯。在缺少高碳數 α-烯烴的條件下，我們用高碳脂肪酸為原料，先用亞硫酰氯反應生成烷基酰氯，再與苯在 $AlCl_3$催化劑作用下生成烷基苯酮，然後與格氏試劑反應生成相應的叔醇，最後透過脫水和加氫，合成出 2-苯基-二十一烷、4-苯基-二十一烷和 4-苯基-二十五烷。以上樣品均需進一步分離和純化後才能作為標準樣品。在本儀器上，選擇合適的操作條件，並採用毛細管色譜/質譜聯用技術，根據 C_{12} ~ C_{31}之間不同碳數烷基苯的校正因子 K 和靈敏度係數 I_f實測值，可以看出它們在高碳數範圍內均成線性關係。而對於以四聚丙烯產生的非 α-烯烴和異構烯烴，它們的靈敏度係數與直鏈 α-烯烴相差較大，不能隨意套用。

2）用氣相色譜/質譜聯用技術分析催化裂化汽油的烴族組成。這是我的碩士研究生李雲龍的研究課題。

催化裂化汽油餾分是我國汽油池中占80%的組分，它的組成基本上決定了市場上商品汽油的性質，因此，分析催化裂化汽油的組成特別重要。分析的難點是汽油中的烯烴和環烷烴，二者用常規方法不能區別，它們同屬 C_nH_{2n} 類別。為了區分二者，我們用氣相色譜/質譜聯用技術，分別採用電子轟擊離子源 EI 和化學離子源 CI 來檢測，化學離子源用丙酮作為反應氣。此時烯烴與丙酮生成 $(M+43)^+$ 的加成離子，而環烷烴則不形成加成離子。透過操作條件的優化，可以定量分析 $C_4 \sim C_{13}$ 的鏈烷烴，$C_4 \sim C_{11}$ 的單烯烴，$C_5 \sim C_{10}$ 的二烯烴加環烯烴，$C_5 \sim C_{12}$ 的單環環烷烴，$C_{10} \sim C_{11}$ 的雙環環烷烴，$C_6 \sim C_{12}$ 的苯和烷基苯，$C_{10} \sim C_{13}$ 的環烷基苯，$C_{10} \sim C_{12}$ 的萘和烷基萘。

二、餾分油中氮化物分析

1）用色質聯用技術分析催化裂化汽油中的鹼性氮化物。催化裂化汽油餾分中的鹼性氮化物會使汽油在儲存和使用過程中引發揮變色甚至產生沉澱物，而原料中的鹼性氮化物在催化加工中會使催化劑中毒，因此，研究其鹼性氮化物的組成很有必要。從1978年發揮我和黃新芬、任承敏、張慶恩就對此課題開展了研究。首先把催化裂化汽油中的鹼性氮化物用含2%硫酸的甲醇溶液抽提出來，用低電壓質譜檢測到提取物含有酚類和芳烴，於是用陽離子交換樹脂處理，把鹼性氮化物與酚類和芳烴分開，用乙醚抽提得到鹼性氮化物，用於 GC/MS 鑒定。

色譜-質譜和電腦聯用儀器為 Varian Aerograh 2740 Gas Chromatograph/Mat 311 Mass Spectrometer/SS 100 MS Data System，用來鑒定樣品中的鹼性氮化物，用50米長的 SCOT 毛細管色譜柱進行色譜分離，色譜與質譜之間用 Watson-Bieman 分子分離器相連。另用一臺 Perkin-Elmer Sigma 毛細管色譜儀，裝配 NPD 氮磷檢測器進行對比分析。

經過試驗，從大慶催化裂化汽油餾分中檢測到 44 種鹼性氮化物，包括吡啶及其衍生物、苯胺及其衍生物和喹啉及其衍生物。透過與直餾汽油中的鹼性氮化物比較，可以認為苯胺類鹼性氮化物是在催化裂化過程中產生的。因此，催化裂化汽油餾分比直餾汽油餾分安定性更差是由於產生苯胺類更活潑的鹼性氮化物之故。

1981 年，在大連召開的中德第一次色譜學術研討會上我交流了這篇論文。

2016 年 12 月 23 日，到分析研究室交流 TG-MS(左一為汪燮卿)

2）我國勝利油田和美國加利福尼亞直餾柴油餾分的烴族組成和含氮化合物的研究。選題背景：改革開放以後，院領導在考慮如何與美國的大石油公司的研究單位開展合作研究。林風院長提出，在一些關鍵技術方面他們是不會輕易開門的，因為有知識產權的問題，但在分析研究領域，涉及的問題較少，透過技術合作和交流，可以互相了解研究工作的水平，提供一個平台是完全可能的。林院長在 1979 年元旦後就給我提出這個問題。他有個好朋友在美孚石油公司研究部門工作，透過他，我結識了美孚公司兩位在全球處於技術頂尖地位的人物，一位是保爾·懷茨，是 ZSM-5 分子篩材料的開拓者；另一位是美籍華人陳乃沅博士，他是應用 ZSM-5 材料創建新工藝的開拓者。透過與陳博士討論，我們從分析工作開始，共同做兩個柴油餾分，一個是我國的勝利直餾柴油，另一個是美國的加州柴油，做完以後分別在美孚紐澤西州研究部和我院開學術討論會。

接到任務以後，我召集了我的第二個研究生丁繼紅，還有吳文輝、程桂珍、張慶恩等同志，制定了分析方案：①用陽離子交換分離鹼性氮化物；②用^{1}H 和^{13}C 核磁共振法測定樣品的平均分子結構參數；③用氣相色譜和色質聯用測定輕柴油中鹼性氮化物的組成；④用低電壓質譜測定重柴油餾分中的鹼性氮化物組成；⑤用 ASTM D2786-71 和 ASTM D3239-76 測定柴油餾分烴族組成。

分析結果表明：①勝利和加州柴油烴族組成差別較大，勝利柴油含有較多的鏈烷烴，加州柴油含有較多的環烷烴和芳烴。加州柴油中的膠質含量幾乎是勝利油中的兩倍。②氮化物含量隨餾分的升高而迅速增加。勝利柴油餾分中沸點低於 300℃ 的部分，氮含量只占總氮的 2%，且主要為中性氮化物。300~400℃ 餾分範圍氮含量迅速增加，大於 400℃ 餾分中主要為中性氮化物。③加州柴油中氮化物含量較勝利油高，二者鹼性氮化物類型基本相同。鹼性氮化物主要有：烷基吡啶、四氫喹啉和二氫喹諾酮、喹諾酮和吲哚、烷基喹啉、環並喹啉、苯並喹啉、烷基咔唑。在輕柴油餾分中以烷基喹啉為主，在重柴油餾分中則以苯並喹啉類、喹啉類、四氫喹啉及二氫喹啉為主。

三、生物標記化合物的分析

用有機質譜研究中國某些盆地的生油岩和原油中的烴類生物標記化合物。根據石油的有機成因學說，埋藏在地下的石油是億萬年前的生物質經過地質變遷形成的碳氫化合物。這一學說得到有機化學界透過分析，發現原油中存在的某些生物標記化合物的支持。原油和其沉積岩萃取物中的三萜烷和甾烷類化合物是眾所周知的生物標記化合物，它們來源於沉積盆地中的有機母質。這些化合物的特點是它們在成岩過程中相當穩定，因而可以透過測定它們的類型和數量來區別不同的生油岩和原油。研究這些化合物的目的在於考察生油岩和原油以及原油和原油之間的親緣關係，這對於原油的生成、位移、積聚以及成熟度均可提供重要的訊息，因而可用於石油勘探，屬於有機地球化學學科。

近代物理儀器的迅速發展，如高壓液相色譜、毛細管氣相色譜、^{13}C 核磁共振以及色譜/質譜聯用技術提供了在分子水平基礎上分析生物標記化物的可能性。我們建立了一個分析流程，對生油岩萃取物和原油用柱色譜、高壓液相色譜為分離手段，用品質離子動能譜(MIKE)和氣相色譜/質譜聯用為鑒定手段，分析了陝甘寧、松遼、塔里木和華北的 10 口井，深度在 650~3800 米範圍，地質年代分別在下白堊統、上三迭統、下侏儸統和下第三統的原油，沉積相除塔里木盆地為海相以外，其他均為陸相沉積。透過譜圖提供的訊息分析可造成 4 方面的作用：

1) 明顯看出原油的指紋，利用甾烷和萜烷的質譜圖的特點，即分子離子峰強，萜烷的關鍵裂片峰為 m/e191，甾烷的關鍵裂片峰為 m/e217，利用它們的品質色譜圖可以提供樣品的指紋重要訊息。來自不同沉積盆地的原油，其特點可以從萜烷關鍵裂片峰 m/e191 的品質色譜圖反映出來。可以分辨出相同盆地原油的相似性和不同盆地原油的差異性。

此外還必須指出，分析結果表明，對於不同原油的指紋，不僅要對比其化合物的分布狀況，還要研究三萜烷類立體異構情況。這些訊息可能與原油的成熟度、運移、聚積以及生油環境有關。例如，一般認為大多數陸相原油含有較多的奧利草烷(Oleanane)，它可從陝甘寧盆地嶺 55 號原油中識別出來，但在大慶油並未發現，這可能與其生油母質有關。陝甘寧盆地下侏儸統的岩心萃取物顯示出它的特殊性，同一盆地不同層位中原油含 18α(H)-22，29，30-三降忽草烷Ⅱ(Ts)，也有明顯的差異。

2）生油岩與原油的相關性和原油與原油之間的相關性：我們採用 m/e191 品質色譜圖各有關色譜峰來代表 C_{27} ~ C_{34} 的三萜烷，並測定峰的相對強度代表各化合物的相對含量。對於甾烷用 m/e217 測定 C_{27} ~ C_{30} 範圍的相對含量。每個生油岩與原油樣品的組成相關性可以用甾烷和萜烷化合物的分布狀況來考察。陝甘寧盆地的三對生油岩與原油中，上三迭統的相關性頗好，而下侏儸統的則不一致。與此相反，陝甘寧盆地的三個原油樣品的相關性很好。這一結果意味著，原油可能是來源於上三迭統，然後運移到下侏儸統的儲油層。松遼盆地的兩對生油岩與原油的相關性較好，而兩個原油樣品也相似。

3）原油的成熟度：原油的成熟度可以用一系列基於分子水平的特徵來表示，並結合一些宏觀參數，如飽和烴的奇偶優勢比(OEP)值來表示。我們選擇了 5 個參數來表示原油的成熟度。並參考 Seifert 提出的 $C_{27}H_{48}$ 三萜烷的兩個立體異構物 T_m/T_s 的比值作為成熟度的訊息。結果表明，陝甘寧盆地的 3 個原油成熟度相近，而該盆地的 3 個岩心萃取物的成熟度則有差異，這對於原油從上三迭統運移到下侏儸統又提供了一個佐證。松遼盆地的兩個原油成熟度相近，但比陝甘寧盆地原油的成熟度差些。新疆柯參 1 井的原油是一個很特殊的原油，它的飽和烴含量很高，達 91.2%，而三萜烷含量甚微，可以說是一個成熟度很高的原油。

4）在華北盆地中發現「降解」忽草烷。華北盆地第三系原油特性因子 *K* 值為 11.15，屬於重質環烷基油，分離出其中的飽和烴餾分，採用品質分析離子動能譜 MIKE 技術，以及色譜/質譜聯用技術，發現了一系列「降解」忽草烷，它與普通忽草烷的差別在 C-4 上僅有一個甲基。這在我國是第一次發現，推測這種降解產物是由於微生物作用產生的，據報導在尼日利亞原油中也發現過類似的化合物。

本工作做得比較完整，從建方法、出數據到找規律進行了較系統的探討，也是上游的勘探開發與下游的石油煉製領域互相結合的探索。是由我院質譜組李科、郎紉赤與勘探院尚慧雲同志緊密合作的結果。一些有代表性的岩心和原油樣品都是由勘探院提供的，而建方法和出數據是由我院完成的，對結果的分析和找出某些規律性的認識主要是兩個單位共同討論提出的。本工作可以說是跨學科學研究究的一個嘗試，引發揮了業內專家的興趣，該論文發表在《石油學報》1980 年第一卷第一期。

四、石油卟啉類化合物的分析研究

1936 年德國化學家特萊普(Treibs)首先在石油和其沉積岩中發現了卟啉(Porphyrin)，並提出了石油中的卟啉是植物葉綠素和動物氯化血紅素降解的產物，以及葉綠素 a 向石油中金屬卟啉化合物轉化的一系列反應，為生物生油學說提供了有力的論據。從此這種「生物標記」化合物引發揮了人們的重視。柯溫(Cowwin)為此提出用「石油卟啉」(Petroporphrin)這個術語代表在石油、瀝青和生油岩中的各種卟啉。今天石油卟啉已成為卟啉化合物研究的一個重要分支。由於石油卟啉是植物葉綠素演變的產物，往往又把葉綠素、卟啉以及由葉綠素演變產生的各種產物統稱之為四吡咯色素。這種色素作為重要的「生物標記」，已成為地球有機化學的一個重要分支。特萊普在石油中首先發現的是釩卟啉，直到上世紀五十年代才發現石油中的鎳卟啉，因此石油卟啉的研究與石油加工之間又產生緊密的連繫。眾所周知，在石油加工領域中，特別是催化裂化和催化加氫工藝，鎳和釩對催化劑，特別是催化劑中的分子篩產生破壞作用，甚至使其失活而影響石油產品的分布。因此，研究石油中鎳和釩金屬化合物的形態、分布和脫除金屬的化學途徑就成為石油加工中挑戰性的課題，而金屬卟啉化合物的結構、形態和含量分布也是地球有機化學研究的重要課題。因此，石油勘探開發與石油加工在這個結合點上又匯合在一發揮了。正是由於這個因素的激發，我們開展了我國原油中石油卟啉的分析研究。

石油中的卟啉化合物，一般以鎳卟啉和釩卟啉存在於石油的膠質和瀝青質中，而膠質和瀝青質是石油組成中最複雜、沸點最高、雜原子含量最多和分離難度最大的部分。由於石油卟啉在膠質和瀝青質中含量很少，必須進行多種手段相結合的分離和濃縮步驟，並用相應的檢測手段進行跟蹤。我和祁魯梁同志對常用的分離和濃縮方法，總結出有以下 7 種。

1）溶劑萃取法：這是一種對金屬卟啉和游離卟啉非破壞性分離方法。從生油岩中提取卟啉，首先要將試樣磨細，再用苯–甲醇溶劑、二甲苯–甲醇或丙酮–甲醇溶劑萃取。將石油卟啉與其他有機質的母體分離，大都採用乙腈作萃取溶劑，因為它對瀝青質的溶解度小，對卟啉的溶解度大。

2）酸萃取法：這是一種脫金屬萃取游離卟啉的方法。在用酸萃取的同時，將金屬卟啉化合物所絡合的金屬脫除，將游離卟啉萃取到酸相，較好地將游離卟啉與母體物分離。但它破壞了金屬卟啉化合物的完整性。早期使用飽和溴化氫冰乙酸萃取石油和瀝青以及岩石萃取物中的卟啉，也有用溴化氫甲酸溶劑的。使用溴化氫乙酸溶劑萃取，有可能破壞卟啉核外的官能團。用甲磺酸或其他烷基磺酸萃取，可在酸相得到游離卟啉和以無機鹽形態存在的金屬。

3）鹼萃取法：用 1%或 10%的氫氧化鈉或氫氧化鉀水溶液，可將有機相(例如乙醚)中帶有羰基的卟啉萃取到鹼溶液中，而烷基卟啉仍保留在有機相中。再將鹼中和後，又可得到帶羧基官能團的卟啉。

4）吸附柱色譜法：用矽膠或氧化鋁作吸附劑，採用不同極性的溶劑洗提，可得到游離卟啉並進一步分類。

5）薄層色譜法：可將初步分離得到的卟啉濃縮物進一步純化和細分。

6）凝膠滲透色譜法：用葡萄糖凝膠把卟啉從瀝青質中分離出來。

7）高效液相色譜：選擇合適的分離柱，由於它的分離效率很高，是一個很有效的手段。

石油卟啉的鑒定方法：分離和富集石油卟啉組分的目的是為了鑒定卟啉化合物的結構。由於石油組成的複雜性，需求幾種手段和方法相結合才能得到濃縮的石油卟啉，同樣，也需求多種方法共同來鑒定石油卟啉的組成和結構。常用的有以下 5 種方法。

1）紫外–可見光譜法。又稱電子光譜或吸收光譜。這是一種鑒定石油卟啉比較靈敏、方便、有效的常用方法。石油卟啉在近紫外和可見光範圍內有特徵吸收。脫去金屬的游離卟啉在可見光區 470~650 納米波長範圍有 4 個甚至更多的吸收峰，可以區別葉卟啉、初卟啉、玫紅卟啉和脫氧葉紅初卟啉。對於鎳卟啉和釩卟啉的電子光譜，它們的吸收峰受到金屬離子的影響，有兩個明顯的吸收峰。其中釩卟啉的最大吸收峰在 570 納米和 534 納米，而鎳卟啉則往短波方向移動 15~20 納米。

2）質譜。有機質譜是鑒定石油卟啉最重要的手段，因為它能給出精確的分子量，而透過裂片峰可以推斷它的化學結構。可以提供卟啉的類型和該系列的分子量分布。

3）氣相色譜或氣相色譜/質譜聯用。在通常氣相色譜操作條件下，無論是金屬卟啉或游離卟啉都不能汽化。後來 Boylan 等人提出把樣品矽烷化，生成四價矽的衍生物，使之能在氣相色譜工作條件下汽化。也有人用氧化分解技術生成馬來酰亞胺裂片，經鑒定後再反推卟啉化合物的結構。

4）紅外和拉曼光譜。

5）螢光光譜法。這種方法的靈敏度很高，曾用來測定阿波羅 2 號從月球上帶回來的樣品中的卟啉。早期的工作曾用甲磺酸脫除卟啉上的金屬，然後用螢光法測定游離卟啉。

我和祁魯梁、郎紉赤對我國一些原油中的鎳卟啉化合物於 1979 年開展了研究工作。試樣取自：①遼河高升原油，井深 1500~2000 米，屬新生代下第三系沙河街組；②大港王官屯原油，井深 1700~1900 米，屬新生代第三系沙河街組；③勝利 101 庫原油，井深 1800~2300 米，屬新生代下第三系沙二段；④大港羊三木原油，井深 1200~1400 米，屬新生代館陶組；⑤勝利孤島原油，系混合原油，井深約 1200 米，屬新生代第三系館陶組原油；⑥四川大隆層岩石抽出物。系岩石樣品用苯-甲醇抽提的濃縮物，屬古生代二迭系。

樣品用矽膠柱色譜分離，用不同溶劑按極性強弱，分別得到弱極性鎳化合物組分、鎳卟啉化合物組分和強極性非卟啉化合物組分。然後把樣品用甲磺酸脫金屬，再用柱色譜分離，分別得到相應的游離卟啉。用紫外-可見光譜對各組分定性，用原子吸收光譜對金屬元素定量。結果表明：上述樣品中以卟啉形態存在的鎳占樣品中總鎳量的 30%~50%不等，其次是弱極性非卟啉鎳，而強極性非卟啉鎳含量較低。對於卟啉化合物的類型分析，有機質譜是最有效的手段，本工作分別採用低電壓和高電壓得到分子峰和裂片峰，反推化合物結構的可能性。結果表明：五個油樣中均有脫氧葉紅初卟啉（DPEP）和初卟啉（ETIO），高升原油中還發現有二環脫氧葉紅初卟啉（DI-DPEP）。有機地球化學專家們認為，隨著石油埋藏深度的增加和地溫的升高，DPEP 演變成為 ETIO，而 DI-DPEP 可能是透過 DPEP 脫氫形成的，而 DPEP 轉化成 ETIO，則是氫轉移的結果。

因此，由 DPEP 轉化成 DI-DPEP 和 ETIO 可以看作是一個歧化過程。此外，我們還發現有玫紅(RHODO)型卟啉，說明在地質埋藏條件下，卟啉化合物類型的結構比較穩定。

1978 年 9 月，我們邀請美國雪佛龍(Chevron)石油公司的質譜專家加里高斯博士(Galleagos)來我院講學，介紹有機質譜在石油方面研究現狀和發展趨勢。這是打倒「四人幫」後改革開放不久我院第一次舉行國際交流活動，林風副院長親自接待，全院的學術氣氛也頓時活躍發揮來。透過兩天的學術報告和座談，在了解國際同行工作的基礎上，我們對自己的工作也充滿信心，於是決心去參加 1981 年 5 月的第 21 屆 ASMS 美國質譜年會。我們提交的論文題目是《用質譜法鑒定中國某些原油和生油岩中的生物標記化合物》，以張貼論文形式被大會錄用。會議於 5 月 29 日在明尼蘇達州明尼阿堡利斯城召開。院裡批准由我和蘇煥華同志參加。那時還沒有 PPT，從內容到形式足足準備了三個月，張貼論文要按規定用道林紙膠印，內容要能背下來，要準備回答技術問題外，還要回答政治問題。

至於其他生活費用問題我並不緊張，因為這是三年來第二次去美國了。但恰恰是這個疏忽造成了麻煩。我們到達明尼阿堡利斯城已近黃昏，根據預訂的假日酒店，到大堂辦入住手續時，發現我們的住宿費超標了。原來我以為在美國假日酒店是全國連鎖店，價格不會相差太大，卻未料到它因時、因地和不同的設施相差很大。超標了不能住，趕緊退房，在酒店吃了一碗法國洋蔥湯加一塊麵包後，就匆匆離開去找了一家大車店住下。其實大車店也蠻好的，房間雖小但一應俱全，不講排場可以自己煮麵條。

會場上有很多亞裔人的面孔，發揮先我們不敢主動與他們打招呼，但我們從大陸來的一身打扮，他們立刻能分辨出來。輪到我站臺的時候，一群華裔學者就前來直接用漢語交談。他們對我國有這樣先進的儀器，做當時最熱門的研究課題，感到驚奇。會後有 30 多個華裔學者和臺灣來的同行與我們聚餐，其中有一個許強博士，此後 30 多年來一直與我保持連繫。他曾在埃克森美孚和英國石油公司從事質譜對生物標記化物的研究，著作頗豐，2004 年曾應邀訪問我院作學術報告；2006 年他主編一書《Practical Advances in Petroleum Processing(石油加工新進展)》，由斯普林格(Springer)出版社出版。其中一章「Catalytic Processes for Light Olefin Production(催化裂解制烯烴技術)」由我、朱根權、謝朝鋼和李再婷撰寫。

雷射拉曼光譜儀的安裝調試和應用

1975 年 5 月，院領導要我負責主持雷射拉曼光譜儀的安裝和調試工作。在當時的政治氣氛中，領導們高舉「抓革命促生產」的旗幟，還能從美國引進儀器，實屬不易。

我們進口的這臺儀器是由美國 SPEX 公司生產的 RAMANLOG 5 型，所用的雷射光源是由美國光譜物理公司生產的 SPECTRA PHYSICS 125A 型 He-Ne 雷射器和 165-03 型氬離子雷射器。參加調試儀器的還有王宗明、姜玉春、楊先春。安裝地點在現在的紅旗樓 127 實驗室，為保證電源的穩定，我們自己動手在紅旗樓北邊挖了十米長、半米深的地溝埋地線。

拉曼光譜是研究化合物受光照後產生的散射，散射光與入射光能級差與化合物分子的振動頻率和轉動頻率有關。與紅外光譜類似，拉曼光譜也是振動光譜，所不同的是：紅外光譜與分子振動時偶極矩有關，而拉曼散射則是極化率改變的結果。紅外吸收光譜與拉曼散射光譜是相輔相成的姐妹篇。而拉曼光譜操作對樣品處理更簡單，特別是水溶液可以放在燒杯內直接測定，因而應用範圍更廣泛。但在很長一段時期內發展較慢，主要原因是信號強度太弱，取得一張清晰的譜圖要花幾個小時，因為用的光源是汞燈。現在用雷射光源，信號強度大增，再加上用電腦處理信號，可以與紅外光譜並駕齊驅了。

拉曼散射效應是 1928 年印度物理學家拉曼(C. V. Raman)發現的，隨後根據這種散射效應，而製成了拉曼光譜儀。這裡我聽說有一個故事，在拉曼發現這種散射現象的同時，俄國有一位物理學家也發現相同的現象。兩位科學家都要申報諾貝爾獎，印度的拉曼叫人騎馬日夜兼程跑到斯德哥爾摩瑞典皇家科學院，而俄國科學家只寫了一篇論文，透過郵局寄出。在那個年代跑馬的信使先到斯德哥爾摩，而郵遞系統則很晚才到。所以諾貝爾獎的評議結果只把獎授予拉曼，而俄國科學家無緣得諾獎，引發揮俄國人不滿。雖然不知道這個故事的真實性，但給我們很大的啟發，就是申報成果或專利的時效性非常關鍵。1979 年我去美國的美孚石油公司研究院訪問，美籍華人顏群沅博士告訴我，他們對構思的專利十分注重申請時間和速度，往往在前一天晚上有一個想法，馬上寫下來，第二天一清早就到專利登記處去排隊，他說在專利登記處排長龍是常事。創新的渠道固然很多，其中由靈感產生不容忽視。鼓勵創新要真正實現公平公正，我們還有很長的路要走。

儀器的安裝調試是由 SPEX 公司的老闆阿瑟・密多夫(Arthur Mitteldorf)夫婦兩人完成的。他們的主要目的是想乘安裝儀器的機會來中國觀光。平時他們根本不會去操作儀器，因此來華前花了兩個月時間突擊學習，在公司裡由技術人員教他們如何組裝和調試。原先我們不知道內情，後來發現他們兩人在安裝時常為一個小問題而爭執不下，最後要打電話回美國請教，這種現象在過去安裝儀器時從未發生過。好在儀器性能較好，調試後都達到原設計指標了。

調試過程中給我印象最深的是那兩臺雷射器，為了顯示雷射器的光強度，他們要我用一塊木板擋住發出的雷射，過不了多久那塊木板就開始冒煙燒出一個小窟隆。這使我產生了一個聯想，一個人的能量是有限的，但如果把它聚焦發揮來使用，用在一點上，也可以像雷射一樣把物體打穿。我們在工作時要像雷射一樣集中精力，而不要像電燈泡一樣，看發揮來閃閃發光很美麗，實際上沒有多少能量可以集中利用，我們不要去譁眾取寵，而應當像雷射一樣把物體擊穿。在學生做論文時我也經常提醒他們，在工作時要做雷射器而不要做電燈泡。

在使用方面舉兩個實例：

1）雷射拉曼光譜法測定十硫化四磷中的九硫化四磷雜質。我院添加劑研究室在合成硫磷添加劑時需用十硫化四磷作原料，但原料中的雜質九硫化四磷對合成產物的純度影響很大，而九硫化四磷和十硫化四磷的混合物進行元素分析時結果往往落在誤差範圍內，經常因此鬧糾紛而得不到解決。為此，需求一個科學的方法來測定和判斷。本方法就是為保證原料品質控制而建立的。

用氬離子雷射器波長為 488.0 納米或 514.5 納米的光源，單線功率低於 220 毫瓦，在雷射拉曼光譜儀上，收集 90°方向的拉曼散射，記錄 P_4S_9 和 P_4S_{10} 純樣和混合樣在 250~450cm^{-1} 的譜圖，繪製標準曲線，可對未知樣品中的 P_4S_9 雜質進行測定。本工作完成人是王宗明、我和陸婉珍。該論文收錄在 1980 年在加拿大渥太華舉行的國際第 7 屆拉曼光譜大會論文集中。

2）用雷射拉曼光譜研究 SO_3–HNO_3 和 HNO_3–$H_2S_2O_7$ 溶液的分子–離子組成及測定 NO_2^+ 的濃度。這是一個軍工研究項目，由五機部 204 所提出，涉及到炸藥合成和反應問題。硝化反應是製造炸藥最常見的一種反應，人們主要應用硝酸與硫酸混合體系作為硝化劑，其分子離子組成對硝化能力有直接影響。由於這種體系的氧化性和腐蝕性，到目前為止，還不能用化學方法測定它們的組成。用電導法可以測定 SO_3–HNO_3 溶液中 NO_2^+ 的濃度，但對 HNO_3–$H_2S_2O_7$ 溶液體系還不能應用。拉曼光譜對這種體系的分子和離子具有特徵譜線，而且制樣方便，在使用雷射作為光源的條件下，具有靈敏度高、測定快速等優點。利用雷射拉曼光譜動態地研究不同比例的HNO_3-SO_3和HNO_3-$H_2S_2O_7$溶液體系的分子離子組成，定量測定了NO_2^+的濃度變化的規律。本工作由石油化工科學研究院我和姜玉春，五機部204所付霞雲和劉鴻共同完成。

第八章

「文革」那些日子裡

1966 年「文化大革命」爆發，正常的科學研究秩序被破壞，科學研究工作也一度被迫中斷。我沒有參加任何派別，成了一個逍遙派。

其實我這個「逍遙派」並不逍遙，雖然不理解「文化大革命」，但我理解生命短暫，要抓緊時間工作和學習。

第一，我利用這段時間抓緊學外語。在大食堂開批鬥大會，我除了帶中文版的《毛主席語錄》外，還帶一本英文版的語錄，兩本語錄一樣大小，都是紅寶書。在造反派發言時，我坐在小板凳上低著頭念英文的《毛主席語錄》，實際上是在學英文。在舉紅寶書喊口號時，喊萬壽無疆時，我同大家一樣高舉兩本疊在一發揮的紅寶書，別人也看不出來。但次數多了還是露出馬腳，被人發現後說是我在批鬥大會上還放洋屁，開會批判我，要我老實交代。我說世界要進入紅彤彤的毛澤東時代，宣傳毛澤東思想需求學英語。因此，洋屁還是要放的。雖然是強詞奪理，但他們也沒有辦法。

第二，就是整天躲在實驗室裡做實驗或看書，當時已經有了氣相和液相色譜儀、發射光譜儀、原子吸收光譜儀、核磁共振儀和紅外光譜儀，文革期間又購置了有機質譜儀和拉曼光譜儀，期間主持安裝儀器，建立分析方法，為兄弟單位出數據，進行了一些科學研究工作。在大動亂年代，根據上級的布置任務，運用科學知識破解了幾個「文革」中的懸疑之謎。

化解飛機熄火謎團

1968 年 5 月底的一個下午，正在北京東郊農場勞動的我被軍管會緊急傳喚回院。回院後，軍代表告訴我有一項緊急任務，第二天將由兩位民航局的保衛人員陪同一發揮坐飛機去太原，具體任務到時再布置。我和同事楊先春一行一到太原機場就召開了緊急會議，場站領導向我們簡要地介紹了情況，說 3 天前一架磁力探測飛機在執行任務途中因發動機熄火而被迫返航。著陸後，經化驗汽油品質合格，但發現發動機的油濾網被一些灰色細粉堵死，造成因汽油無法進入汽缸而致使發動機熄火。由此認為：這是一發揮人為的破壞案件，是「階級鬥爭新動向」。我此行的任務，就是從技術上協助破案。在那個以階級鬥爭為綱的年代裡，此任務可謂既艱巨又「神聖」。經現場調查，我發現那架單引擎飛機翅膀內的油箱裡也有灰色細粉末。這細粉是什麼？是從哪裡來的？因發現離機場二十幾米遠的一個工地上堆有幾袋水泥，於是場站領導判斷：很有可能是有人從那裡拿了水泥撒入了汽油。

輪到我從技術上來支持這個「判斷」了。油箱內的灰色粉末是否是水泥，只要分析化驗一下就會清楚，但是機場沒有任何化驗的儀器設備，就連最發揮碼的化學試劑也沒有。怎麼辦？我靈機一動，想到：機場裡有飛機和汽車，所以一定有蓄電池，而蓄電池裡有硫酸，可以把酸取出作為試劑。於是我們用飯碗作燒杯，把水泥和從飛機上取下的灰色粉末分別放入兩個碗內，倒入經過稀釋的濃硫酸，只見那灰色粉末立刻冒出了很多小氣泡，而水泥則毫無反應。試驗證明：這是兩種不同的粉末，「用水泥進行破壞」的判斷不成立。但灰色粉末是什麼呢？仍然是個謎。

我一晚上沒有睡著覺，「浮想聯翩夜不能寐」。忽然，我想到了山西人愛喝醋，是否與當地的水質有關？

第二天一早，我就去問地勤人員，飛機的大修是在何時、何地、以何種程式進行的？他們告訴我，大修是在離太原不遠的長治縣進行的，說不清具體的操作規程，只知道翅膀內的油箱先是用鍋爐蒸汽吹掃，然後經普通自來水沖洗後，再晾乾。我又問他們鍋爐的水垢嚴重不嚴重，多少時間清一次垢？他們說，嚴重得很，過不了幾個月就要清垢。這下答案被我找到了：是由於水的硬度太大，油箱內的水分蒸發後留下了碳酸鈣細粉末，長期積累後混入汽油，導致油路中的過濾網被堵死。這既不是一樁政治事件，也不是一發揮技術責任事故，而是由於沒有嚴格的操作規範所造成的無頭案。後來我把細粉帶回研究院進行分析，證實了結論是完全正確的。

紅旗轎車用油研究

在我們研究院檔案科裡，有一份1971年6月18日寫的《關於紅旗轎車剎車失靈事故的油品分析報告》。這份報告是我寫的，因為當時正值「文化大革命」時期，報告的形式和內容與現在都有所不同，有明顯的「文革」時期特色。

報告的開始是毛主席語錄：「團結發揮來，爭取更大的勝利。」

接下來又是一段毛主席語錄：「世界上的事情是複雜的，是由各方面的因素決定的。看問題要從各方面看，不能只從單方面看。」

然後才是標題《關於紅旗轎車剎車失靈事故的油品分析報告》和正文。

1971年6月7日首都汽車公司負責同志來我院找到我，介紹了羅馬尼亞黨政代表團參觀東方紅煉油廠後，在去向陽化工廠的途中，經鳳凰亭下坡路時發生紅旗轎車剎車失靈事故的情況。要求我院對這一事故從剎車油進行分析。同志們認識到這項工作是關係到中央首長、外國友人安全的大事，決心要高舉毛澤東思想偉大紅旗無產階級政治掛帥，認真完成這項任務。經過三個星期的連續奮戰，反複試驗和調查研究對剎車油使用前後的性質變化情況得出了分析結果。

事情原委是這樣的：就在前幾天，中央領導邀請羅馬尼亞總統齊奧塞斯庫訪華，在去燕山東方紅煉油廠訪問的途中，所乘坐的紅旗轎車，行至鳳凰嶺下坡時，剎車系統失靈，車撞到了電線杆上，所幸沒有造成人身事故。要我從技術上剖析事故的原因。他們把剎車系統拆開檢查，發現有鏽蝕，而用的剎車液是中阿友誼公社化工廠生產的。為此首汽給了我們五個油樣作對比：

323 號油：是本次出事故車上取出的剎車油；

318、321 號油：是在行駛中經常出現剎車失靈的剎車油；

320 號油：使用中未出現事故的剎車油；

新油：從中阿友誼公社買來的新剎車油。

透過理化指標分析、紅外光譜分析和氣相色譜分析，得出了以下結論：

1）從理化分析來看，都符合出廠標準。氣相色譜分析說明：新油和使用過的油都有丁醛存在，323 號油與 320 號油的丁醛含量一致，約 5%。正丁醇餾出物後面有一個未知組分，沸點高於 117℃。

2）色譜和紅外光譜分析都說明，正丁醇剎車油中沒有混入 692 剎車油。使用過的油變成淺綠色，是因為與銅接觸後產生銅鹽引發揮的。

3）對比發生事故的 323 號油和沒有發生事故的 320 號油，它們在理化指標和組成上基本相同。因此，看不出油品變化與發生事故的必然連繫。

323 號油是由 45%蓖麻油加 55%正丁醇組成的。而正丁醇的沸點是 117℃，問題不難搞清楚，司機在駕駛時過分小心，在行駛過程中不時用腳試試剎車系統靈不靈，這樣導致了正丁醇部分氣化，而在關鍵時刻真正要剎車時卻產生了氣阻，致使剎車失靈，下坡時撞上了電線杆。

這不是政治事故，也不是責任事故，而是用材不當。

分析報告交上去後，我們又對國內剎車油的情況做了進一步了解。當時，國內市場上供應的剎車油只有三個型號：101 剎車油，是乙醇和蓖麻油混合物；323 剎車油，是正丁醇與蓖麻油混合物；692 剎車油，是二乙二醇醚或聚乙二醇。了解到這種情況以後，真是難以想像這麼高檔的紅旗轎車居然用的是如此低檔的剎車油。

我們院當時主要的優勢是剖析能力強，分析儀器配套完整。為了使當時高級轎車配套用油達到先進水平，我們到外貿部和總後找到進口轎車，重點以德國奔馳車和美國卡迪拉克車的剎車油作分析解剖的對象。

分析工作進展得很順利，結果在 2 周內就出來了：國外的剎車油一般由兩部分組成：基礎油占 95%～98%，添加劑占 2%～5%。基礎油通常由溶劑、潤滑劑和橡膠溶脹阻止劑組成；添加劑為抗氧劑和防腐劑。參考剖析結果，我們自己提出了剎車油的基礎油配方，所用的溶劑為二乙二醇醚，潤滑劑為蓖麻油的丙二醇衍生物，添加劑為蓖麻酸鉀，橡膠溶脹阻止劑為丙二醇，抗氧劑為 *N*，*N*–四甲基–4，4 二胺基二苯甲烷及染料鹼性豔藍 BO。我們查閱了美國製動液（相當於我國的剎車油）的規格標準和分析方法，參照解剖分析的結果，探索出幾個組分的合成方法，反覆調整配方，最後與長春第一汽車廠油料研究室合作，透過臺架試驗和行車試驗，開發成功的合成剎車油是在 1971 年 9 月完成的，故命名為 719 剎車油。

新試制的 719 剎車油，要求夏天不發生氣阻，冬天不會凝固；對橡膠溶脹性小，不腐蝕所接觸的金屬材料。1972 年初在無錫煉油廠放大試生產，1972 年 8～10 月在廣州及海南島行車試驗，結果表明氣阻問題已解決，使用性能良好。組織試驗單位除我院外，還有第一汽車製造廠油料試驗室張濱友同志參加。加防鏽劑的新配方剎車油於 1973 年 1 月 15～20 日在長春一汽油料試驗室進行臺架試驗，並與國外油進行對比，結果表明，性能基本上與國外油相當。最後由無錫煉油廠正式投產。我院參加此工作的還有翟純、姜君渝、高占庚、姜融華和馮潤等同志。

行車試驗很浪漫。紅旗轎車裝上我們剛試製成的剎車油，在去八達嶺的公路上來回不斷跑上百公里作為行車試驗。在當時那個年代，我院職工一般連自行車都買不發揮，能坐上中央首長才能坐的高級轎車去兜風，不用說心裡有多高興。為了公平發揮見由我來排班，大家都享受了一下當「中央首長」的滋味。金秋時節是山楂果的豐收季節，農民們在公路兩側擺攤叫賣，我們這些窮小子、窮姑娘們嘴巴饞，於是在行車試驗時，原五室的董秀秋等要司機在小攤前把車停下，拿著破書包去買山裡紅，弄得旁邊的老大娘十分好奇，衣裝破爛的小夥子和小姑娘怎麼會是中央首長呢？這下「中央首長」露了餡。

這期間，我們還根據總後供應部、一機部汽車儀表組和燃化部煉油化工組的指示精神，接受了關於「試制高級轎車配套用油」的科學研究任務。

1971 年 7 月的某天，總後一輛卡迪拉克高級轎車開到我院來。當時正值中午，天氣十分炎熱。司機要我坐到車內試試，我說那就會像在蒸籠裡了。司機說，一開空調就涼快了，不信你試試。我坐進去不到一分鐘，空調一開，覺得真涼爽。接著，司機就把防凍液從管路里放出一升給我們解剖用。我當時很納悶地說：「防凍液是冬天才用的，怎麼你的車裡夏天用防凍液呢？」他說：「那你就不知道了，美國轎車的冷卻水箱裡一年到頭都用這種冷卻劑，終年不換，不夠了添加。你可以叫它是防凍液，實際上是一種化學冷卻劑。」

我與郎紉赤同志介紹情況後，討論並提出整體解剖分析和試制方案。該樣品為外觀翠綠色、半透明、有螢光的液體，略帶醇香味，常溫下有少量白色沉澱物析出，加熱後又溶解。透過理化指標分析表明，該樣品具有冰點低、防腐性能好和不易燃等優點。透過紅外光譜、氣相和液相色譜、紫外光譜和發射光譜分析，表明基礎液為水和乙二醇，含有鈉、硼離子的化合物，芳香族化合物和硫、氮化合物。經過詳細剖析以後得出結論，卡迪拉克車用防凍液的組成為：乙二醇與水的體積比為 50：50，水可能是陽離子交換水；加有約 2%的硼砂和約 0.01%的巰基苯並噻唑作為防腐劑；此外還加有微量的綠色染料(可能是茜素綠)。

為滿足紅旗轎車的使用需求，我們研究了乙二醇與水的不同比例與其冰點的關係，提供了兩個配方的防凍液：①乙二醇與水的體積比為 50：50，冰點為-35℃±2℃，北京和華北地區用；②乙二醇與水體積比為 60：40，冰點為-55℃±2℃，供東北地區用。兩種防凍液都加 2%~3%的硼砂和 0.1%巰基苯並噻唑作為防鏽劑。這兩種配方的防凍液批量生產後，交由部隊試用，表明效果良好。

這裡也有一個小的插曲。1971 年「9・13」事件後，清查與林彪有關的人和事，要每個人自己交代，也要別人揭發。據說這輛從總後開來的卡迪拉克高級轎車是林彪的專車，這件事居然被人舉報為與林彪有牽連。這件事鬧到石油部軍管會，部裡負責此事的秦瑞岐同志是業務領導小組的主管，他拿出國務院的文件大怒，指出我們是根據國務院批示完成國家重點項目，與林彪事件毫無關係。結果被舉報之事不了了之，只是虛驚一場。

高級轎車配套用油的研製成功獲 1978 年全國科學大會獎。

破解馬王堆之謎

1972 年 6 月底的一個下午，全院正在開批鬥大會。當時石油部軍管會科教組一個電話把我叫去，要我接受一個重要任務。趕到位於六鋪炕的石油部後，軍代表們對我說，從內參上看到一條消息：

在長沙馬王堆挖出一具兩千多年前的漢代女屍，屍體看上去就像剛去世一樣，肌肉還有彈性，原因是屍體浸泡在棺水裡，據說這種棺水具有防腐作用。石油部當時正擬建一條輸油管道，如果這種「棺水」對石油管道防腐蝕有用處，就可以發揚古代科學文化遺產，創造一個古為今用的奇蹟。因此要我去實地考察，並帶回「棺水」樣品做分析化驗。於是，我抱著一種懷疑而好奇的心理，帶上軍管會的介紹信，與同事王宗明一道立即坐火車南下長沙。

盛夏的長沙天氣非常炎熱，6 月 30 日到長沙後沒有人來車站接我們，人生地不熟，好不容易才找到一家旅館住下。一個大房間，有十來張床，蚊帳和蚊香倒是一應俱全，但是由於房間裡沒有電風扇，夜裡熱得翻來覆去地睡不著。好不容易睡著了，可僅睡著了個把小時，就被敲鑼打鼓聲吵醒了，原來當天是「七一」黨的生日，一大早就號召大家去參加慶祝大會。

我們匆匆忙忙發揮床洗漱後，到街上吃點早飯就奔向湖南博物館。有關領導十分熱情地接待了我們，說因觀看古屍的人太多，只得把古屍轉移到一個安全的地方。第二天中午，我們被領到湖南醫學院一座教學樓樓頂的小房間裡，一位教師告訴我們，屍體現泡在福尔馬林溶液裡，棺水已經倒掉，他們只留了兩小瓶做化驗用，但化驗不出什麼結果，現在棺水已所剩無幾。失望之餘，我們好奇地去看了看那具漢代的古女屍。古屍放在一個另外製作的棺材裡，全身浸泡在福尔馬林溶液中。透過蓋棺材的玻璃板，可以看見一位老貴婦安祥地仰臥著，皮膚的毛孔還很清晰。打開玻璃蓋，我伸手去觸摸了一下她的身體，已沒有彈性了，這是因為受了福爾馬林溶液作用皮膚和肌肉都變僵硬的緣故。看過屍體以後，湖南博物館的同志又帶領我們參觀了挖掘出來的文物，有綾羅綢緞、刺繡及各種穀物、水果等。但引發揮我們注意並最感興趣的是，綢緞上有幾顆白色的結晶。在徵得了當地領導的同意後，我們帶了幾顆回來作分析化驗。同時取得內棺水 200 毫升(由湖南醫學院保存轉贈)、椁中水

（湖南博物館提供）、墓坑水、棺漆皮、木炭、白膏泥等樣品。

為了進一步弄清情況，博物館的同志又派車把我們送到離長沙約十幾公里的馬王堆。那是一個小土丘，挖開以後足有數百平方米大小。據說是解放軍為貫徹「備戰」指示在那裡挖防空洞，休息時因抽菸突然引發揮洞內發揮火。據說火著了一天一夜，因而引發揮了當地文物管理單位的注意，經過他們的精心挖掘和保護，整個墓的棺、椁和文物都保存得很好。但因缺乏必要設備，屍體僅用冰塊冷凍，加之觀看的人又多，不久女屍的鼻子尖就開始腐爛，所以後來只好用福尔馬林溶液來保存。土丘旁，用鐵絲網圍著一堆出土的排列整齊、大小如鐵路枕木似的木頭和一大堆木炭。為了防止老百姓拿走，木頭上面塗上瀝青，還故意畫了一些骷髏等有毒的標誌。據說當墓打開後，老百姓看到如此奇蹟，都想取走一些東西，就連那些木頭也拿，說是煮湯喝了可以治病，所以文物管理的同志不得不採取這些措施。

這個古墓的安裝和設計是非常科學的，用棺、椁、枕木似的長條木頭、木炭、白膏泥及泥土等，一層層地密封得非常好。據介紹，由外往裡，墓的最外面是黃土，黃土下面是一層厚厚的白膏泥。這層白膏泥黏性很大，可以把整個墓體與外界隔絕。白膏泥再往裡是木炭層，木炭層用長條木頭頂住，然後進入椁，最後才是棺材。棺材外面有許多陪葬品，主要是穀物和水果等祭品。因此可以想像：在整個密封系統內，陪葬物多是生物製品，經過微生物作用，有可能變成甲烷氣體，這樣就形成了一個甲烷和氮氣的密封體系。當解放軍挖開以後，甲烷氣體逸出而引發揮燃燒就不足為怪了。

我們承擔的任務主要有幾項：白膏泥、椁、棺內氣體的化驗；棺液、椁液無機成分的系統分析；棺液、椁液有機成分的系統分析；棺、椁、漆器上漆皮化學成分分析。採用的方法包括紅外光譜、氣相色譜、發射光譜、原子吸收光譜和化學分離等。

對帶回的幾顆白色小晶粒進行分析。將晶粒與溴化鉀粉末一發揮小心研磨，並壓成透明錠片，透過紅外光譜觀察，發現是一種典型的氨基酸譜圖，與標準譜圖對照，鑒定為L–酪氨酸，對比商品L–酪氨酸進行紅外光譜分析，所得譜圖與屍衣上晶粒的譜圖完全一致。認為是絲綢分解後形成的，所以它不是加進去的防腐劑，也發揮不了防腐作用。

為了解開這個防腐棺水之謎，我們對內棺水進行分析。經過討論，確定了分離分析方法，就是用發射光譜、原子吸收光譜、元素分析、氣液色譜和紙色譜進行分析，對部分樣品用乙醚進行抽提，對抽出物進行紅外光譜和氣相、液相色譜分析，抽餘物在水浴加熱條件下進行減壓蒸餾，餾出物和殘渣再採用紅外光譜和氣液色譜分析。

用紅外光譜測定內棺水抽取物的成分時，先用水浴加熱將乙醚蒸除，再用夾片法記錄紅外譜圖。根據其紅外譜圖，結合氣液色譜的數據，檢出有丁酸、乙醇、乙酸、丙酸等組分。但它們都不是防腐劑，而是有機物質分解的產物。正在山窮水盡，理不出頭緒之際，忽然發現在試管壁上沾有一顆紅色小水珠，發揮初沒有注意幾乎把它倒掉，參加工作的李秀容同志忙把它取出，用發射光譜進行分析。先將內棺水用紅外燈緩慢蒸發，再用光譜純的碳粉浸漬，烘乾後，用直流電弧激發，攝譜，按照三標準試樣法定量。測定內棺水的沉澱物時，為防止砷化物、含汞化合物過早揮發，採用深孔電極，並將下電極改為陰極，先用3安小電流激發。結果發現，沉澱物的主要成分為汞，微量雜質為矽和鎂等，再進一步證明是硫化汞。

再把取下的棺材漆片作了發射光譜和元素分析，證明也含有硫化汞。中藥中硫化汞也叫硃砂，說明漢代已把它作為藥材或防腐劑來用了。

用紅外光譜分析了取回的棺油脂和胭脂樣品，確定了棺油脂為樹脂類物質，胭脂中含有 α-石英物相和微量有機物。另外還對木炭和白膏泥進行了分析，未發現特別之處。

從內棺水、椁中水及墓坑水的成分分析結果可以看出，內棺水中含有汞、硫、氮、磷等元素，與椁中水及墓坑水顯著不同。認為氮和磷等元素是屍體或棺內絲綢織物分解的產物，而汞和硫是在棺內加入硃砂的結果。在分析內棺水的過程中，發現有少量沉澱物，用水洗後呈朱紅色，化驗後證明也是硃砂，由此可以證明，內棺中確有硃砂存在。但硃砂是有意加入的還是硃砂袍上脫落下來的，還是難以判斷。從分析樣品中硃砂的沉澱量可推算內棺中硃砂的總量約為 80 克。

棺漆皮是棺蓋和棺體的接合縫上在開啟棺蓋時取下的，化驗結果也含有硫化汞，未發現其他無機防腐劑。汞化合物一般都具有殺菌及抑菌能力，中國科學院微生物研究所參照我們的分析結果進行了汞化物的抑菌能力試驗，證明了在棺中水汞化物的濃度下具有一定的抑菌能力。因此可以認為硃砂是在棺內發揮抑菌作用的重要因素，是內棺水中未發現細菌的主要原因之一。再考慮到棺漆皮中也調入硃砂作防腐劑，證明西漢初期我國勞動人民對防腐殺菌方面已有了豐富的實踐經驗。

從內棺水及椁中水都含有乙醇和醋酸可以看出，椁中水含有乙醇是因為椁內放有一罈酒，酒中的乙醇在長期存放過程中蒸發，然後溶解於水中引發揮的。內棺水中的乙醇含量為 0. 11%，比椁中水的乙醇含量大 10 倍以上，我們判斷是有意加入的。醋酸是酒精發酵氧化的產物，如果所有的醋酸都是由此而產生的，可以估算出棺中酒(假設酒精含量為 20%)的總量為六斤半以上。

對於內棺水和椁中水中的丙酸、丁酸等低分子有機酸，則認為是屍體或絲綢織物分解的結果。根據中國科學院微生物所分析，內棺水中含有二十多種氨基酸類物質，是屍體或絲綢蛋白質分解的產物，而氨基酸會進一步分解產生丙酸和丁酸等低分子有機酸。

當時對內棺中的液體來源有兩種推測，一種認為是入殮時有意加入的，另一種認為入殮時未加入任何液體，而是長期埋葬過程中由地下水滲入進去的。我們的見解偏重於有意加入，其理由為：①在三層棺中，外棺和中棺裡都沒有水，只有內棺中有水，如果是地下水的滲入，則外棺和中棺裡也應該有一定數量的水。②如果水由外界滲入內棺是由於各種有機化合物(如乙醇、醋酸、丙酸、丁酸等)在椁中水和棺內水中含量不同，因而產生滲透作用引發揮的，那麼在椁內的各種陪葬品，如肉類、水果及穀物等容器內首先應滲入大量的水，而且也應該與屍體一樣浸泡在水中，但實際上肉類和水果都已經乾癟。

因此，根據我們的化驗結果，我們認為內棺中有意加入了酒，同時加入了硃砂，用於屍體的防腐。

在整個分析工作過程中，王宗明同志主要負責紅外光譜的鑒定，顧侃英負責氣相色譜工作，李秀容負責發射光譜工作，楊欣榮負責原子吸收光譜工作。

經過全國各有關單位科學研究人員的共同努力，長沙馬王堆西漢古屍之謎的研究得出了科學的結論，引發揮了海內外各界人士的廣泛興趣，並在 1978 年全國科學大會被授予集體獎。不久，這一過程被拍成科教電影后在海內外放映，因而使我有幸生平第一次上了銀幕。

赴河南幹校政治學習

1971 年「9. 13」林彪折戟沉沙在蒙古的溫都爾汗，之後就開始了連續了兩三年的「批林整風」和「批林批孔」。在那些日子裡，除了要求全黨學馬列原著以外，還提倡閱讀達爾文的《進化論》和赫胥黎的《天演論》，以及《史記》《紅樓夢》等中外名著。而這時原化工部的河南太康五七幹校，也由原來的下放幹校變身為輪訓幹校，成為了系統內學習馬列的政治學校了。

我是 1973 年 5 月去河南太康幹校的，是輪訓幹校的第一期，學員分為 4 個學員隊。我們第三學員隊的學員幾乎都是石科院的。當時我們學員隊的隊長是後來的十九室主任黃來勇，支部書記是後來的四室支部書記楊保生。他們倆的個頭都很高，是幹校籃球隊的主力隊員。幹校的生活是一勞動，二批鬥，三讀書，其實已經以讀書為主了，每週都有馬列教員給我們上理論輔導課。那時已到文革中後期，一面搞批林整風、批林批孔，一面要求學理論、學原著。我們除了學馬列原著、參加大田勞動和批鬥會以外，還有相當多的業餘時間。我因為不會打牌，就把業餘時間都用來讀《史記》和《天演論》。當時幹校剛開辦的圖書館因是為輪訓服務的，所以可以借到這類書。

輪訓了不到一年，我覺得收穫頗豐。說發揮在大田勞動，雖然勞動已經放在次要位置了，每週次數不多，但自己實在不行，刨地除草不到一小時就汗流浹背要休息，好在當時參加勞動，是屬於鍛煉性而非懲罰性，所以要求比較鬆，技術活兒都有農場職工專門指導，能幹多少就多少。最輕鬆的活兒就是看青，看護著麥苗不讓牲口吃掉。人在樹蔭下，眼前一片綠色大地，清風徐來，心曠神怡，確實很美，特別適合自學英語。可能是 1972 年尼克松訪華的緣故，中美關係開始逐漸解凍，學英語熱悄然興發揮。那時收聽「美國之音」的教英語節目，雖不再視為收聽敵臺，但也不能太明目張膽，都是私下里悄悄地聽。我看青時，四周無人，則可以大聲地朗讀和背誦《英語 900 句》，而沒有任何顧忌。說到學習《英語 900 句》，也有機緣巧合。那時幹校發給每個學員隊一臺高級收音機，由耿祥華同志保管，我差不多每天都用它來收聽美國之音的《英語 900 句》定期節目。可能是地處農村干擾信號弱，因而收聽短波的效果很好，聽了以後用小紙條抄下來，然後趁值班看青苗時拿出來大聲朗讀直至能背出來，過三五天又複習一次，這樣就不容易忘記了。我們那時住的宿舍，分南北兩間，中間有小門相通。每個宿舍住 4 人，其中南間是大間，住 3 人；北間是小間，住 1 人。這北面的小間，其實原來是作為小廚房用的，接在大房間的後面，有點像魯迅舊居里魯迅看書寫作的那間「老虎尾巴」，空間狹小卻自成一統。當時與我同住一宿舍的是耿祥華、徐國梁、鄭志新 3 個人，因為我睡著後呼嚕打得很響，吵得他們睡不好覺，所以他們就讓我住在北面的小間裡以減輕對他們的噪音干擾。這樣在那個小天地中，不僅我唸書學英語更自由了，而且比發揮北京東單洋溢胡同的堆滿鍋碗瓢盆、桌、床、箱子、蜂窩煤爐子和兩輛自行車的 14 平米小家，環境也安靜愜意多了。

我們那時馬列原著主要是學習恩格斯的《反杜林論》，由幹校的馬列教員講大課進行輔導，但最後這本書沒有學完就結業了。我們那時學習馬列要連繫實際，連繫實際的批判對象是藍田方同志。

藍田方的資格很老，解放初期是燃料部石油總局設計局的局長，石油部成立後是設計院的院長，我院林風副院長曾是他的屬下。藍田方其人濃眉大眼，英俊瀟灑，一表人才，英語很好，而讀馬列主義被形容為倒背如流，要面對面地批判他真是難上加難。因為要他回答的問題，根本難不倒他。他反駁你時引經據典，說你們可以翻馬恩全集第幾冊第幾頁上有這段話，弄得主持會議的人很尷尬，只能舉發揮拳頭，高呼「打倒藍田方！」「藍田方不投降就讓他滅亡！」以此來收場。那時藍田方還有一個罪名是，利用晚上業餘時間教年輕人學英語，說他是在腐蝕拉攏新中國的青年一代，其實這都是「欲加之罪，何患無辭」。聽說，藍田方「文革」後問題平反了，恢復了工作，改革開放初期還十分積極活躍，多次出國，因偶發心臟病在國外去世。他去世後，石油部還成立了一個編寫組，寫他的回憶錄，書名叫《回憶藍田方》。主編是他的愛人狄沙。

透過在幹校學習，特別是讀了《史記》和《天演論》這兩部著作，反覆思考以後，思想彷彿進入了一個新境界：認識到自然界的一些規律，那就是 150 年前達爾文提出的「適者生存，用進廢退，物競天擇」。因此我給自己提出要學會競爭，避免鬥爭。

幹校的生活是充滿樂趣的。西瓜兩分錢一斤，個頭還挺大，買個二三十斤的西瓜請全宿舍的人吃，也只五六毛錢。太康過去屬黃泛區，到處是沙土地，適合種花生，因而花生是當地的一個特產，也是春節前回北京必帶的東西。還有一樣可帶之物是小磨香油，這也是當地農民在集市上和在幹校裡推車叫賣的東西。在北京，菜油、豬肉還能用油票、肉票每月定量購買，而香油則是副食店裡常年無貨，根本買不到的，直到春節時每人才憑票供應半兩或 1 兩。由於小磨香油十分珍貴，那時我們都等不到春節了，只要聽說有人回北京，就想方設法地托他帶一兩斤回去。當時，有人怕農民在賣的香油裡摻米湯，我還提供了一個因陋就簡的檢測方法：用碘酒做試驗，即如果摻進米湯，澱粉就使碘變成紫色。這辦法果然靈驗。

記得第二年春節前就要結業回家時，大家興奮不已，紛紛做著各自的回家準備。有人想買活雞帶回家，於是提前把活雞買來，臨走前灌上一片安眠藥，讓雞在手提包裡好好地睡一覺，上火車後列車員也發現不了，這樣就平平安安地帶回家了。還有一種珍品就是各種花炮，當時在北京我還從未見過。這些花炮主要來自許昌，是有人從廣西一路上包卡車、包火車車皮運到許昌販賣的，公社所在地常營鎮偶爾也有得賣。我把這些花炮藏在手提包裡帶回北京，過春節時給孩子們燃放，他們特別高興。我的男孩今年已 40 多歲了，前些日子我打電話問他，他還能回憶發揮當年放花炮時興奮的神情。

找出航煤變色原因

大概是「文革」中期一年的六七月份，遼寧的海軍航空兵基地又出現了航空煤油變色的問題。提取油樣去化驗，卻化驗不出問題。這個油庫裡的航煤到底能不能繼續使用？做不做報廢處理？航空兵後勤部門舉棋不定，於是找到了石油部，石油部布置石油化工科學研究院派人去調查並拿出處理意見。石科院遂派我去執行此任務。

我到達基地的油庫後，看到這油庫其實是個大山洞，裡面儲油大概有上千噸。我仔細地觀察一遍油庫內部，發現有幾根很粗的鏽跡斑斑的銅避雷針從油庫裡穿過。因為過去解決過類似問題，我一看到那幾根銅避雷針就立即明白是怎麼回事了，所以原因一下就找到了：庫裡的航煤是因為環境太潮濕並接觸到銅而變色。於是，我建議：油庫裡的避雷針改換材質並清洗油庫。問題迎刃而解，同時也避免了上千噸的航煤作報廢處理。

完成任務後，部隊首長招待我去山海關遊覽。山海關旁邊有一個小廟叫孟姜女廟，廟門兩邊有一副對聯，上聯是「海水朝朝朝朝朝朝朝落」，下聯是「浮雲長長長長長長長消」。我還記得孟姜女尋夫的故事，但當時對這副對聯卻不甚了了。旁邊一個老大爺見我如此納悶，就給我解釋，這是利用古文用字「通假」的特點寫的一副對聯，應該念為：「海水潮，朝朝潮，朝潮朝落；浮雲漲，常常漲，常漲常消。」細細品味，這副對聯的寓意十分深刻。人生猶如海潮和浮雲，有漲有落，有聚有散，遇事胸襟應該開闊一些，要把它想通想開，不要沉淪，也不要過於鑽牛角尖。

1972 年在山海關留影

十年「文革」，十年災難，十年惶惑，十年教訓，但也得到了有益終身的知識。對人、對己、對事、對生活，以及對現實和歷史的認識和思考，都比以前成熟多了。

中學時我曾學過東晉陶淵明的代表山水田園詩派最高成就的散文《歸去來兮辭》，其中有一段說：「悟已往之不諫，知來者之可追。實迷途其未遠，覺今是而昨非。」譯成白話就是：「我明白了，以往的不能挽救；我知道了，靠將來還可以補回。真的，走入迷途還不算遠，我覺得今是而昨非。」多少年過去了，此段話一直在鼓勵我，鞭策我，使我在困難和挫折面前仍能充滿信心地去學習、工作和生活，在餘生中去迎接美好的前程。

第九章
出訪做兼職翻譯

我曾當過德語和英語的兼職翻譯。

當德語翻譯是1961年從東德留學回國後，就在原石油部外事局掛了號的。凡是有需求說德語的事全找我，因為我在東德學習了五年，而且比較年輕。當英語翻譯是從1978年開始的，因為我從1966年「文革」開始，自學英語基本上沒有間斷，到了1976年背會了《英語900句》，再加上在科技方面能看英文文獻的底子，口語會話勉強能湊合，雖不能在官方正規場合應付，但至少能在一般技術交流場合交談，基本上能正確傳遞內容而不至於誤解。

赴西歐考察煉油設備

1964年10~12月，石油部生產技術司機動處處長李世源帶隊赴英國、瑞士和法國考察煉油設備。成員有邵祖光(北京設計院機動室主任)、劉作範(蘭煉機動處處長)、李林根(瀋陽鼓風機廠)和我，共五人。我不是學煉油廠機械的，對考察內容是門外漢，是純粹當翻譯，也是我參加工作以後第一次出國。當時石油部生產技術司在英、法、瑞士訂購了一些煉油廠的關鍵設備，包括滑閥、鼓風機和壓縮機等。我們的任務是了解在國外訂貨的品質，學習安裝維修技術，順便了解一些國際上的新技術。

1）泵類。參觀了英國西格蒙廠(SIGMOND)、英國海華泰勒廠(HAYWARD TAYLER)、海姆窩散廠(HAMWORTHY)、克萊填料廠(CRANE)、法國的格納德廠(GUINARD)、阿丟(RATEAU)和塞姆(SEM)等工廠。

透過參觀和考察，了解到泵類生產中的幾個特點：①水力部分的零件都用鑄件；②用二硫化鉬解絕不鏽鋼的「咬死」問題；③泵試驗後不再解體檢查；④乾式封鎖泵封鎖套的製造方法；⑤機械密封的試驗方法。

2）壓縮機類：包括離心式壓縮機（蘇爾茲生產）和往複式壓縮機（布克哈廠生產）。

3）閥門類：包括球閥、夾套保溫閥和槽車卸油閥。

這些設備的引進，對於當時煉油廠的生產設備，縮小了與國外的差距，有利於我國當時開發煉油技術的「五朵金花」技術。但上世紀六十年代西方對我技術封鎖，我們不可能引進成套技術。在1965年大慶舉辦技術革新展覽會上，同時展出了國產的和國外引進的催化裂化裝置上的單動滑閥和雙動滑閥，國產的滑閥只要輕輕吹口氣就能運轉，而由國外組件引進的就絲毫未動，說明洋人的東西不行。從「長自己的志氣，滅敵人的威風」宣傳角度講是可以理解的，但實際上西方對我們技術封鎖，根本不賣給我們關鍵設備。而國產的滑閥據說是上海汽輪機廠製造的，把國內技術水平高的機械製造廠家積極性充分調動發揮來，生產出高水平的設備，符合毛主席集中優勢兵力打殲滅戰的精神。

六十年代初正是我們國際關係非常緊張的時期，一邊要反蘇修，一邊要反美帝。因此駐國外的使領館對我們管理很嚴，但生活上也照顧得很周到，每到一地，凡是有使領館的地方一定有人來迎送，而且走的時候要看到火車啟動後才揮手離開。週末到使領館政治學習，也改善伙食，參加打掃衛生。我們還要總結一週的工作，寫成匯報材料要透過使館的信使帶回國內，不能直接郵寄以免泄密。

我們的領隊李世源處長是工人中成長發揮來的技術專家，來石油部前曾任石油三廠廠長，為人樸實好學，從來不擺架子。他愛喝酒，而當時的外事紀律很嚴，規定每次飲酒不得超過本人酒量的三分之一。要我給他買酒喝，為了遵守外事紀律，我只好在酒瓶上畫上橫線條，像用量筒一樣，每次不得多喝，但他還與我討價還價。

有一次我買了一隻燒雞、半斤火腿、半斤香腸、一個大麵包再加上一瓶燒酒，我們五個人在賓館房間裡飽餐了一頓，然後把吃完的殘渣用紙包發揮來放在垃圾桶裡。第二天晚上次來，看見賓館老闆在我的房間裡留了一張條子「請客人務必在賓館用餐」，搞得我們很狼狽。此後我們得到教訓，把吃完的殘渣用紙包發揮來放在公文包裡帶走。

「文化大革命」期間李世源同志遭到打擊，那時他已被任命為東方紅煉油廠(即現在的燕山石化的前身)廠長，下放到湖北五七幹校遭迫害自殺。

引進西德修井作業機

1965年底石油部勘探開發部門從西德引進兩臺修井作業機，按合約規定由供應商負責安裝調試後驗收。來安裝的有兩個德國人，一個是銷售經理，英文很好，但對調試不太熟悉。另一位是技術水平較高的工人，不會英文。於是石油部外事局把我找去當翻譯。第一臺作業機的安裝調試是在天津大港進行的。負責該項目的是石油部史久光總工程師，留美博士，負責石油勘探部門的老總，英語水平很高，但不會德文。

這種修井作業機有一個小井架，放在一輛大柴油機上。井架上的粗鋼繩帶鉤可拽動很重的設備。調試工作進行得很順利，最後一項試驗程式是行車試驗，柴油機車拉著井架在開闊的油田來回行駛，而在修井時則停止行駛，把發動機的功率用於修井作業。我們驗收工人的技術水平也很高，德國人一講就懂，但有一處「卡了殼」，德國人講「Mehr Gas」我就直譯「多給氣」我對專業內容也未聽懂。我們的技術工人瞪大了眼問我什麼意思，我還是回答「多給氣！」我的天呀，這裡只有柴油，哪有氣呢？經過再三解釋，後來我才明白，「Mehr Gas」的意思是「加大油門」，是多給油，這種口語的習慣用法還是第一次碰到，也使我出了洋相。

還有一項測試的內容是要測柴油機的功率，在大港油田裡還找不到一個被牽引對象能消耗掉如此大的功率，這個項目只能留待以後到上海去做。

1967 年四五月份，第二臺作業機要在上海石油機械廠驗收，又要我去當翻譯，我和機械進出口公司的一位業務經理陪著兩位德國人乘飛機從北京前往上海。

1967 年正是「文化大革命」如火如荼、席捲中華大地的年代，我們乘坐的伊爾 21 客機從北京到上海只有 4 位乘客：兩位德國外賓、機械進出口公司的經理和我。空姐把前面幾排座位放下以取得更好的視線，然後播放偉大領袖萬壽無疆的曲子，接著自己帶頭跳發揮忠字舞示範，再教我們四位乘客跟著跳。在德國人面前我們實在不好意思，只能奉命行事比劃了幾下，而德國人覺得莫名其妙。跳舞完了再發毛主席紀念章，我們畢恭畢敬地把主席像章掛在胸前的襯衣上，而德國人不懂得這一套禮貌，按他們的習慣別在褲腰帶上，服務員給我使眼色，我勸他們說，這樣做是不禮貌的，這才改過來。

到上海後德國人住在錦江飯店，我們住在上海大廈。十二點半左右服務員來敲門，告訴我德國人出了政治問題，要我去飯店的保衛部門說明原委。事情是這樣的：一到飯店德國人整理行裝換皮鞋，把包皮鞋的報紙扔進垃圾桶裡，被飯店保安人員發現有反動內容。原來那張報紙是香港帶來的，上面有幅漫畫，內容是毛澤東和尼克松二人都大汗淋漓，各自處理自己的事務，顯得狼狽不堪。經我當面對飯店領導解釋，說明他們是技術人員，不是有意作為，才算了事。

技術上的一個難點在於考察柴油發動機的最大功率，我們要求他們實地示範，他們則要求我們提供做試驗的條件。做這種試驗雙方都要冒點風險，想來想去在石油系統內確實找不出可以做實驗的對象。最後對方提出可否把黃浦江邊固定大輪船的大石樁作為對象來拽，因這件事要驚動上海市有關領導，只得作罷。另一個難題是索賠，新的作業機表面有鏽蝕，是受海水浸入所致，我們有權利要求索賠，對方也同意賠償，但要求我們開個證明，他們拿著用戶的證明可向德國的保險公司賠償。這件事本來是國際慣例，但我們就是不給他們開證明，談了整整一天都沒有給他們開證明。這是我第一次看到外國人如此無奈地說「再見」。現在回憶發揮來，在當時的政治環境下，我們不開這個證明，是誰都不願承擔責任。

1974 年 6 月訪問聯邦德國

在上世紀六十年代初，我國的煉油工業透過技術攻關，開發成功催化裂化、鉑重整等先進工藝和技術，石油界稱之為「五朵金花」，縮小了與世界先進煉油技術的差距。但經過八年多的「文化大革命」，國民經濟已到了崩潰的邊緣。為了縮小差距迎頭趕上，必須由高層領導親自到國外去實地考察。為此，國務院領導親自批准以燃料化學工業部副部長徐今強為首的考察團訪問聯邦德國，成員有錢傳鈞、竇炳文、吳金城、劉同文和我。錢傳鈞是大慶煉油廠廠長，竇炳文是石油部外事局局長，吳金城是石油化工研究總院副總工程師，劉同文是從山西煤化所借調來當翻譯的，我是石油化工研究院室副主任兼翻譯，我和劉同文是大學同班同學，又是同時派到東德去學習的研究生。為了做好準備工作，我們在過完春節後就集中學習和收集資料，調查聯邦德國的化學工業現狀。但當我們剛開始準備工作時，政治風暴就一個接一個地襲來。1973 年底「四人幫」在全國掀發揮了一場反對賣國主義和洋奴哲學的大批判運動，即所謂「風慶輪事件」，批判「造船不如買船，買船不如租船」，矛頭直指周總理。另外，那時正好有一個電子工業代表團訪問美國回來，按外事規定所有禮品都要上交，回來時他們每人收到一份精製的玻璃小蝸牛，作為聖誕節的吉祥禮品，禮品上交以後「四人幫」看了就大做文章。蝸牛隻會爬行，說這是美國人誣衊我們是爬行主義。「四人幫」就拿這兩件事大做文章，在全國掀發揮了一場大批判運動。因此，我們的行期一拖再拖。

我們的準備工作也難度很大，主要是政治內容非常複雜，出國要宣傳「文化大革命」的偉大意義，遇到西方人不理解我們的人和事，要耐心解釋，對懷有敵意的挑釁要堅決駁斥，無論是和風細雨友好的，還是堅持原則強硬的詞彙，我們都不熟悉。有的詞句還能湊合，比如「東風壓倒西風」「帝國主義和一切反動派都是紙老虎」等；而有的句子就十分為難，比如形容我國形勢「到處鶯歌燕舞」，反動派「搬發揮石頭砸自己的腳」和「山雨欲來風滿樓」等，就很難說清了。在技術準備上，為了解聯邦德國的石油化工，我跑到北海旁邊的北京圖書館，找到一本《德國企業大全》，走前算是對聯邦德國的石油化工大企業基本上有所了解。又查了德文期刊《石油與煤》，對科技發展動向也做到了有所了解。

1974 年 6 月 12 日，我們終於被批准出國成行，當時大家有說不出的興奮。飛機降落在法蘭克福機場，我駐聯邦德國大使王樹同志親自前來迎接，前來迎接的還有德國的邀請單位、德國黑森州副州長兼經濟部長卡里先生。他們把我們安頓在了威斯巴登的一家比較樸素的玫瑰飯店。安排好住宿以後，王大使就要我們到後花園開會，說是剛接到外交部的電話，若飛機沒有發揮飛就不讓我們出國啦，但當時飛機已經發揮飛了，外交部也只能默許了。

這次訪問的邀請方是德國黑森州的副州長兼經濟部長卡里先生，他是一個「中國迷」，除了想擴大與中國的經貿關係做生意以外，還想擴大文化交流，暗示能否從中國借到一對大熊貓，還有唐三彩等稀世珍寶。他為了表示友好，全過程不讓記者採訪，因為怕記者提「文化大革命」等問題而惹麻煩，這樣在我們訪問過程中就減少了很多不必要的負擔。

1974 年 6 月 15 日陪同徐今強(右三)副部長訪問聯邦德國魯奇公司

根據事先的協商安排，計劃訪問石油化工、煤化工、精細化工、合成纖維、化工機械等企業，包括巴斯夫、赫斯特、拜爾、殼牌哥道夫煉油廠、克虜伯、魯奇、德馬克、烏德、齊默和小精細化工廠。參觀訪問、迎來送往，各企業都要自己負責，政府是不掏錢的，而且日程很緊，但計劃安排的可以說是無縫連接。參觀前兩天就把日程表送來。值得一提的是各大企業都沒有專車迎接，都是高檔的奔馳計程車來回接送。

透過兩週的參觀訪問，有以下幾點感受：

1）聯邦德國的石油化工發展很快。原來在二次大戰中的巴斯夫、赫斯特和拜爾這三大公司都屬於德國的IG法本集團，希特勒戰敗後，盟軍為了避免德國軍事工業的再崛發揮，就把它們拆分成了三個化工企業，現在這三個企業的任何一個都比原來的法本集團大。在全球化工企業排行榜中，它們都在前9名。這三大企業的發展方向也各有側重：巴斯夫發展石油化工及下游的精細化工；赫斯特發展聚合物和藥品；拜爾發展藥品和農藥。為了給參觀者留下深刻印象，巴斯夫在參觀點上演示如何製作泡沫塑料。而拜爾為了考察新農藥的效果，建有一個規模很大的人工氣候模擬「花園」，模擬春夏秋冬不同季節，全球天南海北不同地理環境下，農藥的作用效果。

2）發展石油化工首先是原料優化，講求規模要大，才能降低成本。我們在哥道夫煉油廠參觀了當時世界上最大的乙烯廠，年產乙烯105萬噸，用石腦油裂解，石腦油由附近幾個廠提供。

3）石油化工向下游延伸，與精細化工結合緊密。利用石油化工的主產物「三苯」「三烯」作原料，生產精細化工產品。在路易士港的巴斯夫周圍，有一系列的中等企業，生產表面活性劑、原油破乳劑。我們參觀時，主人就把世界各地的原油做破乳實驗給我們介紹，包括我國的大慶原油。還有一些小產品，比如建築瀝青的黏結劑，像牙膏一樣可擠出來，用發揮來非常方便。1976年唐山大地震時，我住在北京城裡，院裡給我們每個職工發了兩米油氈，我拿回家鋪在房頂上，把德國人送給我的黏結劑在縫隙處黏好，防水效果很好而且非常方便。

4）繼續發揮煤化工的優勢。德國的有機化工是靠煉焦副產物煤焦油的深度加工開始的。眾所周知阿斯匹林從作為止痛片到今天作為抗血凝藥，百年長盛不衰，其初始原料就是從煤焦油中提取的。我們訪問了魯奇公司，煤干餾的魯奇爐就是他們發明的。主人帶我們參觀了從廣東茂名運來的頁岩，我們早已下馬了，他們還在思索著幹。這使我聯想到，在寺廟的大雄寶殿頂上總有一盞長明燈，不管白天黑夜、香火旺盛與否，這盞長明燈是永不滅的。科學研究的確需求這種精神。

卡里先生作為主人對參觀內容的精選，可以說儘量滿足了我們的要求，徐部長對考察十分周到細緻，他臨時提出要增加參觀汙水處理項目，這是我始料不及的，那個年代能重視環保問題的領導沒有幾個，足見他的高瞻遠矚。

按普通的接待程式，一般都要舉行歡迎和歡送兩次宴會，而且在大飯店講排場擺闊氣。但卡里安排頗有特別，他用品嚐葡萄酒 WEIN PROBE 作為歡迎宴會。品嚐葡萄酒是在一個中等大小的宴會廳舉行的，看上去像個冷餐會。宴會廳靠牆擺著一長條桌子，整齊排列著各種葡萄酒，服務員與冷餐會上的一樣，手舉托盤，來回穿梭問客人需求什麼，但都是簡單的小麵包夾各種香腸的三明治，量小而味道簡單，因為是品嚐葡萄酒，麵包只是把葡萄酒真實的味道間隔開來，讓每種酒的真實味道顯示出來，使客人得到真正的享受。主人前後端出 12 種葡萄酒，最久的已儲存百年以上，最短的也有 30 年。這些葡萄酒的原料產自德國最有名的葡萄產地，主人專門請評酒專家來介紹每種酒的產地、釀造特點、儲存時間、酒味特點等，那些用詞我根本翻譯不出來，用的都是精美的文學語彙。主人看我結結巴巴的狼狽樣，有損於酒的地位，這麼好的酒透過你的翻譯連酒味也貶低了，於是就叫介紹人改用英語講。他們以為代表團德語水平不高，用英語介紹總會好些吧，沒有料到全團只有兩個人懂點英語，一個是吳金成，是留蘇的副博士，英語比我強；另一個是我，而且也只能閱讀科技文獻。這場品嚐葡萄酒晚會規格高，酒的品質高，德文講解藝術水平也高，但有點對牛彈琴之感，反映了東西方文化特色差異之大。告別宴會是卡里先生設的家宴，在他家別墅的後花園舉行的，由卡李維人操辦，內容簡單但氣氛親切。結束前由他夫人親自送我們每人一小瓶果醬，說是他夫人親自製作的，禮輕情意重，符合中國人的老傳統。

啟程回國的前一天晚上通知我們，在第二天早上突然安排了一個新節目，要到波恩聯邦德國外交部去會見外交副國務祕書(外交部副部長)。這意味著德方認為我們這次訪問是成功的。從威斯巴登到波恩汽車開了將近兩個小時，接見只有20分鐘。事先我以為聯邦德國外交部的中文翻譯一定很棒，實際上與我差不多，因為那時我們與民主德國已有長期交往，又是社會主義陣營，所以民主德國的中文翻譯水平要高得多。寒暄了幾句以後，徐部長充分肯定這次訪問很成功，並邀請卡里部長明年率團來華訪問。卡里部長愉快地接受了邀請。在從波恩回法蘭克福途中，遇到前面出了車禍，雖然我們有開道車，還是停了下來，頭上直升飛機飛來飛去地指揮，我們到機場時還有半小時飛機就要發揮飛了。這是我第一次訪問資本主義國家。卡里部長在機場貴賓室送行時，不經意地向徐部長問了一句話：「您透過這次訪問印象如何？」徐部長回答：「很好，印象很深。」卡里又問：「那與你的國家比較如何？」這下把徐部長給難住了，一時不好回答，這時我對徐部長嘀咕了幾句，直接用德語說：「家終究是家。」(Heimat ist Heimat.)卡里部長連連稱讚，回得有分寸，其實這是在德國很常用的句子，就是含蓄地說「金窩銀窩不如家裡的草窩」。

1975年4月21日~5月2日，卡里部長應我石油化工部孫曉峰副部長的邀請率團訪問中國。剛升任煤炭部部長的徐今強會見，隨同訪問的有克虜伯、拜爾、魯奇、德馬克、薩爾、烏德和齊默公司的代表，雙方進行了技術座談，參觀了大慶油田、上海煉油廠和廣交會。同時，該訪問團還受到我外交部何英副部長、外貿部周化民副部長、中國人民銀行方皋副行長和貿促會王躍庭主任等人的接見。於5月2日離廣州赴香港。

赴美國考察引進設備

1976年打倒「四人幫」並實行改革開放以後，石油部領導非常重視引進吸收國外的先進技術，撥給我院1億美元專款用來購買先進設備。1977年成立了以林風院長、武寶琛總工程師為首的採購團，抽調了英語水平較高的技術人員長期駐美國從事這方面的工作。這些採購工作的重點主要是研究院的中試工藝設備和成套引進電腦，對於潤滑油和添加劑以及相應的評定還考慮較少。有鑒於此，院裡決定由盧成鍬副院長帶隊，成立潤滑油和添加劑赴美考察小組。成員有許漢立，從事航煤添加劑研究的；黃文軒，七室黨支部書記、從事潤滑油添加劑研究的；洪善貞，從事馬達評定研究的；還有我，從事分析解剖研究的，兼翻譯。我作為英語翻譯是第一次趕鴨子上架，但還是有一定的基礎，技術方面因為閱讀過相關文獻，而且考察組的成員都精通業務，閱讀英文資料也不成問題。至於日常生活用語就靠我在「文革」時抽空學習的《英語900句》了。沒有想到在十年前我頂著「放洋屁」挨批時，曾頂過他們一句「洋屁還是要放的」，現在變成事實了。

我們訪問的時間是1979年7~8月，重點是美國克利夫蘭城的路博利佐爾(Lubrizol)添加劑公司總部、紐約埃克森公司國際事業部和添加劑事業部，以及位於聖安東尼奧的美國西南研究院。有以下主要收穫：

1）高品質的潤滑油除了有好的基礎油外，添加劑是關鍵，而添加劑往往是復合劑，是由好幾種劑復合而成的，國際上一些大添加劑公司可以賣單劑的技術，但不賣復合劑的核心技術，只賣復合劑的產品。

1979 年 7 月 15 日第一次訪問美國
(從左至右：汪燮卿、洪善貞、美國房東、許漢立、盧成鍬、黃文軒)

1979 年與盧成鍬(左二)初訪美國，
參觀西南研究院馬達評定實驗室(左三為汪燮卿)

2）添加劑的合成是屬於精細化工領域的研究範圍，目前已被少數幾個大公司所壟斷，如美國的埃克森和路博裡佐爾，以及英國的殼牌公司等。我們去參觀阿莫科（AMOCO）公司關於聚異丁烯的產品系列，他們為不同聚合度的聚異丁烯都找到市場，從作為潤滑油的添加劑到口香糖直到橡膠製品，充分利用不同性能產品的不同用途。

3）一個新添加劑從合成到投放市場，要經過實驗室評定、臺架試車直到行車試驗結果滿意為止。而在此過程中，與汽車製造企業的合作非常重要。行車試驗不是跑幾輛車，而是一個車隊，除了在設計好的跑道上行車以外，還要去天南海北，在春夏秋冬，到「最艱苦的地方去」，經歷各種不尋常的考驗，最後都透過了才能正式投放市場。

在訪問過程中我們受到熱情的接待，特別是美籍華人對我們很開放，結識了一些國際上知名的石油化工專家，如從事 ZSM-5 工業應用研究的陳乃沅先生，提出與我院開展合作研究。回國後透過雙方協商，決定從分析我國勝利原油和美國加州原油柴油餾分中的氮化物研究開始。

那時組裝電腦開始流行，一位在埃克森工作的華人小夥子很熱情，說要給我們買一臺 386 帶回國，我當然很高興，得到盧成鍬院長的同意，正要付款時，被告知他們的上司不同意，屬於禁運物資，只得作罷。

訪問中還遇見了兩件不愉快的事情：一是黃文軒的行李一下飛機就失蹤了，一直到回北京後才找著；二是盧成鍬院長的行李箱被撬開檢查，把行李翻得底朝天，足見當時美國當局對我們的警惕態度。

參觀法國博覽會

這次出國是在 1979 年 12 月，參觀的是巴黎國際實驗室儀器博覽會，時間很短，前後只有一個星期，而且代表團只有 3 個人，侯祥麟副部長帶隊，成員是黃振聲和我。黃振聲是我院器材處長，長期負責器材供應工作。參觀巴黎博覽會的目的是想了解國際上實驗室有哪些新裝備可供我們借鑑使用。到了巴黎，我們住在大使館文化參贊處，由一名文化參贊處的工作人員陪同。這次出訪參觀可以說是時間短、對口徑、效率高、收穫大。對於我們這些成天在實驗室與試管燒杯打交道的人來說，很少有這樣對口徑的機會。舉個最簡單的例子，在實驗室我們天天都要蒸餾，架子搭好了以後要根據接收的油樣多少安裝接收瓶，接收瓶不能空懸在架子上，一般是用磚頭塊放在實驗桌上墊，先放上兩塊磚，不夠高再放一塊，太高了卸下一塊，半塊高怎麼辦，於是就用木頭片來塞，直到穩當為止。實驗室裡用磚頭和石棉布保溫是常有的事。這種辦法既繁瑣又難看，石棉布現在已禁用了，但在上世紀六七十年代還司空見慣。這次博覽會上展出了一個類似於我們開批鬥大會時每人帶來坐的小馬扎的東西，用螺桿搖可以上下調節，十分方便，美觀大方。我把說明書帶回來，修造廠的師傅一看就做成了。其實，這是一個利用升降機的原理製作成的工具，大的可以在機場碼頭搬運成噸的貨物上升下降，小的可用在實驗桌安置燒瓶固定位置。還有移液管用吸耳球而不用嘴吸了。我們做氣相色譜分析氣體組成時，要用標準氣作標樣，配標準氣很複雜又費錢，在博覽會上，我們看到的不同標樣的氣體都放在鋁合金的類似於可樂的罐中，上面有一個帶壓閥門，用時只要把氣囊準備好，把標準氣透過氣囊注射到色譜進樣口就行了，這樣批量生產標準氣成本低，使用也很方便。另外，為了描述複雜的分子結構可視化，他們用塑料製成小圓球、小空心棒，互相插串組裝發揮來，形成一個分子模型，非常直觀，把它們拆開，可以放在一個小盒子裡，帶發揮來也非常方便。最後我們還買了一些國內還沒有的標準試劑。這些實驗室用的小玩意兒，看發揮來很簡單，但非常實用。

出訪歐洲考察石油公司

1980 年 5 月 20 日 ~6 月 12 日，時任石油部副部長的侯祥麟率團訪問殼牌公司在法國、英國、荷蘭和西德的煉油廠和研究所。代表團成員有：王振華，外事局局長兼副團長；侯芙生，石油部副總工程師；郭雨東，天津石化副總工程師；沙展世，北京石油設計院副總工程師；我是研究院室主任兼翻譯；朱百善，石油部情報所工程師；陳貴德，翻譯。

5 月 20~29 日參觀訪問了法國 PAUILLAC 煉油廠、PETIT COURONNE 煉油廠、GRAND-COURONNE 研究中心。5 月 29 日發揮，參觀英國桑頓(THORNTON)研究中心、斯坦洛(STANLOW)煉油廠、殼牌總部、殼牌海文煉油廠(SHELL HAVEN REFINERY)。6 月 4 日發揮訪問荷蘭殼牌總部、殼牌鹿特丹煉油廠、殼牌皇家實驗室。6 月 11 日參觀殼牌在西德的可道夫(GODORF)煉油廠。

這次參觀訪問的特點是：

1980年訪問西德馬拉松煉油廠

1）外方全面介紹了殼牌的煉油技術，從煤的氣化到煉油的主要工藝，殼牌的技術優勢和國際發展趨勢。

2）實地參觀比較開放。一般參觀都是大部分在會議室介紹，然後坐車到裝置裡轉一圈，不讓下車。這次我們不但參觀了控制室，而且被允許爬上裝置親自看運行狀態。我們都可以爬上石腦油裂解爐平台，打開窗口看火苗；看延遲焦化過程生產生焦和熟焦的焦炭塔；看潤滑油自動調和的全過程，從確定配方，到加基礎油和各種添加劑，從保溫到攪拌直到成品油出裝置，都用電腦實行自動化操作，調配罐來回運行都由埋在地下的磁性導軌控制。

3）外方專門花了一個下午介紹了關於專利技術和專利法的一般知識。這對我們如何進入國際市場很有好處。

考察西德和英國石油化工技術

1984 年 11 月中國石化副總經理盛華仁率石油化工技術考察團訪問西德和英國。這是中國石化總公司成立後第一個技術考察團。成員有總公司黨組成員閔振環、匡永泰、蘇億民等各事業部領導，我是作為德語翻譯和科技研究人員參加的。這次訪問的主要目的有兩個：一個是介紹中國石油化工總公司，它在中國煉油和石油化工界的地位和作用，經營的方針和策略，並表明要擴大對外合作的意圖和願望。另一個是考察國外的先進技術，為我們獨立自主開發技術提供參考，為對外合作具體目標提供依據。

有兩件事值得一提：一是我們訪問的第一站是西德路德維希港的巴斯夫(BASF)，不料主人接待很冷淡，當晚到達後第二天安排參觀汙水處理裝置。盛華仁聽了以後很不高興，要我明確告訴接待人員，擅自單方面改動接待內容不可接受，否則明天我們就離開 BASF。接待人向上司匯報了以後，很快向我們道歉，並保證按原定計劃參觀訪問。我們在 BASF 安排參觀的內容很豐富，從蒸汽裂解制乙烯到塑膠加工，從產品向下游延伸到精細化工，從不飽和樹脂到 1，4-丁二醇。現在的揚巴合資公司就是從這次訪問打開合作之窗的。二是我們另一個安排是在英國帝國化學工業公司參觀甲醇制動物飼料。這是一個萬噸級的大生產線，為了消毒防菌，設備全部用不鏽鋼。對方的意圖是想把這套裝置賣給我們，因此給我們參觀得非常詳細。我們在全面了解情況以後婉言謝絕了。主要原因有三：一是天然飼料的供應量並不缺，二是合成飼料成本高，三是合成飼料的長期毒性不明確，對動物一代代傳下去有什麼影響還無從知曉。

1984年12月6日陪同盛華仁(前排左二)訪問英國帝國化學工業公司(二排左二為汪燮卿)

參加瑞士達沃斯論壇

1986年我與中國石化總公司副總經理張皓若參加了時任國家經委副主任的朱鎔基所率領的中國代表團，出席瑞士達沃斯世界經濟論壇，並在會後訪問瑞士、西德和法國，考察石油化工企業。

1986年1月30日至2月5日，我們首先赴瑞士達沃斯參加了世界經濟論壇討論會。會後訪問了西德和法國的幾家石油化工公司。出席達沃斯會議的有600多人，其中包括美國商務部長鮑德里奇，西德巴伐利亞州州長施特勞斯和聯邦經濟部長班格曼，歐洲經濟共同體主席戴洛斯，以及希臘、土耳其總理、馬來西亞副總理、英國菲立普親王等40多名政治經濟界著名人士，蘇聯部長會議主席雷日科夫也第一次透過衛星轉播作了大會發言，回答了問題。

1986年訪問西德赫斯特公司時簽名留念

1986年2月2日在達沃斯論壇期間與張皓若(左)

朱鎔基團長在會上作了「新的五年計劃，新的貿易良機」的報告，受到了與會200多名代表的歡迎。我們也在各種場合介紹了中國石油化工總公司的概況和今後發展計劃，引發揮了各國企業家的很大興趣。除了已有貿易關係的企業家希望擴大貿易以外，很多企業界人士要求與中國石化發展技術和貿易關係。

透過參加會議，我們比較廣泛地接觸了西方經濟界各方面人士，了解了他們對世界範圍內宏觀經濟的一些觀點。會上反映了當時國際上比較突出的有兩點觀點：一是所謂「全球經濟」。當時幾年來世界經濟形勢變化多端，石油從供應危機變為供過於求，直到1986年由於石油輸出國採取爭奪市場份額而引發揮油價暴跌；西方經濟由前幾年的衰退轉入緩慢復蘇，美國地位由堅挺轉向疲軟；世界貿易競爭開始了新的格局，日本對美、歐貿易順差日益擴大以及發展中國家商品競爭能力的加強等對各國經濟帶來新的問題，使西方經濟界強烈感到正確估量世界經濟形勢對每個國家、每個行業以及每個企業的影響，以及根據世界經濟的變化制定對策和經濟策略的重要性。許多人認為只從一國的、眼前的利益出發制定政策和策略並不明智，因為那是不能持久而且是有副作用的。還是要加強各國之間的經濟連繫，在「自己活，也讓別人活」的前提下，從世界範圍內生產和市場的長期觀點出發，增強競爭能力才有出路。二是強調「軟體經濟」。提出在現代科學和訊息技術迅速發展的情況下，要著重要發展「經濟軟體」。不僅要開發新興尖端技術而且要加快對傳統工業、基礎工業進行技術更新。不僅要發展工藝技術更要發展訊息技術，對各種訊息要能迅速作出反應，要提高軟體在產品構成中的比重。因此，國際範圍內的訊息交流和技術合作就更為重要。這次會議上西歐經濟界對「優利卡」計劃抱有明顯興趣就是一例。

會議上討論較多的有以下幾個問題：

一、克服保護主義，推進「自由貿易」

由於世界市場上競爭加劇，不僅許多發展中國家以及美國和一些西歐國家也有大量貿易逆差，因此「保護主義」傾向普遍增加。事實上許多國家不僅自己在實行保護主義，也同時受其他國家保護主義之害，而在公開場合則大家都在譴責保護主義。這次會上「歐洲要團結」「歐洲要對加快經濟增長提高勇氣」的呼聲較高，正是西歐在經濟上不夠團結和信心不足的反映。歐洲各國要求美國對促進整個西方經濟的共同繁榮多承擔責任，不要只考慮本國利益，以美元貶值促進出口和傾銷過剩農產品。美國商業部正、副部長則表示：美國作為西方經濟發展唯一火車頭的時代已經過去，現在輪到西歐加快經濟增長。美國除了要採取措施，縮減財政赤字和貿易逆差之外，要整頓和改造基礎工業，以增強傳統工業產品在國際市場上的競爭能力。歐洲和美國一致要求日本開放市場並增加國內消費，日本成為對保護主義攻擊的眾矢之的。西方國家仍然對放大在發展中國家的市場寄予希望。特別是我國經濟迅速增長和新的五年計劃所提供的貿易機會對他們很有吸引力。我們向西歐國家經濟領導人表示：我們願意擴大同西歐國家的經濟技術合作，我們的技術和投資市場是開放的，希望西歐提高自己的競爭能力。歐、美經濟界對由於美蘇首腦開始對話而帶來的對蘇聯、東歐貿易的前景抱謹慎的興趣，這次會議首次組織與雷日科夫的電視對話顯示了這一點。

二、世界市場原料價格，特別是石油價格跌落對世界經濟的影響

這是大會討論最熱烈的問題之一。石油輸出國在石油市場份額和價格上的爭奪戰正趨白熱化，OPEC(石油輸出國組織)國家與非OPEC 國家均未派高級代表參加大會。墨西哥經濟部長和馬來西亞副總理在大會發言代表了由於油價暴跌而受害的國家的呼聲。墨西哥已由於油價下跌而損失 20 億美元，還將蒙受更大的經濟損失。同時今年還有 100 億美元的應付債務。馬來西亞三分之二的國民收入靠出口原料，第一位是石油。石油價格暴跌不僅造成這些國家外匯

收入銳減，被迫大量壓減進口，而且帶來財政困難和整個經濟的衰退，甚至可能影響到社會和政局的安定。他們呼籲各國對油價進行介入，開展官方和非官方的協商，確定合理油價；債權國對債務國實行寬限待遇，並要求工業發達國家相應降低工業製成品價格以減少發展中國家貿易逆差。西德經濟部長髮言反映了工業發達的用油國的觀點，認為石油價格的漲落都不應當成為一國或一個集團的鬥爭手段而人為加以介入，應讓市場機制發揮作用並依靠供求關係調節，自然形成合理油價。同時他認為油價下跌帶來產油國外匯收入減少，大量削減進口，危及工業發達國家工業品出口市場，長期而言對發達國家並非有利。這樣會造成惡性循環，影響世界經濟穩定。從我們會上會下接觸的經濟界人士較普遍的看法是：目前油價暴跌是帶有人為的賭博性的暫時現象。當市場份額大體達到新的均衡點並隨著西方國家經濟復蘇而需求有緩慢增長的情況下，油價還會平緩回升。穩定在 20～22 美元/桶，產油國與用油國都能接受，增加了世界經濟的穩定因素，對大家都有利。他們主張用油國應利用油價下跌所獲得的好處增加投資，改善其生產結構，提高經濟增長速度，同時也促進了石油的消費，產油國應加快發展加工業，減輕對單純出口原料的依賴性和市場風險。

三、企業界應當如何適應外界經濟形勢

這次會議上企業家們討論較多的是經營策略和管理思想問題，而不是企業管理的細節問題，有一些論點和趨向是值得我們注意的：

1. 重視長遠性、開拓性和靈活性的經濟策略

會議列了一個專題報告，叫做「企業家的膽略」並進行了討論。中心意思是在全球經濟連繫日益密切，技術、訊息突飛猛進的新形勢下，企業家應當改變傳統的經營方法，不能滿足於處理眼前的日常經營業務，而要有進行開拓性經營的勇氣。首先要會分析判斷世

界經濟形勢和本行業發展的趨勢，正確估量本企業在其中的地位和發展前途，據以制定長期性的發展策略。要求企業家具有應變的能力和素質，針對經濟形勢的變化，迅速做出反應，果斷採取對策。正確估量和判斷形勢是企業家成功的首要前提。到會的管理學專家們提出過去的經營者往往是考慮如何加強生產手段和銷售手段去獲取利潤，今後更為重要的是依靠新的經營思想和概念，即以新的思路去運用生產手段和銷售手段去增加利潤。主張每個企業都要有一個高級智囊團專門研究經營策略的隨機應變。企業家要有敢於面對現實當中各種不肯定因素的勇氣，及時總結經驗和教訓，修正自己錯誤的判斷和決策。他們還介紹了幾種西方流行的制訂經營策略的原則：一種是最低成本策略，以低成本、低價格取勝；二是以品質、服務、價格綜合滿足用戶要求取勝；三是針對性或「焦點」策略，研究用戶需求和心理，以突出點取勝。幾種策略可以靈活運用。

2. 重視降低生產成本，增強企業競爭能力

工業發達國家的傳統工業產品、大路貨，正在受到發展中國家工業發展的挑戰，競爭日益激烈。歐美許多大公司正在喪失這方面的市場，讓位於日本或某些發展中國家的產品。除了更新產品(許多大路貨品種更新不快，還有很多新花樣好搞)外，重要的出路在於降低成本，歐美國家工資、福利高，降低人工費油水不大，重要的一是改進技術，降低物耗，提高收率；二是改善各個生產和經濟環節，降低附加費用，仔細控制財務開支。到會的管理學專家們介紹了新的成本核算方法和制度，在仔細核算技術更新經濟效益、保證技術不斷進步的基礎上，更加科學和嚴格地對生產、經濟各環節進行經濟核算和費用成本控制。這反映出西方企業的成本管理越來越細了。

3. 經濟管理分散化(decentralization)，發揮各級機構和工作人員積極性的趨勢繼續發展

大公司由於業務龐大，管理高度集中而機構多，層次多，人員

多，由此帶來的反應遲緩、工作效率下降、工作人員按章辦事缺乏主動性以及管理層的官僚主義等弊病，早已引發揮企業界的注意，並實行了一些管理上的改革。這次會議上又有英國帝國化學公司(ICI)做了管理分散化的經濟介紹。據我們在會上會下的接觸了解，許多公司面臨的問題和作法大同小異。大體有幾個特點：一是改革以公司總部為重點，並首先從最高領導層開始，削減了最高決策人員人數；精簡會議制度；簡化決策程式並吸收一些工作人員參與有關問題的決策。二是總部機構實行縱向按專業和產品分事業部，橫向設各職能部的「矩陣式」結構。但重點放在(專業)事業部上。產品(專業)部是利潤中心，被賦予很大的經營管理權，而職能部主要是綜合、協調、控制。他們所謂管理分散化和權力下放，主要是放到事業部。而工廠則主要是生產單位而不是獨立經濟單位，它對生產和成本負責而不是利潤中心。三是按產品性質區別對待，對比較成熟的產品即生產銷售相對穩定的大路貨產品(如石油化工行業中的汽油、柴油、化肥、基本化工原料等)管理比較集中而對開發中或最具有發展前途的產品(如石油化工中的精細化工產品、農藥、染料新品種等)，則更放手，在產品事業部中再設產品小組，賦予更大的權限，讓他們更加有活力地去獨立開拓經營。從技術開發生產、應用、市場開發到推銷負責到底。這樣就加快了新產品開發應用和投放市場的速度，增加了利潤。四是為了調動下屬的積極性，許多公司也在講「內部的平等氣氛」「感情因素」「人情味」「關心職工的福利和身體健康」等，但並不實行名目繁多的獎勵。

這次去瑞士參加世界經濟論壇的討論會，我們感到，參加這種性質的會議，對我國宏觀經濟的管理以及對我們一個作為經濟實體的全國性公司來說都是有好處的。透過廣泛接觸各國官方和民間的經濟界人士廣泛交流討論世界範圍內經濟問題的訊息和看法，使我們增加了對世界經濟形勢和動向的了解，擴大了眼界，有助於我們從世界經濟的角度來考慮我們自己的問題，制訂相應的經濟策略，在實行對外開放政策的形勢下，我們要擴大與國外的經濟技術合作，需求加強對國際金融、市場以及各國經濟政策的研究。

在參加達沃斯會議之後，我們順訪了瑞士的汽巴-嘉基公司、西德的巴斯夫、赫司特、許爾斯諾貝爾公司，法國的道達爾、埃爾夫、阿托化學公司和法國石油研究院。參觀了一些裝置和設備，會見了這些企業的領導人。對 1984 年盛華仁同志率團訪問西歐時與上述公司開展合作的項目進行了討論，並探討了進一步合作的可能性。他們對向中國石化轉讓技術和進行經濟技術合作態度很積極，接待是友好熱情的，表示願意跟我們建立長期友好合作關係。

回國後，以張皓若和我的名義，由我發揮草了一份向中國石化總公司黨組匯報的材料，題為《參加世界經濟論壇會並訪問西德、法國石油化工企業的報告》，匯報了這次訪問的過程和體會，並提出了企業管理、國際合作等方面的建議。

第十章

主持開發催化裂化家族工藝

1983 年 4 月 7 日，石油化工科學研究院召開中層幹部會議。會上石油工業部人事司司長白風儀宣布了院新一屆領導團隊，盧成鍬任院長，王文鵬任黨委書記。我進入了院領導團隊，被任命為副院長，分管科學研究和外事工作。同年 7 月，中國石化總公司成立，我院劃歸中國石化總公司領導，但我院領導團隊的成員沒有變動。

到了 1986 年，有一天盧成鍬院長召開院務會，會上要我主持開發重質油生產輕烯烴這個重大課題。

俗話說「30 年河東，30 年河西」。我是「25 年河東，25 年河西」。在接受這個任務之前，從 1961 年到 1986 年的 25 年間，我一直從事軍用油品的分析工作，現在要從事煉油工藝的研究開發了，難度肯定不小。好在我在石油學院煉製系學習過煉油工藝的課程，那是楊光華教授講的課。化學工程是謝舜照教授講授的，給我印象很深，至今我還保留著他授課的筆記。另外在國外當研究生時對煤化工的主要工藝過程，都有機會學習和實習。而煤化工與煉油化工無論從工藝和工程方面都有很多類似之處，因此還不至於毫無頭緒。

我主持這個研發項目管理是按照盧成鍬院長提出來的矩陣式管理進行的，我被任命為催化裂解矩陣組的組長。

矩陣組的成立，源自盧成鍬院長在與國外大型研究院交流過程中，對國外的矩陣式管理方法很感興趣。所謂矩陣式管理就是利用跨學科、跨部門的交錯關係，形成一個矩陣組織網路結構，由一位領導統一來指揮，一竿子插到底，從實驗室研究開發直到商業化運行成功。這樣可以避免政出多門互相扯皮，各學科間互相滲透互相交流，從而提高效率。我把技術開發的主要部門如工藝、催化材料和催化劑，與配合部門如分析、測試和評價系統配合好，找出各方面的負責人，形成矩陣組，直接與他們討論問題和決定方案，不必經過研究室的領導再去貫徹執行，研究室領導未參加矩陣的只要定期了解情況就可以了。我提出：一個矩陣好比一個交響樂隊，樂隊有鋼琴手和第一小提琴手，但也有打鼓手和其他演奏人員相配合，交響樂要強調統一指揮和協調，絕不能各唱各的調、各吹各的號。我強調在矩陣中要發揮每個成員的積極性，不能發揮一部分人的積極性而忽視另一部分人的積極性，這體現領導的水平問題。如果發揮一部分人的積極性而打擊另一部分人的積極性，則是領導的品質問題。我強調參加矩陣是參加會戰，不要先考慮個人得失，會戰就是要把勝負成敗放在第一位，把是非功過放在第二位，否則這場會戰肯定是以失敗而告終的。在明確上述幾點注意事項的基礎上，矩陣組的工作得以有條不紊地進行。

催化裂化家族工藝是在現有催化裂化工藝的基礎上，根據我國國民經濟發展的需求，或者用現在的話來講，根據市場的需求，透過開發新的催化材料和催化劑，透過相應地改造催化裂化工藝和設備，目的是調整催化裂化產品的分布，以滿足市場的需求，從而獲得最大的經濟效益。

催化裂化家族工藝有兩層含義：第一，它是在現代催化裂化技術基礎發展發揮來的；第二，這個發展和延伸成為系列化，不是一兩項技術，而是一系列的技術。包括以重質油為原料多產丙烯的催化裂解（DCC）技術；多產丙烯兼顧生產優質汽油的催化裂解（DCC-Ⅱ）技術；最大量生產優質汽油和液化氣（MGG）技術；用常壓渣油最大量生產優質汽油和液化氣（ARGG）技術；以重質油為原料最大量生產乙烯和丙烯的催化熱裂解（CPP）技術；提高柴油並多產氣體烯烴和液化氣（MGD）技術；以及重油催化裂化提高異構碳四和碳五氣體烯烴產率（MIO）技術。這些新工藝的開發，都是以市場為導向的，是中國石化總公司決策領導自上而下提出的策略課題，在石科院經過長期研究積累的基礎上，透過各學科各研究部門的通力合作，以矩陣式的攻關方式進行研發。然後透過與生產單位的緊密協作，以「十條龍」攻關的形式從實驗室研究直到工業化開發成功。

DCC 工藝

二十世紀八十年代，我國石油的產量已達 1 億噸，中央提出如何用好 1 億噸油的規劃，要各有關部門提出建議。

1986 年中國石化董事會在李人俊同志的主持下，召集了老專家反覆討論，包括侯祥麟院士、閔恩澤院士、武遲院士和原石油學院張定一副院長等，一致認為：雖然我國當時石油的產量不小，但與國民經濟的發展要求尚有差距，而且原油性質普遍偏重，輕質油含量低。當時石油化工發展主要靠蒸汽裂解生產三烯(乙烯、丙烯和丁二烯)和三苯(苯、甲苯和二甲苯)，而蒸汽裂解的原料主要是石腦油，石腦油要作為汽油組分供應市場，又要作為蒸汽裂解料生產烯烴和芳烴，相互爭奪原料不是辦法，唯一的出路是把重質餾分油透過裂解轉化以多產輕烯烴，只有擴大原料來源才有出路。在這方面我院已經做過一些探索研究。早在 1980 年，武遲副院長根據國外的報導，對 ZSM-5 沸石的擇形催化裂化提高汽油辛烷值予以關注，並提出來要我建立限制指數(Constrain Index)的氣相色譜分析方法，來評價 ZSM-5 沸石的擇型催化性能。我當時任分析室主任，接受任務後與林文瑛和林端方開展這方面的研究，並在 1981 年《石油煉製》發表了《ZSM-5 分子篩催化劑的擇形性能及反應產物分布的初步研究》。在武院長的指導下，1982 年霍永清對 ZSM-5 沸石作為催化裂化高辛烷值助劑進行了研究，取得了滿意的結果。之後，李再婷以輕柴油為原料，用老化後的 ZSM-5 催化劑，在常規催化裂化條件下，得到高產率的丙烯。在催化裂化過程中，透過加入 ZSM-5 助劑、提高反應溫度和加大蒸汽量，可使產品中的丙烯含量比常規催化裂化增加 2 倍以上。以上這些研究結果，都為重質油生產輕烯烴和提高汽油辛烷值提供了實驗依據，從而為實現重質油制輕烯烴這個策略決策建立了信心。於是在中國石化董事會上，專家們就明確提出把重質油催化裂解多產丙烯這個任務交給我院，時任我院副院長的武遲和閔恩澤同志欣然接受了這個任務。在院長盧成鍬同志親自領導下，召開了院務會，明確分工，由於當時我是抓科學研究的副院長，親自抓重質油生產輕烯烴這個重大課題自然是責無旁貸了。

一、探索新催化材料，取得小試和中試好結果

從接受任務的第一天發揮我就決心要好好學習。首先要向基層的同志學習，因為他們有長期實踐的基礎。透過調查研究，在實驗室小試中，我院二室李再婷和霍永清等同志都發現加有 ZSM-5 分子篩的催化劑能多產丙烯，謝舜華同志系統地用固定流化床 FFB 研究了不同原料性質和不同催化劑配比的輕烯烴含量。根據院領導的決定，把開發重質油催化裂解生產丙烯的科學研究任務交由李再婷同志負責。

從策略布局上，必須開發成一個具有自主知識產權的新工藝新技術。因此，矩陣組的工作分三個方面。第一，催化劑必須有自主知識產權；第二，新工藝必須有自主知識產權；第三，所開發成功的技術必須是國際先進的，成套而完整的，有自己特色的，有競爭力的。

我們遇到的第一個問題是美孚(Mobil)公司擁有專利技術的 ZSM-5 沸石，這是 DCC 技術的核心，當時 ZSM-5 的專利還未過期，如何開發新的沸石難度很大，但透過沸石改性來繞過它的專利權是有可能的。這項工作由二室施至誠配合基礎研究部舒興田的團隊，兩個單位通力合作來進行。我每兩週與他們討論工作，聽取匯報，提出建議，定期檢查。透過大量探索，新配方的研究與催化性能的

評價緊密配合，最後開發成功 ZRP 分子篩。性能非常適合重質油多產丙烯，在國內獲得了專利授權。舒興田為首開發的 ZRP 分子篩獲得 1995 年「中國十大發明」獎項。

在大量小型試驗的基礎上，認為開發多產輕烯烴技術的條件基本成熟，於是決定要建中型裝置做進一步的試驗。

中型試驗是從實驗室小型試驗到工業化試驗之間的橋樑，透過中型試驗所得到的有代表性的數據對工業化試驗十分重要。當時要建中試裝置有兩個方案，一是新建一套中試裝置，但時間緊迫，場地和經費都不落實；二是利用二室 204 組原中型裝置進行改造，把原來的提升管反應器改造成提升管加床層反應器，以適應催化裂解反應的需求，但當時院裡還有一個催化裂化下行式反應器的試驗任務，也想把 204 組中型裝置改造後做試驗。這兩個不同的試驗任務都落在 204 組的改造問題上就產生矛盾了，需求領導及時作出決策。我透過調查研究，廣泛徵求各方面的意見，認為催化裂解多產烯烴是面向市場緊迫需求的任務，也是總部下達的重要任務，而下行管反應器還是一個探索性課題。從大型企業研究院的性質考慮，應該優先把重點放在有商業化前景的課題上。我把自己的想法向盧成鍬院長做了匯報，經盧成鍬院長同意，就拍板定案把 204 組中型裝置改造成催化提升管加床層作為首選。

二室 204 組中型裝置的改造工作是由蔣福康同志牽頭的。他當時任二室主任工程師，長期在中型工作，積累了豐富的經驗。因此，他帶領大家從提出方案、設備和儀表部件的採購到安裝調試，只用了半年多的時間就完成了裝置的改造。在此過程中，修造廠和器材處大力協同，處處開綠燈，發揮了全院一盤棋，集中力量打殲滅戰的精神，充分體現了我院的優良傳統和作風。1988 年初建成一套 10 公斤/時的催化劑生產中試裝置，放大製備出滿足中試裝置試驗要求的催化劑，成為確保研究進度和驗證實驗室研究結果的關鍵。1988 年中在年處理量近百噸的新建催化裂解中型裝置上，該課題完成了中型一系列放大研究和對小試結果的實驗驗證，取得了可以提供工業設計的完整數據，按預定計劃研究內容和要求目標終於取得了中試階段性成果。

1988年年初，改造後的204組中型裝置正式投入運行試驗。用大慶蠟油和管輸蠟油作原料，丙烯的產率分別為21%和17%。

作為一個完整工藝的開發，除了得到主要的工藝操作條件和產物的物料平衡外，還必須對產品的組成進行分析和評定。DCC的操作條件比普通催化裂化要苛刻，反應溫度要高50℃以上，水肉量也大得多，停留時間也長些。在這種操作條件下，所得氣體和液體產品的組成和性能，與催化裂化相比差異較大。從概念上來說，產物性能介於催化裂化與石腦油蒸汽裂解產物之間。為此，必須新建一些相應的新分析方法，包括氣體產物中的炔烴和二烯烴，高含芳烴和烯烴的汽油組成，高含萘系物含量的柴油組成，並進行油品加氫改質的研究和萘系物的分離和利用研究。

1988年9月，中國石化總公司請侯祥麟院士主持，組織業內專家和領導對中型試驗研究結果進行了技術鑒定。所提報告資料詳實，經與會專家充分討論質詢，技術鑒定獲得透過。專家和領導鑒定取得了一致結論：中試數據齊全，可作為設計工業裝置的依據，可以借鑑成熟的催化裂化技術，建議儘快建設工業裝置。從而為該技術向工業轉化和產業化開了綠燈。

二、工業化試驗取得突破性進展

一般說來，二室204組中型試驗所提供的工藝數據能夠滿足基礎設計的要求，這也是長期以來石科院與北京設計院合作形成的共識。但是催化裂解畢竟是一個新的工藝，在目的產品上與普通催化裂化有所不同，從而在催化材料的選擇上不同，而且工藝條件的苛刻度更高，相應的設備也需改造，因此，在設計第一套工業化裝置以前，先進行小型工業化試驗是完全必要的。

選擇一個小型閒置的催化裂化工業化裝置，用我院提供的基礎設計數據，透過北京設計院對該裝置進行改造，然後在該裝置上運行一段時間，取得工業化的成套數據和操作經驗，為設計大型工業化裝置提供依據，這是我們總體的想法。

當時的難點是要找到一家企業承擔工業化改造和試驗，侯祥麟和閔恩澤院士親自帶隊下企業，李再婷、蔣福康和我則是全程陪同。1988 年 10 月我們先到天津，天津一石化廠初步具備條件，但因領導不積極而告吹。接著在 1989 年 5 月到無錫石化，他們有一套原油蓄熱爐裂解生產乙烯的小裝置，只要把蓄熱爐改造成催化裂解的反應–再生系統，後面的分離回收系統完全可以用。這次調研過程中二室的鄒康實和發展部的金文琳都大力勸說，但地方企業沒有積極性。最後閔恩澤院長帶隊去濟南，山東的小煉廠雖然多，但民企的積極性不高。閔院長後來帶我們去濟南煉油廠，時任廠長的翟齊同志聽了介紹後拍板定案，同意做催化裂解工業化試驗。翟齊廠長此時已接到調令，要到總部任物資部領導，他的繼任陳玉常廠長和總工程師唐清林都願意接受此任務，這樣事情就好辦多了。這就是科學研究、設計和生產形成「一條龍」，三家協作攻克難題，我們通稱為「一條龍攻關」。總公司技術開發部組織十個攻關項目，我們統稱為「十條龍攻關」，當然攻關項目有多有少，可能不止十個。「十條龍攻關」是中國石化科技開發部的創舉，二十多年來實踐證明是成功的，而催化裂解 DCC 是中國石化的第一條龍。

我們把工業試驗選點的情況向總部匯報，得到了總部領導的首肯。這樣，「十條龍攻關」的「第一條龍」正式成立。負責分管科技開發的閻三忠副總經理對「第一條龍」特別重視，帶領我們親自前往濟南煉油廠考察。在開工以後，盛華仁總經理也到濟南煉油廠親自了解情況，並鼓勵大家大膽探索，取得有國際水平的成果。總部決定由我任攻關組長，濟南煉油廠唐清林總工和北京設計院郭志雄總工任副組長。

1990 年與濟南煉油廠唐清林總工程師(右)在 DCC 工業試驗現場

濟南煉油廠領導提出的口號是「開裂解、創新路、求發展、作奉獻」，充分體現濟南煉油廠對煉油技術發展的決心和顧全大局的精神。這十二個大字的橫幅標語一直掛在催化裂解試驗工廠，每天上下班大家都能看見，直到試驗勝利結束。1990 年 1 月到 9 月，在濟南煉油廠，把原 30 萬噸/年的提升管高效再生催化裂化裝置，改造成為 6 萬噸/年的催化裂解裝置。改造過程中遵循兩條原則：一是技術可行，二是充分利用原有設備儘量少改動，以節省改造投資和縮短施工週期。主要採取了 13 項改造措施，包括：將提升管裂化反應器改為提升管加床層裂解反應；為了保證催化劑的沉降高度，將反應器床層加高 5 米，取消內集氣室，旋風分離器料腿改用不鏽鋼材質；為了減少燒焦罐噴燃燒油，操作時採用全回煉生產方案等。本次工業試驗主要考察的內容為：

1）在工業生產裝置上取得催化裂解物料平衡數據，驗證中試結果。

2）完成新鮮劑的開工方法，特別是高堆比催化劑的開工方法。

3）考察並解決催化裂解條件下的工藝和工程技術問題，包括高劑油比條件下高堆比催化劑的流化輸送，催化劑的活性、選擇性和穩定性，以及高溫油氣管線和設備內部的結焦問題。

4）考察催化裂解氣體、汽油和柴油餾分的性質和組成，為產品的進一步精製和合理利用創造條件。

在改造施工的 3 個多月，濟南煉油廠領導特別重視安全施工。在經過設備和管線吹掃、試壓、水沖洗、水聯運、油聯運和烘乾襯裡等各道工序之後，1990 年 11 月 11 日，裝置開始噴油開工，開始了第一週期試驗，到 12 月 28 日結束。並於 11 月 20～21 日進行了預標定，12 月 2～3 日和 27～28 日進行了標定，運行 41 天正常停工。第二週期從 1991 年 5 月 10 日到 7 月 15 日，共運行 67 天正常停工，其間 5 月 24～26 日和 7 月 9～13 日分別進行了標定。兩個生產週期共運行 115 天。標定結果表明，以臨商中間基油為原料，在反應溫度 560℃、劑油比在 10 左右、提升蒸汽 6%時，乙烯收率為 4.16%～5.67%，丙烯收率為 16.68%～20.56%，丁烯收率為 12.37%～15.12%，與中間試驗結果吻合。

1990 年與石科院工作人員在濟南煉油廠
DCC 工業試驗現場(後排右三為汪燮卿)

與常規催化裂化比較，催化裂解的反應溫度高，停留時間長，提升蒸汽量大。在工業化試驗運行時，大家擔心的有熱平衡問題，要不要噴燃燒油；反應溫度高會不會引發揮裝置某些部位結焦，以及高劑油比條件下流化能否保持正常。有時裝置出現一些異常現象，大家對問題的分析意見差別很大，各持己見，爭吵得不可開交，這時我作為攻關組長特別需求沉著穩定。我知道一個人在發高燒時會說胡話的，同樣在各方意見相距較大甚至完全相反時，頭腦發熱也會說胡話。因此我提出暫停討論，大家回去休息一個晚上，只要裝置勉強能運行，第二天上班後再討論。第二天大家情緒比較穩定了，我根據大家的意見作了總結，吸收了正確的意見，作出了決定，在協調問題上做得比較好，大家一致同意提出的新方案，確保試驗正常進行，使這個「一條龍」的團隊能齊心協力進行攻關。

有一次，我實在拿不出主意了，就在晚上打電話請楊啟業同志連夜趕來濟南討論解決問題的辦法。他清晨趕到現場，聽取了大家的意見，仔細研究了問題，提出了解決辦法，問題迎刃而解。楊啟業同志參加過國內幾十套催化裂化裝置的開工，碰到過各式各樣的問題，積累了豐富的經驗。他有一個小筆記本隨身帶著，記錄了開車過程中遇到過的各種問題和解決辦法。

工業化試驗裝置的運轉是由濟南煉油廠唐清林總工全面負責的，他對裝置開工到正常運轉的每一個細節都考慮得十分周到，但由於是老裝置改造，有的老設備可能會存在隱患。如在開工的第一階段，我們到工廠不久，突然看到地面上有一層薄薄的煙霧在慢慢來回移動。我們覺得不對勁，工廠把裝置全部停車，原來是液化氣閥泄漏了，低溫的液化氣漏出來以後使空氣中的水分凝成霧狀，在地面上形成一片白白的煙霧，稍不小心遇上火花就會爆炸。在這緊要關頭唐總帶領工人在一線現場從容指揮操作，在裝置附近 20 米範圍內一律停掉明火，消防車就停在 50 米遠處隨時待命，到了中午煙霧消盡後才重新啟動。在工試期間，他每天一上班就來檢查，翻閱操作日記，及時提出意見。他的助手工廠技術員翟偉同志更是不分白天黑夜，有問題隨叫隨到。

我和我院參加會戰組的成員李再婷、蔣福康、余本德、鐘樂燊、李松年、許友好和毛安國等同志幾個月來一直蹲守在工廠裡，盧成鍬院長還請陳祖庇副總來現場調研指導。濟南煉油廠對我們的生活安排也很周到，招待所離試驗場地步行 20 多分鐘就能到達。除我住的套間有洗手間以外，其他人都是住集體宿舍。因為照顧我患有糖尿病，別人吃一份飯，給了我兩份飯，目的是可讓我多吃點菜，但是說實話，招待所的飯菜實在難吃。唐總為了照顧我，有時就陪我一發揮在食堂吃一頓，那水平就不一樣了。有鑒於此，我在第二次來開工時就有思想準備了，為了解決飲食問題，我帶來兩個大玻璃瓶，到街上買洋白菜、胡蘿蔔和黃瓜自己制泡菜。另外每隔兩三個星期我們就到周村催化劑廠去打牙祭，廠長劉煥昌同志熱情接待，星期天早上去晚上次，生活充滿樂趣。

從 1990 年年初成立「第一條龍」入「龍」攻關，到 1991 年 10 月完成工業化試驗的標定，勝利地完成了各項預定的攻關目標，1991 年年底順利出「龍」。經大家一致同意，把催化裂解技術英文命名為 Deep Catalytic Cracking(DCC)。

1991 年在休士頓 AIChE 年會作 DCC 學術報告

1991年2月，我向美國工程師協會AIChE投稿，論文題目是《催化裂解工藝（DCC）生產氣體烯烴的工業化試驗》，我和蔣福康被邀請參加1991年4月8日在休斯頓舉辦的AIChE春季年會，在「催化和熱加工生產烯烴」分組會上作報告，主要介紹1990年11月DCC運轉的標定結果。這是我第一次在國際學術會議上作報告，心情比較緊張，只能拿著稿子念，倒是在提問題討論時我比較放得開，因為用催化裂解生產烯烴，敢於用工業化裝置，這是與會學者沒有想到的，所以提的問題不少，主要是運行操作中有什麼異常，催化劑跑損和主要產品性質等，我都一一作了回答，引發揮與會者的興趣。

1991年4月12日AIChE會議期間與蔣福康（左二）訪問UOP公司（左三為汪燮卿）

DCC獲得1991年國家專利金獎、1992年中國石化總公司科技進步特等獎、1995年國家發明一等獎等獎勵。DCC技術也受到國際同行專家的高度評價，被譽為「在煉油和化工之間架發揮了橋樑」。世界煉油和化工權威雜誌《Hydrocarbon Processing》《Chemical Engineering》及世界石油大會均將其列為世界石油化工新工藝，李再婷、陳祖庇、王亞民、鐘孝湘和謝朝鋼等同志都先後在國際會議上宣讀過論文，為中國石化的技術走出國門、提高國際知名度造成了重要作用。

三、建成國際上第一套 DCC 工業裝置

在濟南工業化試驗成功為建設第一套工業化裝置打下基礎，我們的任務是要在國內建設一套大型工業化裝置，用重質油生產丙烯，為石油化工提供基本原料，向下延伸，形成一個完整的產業鏈。因此誰願意吃第一個螃蟹就成為我們尋找的目標。事情進展得非常順利，時任安慶煉油廠副廠長兼總工的程國柱同志，邀請侯祥麟老院長去訪問。程國柱 1964 年石油學院畢業後分配來我院，在十四室馬達評定題目組工作。當時我任十四室副主任，與他還比較熟悉。事情也真是無巧不成書，1966 年「文革」開始後，因為他出身好，是紅五類，被選為清理階級隊伍的積極分子，有一次在寫大字報時，不小心漏掉了一個字，革命大字報就變成反動大字報，由於筆誤被打成反革命，下放到潛江五七幹校。侯院長那時被打成走資派也在幹校勞動，群眾與領導近距離接觸，干群關係反而更親近了。1972 年，有一批幹校勞動的學員要召回院，程國柱也名列其中，但他嚥不下這口氣不願回來，適逢安慶要建煉油廠，他便要求到安慶去籌備建廠了。由於他工作出色，被任命為副廠長兼總工程師。1990 年他出差北京來院裡與老同事聊天，與我談發揮安慶煉油廠的發展規劃，準備要與地方合資生產丙烯腈，但煉油廠催化裂化裝置生產的丙烯太少，而用石腦油裂解又沒有原料，加上投資太大也不可能。於是我建議他採用我院正在開發的催化裂解技術，用重油生產丙烯兼顧生產一部分汽油。他欣然接受了我的意見，並請老院長侯祥麟到安慶煉油廠實地參觀視察。侯院長到安慶煉油廠參觀過程中，李再婷又給廠領導把我院正在濟南工業化試驗的 DCC 技術作了介紹，大家覺得這是用重油催化裂解富產丙烯，是為丙烯腈提供原料最合適的途徑。第一套催化裂解工業裝置在安慶建設就這樣

拍板定案了。

第一套40萬噸/年催化裂解工業裝置由我院提供設計基礎，北京設計院BDI承擔工程設計，從1992年開始設計施工，1995年3月24日開車成功，並於當年8月16日至18日進行了工業標定，處理量達到50萬噸/年，丙烯產率為17%～18.6%。該裝置投產成功不僅為催化裂解工藝技術的完善提供了經驗，而且對提高我國石化工業經濟效益具有重要意義。

四、催化裂解(DCC)成套技術成功走向國際市場

對催化裂解鑒定的評價，專家認為是國際首創，但是否真的是國際首創，還是要看在國際市場上是否有競爭能力來判斷，這樣才符合「實踐是檢驗真理的唯一標準」的精神。開發成功的催化裂解(DCC)技術能否打到國際市場去？怎樣才能打出去？當時大家心中都沒有底，但是蒼天不負有心人，經過大家的努力尋找機會，最後終於實現了。

事情要從引進技術談發揮。1983年中國石化成立後，開始引進一些國外的先進技術。在煉油方面，總部決定從美國石偉(S&W)工程公司引進5套重油催化裂化，其中包括在武漢石化和福建石化的兩套。總部要求我院參加部分引進工作，一方面是學習，另一方面是技術把關。在分析原料油和產品組成方面，要我們派人到美國去學習有機質譜分析方法。我派一室蘇煥華去美國學習了3個星期，回國後由我院承擔5套裝置的分析標定工作。不幸的是在驗收標定時達不到按合約規定的指標，雙方僵持不下。這時我院參加討論的李再婷同志，不但從物料平衡計算指出問題，還從氫元素平衡指出問題的本質，有科學依據指出問題的要害，迫使對方接受索賠，真是不打不相識。

在這期間，我們與石偉公司的技術人員接觸較多，也給他們介紹我們正在開發的DCC技術，憑著他們對新技術的敏感和對國際市

場丙烯供求情況的掌握，他們表示，如果技術開發成功並有自主知識產權，他們願意與我們合作，把DCC推到國際市場上去。因為我主持開發DCC技術，並在當時主管外事工作，聽到這個消息後非常興奮，在得到總部原則同意後，很快就與對方進行會談。會談由石偉公司的總裁強生先生(Axel Johnson)和我作為主談。會談的內容首先是DCC技術是否擁有知識產權，能否得到國際上同行的確認。事先我們已向美國申請該項技術的專利，但美國專利局遲遲沒有回音。我們把此情況告訴對方，希望他們去了解情況，最好能協助催辦一下。強生先生答應去美國專利局了解情況，過了一個月，對方來函告知我們的專利申請已收到，內容正在審查，他們要求中方有一個專家對專利申請內容再進一步確認，要寫一個確認書，證明申請內容屬實。換句話說，專利所提各項內容是實驗室做出來的，不是構思出來的。要我們找一位專家簽字，簽字人必須對數據真實性負責，否則要承擔法律責任。用一句普通話來講，如果你有弄虛作假，你一到美國就按觸犯美國法律論處。對於這種要求是否合理合法我不知道，但我們可以保證我們的數據是透過大量實驗得到的，於是我把上述情況告訴我院程之光總工程師，他是美國博士，又在美國化工界工作過，於是請他簽字證明，他聽了以後毫不猶豫立即簽了字。過了兩週美國專利局就正式批准了，順利度過了第一關。第二個棘手的問題是：石偉公司提出要獨家代理，就是說DCC技術在國內轉讓由中國石化自己負責，在國外由石偉公司負責。

當時我擔心兩個問題，一是如果別的工程公司幫我們找到DCC潛在用戶，而石偉公司找不到用戶，那就把我們的機會給丟了，豈不可惜。二是如果別的代理商透過競爭能給我們更高的技術轉讓費，那我們不就虧了嗎？在這點上雙方僵持很久。Johnson先生給我反覆講利弊關係，他說一個項目兩家公司代理，互相壓價的結果是你的專利技術轉讓費肯定要少了而不是多了。石偉公司作為國際上一個大的煉油工程公司，在代理轉讓技術方面有悠久的歷史和良好的信譽。他打了個比方：RIPP 現在有一個姑娘要出嫁，她可以找很多小夥子跳舞，但最終只能嫁給一個小夥子。話講得幽默但也不無道理。

與石偉公司 Johnson(左)洽談 DCC 合作事宜(右二為汪燮卿)

還有一個問題是，我方提出要參加商務談判，主要目的：一是學習，二是防止他們背著我們交易，使我們吃啞巴虧。這件事他堅絕不讓步，理由是商務談判的內容很多，除技術轉讓外，還包括工程施工和銀行貸款等很多問題，你們不便介入。我們對後面兩個問題都作了讓步，心裡感到有點窩囊，最後我提出一條：如果雙方協議簽字生效後，在三年內你找不到用戶，協議就自動廢除，我方有權再找其他公司代理。沒想到這最後一條，他倒很爽快地同意了。

協議的實質性談判結束後，我心中有說不出的滋味，不能說是成功，也不能說是失敗。最後由中國石化總公司科技開發部吳棣華簽字才能生效。

令我意想不到的是，協議簽字後不到兩年，1994 年石偉公司就為 DCC 技術在泰國找到了用戶——TPI 石油公司，為我國煉油成套技術出口創造了條件。TPI 是一家石油化工綜合性企業集團，原油加工能力為 350 萬噸/年。其催化裂解(DCC)裝置是建設在泰國南部沿海羅勇(RAYONG)市的主要生產裝置之一，設計加工能力為 75 萬噸/年。該裝置由美國 STONE & WEBSTER EGINEERING COPR 承包設計，其中 DCC 工藝技術是採用我們的專利技術(專利號為 ZL871054280 和 USP49800053)；該裝置的反應器為提升管加密相床層，再生器為一段密相床燒焦。該裝置使用的裂解催化劑是由齊魯石化公司催化劑廠提供的開工劑 CRP-S 和正常生產用劑 CRP-1 催化劑。

裝置於 1995 年開始建設，1997 年 7 月 9 日正式標定，結果顯示，乙烯和丙烯產率分別達到 5.06% 和 17.43%，均達到了設計指標。

與泰國 TPI 公司達成 DCC 技術使用許可協議 10 年之後，2004 年又向沙特阿美石油公司轉讓了該技術，建設了一套 460 萬噸/年特大型 DCC 裝置。該裝置是目前全球最大的 DCC 裝置，於 2009 年 5 月一次開車成功，平穩運轉了兩年多時間後，該裝置於 2011 年 10 月進行了性能考核標定，裝置處理量達到 93000BPSD(465 萬噸/年)、超過 92000BPSD(460 萬噸/年)的設計值。結果顯示，裝置產物分布與設計值基本一致，聚合級丙烯和乙烯物流的實際產量分別為 100.54 萬噸/年和 22.73 萬噸/年，超過了分別為 95 萬噸/年和 22.5 萬噸/年的保證值；其餘各項產物產量和產物性質指標也全部達到了技術許可合約的保證值。表明沙特 DCC 裝置已全面達標，標誌著 DCC 技術超大型化的全面成功，被國際上業界風趣地譽為「丙烯發生器」。

到 2014 年，又有三套裝置分別在印度和泰國先後投產，生產能力總共為 590 萬噸/年。

DCC-Ⅱ型工藝

在成功地開發出以重質油為原料生產丙烯的DCC催化裂解技術後，二室謝朝鋼為首的研究小組於1988年開始進行以重質油為原料直接制取異構烯烴的DCC-Ⅱ型催化裂解技術探索研究，目的在於提高汽油的品質，同時兼顧增產丙烯、異丁烯和異戊烯。為此，必須增加重油的一次裂化，增加汽油的二次裂化，抑制氫轉移反應，增加催化劑的脫氫功能和提高異構烯烴在總烯烴中的比例。與DCC工藝比較，DCC-Ⅱ型反應器只是提升管，沒有床層。反應溫度介於催化裂化與催化裂解之間，在500~540℃，稀釋蒸汽量和劑油比也介於二者之間。1990年在240公斤/天中型提升管反應裝置上對DCC-Ⅱ型催化裂解的工藝條件進行了試驗研究，並成功地研製出了DCC-Ⅱ型催化裂解催化劑CIP-1催化劑。

在中型提升管反應裝置上，對Ⅱ型催化裂解的工藝條件進行了優化研究。試驗結果顯示：提高反應溫度，丙烯、異丁烯和異戊烯產率均有所增加；提高反應壓力，異丁烯產率略有增加，丙烯產率也隨反應壓力提高而增加，但當壓力超過一定值後丙烯產率反而下降，異戊烯產率隨反應壓力提高而有所下降，但當壓力超過一定值後異戊烯產率卻增加；反應時間對烯烴的影響與反應壓力對烯烴的影響相同；劑油比提高，可以增加丙烯、異丁烯和異戊烯的產率；提高稀釋蒸汽量，丙烯、異丁烯和異戊烯產率也都相應增加。

考慮到各個煉油廠對產品結構要求不同，在中型提升管反應裝置上開發了兩種典型的Ⅱ型催化裂解工藝操作模式。以大慶蠟油為原料，在中型提升管反應裝置上，在最大化生產異構烯烴兼顧汽油操作模式下，Ⅱ型催化裂解可以得到11.29%的丙烯、6.20%的異丁烯，6.09%的異戊烯和42.45%的高辛烷值汽油；在最大化生產異構烯烴兼顧丙烯的操作模式下，DCC-Ⅱ型催化裂解可以得到14.29%的丙烯，6.13%的異丁烯，6.77%的異戊烯和39.00%的高辛烷值汽油。

在中試結果的基礎上，總部決定我院與濟南煉油廠和北京設計院共同組成一條龍攻關，仍由原催化裂解攻關組團隊負責。1994年8月在濟南煉油廠15萬噸/年的催化裂化現有裝置上，經過改造後，進行工業試驗，運轉了66天，結果顯示：以臨商蠟油摻脫瀝青油為原料，丙烯收率12.52%，異丁烯4.57%，異戊烯5.78%，汽油40.98%。DCC-Ⅱ型催化裂解可在普通催化裂化裝置稍加改造就可實現生產高辛烷值汽油的目的，異丁烯和異戊烯可作為醚化原料生產高辛烷值的汽油組分。

MGG和ARGG工藝

MGG(Maximum Gas plus Gasoline)是多產液化氣和汽油的催化裂化家族工藝，用各種重減壓餾分油、摻渣油、脫瀝青油或焦化蠟油為原料；ARGG(Atmospheric Residuum Maximum Gas plus Gasoline)是以常壓渣油為原料的MGG工藝。1986年以二室霍永清為首的研究題目組開題，在實驗室小型和中型裝置上，進行多產液化氣催化裂化的探索試驗，得到肯定的結果後，於1989年開始了工藝、催化劑層面上，對活性組分評選與催化劑製備、工藝參數、原料及產品分布、產品品質等多方面的系統而廣泛的探索及試驗研究工作。

1992 年 2 月 MGG 工藝及其所用的 RMG 催化劑分別透過了中國石化總公司組織的中試技術鑒定。認為該項技術為發展煉油和石油化工的結合提供了一條新的、有效的途徑；中試數據齊全，可靠；建議儘快進行工業試驗及推廣使用。同時該項目被列入總公司重點科學研究開發項目和「十條龍」攻關項目，並成立了由總公司生產部、發展部、石油化工科學研究院和蘭州煉油化工總廠領導為組長的 MGG 技術工業試驗領導小組。攻關組由我和蘭州煉油廠副廠長方紀才分任組長和副組長，成員有霍永清、徐世泰、金文琳和潘煜等同志。總公司發展部李健副總工程師在攻關現場協調運行。

1992 年 8 月在蘭州煉油廠討論 MGG 工業化試驗開工方案(右四為汪燮卿)

1992 年 4 月中國石化總公司審查透過了蘭煉第一套催化裂化改為 MGG 裝置的可行性研究報告。1992 年 6 月底，對蘭煉第一套催化裂化裝置進行了停工改造，於 7 月 30 日開始了 MGG 工藝技術的工業試驗。經過 3 個多月的工業運轉，採用提升管反應器，使用 RMG 和 RAG 系列催化劑，反應溫度 510～540℃，最大量生產富含烯烴(尤其是丙烯)的液化氣和辛烷值高、安定性好的汽油的新工藝技術。液化氣產率可達 25%～40%，汽油產率 40%～55%，液化氣加汽油產率 70%~80%，液化氣和汽油產率的比例可以用不同的操作條件來控制和調節。汽油 *RON* 一般為 91~95，*MON* 為 80~82，誘導期 500~900 分鐘。RMG 催化劑重油裂化能力強、水熱穩定性好、抗重金屬能力強，具有特殊的反應性能、良好的活性和烯烴選擇性。該工藝的主要特點是：油氣兼顧，原料廣泛，高價值產品產率高和產品靈活性大等。

在蘭州煉油化工總廠 MGG 裝置開工現場(左一為汪燮卿)

一次開工和試驗成功，經過四次試驗標定，裝置已轉入正常生產，各項技術經濟指標達到或接近設計值，達到了工業試驗的預期目的，取得了較好的經濟效益及社會效益，並於 1992 年 12 月透過了中國石油化工總公司的工業技術鑒定。

在 MGG 成套技術的基礎上，石科院進一步研究開發了以常壓渣油為原料的工藝和催化劑，又稱為 ARGG 工藝技術。ARGG 工藝技術經過小型、中型試驗研究，於 1993 年 7 月底在揚州石油化工廠建成第一套 7 萬噸/年小型工業試驗裝置，經過運轉和標定基本重複了中型試驗結果，達到了預期目的。石油化工科學研究院、揚州石油化工廠、齊魯石化公司催化劑廠和洛陽石化工程公司等單位共同完成了這次工業試驗。1994 年透過了中國石化總公司技術鑒定。MGG 是以蠟油或摻煉一部分渣油為原料，大量生產液化氣和汽油產品的工藝技術；ARGG 則是以常壓渣油等重質油為原料，多產液化氣和汽油的工藝技術。就如同餾分油或摻部分渣油催化裂化和常壓渣油催化裂化一樣，二者有不少相似之處，但在操作、工藝條件、催化劑、裝置、工藝工程等方面有許多不相同的地方。引發揮這些差別的主要原因是原料性質的變化，特別是殘炭、重金屬、雜質、膠質、瀝青質及沸點大於 500℃ 餾分的增加，要求工藝、裝置及催化劑有適宜的工況、良好的重油轉化能力及抗重金屬汙染能力等相應的技術與措施。

1998 年 6 月在原岳陽石化總廠建成投產第一套 80 萬噸/年大型工業化裝置。石科院由我帶領霍永清等同志作為技術轉讓方參加開工，開工的主要任務由長嶺煉油廠承擔。

MGG 工藝技術的主要特點是：

1）油氣兼顧，油化結合。在高的液化氣和汽油產率下，同時可以得到好的油品品質，特別是汽油的品質，相當或優於催化裂化的油品性質。

2）原料廣泛。可以加工各種原料，特別是可以加工摻渣油、常壓渣油或者原油等重質原料，尤其適合於加工石蠟基原料。

3）高價值產品產率高。液化氣加上油品產率可以達到 80%～90%，液化氣加上汽油產率可以達到 70%～80%。

MGG(ARGG)工藝和 RMG、RAG 催化劑已分別獲得中國、美國的專利授權，並獲得中國專利十年成就展金獎，中國專利局和世界知識產權組織專利金獎，中國石油化工總公司科技進步特等獎及國家科技進步二等獎等多項獎勵。

1993 年 4 月王亞民在美國休士頓 AIChE 年會上作 MGG 工藝的學術報告。

1995 年日本千代田工程公司總裁中村宗和來我院訪問，我向他介紹了 MGG 工藝多產優質汽油的特點，並與他簽署了在國外代理我院轉讓 MGG 工藝的備忘錄。

MGD 工藝

多產液化氣及柴油催化裂化技術 MGD(Maximum Gas & Disel Fuel process)是針對二十世紀九十年代，國內許多地區經常出現季節性的汽油市場飽和、液化氣和柴油產品短缺，許多煉油企業希望能夠在催化裂化裝置上同時多產液化氣和柴油，以增加企業適應市場變化的能力，從而增加企業的效益而開發。它滿足對汽油品質升級急需和市場提高柴汽比的需求。它使用分段進料，在提升管反應器中形成多個反應深度不同的區域，原料可按輕重、裂化性能和反應深度的不同，在不同區域進行選擇性裂化和控制汽油裂化反應，最大量生產液化氣和輕柴油而區別於前述兩大煉油技術。

特別是從 2000 年 7 月 1 日發揮，我國陸續開始實施新的車用汽油標準，要求汽油中的烯烴含量大幅降低。當時煉油企業開始有了汽油品質升級的趨向，要求我們院的科學研究團隊，根據企業降低催化裂化汽油烯烴含量的迫切需求，抓住時機開發在提升管催化裂化裝置上可同時增產液化氣和柴油、又降低汽油烯烴含量的技術。該技術可選擇不同生產方案，靈活調整產品結構，多產液化氣、丙烯和柴油，或降低催化汽油的烯烴和硫含量，提高汽油辛烷值，因此受到全國煉油企業普遍關注。

MGD 技術的關鍵，在於對汽油反應區汽油裂化反應規律的認識，操作參數的優化，及其對提升管反應器總產物分布和產品性質影響的認識，重質油及輕質油反應區操作參數的同步優化的掌控。針對 MGD 技術的特點，陳祖庇的科學研究團隊透過擔體改性、沸石酸性調變和選用合適的擇形沸石，研製了專用 RGD 催化劑。

工業試驗是在廣州石化公司和福建煉化公司催化裂化裝置上進行的。1999 年 4 月按照 MGD 技術要求，對廣州石化公司設計處理能力為 100 萬噸/年的重油催化裂化裝置進行了技術改造，2000 年 4 月開始使用 MGD 專用催化劑 RGD-1，2000 年 6 月 RGD-1 催化劑占裝置系統藏量 85%時進行了技術總結標定。同年 9 月福建煉化公司處理能力為 150 萬噸/年重油催化裂化裝置也進行了 MGD 技術改造，11 月底在裝置系統中 RGD-1 催化劑占藏量比例達到 55%以上時進行了技術標定。二者均達到了預定目標。MGD 技術在廣州石化和福建煉化催化裂化裝置上成功工業應用之後，陸續有 37 套催化裂化裝置採用 MGD 技術進行改造，涉及各種催化裂化裝置型式和不同種類的原料油，總加工能力達到 3500 萬噸/年。石科院一時門庭若市，企業諮詢服務應接不暇。

MIO 工藝

1992 年石科院根據世界各國政府保護環境的策略，預測我國今後有大量需求清潔汽油的市場前景，必須添加甲基叔丁基醚(MTBE)和甲基叔戊基醚(TAME)等清潔汽油的關鍵組分，其原料為異丁烯和異戊烯，通常催化裂化裝置的異丁烯產率為 1%~2%，異戊烯的產率為 2%~3%，遠不能滿足市場的需求。因此，開發最大量生產異構烯烴(Maximizing Iso-Olefin process)的催化裂化技術(簡稱 MIO 工藝)，就顯得十分必要。為此，以鐘孝湘為首開展了該課題研究。目的要求透過開發新型催化材料和催化劑，使催化劑與工藝相配套，成為工藝技術上有突破的煉油技術。

在蘭州煉油化工總廠 MIO 工藝的工業試驗現場(左四為汪燮卿)

從 1992 年至 1995 年，開展了大量的基礎工作，包括催化劑配方研究、MIO 工藝中小型試驗研究、中小型催化劑評價等。1995 年 MIO 技術被列入國家計委重點科技攻關項目，同年 3 月至 6 月，MIO 工藝技術在蘭州煉油化工總廠開始進行工業試驗。多產異構烯烴的催化裂化新技術及多產異構烯烴的催化裂化催化劑兩項成果於 1997 年 4 月透過了中國石油化工總公司技術鑒定。多產異構烯烴的催化裂化新技術，以常規催化裂化進料(包括重質餾分油摻煉部分減壓渣油)為原料，使用石油化工科學研究院研製，齊魯石化公司催化劑廠工業生產的 RFC 專用催化劑，採用特定的反應技術，在特定的工藝條件下，達到多產異構烯烴(異丁烯、異戊烯)和高辛烷值汽油的目的。專家鑒定意見認為：採用 RFC 催化劑及 MIO 工藝，在加工蠟油和蠟油摻渣油原料時，可提高氣體烯烴度和重油轉化率，並可抑制氫轉移反應；所提出的異構烯烴潛產率模型對研究有指導意義。在蘭州煉油化工總廠 40 萬噸/年裝置上進行以加工新疆油為主要原料的工業試驗(摻煉 20%～30%減壓渣油)時，C_4、C_5異構烯烴產率達到 10.18%，丙烯+異構烯烴產率達到 20.41%，平均異構烯烴產率比常規催化裂化操作增加 1.45 倍，汽油的 *RON* 增加了 3 個單位以上，同時 93 號汽油產率可達到 40.74%，屬國際先進水平。

1994 年 4 月，鐘孝湘副總工程師在美國亞特蘭大召開的 AIChE 春季年會「亞太地區煉油和石油化工進展」分組會上，作了「從重質原料生產優質發動機燃料和輕烯烴」的學術報告，介紹了 MIO 工藝的特點，受到與會者的讚許。

CPP 工藝

早在二十世紀五十年代，在石油化工開始發展的初期，人們就注意到能否用重質石油組分作原料，以生產乙烯、丙烯等輕質烯烴。最有代表性的是德國魯奇公司開發的砂子爐裂解技術。1964 年 7 月中國技術進出口公司與聯邦德國魯奇礦物技術有限公司簽訂合約，引進年產乙烯 3.6 萬噸/年的砂子爐石油裂解裝置，建在蘭州石化公司。1965 年 3 月簽署砂子爐初步設計協議書，1970 年 4 月 5 日砂子爐建成投產，在國內首次實現重質油裂解制烯烴的工業化生產。砂子爐裂解的主要優點是可以避免使用昂貴的耐熱合金鋼，能夠採用重質原料油，甚至原油作為裂解原料。但缺點是在相同原料下裂解主要產品的產率比管式爐裂解低，設備繁多，操作複雜，能耗高，並且不斷外排含油廢砂，汙染環境。該技術最終被淘汰。

在1958年「大躍進」的年代裡，「小土群」紛紛上馬，煉油搞煤成堆干餾，石油化工則掀發揮用蓄熱爐裂解重油制乙烯，但由於技術落後，產品品質差被淘汰。

在以後石油化工大發展的年代裡，以石腦油為原料的蒸汽裂解技術得到飛速發展，成為生產輕烯烴的主宰技術。直到二十世紀六十年代煉油技術中流化催化裂化工藝中採用了具有規則孔道的沸石作為催化材料，成為世界煉油技術的重大突破。這一突破形成了一個連鎖反應也對石油化工界以啟發，特別是 Mobil 公司研發成功的擇形催化材料 ZSM-5，其結構已在1978年由 Mobil 科學家作了報導。由於它的特殊孔結構，使烴類在催化裂化過程中高選擇性地多產丙烯，與流化催化裂化採用 Y 型分子篩作催化劑相結合，為重質油裂解生產輕烯烴，特別是丙烯，開啟了新篇章。但要重質油多產乙烯還有難度，這可以從正碳離子的反應機理得到解釋。因此，前人主要把研究重點放在金屬氧化物催化劑的研究，試圖達到多產乙烯的目的。

採用金屬氧化物或其混合物作為裂解反應制乙烯的催化劑，可以降低反應溫度，減少結焦，提高乙烯收率，而且原料的適應性也得到改善。金屬氧化物在反應中一方面造成熱載體的作用，更重要的是造成促進自由基初始反應的作用，使原料轉化率增加，從而使目的烯烴的收率得到提高。日本東洋工程公司開發的 THR(Total Hydrocarbon Reforming)工藝過程是一種以重質油為原料催化轉化生產輕烯烴的過程，所用的催化劑主要成分 $Ca_{12}Al_{14}O_{33}$ 及 $Ca_3Al_2O_6$。美國石偉工程公司開發的 QC(Quick Contact)技術是在催化裂化的基礎上，採用下行式反應器以及獨特的混合和氣固分離設備，制取輕烯烴的技術。可以加工重質原料油，停留時間可控制在0.2秒之內，反應溫度為800~1000℃。德國科學院柏林化工研究所開發的 TCSC (Thermal-Catalytic Steam Cracking)技術採用固定床反應器加工常壓瓦斯油(AGO)和減壓瓦斯油(VGO)，所用的主催化劑為氧化鈣/氧化鋁，助催化劑為釩酸鉀，可以提高乙烯產率。

這些工藝雖然都可以加工重質原料，但反應溫度都超過 800℃，並且都還未工業化。

我們在催化裂解 DCC 開發成功的基礎上，研發成多產丙烯的催化材料，但要多產乙烯，原有的催化材料尚不能滿足要求。因此，必須在原有的基礎上，尋找新的催化材料就成為關鍵。

(1) 沸石材料的合成、篩選和改性

眾所周知，輕質原料生產乙烯，是透過熱裂解反應進行的，而熱裂解屬於自由基反應。催化裂解是在沸石的酸性中心上發生的，使烴類以正碳離子機理進行裂解反應，但是由於正碳離子的反應行為偏向於裂解產物以丙烯、丁烯為主，乙烯較少。根據文獻報導，要多產乙烯，必須用高矽鋁比的沸石，以降低酸中心的密度，控制氫轉移反應，以提高產物中烯烴的選擇性，並採用中孔或小孔的沸石，透過其擇形作用增大乙烯的選擇性；或在沸石上交換金屬離子或負載金屬氧化物，改變其表面的酸性和酸中心分布，抑制氫轉移反應，來改善乙烯等烯烴的選擇性。為此，在 1993 年我指導碩士生蘇朝暉對《催化裂解制乙烯催化材料的初步評定與探索》這一課題研究中，發現含鹼金屬的沸石有自由基裂解提高乙烯收率的趨勢，而在 NaY 和層柱累托石中引入鉀離子乙烯收率也有所提高。1995 年我指導博士生劉鴻洲開展《催化熱裂解催化材料的探索及相應微反評價裝置的建立》課題研究，發現烴類在鹼性材料上可進行自由基反應，但並不意味鹼性催化劑是自由基產生的原因。在 ZSM-5 沸石中引入過渡金屬，特別是引入銀離子後，乙烯產率提高，而丙烯產率未變，說明銀能促進正碳離子的生成，又能透過氧化-還原反應，促進自由基的形成。1998 年我指導博士生柯明研究「催化裂解制乙烯催化新材料的探索」。為了增加乙烯的產率，沸石的孔徑大小是重要因素，中小孔沸石對乙烯的選擇性比大孔好。在高溫高轉化率條件下，乙烯的選擇性隨 ZSM－5 的矽鋁比增加而提高。用磷對 HZSM-5 改性，結果可以阻止分子篩骨架脫鋁。提出了用磷改性分子篩表面結構模型。表明將 ZSM－5 用磷改性是一種多產乙烯的途徑。

我院以舒興田為首的團隊在開發成功 ZRP 沸石的基礎上，用 Mg 離子改性得到 PMZ 沸石作活性組元的催化劑，其乙烯產率、乙烯選擇性和乙烯/丙烯比明顯提高。PMZ 沸石上 L 酸/B 酸的比值是母沸石 ZRP 的 1. 5 倍。試驗結果表明，隨著催化劑中氧化鎂含量的增加，乙烯和丙烯的產率也隨之增加，其中乙烯的增加幅度更大。這主要是因為氧化鎂的加入，促進了自由基反應，從而使得乙烯產率大幅度提高。

透過對催化劑活性組分、基質及其製備工藝的系統研究，石科院開發成功適合催化熱裂解工藝要求的 CEP 催化劑。該催化劑主要具有以下特點：①採用 Mg 改性沸石作為活性組分；②沸石預水熱活化處理，提高其裂化活性和水熱穩定性；③基質活化處理，增加催化劑的重油轉化能力；④採用雙黏結劑新工藝，增加催化劑的耐磨性能。

在這樣的科技成果背景下，利用重油催化熱裂解工藝可以成為蒸汽熱裂解制乙烯技術的補充。重油催化熱裂解具有自由基反應和正碳離子反應的特點，除多產乙烯外，還兼顧丙烯的生產，從而可根據市場的需求，透過調節催化劑配方和操作條件，靈活地多產乙烯或多產丙烯。

（2）中型試驗

使用催化熱裂解專用催化劑 CEP－中－15，在中型提升管裝置上，以大慶蠟油摻 30%減壓渣油為原料油，在反應溫度 620℃、劑油比 22. 5、油氣停留時間 2. 1 秒、反應壓力 0. 07 兆帕(表)、水肉量 57. 0%的條件下，乙烯產率為 24. 27%，丙烯產率為 14. 70%，乙烯、丙烯和丁烯三烯總收率為 45. 73%，焦炭和甲烷產率分別為

8.00%和11.19%。在反應溫度640℃、劑油比32.9、停留時間2.1秒、反應壓力0.07兆帕(表)、水肉量54.30%的條件下，乙烯產率為22.82%，丙烯產率為15.96%，三烯總收率為46.98%，焦炭和甲烷產率分別為8.51%和11.70%。1999年7月透過中國石化技術開發中心的鑒定，認為CPP工藝拓寬了乙烯和丙烯的原料來源，是催化裂化家族技術的新發展，在催化熱裂解制乙烯技術的領域中，具有國際先進水平。

(3) 脫除再生催化劑攜帶煙氣的研究

由於催化熱裂解的反應溫度低於650℃，再生溫度低於760℃，在反應–再生系統設計時可以採用常規催化裂化裝置的材料即可滿足要求，而無需採用昂貴的合金鋼材料，因此現有催化裂化裝置進行適當改造即可實施。

但在催化熱裂解過程中，由於使用重質原料以及連續反應–再生操作，特別是因為大的劑油比，再生催化劑會攜帶燃燒廢氣進入反應器，原來催化裂化用水蒸氣汽提裝置不能滿足要求，從而會增加後續分離和回收系統的難度。因此需求對再生催化劑脫煙氣裝置進一步改進。1997年，我指導魯維民博士生開展「脫除再生催化劑攜帶煙氣的研究」，提出了一種再生催化劑快速汽提脫氣技術，即在脫氣罐中設置內外環擋板和中央脫氣管，汽提蒸汽從外環擋板下方的盤管引入後穿過該擋板上的孔與催化劑接觸進行汽提置換。置換出的煙氣和剩餘的水蒸氣向上流動進入上部內環擋板下方，內環擋板不開孔，氣體從內環擋板下方脫氣管的開孔部位進入脫氣管中，向上流動到密相床層以上，達到控制水蒸氣與催化劑密相床層接觸時間的目的。採用該結構多級串聯的方法達到所要求的煙氣脫除率，比無內構件時的脫氣效率提高40%，根據實驗和模擬計算結果，建立了多級錯流短接觸汽提方法的工業應用原則和工藝設計方案。

(4) 工業化試驗

CPP的工業化試驗是由中國石化石油化工科學研究院、中國石化北京設計院和中國石油大慶煉化分公司三家合作進行的。在大慶煉化將一套12萬噸/年的DCC裝置和15萬噸/年的氣體分餾裝置，改造成為8萬噸/年的CPP試驗裝置，於2000年10月30日進行反應系統噴油，實現開車一次成功，從2000年11月28日至2001年1月10日完成所有工業試驗標定項目，共運行75天。以大慶常壓渣油為原料，用專門開發的CEP催化劑，標定了三個方案：即多產丙烯、兼顧乙烯和丙烯及多產乙烯。主要操作條件參照中型試驗結果，反應溫度在580~650℃，再生器溫度在700~750℃，注蒸汽量30%~50%，反應時間約為2秒，劑油比12~25。丙烯方案操作時，乙烯、丙烯和丁烯的收率分別為9.77%、24.60%和13.19%；中間方案分別為13.71%、21.45%和11.34%；乙烯方案分別為20.37%、18.23%和7.52%。

2002年在聖安東尼奧AIChE年會作CPP技術報告

我於2002年3月在AIChE春季新奧爾良年會上宣讀了論文《催化熱裂解(CPP)——重油催化裂化向生產乙烯和丙烯的飛躍》，獲得與會者的讚許。美國《烴加工》雜誌2002年8月在創新版，刊登了中國石化石科院開發成功CPP的報導，題為《重油加工生產烯烴的新工藝》，摘要如下：中國石化石科院(RIPP)開發成功用重油催化多產乙烯和丙烯的新工藝。催化熱裂解工藝 CPP 用常壓渣油、VGO 和減壓渣油為原料，生產輕質油品，特別是輕烯烴(乙烯和丙烯)。該工藝提供了一個用低成本石蠟基重油生產高附加值輕烯烴的方法。該工藝類似於流化催化裂化，但用特殊設計的具有正碳離子和自由基離子反應機理的沸石材料。工業化試驗在中石油大慶煉油廠運行，結果令人鼓舞，CPP 是重油加工向石油化工的進一步延伸。

(5) 在瀋陽石蠟化工廠建成第一套 CPP 工業裝置

為了把 CPP 工藝推向工業化，我在 2003 年 8 月 25 日給國家發改委張國寶副主任寫了一個報告，內容如下：

> 國家發改委張國寶副主任：
>
> 感謝您 7 月 25 日來信對我在《中國石油天然氣工業中長期發展規劃》(草稿)所提意見的高度評價，現在我正從事工程院《中國可持續發展油氣資源策略研究》的部分工作，相信這二者的結合會使規劃工作做得更好。
>
> 我想借此機會向您推薦用重質石油組分生產乙烯和丙烯的催化熱裂解(CPP)技術。這是一項具有自主知識產權、花了十多年開發成功的技術，經過 2001 年在大慶工業化試驗成功後，需求有一個示範性的工業裝置運行。該技術開發成功後，受到國際同行的關注，美國《烴加工》雜誌專有報導，美國著名的工程公司 SWEC(石偉)願在中國境外作獨家代理，並與用石腦油作原料的蒸汽裂解制乙烯技術作了技術經濟對比，認為其由於原料價格便宜並多產丙烯而具有優勢。鑒於該技術的重要性，中國石化沒有同意給他們在國外獨家代理，這無疑是正確的。但更重要的是需求有一套示範性工業裝置，因此發改委的領導和支持是至關重要的，我們有可能開創出一條除石腦油以外符合我

國國情的生產氣體烯烴的技術路線。

以上建議如有不妥請指正。

順致

夏安！

汪燮卿

2003 年 8 月 25 日

使我意想不到的是張國寶副主任當天就作了如下批示：「請告汪燮卿同志，已準備在瀋陽石蠟化工廠應用此技術。25/8。」

2004 年 8 月 12 日，國家發展和改革委員會（發改工業〔2004〕1650 號）正式批覆遼寧省發展改革委關於瀋陽石蠟化工有限公司催化熱裂解 CPP 和聚氯乙烯項目。瀋陽化工集團瀋陽石蠟化工有限公司（SPCC）50 萬噸/年催化熱裂解（CPP）制乙烯裝置於 2009 年 7 月建成投料試車，並一次開車成功。經過幾個月的生產運行和調整優化，CPP 制乙烯裝置運行平穩。於 2010 年 3 月 22 日至 3 月 25 日，由瀋陽化工集團瀋陽石蠟化工有限公司、中國石油化工股份有限公司石油化工科學研究院（RIPP）、中國石化工程建設公司（SEI）三家聯合組織對 CPP 制乙烯裝置開展為期三天性能考核標定工作。

性能考核期間主要產品收率：標定期間乙烯產率為 18.32%，丙烯產率為 21.58%，乙烯、丙烯產率總和為 39.90%，達到性能保證指標。

由國家發改委組織專家於 2010 年 4 月 20 日至 4 月 22 日對 CPP 裝置運行情況進行考核，工業應用得到如下結論：

瀋陽石蠟化工有限公司 50 萬噸/年催化熱裂解（CPP）制乙烯裝置工業運轉及 72 小時性能考核結果表明：

1）CPP 裝置反應–再生系統催化劑流化正常，整套工藝流程配置合理，操作穩定，調節靈活。

2）CPP 裝置的乙烯產率為 18.32%，丙烯產率為 21.58%，乙烯加丙烯產率為 39.90%，超過裝置性能保證值（36%）；產品乙烯

1994 年 10 月 24~27 日在北京召開的 DCC、MGG、MIO 技術研討會
（左三為汪燮卿，右三為李大東院士）

純度超過 99.99%，產品丙烯純度超過 99.9%，乙烯產品品質達到優等品指標，丙烯產品品質達到優等品指標。

3）CPP 裝置工業運轉表明，該工藝技術成熟可靠，開闢了一條以石蠟基常壓渣油為原料生產乙烯、丙烯的新工藝路線。

4）裂解氣精製與分離系統流程配置合理，滿足聚合級乙烯、丙烯的生產要求。

到 2014 年 7 月，延長石油公司有一套 150 萬噸/年的裝置，按 CPP 工藝操作條件多產乙烯和丙烯方式投產。

第十一章

創新是責任
創新是興趣

黨中央提出「創新驅動發展」很正確。

人類社會的發展是靠創新實現的，創新是千百萬人的辛勤勞動實踐的結果。那驅使人們去創新的動力是什麼呢？我想其中至少有一條，那就是有興趣和推動力。食不果腹時人們主要是想要吃飽肚子，那是為了生存而創新。從茹毛飲血到吃熟食則是人類歷史上里程碑式的創新，其關鍵技術是鑽木取火。從鑽木取火到擊石取火則不能說是原始創新，但它大大地提高了取火的簡易性。何時發明擊石取火我未考察過，但到二十世紀三十年代，在我們農村老家還有用擊石取火的。在我六七歲時，我和外公外婆睡在一張床上，早上發揮來燒火做飯，就用擊石取火辦法，他用一塊專用的石頭叫火石，把一根捻好的燒紙緊貼在火石上，然後用一塊厚鐵板不斷猛擊火石，當火花碰上紙時就把紙點燃了。擊石時發出的那種咔嚓咔嚓聲對小孩來說很有趣。當然，那時城裡人大多用火柴了，我們叫它為「洋火」，因為農民窮買不發揮，只好用擊石來取火。

飽食終日、無所用心是無從創新的。在人們生活條件基本滿足後，要把創新作為一種興趣來培養。因為對某件事有了興趣才會有靈感，有了靈感才不會因循守舊，才能創造新事物，開闢新天地。

我老家住在農村，過春節時家家戶戶都要在門上張貼春聯，我還記得有一幅春聯很耐人尋味：海闊憑魚躍，天高任鳥飛。我們要創造這樣一種社會環境和氣氛，讓人們海闊天空、自由自在地去思考問題。要有點「異想天開」的精神。「異想」天不一定能開，但不異想天肯定開不了。

以下就是我在科學研究實踐中的一些想法和做法，只是在煉油技術上添磚加瓦而已。

開發含酸原油直接催化裂化工藝（RACC）

閒時不免有暇想，根據石油的有機成因學說，石油是億萬年前的生物，透過埋藏在地下，受到溫度、壓力和地質條件的作用後形成的。也就是原來的碳水化合物變成了碳氫化合物，把氧去掉了，形成天然氣和石油，當然也可形成煤炭。

相同碳數的碳氫化合物與碳氫氧化合物相比，表現在物理性質上的差異非常明顯。首先拿一個碳的化合物來說，它的碳氫化合物是甲烷，是天然氣的主要組分，它的沸點是−161.4℃，而同一碳數的甲酸沸點是 100.5℃，二者相差 262℃；兩個碳的乙烷沸點是−88.6℃，而同碳數的醋酸是+118.4℃，二者相差 200℃。到了碳六，正己烷沸點是 68.7℃，而正己酸的沸點在 10 毫米汞柱壓力下仍高達 265℃。粗略地說，相同碳數的有機酸比烴類沸點要高 200℃以上。這是自然界的客觀現象，看發揮來偶然但卻很有趣，它啟發我去推論和延伸到石油的組成與沸點的關係，就是石油中的有機酸類物質比相同碳數的烴類物質的沸點要高 200℃以上。這種推想是否正確，還需透過實驗證明。為此，我在 1996 年給碩士生張青的研究論文題目為《孤島混合原油中 250~400℃餾分中石油羧酸的組成研究》。採用離子交換樹脂富集孤島混合原油中的石油羧酸，然後進行甲酯化形成相應的石油酸甲酯，再透過用四氫鋁鋰還原反應，最後將石油羧酸甲酯轉化成相應的碳氫化合物。把這些碳氫化合物的混合物透過元素分析、紅外光譜分析和質譜的電子轟擊離子源

(EIMS)以及場解析離子源(FDMS)分析，得到了該原油中相同碳原子數的羧酸類的碳原子數分布，以及相應的烴類族組成。實驗的結果證實了以上推論的正確性。

我又查閱了一些文獻資料，總結了前人的研究結果，石油酸的結構和組成有以下特點：①石油酸主要是一元羧酸；②石油酸主要由脂肪酸、環烷酸和芳香酸組成，其中環烷酸占85%以上；③環烷酸包括一環、二環、三環和四環環烷酸，還有含芳環的環烷酸和帶脂鏈環烷酸；④原油各餾分油中，單環及雙環環烷酸的含量較高，餾分愈重，多環或帶芳環的環烷酸含量愈高；⑤同一碳數的酸比相同碳數的碳氫化合物沸點要高200℃以上。

在煉油界，把總酸值大於1毫克氫氧化鉀/克的原油稱為高酸原油。現有含酸原油的加工方法通常是用常規原油的加工方法。含酸原油要透過常減壓加熱爐、塔、換熱器和冷凝器等，會造成設備腐蝕，因此必須用耐腐蝕的合金鋼材料，這樣就會增加投資。中國海洋石油總公司在惠州有一座1000萬噸/年的加工含酸原油的煉油廠，採用耐腐蝕的各種鋼材，投資要大得多。其他大多數煉油廠都是採用將含酸原油與普通原油混煉的辦法，以降低進料原油的酸值，再用「一脫四注」等技術措施，降低對設備的腐蝕，並加強安全維護，以實現正常生產。

那麼，還有沒有其他的加工技術路線呢？

得益於我在主持催化裂化家族工藝的開發工作中得到的啟示，使我聯想到：能不能把含酸原油不經過加熱爐加熱到350℃以上，避免對金屬材質的腐蝕，而是把含酸原油透過換熱，使原油溫度達到200℃左右，那時石油酸還是以液相、均相狀態存在原料油中，然後直接進入催化裂化噴嘴汽化和裂化。汽化後的石油酸接觸到的是無機非金屬材料催化劑，從而避免了對設備的腐蝕。

這個新想法能否成為一個現實的加工工藝，還要取決於石油酸催化裂化脫羧基的難易程度。如果相同反應條件下，與羧基相聯的C–C鍵比同碳數烴類的C–C鍵更容易斷裂，使羧基斷裂變成二氧化碳氣體逸出，那麼這種催化裂化進料方式完全可以加工高酸原油，這就有可能在高酸原油加工工藝上另闢蹊徑。於是我在2003年招了一名博士生傅曉欽，給他的論文題目為《高酸原油流化催化脫酸技術的探索》。

在正式討論課題以前，我問他是否聽過「哥倫布豎雞蛋」的故事，他說沒有聽過。於是我就把這個故事的梗概講了一遍，目的是要啟發他科學研究工作中的想像力，敢於衝破常規去思考問題。

故事的梗概大致如下：在西班牙國王的支持下，哥倫布先後四次出海遠航，開闢了橫渡大西洋到美洲的航路。1492年10月，哥倫布終於發現了美洲大陸。在臨行前，國王舉行宴會為他餞行，作陪的有國王的親信和大臣們。席間，國王令侍衛端來一盤煮熟了的雞蛋，發給參宴的每一位客人，要他們把雞蛋豎發揮來。大臣們小心翼翼用雙手把雞蛋豎了發揮來，一放手又倒下去了。國王心中暗自好笑，見哥倫布不動聲色，於是也要哥倫布把雞蛋豎發揮來。哥倫布毫不猶豫地把雞蛋的一端往桌上一敲，雞蛋就乖乖地豎在桌子上了。國王對哥倫布的智慧和決斷行為大為讚賞。講完故事後，我對傅曉欽說：「今天給你出的研究題目是把高酸原油直接催化裂化，就是要考驗你有沒有哥倫布豎雞蛋的精神。」

我把研究的總體思路和要解決的技術問題向他講了以後，請一室田松柏主任作為協助指導老師，為儀器分析提供指導；請二十六室侯栓弟主任為協助指導老師，為催化裂化工藝研究提供指導。

隨著世界上石油資源開採量的增加，重質和劣質原油開採量也愈來愈多，據統計在2005年約占石油開採總量的5.5%。2005年我國高酸原油產量為6000萬噸。高酸原油的性質大多屬於環烷基–中間基或環烷基原油，也有石蠟基油，它的密度大於0.9克/釐米^3，為重質原油；殘炭高到 5%以上，而且鎳釩等金屬含量較高，輕組分含量低。正因為它是劣質原油，所以售價比較低，在高油價年代，每桶價格比常規原油要低 10～15 美元。由於含酸原油價格較低，如果採用合理的加工工藝，可以獲得更高的利潤，因此通常稱之為機會原油。

問題是加工含酸原油我們要付出多少額外代價。煉油科技人員的任務是在加工過程中盡可能少付出代價，多獲得利潤。

與加工常規原油比較，加工高酸原油的問題：一是常減壓蒸餾裝置腐蝕嚴重；二是油品乳化嚴重，從而降低油品收率。另外在精製過程會產生鹼渣汙染環境。

如何避免加工高酸原油的腐蝕問題？要開發新型高酸原油加工工藝，首先必須認識石油酸腐蝕與溫度影響規律。透過調查文獻，發現有一個有趣的現象：在溫度低於 220℃時石油酸的腐蝕性極弱；高於 220℃時，腐蝕隨溫度升高而加劇；在 270～280℃，腐蝕性最強；在 280～350℃範圍內，隨溫度升高，腐蝕性下降；到了 350～400℃，腐蝕重新加劇；超過 400℃時，腐蝕明顯減弱。這一現象或規律給我們一個啟示：如果在加工時把高酸原油加熱到 220℃以下，並且只與高度分散的、呈流化態的催化劑接觸，而不與金屬材料接觸，就能避免對金屬材料的腐蝕。這就是本論文的創新核心。

傅曉欽的論文首先對我國蓬萊原油、蘇丹高酸原油的柴油餾分和減壓餾分油（VGO）的石油酸，用紅外光譜、核磁共振、負離子電噴霧質譜等方法作了結構表徵，得出以下結果：紅外光譜和核磁共振碳譜表徵結果表明，羧基與環烷環連接有兩種方式，一種直接與環烷環相連，另一種透過 1～4 個亞甲基與環烷環相連，後者含量較前者高。負離子電噴霧質譜表徵結果表明，石油酸類型有一環、二環、三環、四環、五環環烷酸和芳環羧酸，它們的碳數分布範圍在 C_9～C_{46}之間。

用實驗室小型流化床進行蘇丹高酸原油的脫羧基試驗，在反應溫度 480~550℃、空速 $20h^{-1}$和劑油比 3~20 的條件下，得到了以下幾點新認識：①高酸原油在高溫(超過 200℃後)條件下只與高度分散的、呈流化態的催化劑接觸不與金屬材料接觸，避免了對金屬的腐蝕。②催化裂化的脫酸率達到 99%以上，避免了石油酸對後續加工設備的腐蝕和油品鹼洗精製脫酸。③高酸原油中的輕組分降低了原料油的黏度，改善了原料油的霧化效果，同時輕組分中石油酸在此過程中一併被脫除。④石油酸與石油烴同時發生裂化反應，產品分布良好。

所開發的高酸原油流化催化脫酸工藝有以下幾個優點：

1）高酸原油經過脫水脫鹽預處理，加熱到 200℃後透過噴嘴被水蒸氣霧化直接進入提升管反應器，不需求常規原油蒸餾過程中的加熱爐和常減壓蒸餾塔等設備，避免了高酸原油對設備的腐蝕。

2）在固體酸催化劑的催化脫羧作用下，高酸原油中石油酸的羧基轉化成 CO_2，而烷基部分保留，並以碳氫化合物形態再裂化成小分子。

3）反應產物不需求鹼洗精製脫酸，相對而言減少了油品的損失，避免了油品乳化和產生鹼渣問題。

經過對石油酸催化脫羧過程的分子模擬及試驗研究，得到以下結果：對 21 個石油酸模型化合物的電荷分布進行分子模擬計算，表明石油酸具有相同的化學反應特性，因石油酸的電荷分布基本相同，負電荷主要集中在羧基上，羰基上的氧原子所帶負電荷較多，約 0.41 單位羥基氧原子所帶負電荷約 0.33 單位。石油酸中的 C–O 鍵比 C–C 鍵的鍵級高，說明 C–O 鍵較穩定而難以斷裂；與羧基 C 相連的 C–C 鍵和其他 C–C 鍵的鍵級相比，其鍵級最低，最容易斷裂。因此，石油酸的羧基易作為一個整體(CO_2)從石油酸中脫除。石油酸催化脫羧反應能壘和熱裂解反應相比，石油酸在酸性催化作用下脫羧反應較熱裂解脫羧更容易進行；與催化劑上的 Brönsted 酸中心比較，Lewis 酸中心脫羧效果更好。關於石油酸模型化合物的擴散能壘，分子模擬結果表明：大部分石油酸能夠進入 Y 型分子篩孔道，四環以上的環烷酸較難進入；石油酸在 Y 型分子篩中的擴散能壘比 β 和 ZSM-5 分子篩低。

總之，固體酸催化劑含有的 Lewis 酸和/或 Brönsted 酸中心能夠催化石油酸的脫羧反應，其脫酸率比熱裂解高。

這些分子模擬所得的結果，還需求透過實驗才能驗證是否正確，因此進行了高酸原油流化催化裂化的中型試驗研究。所採用的固體酸催化劑以 Y 型分子篩為主，以多得輕質油品，含 ZRP 和 β 沸石的催化劑可增加丙烯和汽油中烯烴含量，可作為催化劑的輔助成分，以多產低碳烯烴。高酸原油流化催化裂化中型試驗研究結果：在反應溫度 510℃、劑油比為 6、提升管停留時間為 3 秒的操作條件下，蓬萊高酸原油經固體酸催化裂化後，脫酸率超過 99%；液化氣收率為 10%左右，汽油收率為 35%~40%，柴油收率為 28%左右，焦炭產率為 9%左右。汽油、柴油和重油中的酸度或酸值符合相應產品的品質標準要求，不需求進行鹼洗精製脫酸。汽油中芳烴含量相對較高，烯烴含量相對較低，經脫臭後可以作為 90 號汽油，也可以作為汽油調和組分。柴油凝點低於-50℃，十六烷值較低，經過加氫精製可以作為-50 號優質柴油的調和組分。

中型試驗結果表明，高酸原油流化催化脫酸技術是一種新型和實用的高酸原油加工工藝，避免了當前加工高酸原油所產生的設備腐蝕和產品精製問題。

這篇論文在 2006 年 6 月答辯透過以後，引發揮院領導的高度重視，認為有可能開闢一條高酸原油加工的新工藝，必須在此基礎上進一步做工業化試驗以驗證它的可行性和經濟性。當時正值高油價年代，含酸原油價格相對便宜，利潤豐厚，總公司領導同意進行工業化試驗。

高酸原油直接催化裂化脫酸成套工藝技術包括電脫鹽單元和催化裂化單元兩部分，工業試驗於 2006 年 11 月在清江石化公司進行，用高含酸蘇丹達混油做了兩個月的工業試驗，由我院毛安國、田松柏、侯栓弟、李本高等在現場直接指揮並參加工業試驗。清江石化的一套小催化裂化裝置建於 1994 年，設計能力為 7 萬噸/年，同軸式外提升管結構。2003 年擴能改造，能力達到 13 萬噸/年。此次工業試驗目的是：驗證實驗室和中試研究結果；驗證高酸原油的脫鹽脫水脫金屬效果；驗證直接催化裂化的脫酸效果；驗證催化劑的重油裂化和抗金屬汙染能力；觀測運行過程中原油系統對設備的腐蝕情況。最後為總部決策提供科學依據。

開發目標首先是生產酸值和其他指標合格的高價值石油產品和下游原料，解決高酸原油加工造成的常減壓設備腐蝕問題；技術創新點是開發直接催化裂化脫酸成套工藝技術，這是高酸原油加工的世界級難題。其次，要針對高酸原油乳化嚴重、含水高、含金屬高等特點開發專用破乳、脫水、脫金屬劑。針對高酸原油餾分寬、金屬含量高開發專用裂化催化劑。針對高酸原油有機酸隨溫度變化的腐蝕規律，優化換熱網路和流程，避開石油酸對設備的腐蝕溫度段。

工試方案：採用兩種活性不同的催化劑（ARC-1S/ARC-1），增強操作靈活性和裝置適應性；確保重油轉化能力和高價產品的選擇性，降低催化劑使用成本。工試方案中的腐蝕性檢測透過作鐵平衡來考察原油系統的腐蝕狀況。為了盡可能地取全、取準腐蝕數據，在原油進裝置前（70℃）、脫鹽前（140℃）、脫鹽後（130℃）、進噴嘴前（200℃）等 10 個不同部位及對各液體產品、待生和再生劑進行取樣，並採取高溫在線測厚、氫通量和電感腐蝕探針等手段進行同步監測。

2006 年在清江石化高酸原油催化裂化工業試驗現場(右三為汪燮卿)

2006 年 11 月 25 日前一切準備工作就緒。11 月 26 日 8：00 高酸原油進電脫鹽裝置，11 月 26 日 16：00 脫後原油鹽含量 3.98 毫克氯化鈉/克，水含量 0.6%，汙水含油量 10.5 微克/克。11 月 26 日 19：00 脫後原油進催化裂化裝置。2007 年 1 月，進行了總結標定。2007 年 2 月 4 日催化裂化單元停工檢查腐蝕狀況。2007 年 3~4 月加工第二批高酸原油，高酸原油性質：密度 0.9031 克/毫升，酸值 3.49 毫克氫氧化鉀/克，殘炭 7.79%，凝點 34℃，鹽含量 44.6 毫克氫氧化鈉/克，水含量 3.2%。

催化裂化裝置的操作條件：處理量 12.84 噸/時，反應溫度 498℃，再生溫度 704℃，預熱溫度 200℃，催化劑單耗 2.4 公斤/噸。總計加工約 4 萬噸高酸原油，歷時 4 個月。

經濟效益方面，按工業試驗期間石油產品和原油採購價格計算，清江石化加工高酸原油與低酸重油原料相比，新增利稅為 1472.7 元/噸，新增利潤為 1234.4 元/噸。對 100 萬噸/年的催化裂化裝置，年新增利稅為 14.73 億元，新增利潤為 12.34 億元。

工業試驗結論：開發的專用破乳劑和脫金屬劑，具有較好的脫鹽脫水脫金屬效果，工業試驗期間電脫鹽單元的脫鹽率為87.4%，脫水率為97.1%，脫鈉率為92.7%，脫鐵率為48.8%。提供了滿足催化裂化工藝要求的原料。開發的專用裂化催化劑具有較強的重油裂化能力和抗金屬汙染能力，在平衡劑上汙染金屬總量為4%，其中金屬鎳含量達2.4%時仍表現出較好的高價值產品的選擇性。催化裂化單元的脫酸效果優異，工業試驗期間汽油的平均酸度為0.27毫克氫氧化鉀/100毫升，柴油的平均酸度為1.8毫克氫氧化鉀/100毫升，油漿的平均酸值為0.05毫克氫氧化鉀/克，產品中的酸度(值)與常規催化裂化原料的產品結果相當，石油酸總脫除率達到99.8%。原油中的金屬鐵含量隨流程無明顯增加趨勢，從原油系統的鐵平衡和催化裂化單元停工後檢測看，未發現異常的腐蝕現象。

工業試驗驗證了實驗室的研究結果，完成了合約要求的開發內容和目標。高酸原油直接催化裂化成套工藝只脫除石油酸分子中的羧基，形成二氧化碳，保留了烴類，體現了原子經濟的概念。

2009年3月18日《高含酸原油催化脫酸成套工藝技術開發》在總部透過鑒定，曹湘洪院士任鑒定委員會的主任，袁晴棠院士、侯芙生院士任副主任。鑒定結果認為：開發的高含酸原油直接催化裂化脫酸成套技術涉及電脫鹽單元和催化裂化單元，包括新開發的原油破乳劑、脫金屬劑、催化裂化脫酸專用催化劑和工藝流程優化等技術。該技術有效解決了高酸原油破乳難和脫金屬難的問題，避免了高酸原油加工過程中的設備腐蝕和油品乳化；專用催化裂化脫酸催化劑在平衡劑上金屬鎳含量達到24000微克/克，金屬總含量達到40000微克/克時仍表現出良好的活性穩定性和高價值產品選擇性。該技術為加工高酸原油提供了一條目前世界上獨有的技術路線，具有創新性和顯著的經濟效益。該成套技術申請國家發明專利13件，其中2項已授權。具有完全獨立的自主知識產權和自由的運作權。

工業應用案例：高橋分公司I套催化裂化裝置的加工能力為90萬噸/年，2007年10月，為了加工高酸原油，建成120萬噸/年電脫鹽裝置，採用兩級交直流電脫鹽串聯技術，為催化裂化裝置提供原料。所用原料的性質為：密度(20℃)903.5公斤/立方米，總酸值4.35毫克氫氧化鉀/克。操作條件為：反應溫度507℃，原料預熱溫度189℃，一再密相床溫度688℃。結果表明，脫酸率99.34%，總液體收率大於81%，說明高酸原油的可裂化性能很好，高價值產品收率高。與加工常規催化裂化原料相比，加工高酸原油的利潤增加155.18元/噸、稅收增加51.73元/噸。

原油採購成本占煉油企業加工成本的90%以上，高酸原油直接催化裂化技術的工業應用成功降低了煉油企業的原油採購成本，擴大了原油資源的選擇範圍，增強了煉油企業的競爭力，同時也為解決高酸原油的加工提供了一條途徑。

該項目獲2009年中國石化集團公司科技進步一等獎、2009年國家能源局科技進步二等獎，2014年獲國家專利優秀獎。

劣質重油裂化與焦炭原位氣化技術RGCT

在催化裂化家族工藝技術開發取得成功後，我也退出了一線工作，唯一能做的事就是帶研究生，把自己的一些研究課題和思路透過年輕人的研究實踐來驗證。

在煉油界的共識是要重點開發重油深度加工技術，特別是劣質重油的深度加工，以滿足能源和石油化工原料的要求。在重油加氫領域，從固定床發展到沸騰床和漿態床來對付高瀝青質和高重金屬含量的原料油，這方面我沒有基礎。我認為把重質劣質原油採用「吃光榨盡」的方法值得商榷。用現有的技術去吃光榨儘是可以做到的，問題在於經濟上是否合算，因為要把膠質、瀝青質和有機重金屬化合物脫除付出的代價太大，如果重質劣質油比一般原油的差價，小於加工付出的額外的代價，那在經濟上就站不住了。我經常思考與催化裂化比較，劣質油需求開發一個新工藝或新技術去加工，要盡可能裂化重組分、多得輕質油，但在此過程中產生過量的焦炭是不可避免的，如何把過量的焦炭用好是大有學問可做的，當然首先是用在為裂化反應提供熱量上，其次是把過量的焦炭用來造氣生成一氧化碳和氫氣，透過變換反應把一氧化碳轉化成氫氣，再用氫透過加氫精製來改善油品的品質。也就是說原料油的氫碳原子比小，油品要求的氫碳比大，我們是否可以把原料油中的過剩的碳原子透過氣化產生氫氣，用這部分氫來精製油品。因此新工藝的特點是煉油和石油焦氣化一體化，目的是把這過剩的碳——石油焦，透過原位氣化產生一氧化碳（CO）和氫氣（H_2），然後透過加氫工藝來調配油品的氫碳比，在煉油工藝內部實現氫碳比的優化，我把這個新工藝叫做渣油裂化和焦炭原位氣化技術 RCGT（Reside Cracking and Coke Gasification Integrated Technology）。具體地說，就是仿照流化催化裂化工藝來加工高膠質、高瀝青質和高有機重金屬含量的劣質原料，顯然它與重油催化裂化有相同點也有不同點。相同點是它們都有反應和再生區，透過流化實現反應-再生系統循環。不同點有：①在再生區，除了要把接觸劑上的焦炭透過氧氣燒掉一部分以外，多餘的焦炭要實現氣化產生 CO 和 H_2，這是一個吸熱反應。因此，焦炭燃燒所產生的熱量既要供應重油裂化所需的反應熱，還要供應氣化所需的反應熱。這兩部分所需熱量的供應能否在一個再生器內進行，還是需求按各自的特點分開進行，工程設計專家考慮可能更現實更合理。②過剩的焦炭可以用來造氣，也可用在全廠公用工程提供蒸汽，或作為燃料氣供應全廠有關所需熱能的地方，應該根據全廠的實際情況而定。③由於原料的劣質化，催化裂化用的含分子篩催化劑將會在反應過程中結構遭到破壞，因此需求開發一種接觸劑作為反應所需的載體，接觸劑具有反應載體和能量傳遞的功能。同時還有一定的催化功能，能使原料裂化比現有的延遲焦化能產生更多的輕質油，而具有一定的壽命，不至於很快失活。④與現有的延遲焦化反應比較，在接觸劑上的裂化反應是薄層反應，即難以揮發的重油在接觸劑表面形成薄膜，因此開發具有促進催化和熱裂化功能的接觸劑材料十分重要。在熱裂化條件下，產物能很快擴散離開反應區進入氣相，透過減少二次反應以提高液體收率。⑤要考察重金屬含量高對反應產物帶來的負面影響，開發新的鈍化材料，提高接觸劑的耐受能力。

為了實現清潔生產和保護環境，高硫焦不允許出廠，要自我消化。現有技術就是把焦作為循環流化床鍋爐(CFB)的燃料，可以稱作異地燃燒。而RCGT則是原位氣化。相比之下，異地燃燒就是延遲焦化的高硫石油焦透過水力除焦和水冷卻，然後運到倉庫儲存，再磨成所需大小的顆粒料，最後運到CFB鍋爐作燃料，這一個過程完全是耗能的，而倉庫儲存還占了很大的空間，這一過程是延長了時間，占了空間，消耗掉能量，而RCGT完全避免了這些環節，熱的焦炭以微球狀態直接燃燒和氣化，應該說它是一個節能、降耗和清潔的生產過程。

但事物總有二重性，RCGT也有不足之處。①為了節省投資，我們想盡可能用閒置的催化裂化裝置，經過必要的改造作為反應、再生和氣化裝置來用。這樣一來，氣化的溫度只能在800℃以下，CO的生成就受到熱力學的限制。另外，為了使接觸劑保持一定的活性，氣化溫度也不宜過高。②氣化反應在常壓下進行，與帶壓力氣化比較，設備就顯得龐大。

在2003年我把上述構思和技術方案向院學術委員會作了匯報，

該研究課題的出發點是為煉油廠提供氫源，解決催化裂化裝置(FCCU)碳質過剩的問題，減少金屬、硫和氮的汙染，為焦炭甚至渣油的利用提供了一條新的合理加工技術路線。院學委會主任、主持人閔恩澤院士認為，這一課題雖然不確定性因素很多，風險很大，但屬於導向性基礎研究，是策略性題目，意義長遠、重大，會上一致同意開展此項探索研究。

(1) 導向性基礎研究

從 1999 年至今，我主要透過帶研究生的方式開展工作。17 年中，我帶了 10 個研究生，對 RCGT 進行研究開發。

1999 年，我給吳治國博士後提出的論文題目為《用 FCCU 焦炭在再生過程中制氫的探索》，協助導師為張久順教授。主要目的是：如果催化裂化加工劣質原料，勢必產生更多的焦炭，能否把這些過剩的焦炭透過原位氣化的方式，產生 CO 和 H_2，再把其中的 CO 透過水煤氣轉化產生氫氣，然後用這些氫氣來精製二次加工的輕質油，以達到一個良性的效果。我給他的限制邊界條件是：要能應用現有的催化裂化裝置經過適當改造就能實現，再生溫度不能超過 780℃，水蒸汽變換可在裝置外進行。他做了兩年的研究，認為從熱力學和反應動力學研究結果來看是可能的，但要提高氣體中 CO 的濃度，在 C、CO 和 CO_2共存條件下，必須提高再生溫度，按照布杜阿反應平衡，如果在 750℃，CO/CO_2比例可達 3/1。

2007 年博士生門秀杰開展了《在劣質重油接觸裂化接觸劑上焦炭的氣化反應探索》課題。研究當接觸劑上的焦炭含量為 2%～3% 時，在 700～900℃緩和氣化條件下，產生合成氣的可能性。透過深入對比貧氧、水蒸氣、CO_2與接觸劑上焦炭氣化反應特點，提出接觸劑上焦炭氣化反應的工藝條件為：以 O_2/水蒸氣的混合物作氣化劑，O_2體積分數為 16%～21%，氣化溫度 740～800℃，氣化反應主要是氧與焦炭的反應，水蒸氣承擔稀釋劑的功能。干基氣體產物中 $CO+H_2$體積分數大於 50%，焦炭的氣化強度為常規催化裂化再生過程燒焦強度的1/3。針對流化床焦炭氣化反應可能發生節湧、溝流等特點，提出不應將接觸劑上焦炭完全氣化的思路。氣化反應完後，接觸劑上的焦炭品質分數控制在0.3%~0.6%，這樣可以有效避免氣化爐內的氧穿透接觸劑的密相床層在稀相空間消耗$CO+H_2$，所選擇的工藝條件兼顧了$CO+H_2$的選擇性、焦炭氣化強度以及接觸劑水熱穩定性三方面的要求。採用空氣部分燒焦，氧和水蒸氣氣化過剩焦炭時，對再生後的接觸劑用BET表面測試，X射線衍射(XRD)，氨程式升溫脫附(NH_3-TPD)，透射電鏡-能量色散X射線螢光光譜(TEM-EDX)，掃描電鏡-能量色散X射線螢光光譜(SEM-EDX)和X射線電子能譜(XPS)測試結果表明，800℃以上的高溫水熱環境對接觸劑結構造成較大破壞。接觸劑上焦炭主要為無定形碳，大部分位於孔徑大於2納米的孔道和顆粒外表面。焦炭層包覆於接觸劑內外表面，一方面導致燒焦或氣化反應過程中汙染重金屬造成的不利催化作用小，另一方面抑制了水蒸氣對接觸劑的矽鋁結構的破壞作用。

2008年博士生張書紅開展了《劣質重油接觸裂化-焦炭氣化一體化工藝探索研究》這一課題。以塔河常壓渣油為原料，開展了在不同性能接觸劑作用下的接觸裂化反應規律的研究、待生劑上焦炭低溫氣化制合成氣反應動力學研究、待生劑焦炭中硫在不同條件下轉化規律的研究。研究結果表明：①在一定反應溫度和時間下塔河常壓渣油的轉化率隨接觸劑的可接近性酸性位的增加而增加，接觸劑的性質主要調變接觸裂化反應中的二次反應及反應產物分布及產物性質。塔河常壓渣油接觸裂化總液體收率比延遲焦化高5.45個百分點；四種不同類型接觸劑作用下，塔河常壓渣油裂化反應生成的350℃以上餾分油中氫含量範圍在10.01%~11.73%、殘炭值在3.21%~4.71%、金屬(Ni+V)含量在2.3~21.4微克/克、瀝青質(正庚烷不溶物)含量低於0.7%，經過適當加氫處理，可作為催化裂化原料或加氫裂化原料。②研究了待生劑上焦炭低溫氣化制合成氣的動力學參數，待生劑上焦炭氣化制 $CO+H_2$時，適宜的氣化溫度在 650~730℃之間。③待生劑上的硫在貧氧條件下氣化結果表明，在氣化溫度 650℃時，氣化產物中的硫主要為 COS 和 H_2S，升高溫度後主要為 H_2S。且隨氣化劑中水蒸氣的濃度增加而增加，H_2S 的生成速率與水蒸氣的摩爾分數呈線性關係。貧氧氣化時硫的氣化速率低於碳的氣化速率。採用具有適當活性和孔結構的接觸劑進行接觸裂化，待生劑上的焦炭在較低溫度下氣化的一體化工藝可以實現劣質重油的高效、綠色利用。

2009 年，博士生張美菊開展了「劣質重油中鎳、釩對接觸裂化-氣化一體化過程的影響研究」。採用高嶺土、氧化鋁和催化裂化平衡劑共四種接觸劑，分別代表惰性劑、低活性劑和含分子篩接觸劑。採用微反裝置、固定流化床裂化裝置、固定流化床氣化裝置，以及紅外光譜、SEM、BET 等方法，研究了鎳、釩在四種不同類型接觸劑上的沉積方式和對原料油的裂化和焦炭氣化過程的影響機理。結果表明，釩可使高嶺土和催化裂化平衡劑的晶體結構發生改變，活性急遽下降。氧化鋁汙染釩後相對穩定，沉積後的釩可以與接觸劑形成新的 B 酸中心，使接觸劑活性增加。重油接觸裂化表明，氧化鋁汙染釩後，仍可得到較高輕質油收率和液體收率，對重油的脫碳脫重金屬作用較好，具有一定的抗釩性能。高嶺土汙染鎳後仍可得到較高的輕油收率和液體收率，對重油脫碳和脫金屬作用較好，具有抗鎳汙染能力。接觸劑上保留 1%左右的焦炭可以降低釩的價態，鈍化釩的脫氫和積炭效應，同時不影響接觸劑的裂化性能。小型固定流化床實驗表明釩可促進 CO 燃燒，對氣化反應不利，鎳對氣化過程產物分布無明顯影響。提出了適用的接觸裂化-焦炭氣化一體化工藝的接觸劑，為今後研究和開發提供了技術支持。

2010 年，博士生譚麗開展了「不同價態釩對重油裂化催化劑結構和性能影響研究」，協助指導老師是王子軍、朱玉霞。透過課題研究，得到了以下結論：①建立了表徵催化劑上釩平均價態的程式升溫還原(TPR)方法和+4價釩含量的電子自旋共振(ESR)方法。催化劑上釩還原溫度為480℃，說明存在形式與五氧化二釩(V_2O_5)純物質不同。在780℃水蒸氣和氮氣的無氧氣氛下，催化劑上+5價釩可轉化為+4價。②+5價釩在高溫水熱條件下對兩種催化劑結構的破壞作用均顯著強於低價態釩。+5價釩會引發揮接觸劑在老化過程中比表面積顯著下降，並可導致莫來石相的生成；釩價態降低後，比表面積下降幅度小，且老化後未檢測到莫來石相。而對於催化裂化(FCC)催化劑，+5價釩在老化過程中不僅會破壞催化劑的分子篩結構，也破壞基質結構；低價態釩對FCC催化劑結構的破壞作用小。③+5價釩引發揮接觸劑催化活性降低，促進脫氫反應；低價態釩影響小。對於FCC催化劑：+5價釩對脫氫反應具有明顯催化作用，而低價態釩影響小。+5價釩對兩種催化劑選擇性的影響相似。反應產物中干氣、塔底油和焦炭產率增加，液化氣和汽油產率降低；裂化氣中氫氣含量增加；汽油餾分中異構烷烴和環烷烴含量降低，芳烴含量增大，烯烴含量變化不明顯。④採用電子探針(EPMA)方法研究釩在催化劑內部的分布，譜圖顯示老化後催化劑中釩的分布與鋁的分布相似，說明釩與鋁可能存在較強相互作用。綜上，採用降低釩價態的方法，可以解決釩對催化劑結構破壞問題和產物分布變差問題。

2011年，博士生朱元寶進行了「鈣、鐵及多種金屬對重油接觸裂化-焦炭氣化工藝過程的影響研究」，協助指導教師是王子軍、朱玉霞。主要針對金屬鈣、鐵以及多種金屬共同存在時對該工藝中使用的接觸劑及焦炭氣化過程的影響展開研究，考察金屬鈣、鐵及多種金屬組合對接觸劑物化性質、重油裂化產物分布及焦炭氣化過程中有效氣產率的影響，並探討其影響機理，為改進接觸劑和優化工藝提供基礎。

採用人工浸漬方法製備了不同金屬含量的接觸劑樣品，利用催化劑微反活性測定儀和小型固定流化床評價裝置對金屬汙染樣品進行了裂化性能評價，研究了金屬對接觸劑裂化性能的影響，並利用多種催化劑的表徵技術探討了金屬的作用機理。利用石英管固定流化床反應器研究了金屬對待生劑上焦炭氣化生成合成氣組成的影響，獲得了金屬作用下焦炭氣化的表觀活化能，並對金屬的影響機理作了探討。

鈣汙染對接觸劑的影響研究表明，鈣汙染使接觸劑的輕油微反活性下降較多，當鈣含量達到 2.0%時，微反活性損失 50%以上。隨著鈣汙染量的增加，重油裂化的輕油收率、液化氣產率降低，蠟油收率和總液體收率增加，轉化率降低，干氣產率變化不大，焦炭產率略有降低，熱裂化指數呈線性增長，生氫因子稍有下降。

鐵汙染對接觸劑的影響研究表明，微量鐵(小於 0.5%)對接觸劑微反活性影響不大；隨著鐵含量的增加，微反活性緩慢降低，至鐵含量為 2.0%時，微反活性下降約 16.7%；重油裂化反應的輕油收率和液體收率降低，干氣和焦炭產率增加，液化氣產率和熱裂化指數增加緩慢，生氫因子顯著增加。

鈣、鐵汙染對接觸劑影響的機理研究表明，鈣和鐵都會使接觸劑的比表面積和總孔體積下降，鈣、鐵沉積對接觸劑的孔徑分布基本沒有影響，只是堵塞部分微孔；二者均能破壞接觸劑的表面羟基結構，使總酸量降低；含量分別達到 2.0%時，鈣使接觸劑總酸量減少 18%，鐵使之減少 6.1%。環烷酸金屬源汙染接觸劑，鈣、鐵均能沉積在接觸劑的體相中，在表面沒有明顯的富集，與接觸劑作用沒有明顯的新物相生成。

多種金屬組合對接觸劑影響研究表明，接觸劑比表面積和總孔體積的減少主要是由於釩的破壞作用，釩能明顯改變接觸劑孔徑分布，釩或含釩多種金屬組合汙染接觸劑時，含釩 1.0%時，接觸劑上就有明顯的莫來石相生成；所有金屬均能沉積在接觸劑的體相中；沉積金屬之間存在相互作用。

金屬對待生劑上焦炭氣化反應的影響研究表明，氣化溫度升高，焦炭氣化的有效氣產率不斷增加，($CO+H_2$)/CO_2摩爾比值增大。在 720℃，含氧 10.0%，其餘為水蒸氣的氣化條件下，不含汙染金屬待生劑上焦炭氣化的($CO+H_2$)/CO_2摩爾比值為 1.74，在 800℃時比值達到 2.56。不同溫度下，與空白待生劑上焦炭氣化相比，鈣使焦炭氣化的有效氣產率減少 1~1.6 個百分點，鐵使有效氣產率減少 12~15 個百分點，釩使有效氣產率減少 22~24 個百分點，而鎳使有效氣產率提高 1.2~2.7 個百分點。

在 720~800℃、氧濃度 10%、其餘為水蒸氣的氣化條件下，空白待生劑和分別含鈣、鐵、鎳、釩待生劑上焦炭氣化的表觀活化能分別為 51.28 千焦/摩，49.19 千焦/摩，40.38 千焦/摩，33.68 千焦/摩，29.93 千焦/摩，可以看出金屬使焦炭氣化的表觀活化能有不同程度的降低，金屬在某種程度上可以促進焦炭氣化過程中的化學反應。

金屬對焦炭氣化的影響機理研究表明，待生劑上的金屬主要以高價的氧化態形式存在，鐵和釩使焦炭氣化產物中的 CO 含量顯著降低，是由於生成的 CO 迅速還原金屬氧化物生成 CO_2所致；鎳使有效氣產率有所增加，可能是碳與氧化鎳(NiO)以及金屬碳化物 Ni_xC 的反應主要生成 CO，而 NiO 對 CO 的氧化作用又較弱，所以待生劑上的鎳可以有效促進 CO 的生成，可提高有效氣產率，還需進一步研究證實。

(2) 中型試驗

經過一系列的基礎研究和探索，院領導認為該思路有可能形成一個解決劣質油加工、避免生產高硫焦的可能途徑，於是在 2014 年根據實驗室的小結試果，新建成一套劣質渣油接觸裂化-焦炭氣化一體化技術(RCGT)中型試驗裝置，用來評價劣質渣油的接觸裂化反應和氣化反應。裝置的進料量為 5 公斤/時，裂化反應區採用變徑式反應器和特製的噴嘴，保證原料油和接觸劑良好接觸。氣化區採用氣固逆流接觸方式，在高溫高水熱條件下，防止氧氣穿透床層。

采用殘炭為 18.62%的石家莊減壓渣油為原料，以中孔工業催化劑 CMT-1 為接觸劑開展接觸裂化-焦炭氣化試驗研究，提升管反應溫度為 515℃，與延遲焦化相比，焦炭產率低 3.1 個百分點，干氣產率低 3.2 個百分點，液體收率比延遲焦化高 6.3 個百分點，合成氣中($CO+H_2$)/ CO_2 的摩爾比值達到了 1.93。從試驗結果來看，實現薄層裂化、短停留時間以及焦炭部分氧化控制是 RCGT 技術高效綠色轉化能否成功的關鍵之一。

在中型試驗現場指導 RCGT 試驗(右一為汪燮卿)

由於該技術是採用劣質渣油流態化加工、同時焦炭原位氣化的組合技術，在技術、工程上都有很大的難度，對此我有深刻認識和思想準備，該技術必須能很好地解決「四化」問題(即霧化、流化、裂化和氣化)，才有生命力。我帶領一批研發人員，包括我的學生王子軍、朱玉霞、張書紅、李延軍、吳治國、門秀杰、張美菊、譚麗、朱元寶和侯小敏等十多人，先後投入到對該技術的研究開發中。經過大家的不懈努力，該構思最終得以實現，形成了劣質渣油接觸裂化-焦炭氣化一體化技術(Resid Cracking and Coke Gasification Integrated Technology，簡稱 RCGT)，申請專利 70 多件，授權 36 件。

RCGT 技術是延遲焦化技術的升級，主要是解決劣質渣油焦化過程產生的高硫石油焦的利用和提高輕質油收率，目前正在繼續開展各種原料的中型試驗研究，為工業化的可行性提供依據。現在，我們把中試結果彙總後正與中國石化工程建設公司(SEI)有關部門研究，探討工業化試驗的可能性。

移動床甲醇制丙烯(MMTP)技術

移動床甲醇制丙烯的工藝是我任浙江大學兼職教授期間，由浙江大學聯合反應工程研究所、中國石化石油化工科學研究院和中國石化洛陽工程公司三家單位聯合開發成功的。2010 年 10 月，神華寧夏煤業集團從德國魯奇公司引進的500 千噸/年煤基聚丙烯項目投入工業生產，此工藝用 3 個反應器，運行時兩開一備(備用反應器即為再生器)，以切換方式實現連續操作，反應器中的催化劑工作 4 個星期以後，就要停止反應進行催化劑再生。用多臺反應器切換操作來使生產連續運行。我認為，催化反應過程中，催化劑活性壽命長短不同，應該有不同的反應器形式與之相匹配，才能得到最好的反應效果。當催化劑的活性只有幾秒鐘的時間，這時用流化反應器，用流化床使催化劑在反應器和再生器之間連續不斷以流化方式進行，最好的例子就是我們大家所熟知的流化催化裂化。當催化劑壽命在幾個星期時，應該採用移動床反應器較好。即催化劑在反應過程中慢慢失活，催化劑在催化過程中活性遞減，這時用活性高的催化劑連續進行補充，使該反應區處於最佳的工作狀態。失活的催化劑連續不斷從反應器中撤出，再把失活的催化劑集中發揮來再生，形成循環反應再生過程。這方面最典型的例子是芳烴生產過程中的移動床連續重整。甲醇制丙烯(MTP)催化劑的壽命正好在一個月左右，應該採用移動床更合理。我把這個想法向聯合所的陽永榮所長作了介紹，他很快就同意了我的觀點，並決定由他和王靖岱組織的團隊開展研究工作。我把意見帶回院裡與舒興田院士商量，一致認為透過煤制甲醇再向下游石化延伸制丙烯符合國情，而我院催化材料的研發在國內處於領先地位，可以牽頭來開展研發，應該發揮各家所長來開發移動床制丙烯工藝。由聯合所負責化學工藝與部分化學工程，石科院負責催化材料和催化劑，洛陽工程公司負責移動床工程技術，這樣我們三家很快就達成合作意向，在中國石化科技開發部立項開展工作。MMTP 工藝具有以下特點：

1）MMTP 的移動床與連續重整是有不同特點的，最根本的差別是：MTP 是放熱反應過程，連續重整是吸熱反應過程。我們既要把反應物升高到需求的反應溫度，又要把反應過程中產生的熱撤除，以保證反應在最佳的溫度條件下運行，而在不同催化活性階段，這些條件是要相應改變的，這就需求在實驗室裡分別進行考察，取得優化的數據，為化學工程的設計提供基礎數據。移動床設計為錯流式徑向移動床，簡化了催化劑裝卸步驟的同時降低反應器的壓降，而採用移動床級間器外激冷的換熱方式，可大大降低蒸汽消耗。反應器採用低壓降徑向移動床，相比固定床，催化劑可採用更小粒徑，內擴散作用提高，MTP 反應效率也相應提高。此外，催化劑在反應器內的停留時間可靈活調節，確保了催化劑的丙烯選擇性持續最高，相比 MTP 固定床工藝，省去了催化劑活性「上升期」和「下降期」，丙烯平均選擇性至少提高 5%，並且移動床可實現甲醇原料的完全轉化，甲醇原料利用率可提高 5%以上，因此 MMTP 工藝分離工段可省略殘餘甲醇分離淨化裝置，同時避免含醇廢水的排放，降低設備成本的同時降低了環保成本。

2）MMTP 採用兩步法操作。兩步操作是指甲醇首先在醚化反應器中盡可能多地轉化為二甲醚(DME)，然後二甲醚、甲醇、水的混合物在 OTP(Oxygenates To Propylene)反應器中進一步轉化為丙烯等烴類產物。由於 MTP 反應放熱量在 400~500℃下可達 29~45 千焦/摩(以甲醇計),其強放熱導致的反應器溫升(出口溫度和入口溫度之差)非常大,一方面會加速催化劑積炭,導致丙烯選擇性降低;另一方面,高溫下的工藝水蒸氣導致催化劑骨架脫鋁程度加劇,而骨架脫鋁將導致催化劑永久失活。如將 MTP 反應過程分為兩個階段,第一階段甲醇在 200~375℃下轉化為二甲醚大約可放出 11 千焦/摩的熱量,在第二階段在 500℃左右反應放熱為 20 千焦/摩。因此可在二套設備分擔所放出的熱量。

兩步法操作的首要目的即為解決 MTP 反應過程的強放熱問題,將甲醇制丙烯過程中的部分熱量提前在醚化反應器中釋放,一方面可降低 OTP 反應的控溫難度,另一方面可減緩催化劑的結焦與脫鋁程度。

魯奇公司的 MTP 固定床工藝兩步法操作以及 UOP 公司的 MTP 移動床工藝兩步法操作均採用兩種不同的催化劑,即醚化反應採用醚化催化劑、OTP 反應採用制烯烴催化劑,兩種催化劑的積炭過程不同,導致再生條件亦不同,需求配備兩套不同的再生系統,增大了操作的複雜程度和設備成本。我們的 MMTP 工藝在移動床兩步法操作基礎上採用「一劑兩用」技術,即一種催化劑用在兩種反應過程——低溫區醚化反應和高溫區制烯烴反應,不但簡化了催化劑的再生系統,增強了操作穩定性,而且在「一劑兩用」前提下可將醚化反應器預積炭的催化劑用於 OTP 反應,實現了催化劑的最佳碳管理。

3) MMTP 工藝回煉模式。首先,MMTP 工藝採用的催化劑與魯奇公司 MTP 固定床工藝催化劑屬於同一系列,但催化劑晶粒更小(納米級),並且催化劑經過元素改性等處理之後,具有更高的丙烯選擇性;其次,透過醚化反應器預積炭技術以及控制移動床內催化劑的移動速度,催化劑的丙烯選擇性能夠維持在最高值,由此,相比固定床工藝，MMTP 工藝的整體丙烯選擇性高 5%以上。醇油共煉-MMTP 工藝是在 MMTP 工藝的基礎上，將分離提取丙烯後的副產物 C_4和 C_{5+}汽油組分送入催化裂解(DCC)裝置，進一步多產丙烯，或者將 FCC、DCC 等裝置副產的 C_4、C_{5+}以及 MTP 工藝副產的 C_4、液化石油氣(LPG)等產物悉數循環至 DCC 裝置反應以多產丙烯。

4）開發成高效催化劑。由石科院開發專為 MMTP 工藝設計的 ZSM-5 類型沸石為活性組元的催化劑。高丙烯收率、高容炭、長壽命的小球 ZSM-5 分子篩作為催化劑，經直徑為 2 米的移動床冷模裝置測試小球催化劑過床後的磨損率小於 5%。該高效 ZSM-5 催化劑用於催化兩種反應——低溫區醚化反應和高溫區制烯烴反應，即「一劑兩用」，大幅度簡化了 MTP 催化劑的使用與管理。在「一劑兩用」的基礎上，OTP 反應器積炭失活催化劑移出再生，實現了整個反應操作區內催化劑的碳循環，並且結合催化劑預積炭技術和低溫定點燒焦技術，催化劑的再生週期可延長 20%。

該催化劑具有自主知識產權，特點在於：使用高矽鋁比、表面富矽、小晶粒、P 適度改性 ZSM-5 分子篩，矽基載體，滾球成型；實驗室製備的 MTP 催化劑催化性能優於國外同類劑，而且該劑既可用於 MTD 反應，也可用於 MTP 反應，滿足移動床甲醇制丙烯(MT-TP)工藝要求。研究結果表明：470℃ 反應時，單程丙烯產率達 45. 7%(碳基)，丙烯/乙烯比達 7. 2。

5）創新脫酸過程。甲醇制丙烯反應往往會副產少量小分子有機酸(主要為乙酸和丙酸)，液相產物 pH 值介於 3~4 之間，有機酸的存在對後續熱量回收和產物分離單元的設備腐蝕不可忽視。現有工藝中，常規做法是向急冷設備中連續注入一定濃度的氫氧化鈉(NaOH)溶液，從而中和副產的有機酸。但其問題在於加入的鹼液必然會在循環的工藝水中引入鹼金屬離子，含有鹼金屬離子的工藝水直接循環又勢必造成分子篩催化劑的不可逆失活。此外，由於現有固定床工藝採用的是先換熱後急冷鹼洗的工藝路線，為避免有機酸造成的露點腐蝕，高溫產物的熱量利用並不充分。因此，本研究透過提出高溫脫酸工藝，在提高反應產物換熱深度的同時避免了有機酸造成的露點腐蝕，顯著提高了本工藝的能效水平。

與王靖岱教授(左一)討論 MMTP 實驗方案(左二為汪燮卿)

2014 年 3 月底石科院提供 MMTP 催化劑研究報告，浙江大學提供 MMTP 催化劑 600 毫升裝置考評和工藝研究報告，LPEC 提供 MMTP 冷模試驗報告和 1 萬噸/年丙烯 MMTP 工藝包。提交上述材料至中國石化科技部申請公司技術評議。

2014 年 10 月 10 日該項目透過了由王基銘院士主持的中國石化評議。評議結果認為，移動床甲醇制丙烯催化劑和工藝是一項具有重大技術創新性和應用前景的新工藝、新技術；催化劑裝卸簡單、設備利用率高，節能降耗達 15%，具有先進性；建議抓緊立項，儘快進行工業化試驗。

2013 年 9 月，我們找到了一個潛在的用戶——茂名石化實華股份有限公司，他們要建一個 5 萬噸/年的 MMTP 裝置，並簽了合作意向書，等 MMTP 評議後開始執行。但是不幸得很，到了 2014 年 11 月後國際油價大跌到 70 美元/桶以下，而 MMTP 的盈虧平衡點是石油價格 90 美元/桶。在簽意向書的 2014 年 9 月，國際油價是 100

多美元/桶，MMTP 是盈利的，但到了 2014 年 10 月，油價猛跌，MMTP 就變成一樁賠本的買賣了，意向書也就停止執行了。儘管如此，我們這個研發群體仍充滿信心，在原有的基礎上繼續開發，尋找一個類似的工藝，即一個放熱的催化過程，催化劑失活在幾個星期或 1 個月左右就需求再生的固定床工藝，可以把它改成移動床，我們在尋找這種工藝過程。值得一提的是：當我們開發成功 MMTP 以後，又引發揮埃克森莫比爾公司的重視，他們已與浙大合作，進一步研究放熱反應過程的移動床化學工程。

吸附強化水蒸氣重整制氫工藝開發

我在 2006 年開始擔任浙大聯合所兼職教授，聯合所的教授們非常重視能否找到與我合作的課題。該所成立於 1985 年，是由當時中國石化張萬欣副總經理主持創建的。1983 年中國石化成立不久，為了加強科技開發力量，成立了南北兩個聯合化學反應工程研究所。南所以浙大化工係為基礎，北所以清華化工係為基礎，目的是主要承擔中國石化系統的一些重大研究課題，在中國石化立項並予以經費支持。我作為兼職教授的任務在於找到合適的共同研究題目。在 2006 年 5 月聯合所的一次座談會上，吳素芳同志提出來改進甲烷水蒸氣重整制氫的研究課題。甲烷水蒸氣重整制氫是目前最經濟常用的制氫方法，在煉油和化工方面應用非常廣泛，技術已很成熟，但是該技術由於重整化學平衡反應本身的限制，存在反應溫度高、平衡轉化率低、能耗大等不足之處。為了克服這些不足，近年來有學者提出了吸附強化甲烷水蒸氣重整制氫的新技術。其實原理很簡單，制氫的水蒸氣催化重整反應是甲烷與水蒸氣在鎳基催化劑上反應生成氫氣和 CO_2，在傳統的甲烷水蒸氣重整反應中，隨著溫度提高到 850℃，產物 H_2 的濃度由於平衡限制，最大只能達到 76%左右。根據勒夏特勒原理，只要在反應過程中把產物 CO_2 不斷吸附脫除，就可以破壞原有的化學平衡，提高氫氣的收率。而加入了氧化鈣吸附劑把 CO_2 吸收形成碳酸鈣劑後，在 750℃以下，H_2 的平衡濃度保持在 95%以上，顯示出了吸附強化甲烷水蒸氣重整制氫技術相對於傳統的甲烷水蒸氣重整技術，可以在低反應溫度和高的氫氣濃度方面的優勢。

吳素芳同志最早在 2003 年採用固定床反應器，以鎳基催化劑和納米氧化鈣(CaO)混合方式探討反應吸附強化重整(Reactive Sorption Enhanced Reforming，ReSER)制氫的工藝條件。我聽了以後很感興趣，因為它與汽油吸附脫硫 S-Zorb 工藝的原理很相似，S-Zorb 是在汽油催化脫硫過程中產生的硫化氫還沒來得及與烯烴反應，就被氧化鋅(ZnO)吸收形成硫化鋅(ZnS)移走了，從而達到汽油脫硫而保留烯烴的目的，藉以減少汽油辛烷值的損失。此處也是一個反應和吸收的組合，有異曲同工之妙。因此我提出建議要建一個流化反應-再生系統，把催化劑和吸附劑製成一個復合劑而不是二者的混合劑，在反應器進行化學反應制氫，生成的 CO_2 立即被 CaO 吸收形成碳酸鈣($CaCO_3$)，到再生器把碳酸鈣分解形成 CO_2 和 CaO，CaO 可以循環到反應器反覆使用。2006 年製備成以 CaO 為二氧化碳吸收劑，並與鎳基催化劑復合的催化劑，在常壓、反應溫度 600℃、水碳摩爾比 4 的條件下，在固定床反應器得到 H_2 最大濃度 96.3%的結果；2009 年吳素芳教授完成了在實驗室規模的固定流化床 ReSER 制氫研究，在常壓、反應溫度 600℃、復合催化劑 100 克、水碳摩爾比 4 的條件下，得到氫氣濃度最大為 95%的好結果。2008~2011 年，與吳教授在該學科帶第一個博士生朱豔青，論文題目為《TiO_2

包覆 CaO 基 CO_2 吸附劑的製備和吸附容量穩定性研究》。2011 年在國家 863 高技術項目支持下，建立了 1 立方米/時制氫規模的循環流化床中試反應裝置，實現了浙江大學提出的 ReSER 制氫的技術，特點是採用了浙江大學自主研發和具有自主知識產權的納米 CaO 基 CO_2吸收劑與鎳基催化劑製成的復合劑，以及循環流化床技術。在中國石化、國家基金委和國家高技術 863 項目資助下，已經持續開展了 11 年的研究。

2011 年 11 月 28 日與吳素芳教授(右二)討論 ReSER 實驗方案(右一為汪燮卿)

但這種復合劑的流化反應和再生還有值得改進之處，因為鎳基催化劑壽命很長，沒有必要與吸附劑在反應和再生過程中來回運轉，這樣既消耗了能量又降低了鎳劑的壽命，所以我與吳素芳教授討論要建一個固定-流化復合床，即鎳催化劑處在固定床操作，與現有水蒸氣重整制氫基本相似，所不同的是把反應器豎發揮來，而吸附劑納米氧化鈣以微球形式穿過催化劑的孔道。這樣鎳催化劑可在固定床長期操作，而吸附劑以流化床形式來回吸附-脫附，實現反應再生循環。吳教授很快就在原來的循環流化床 ReSER 制氫裝置進行了中試，取得了滿意的結果。1 米^3/時制氫的固定-流化復合床循環流化床 ReSER 制氫裝置，用 6 孔鎳基催化劑做成的固定床層，原料甲烷和水蒸氣從下往上穿過催化劑床層，進行甲烷蒸汽重整強吸熱制氫反應。同時 CaO 基 CO_2 吸附劑微球顆粒與原料氣體混合，從下往上穿過固定床反應器床層，進行 CaO 與 CO_2 的強放熱反應。反應產生的氫氣和未反應的少量甲烷和其他氣體以及蒸汽，經過旋風分離器分離出氣體和固體。氣體出旋風分離器進行體積計量和氣體組成測定，固體吸附劑微球主要以 $CaCO_3$ 形式存在，進入再生反應器進行高溫再生反應。再生後的吸附劑主要以 CaO 的形式存在，經控制閥進入固定-流化床復合反應器，進行新一輪的反應吸附強化甲烷蒸汽重整制氫。以此可以實現循環流化床連續 ReSER 制氫。

基於以上思路，申請了國家發明專利「一種流化-固定復合床反應吸附強化甲烷水蒸氣重整制氫的裝置及方法」，目前已得到授權，為 ReSER 制氫技術向工業化應用的可能性又邁出了一步。

我認為這個工藝和流程具有創新性，但在技術經濟上是否可行，需求與設計部門中石化寧波工程有限公司密切合作開展以下幾項工作：①重整制氫反應雖在 650℃ 溫度下進行，而吸附劑要在 800℃ 再生，這裡需求龐大的耐高溫設備，而且要耐磨損。設備的額外投資和熱能的優化利用要認真考慮。②固定-流化復合床的床層形式應該建立冷模裝置考察優化，現有的催化劑塊狀帶孔形式是否最佳，要透過不同形式催化劑構型對比才能確定。③微球吸附劑的製備、強度應與固定床催化劑合理匹配。吸附劑本身性能的穩定性需長期考察。④吸附強化水蒸氣重整制氫工藝利用的是化學能，把反應溫度降了 200℃，把氫濃度從 76% 提高到 95%，所付出的代價是用氧化鈣吸附劑，而在再生時需加熱到 800℃，要從能耗、物耗和氫提濃等全面進行技術經濟對比，才能確定能否體現新工藝的優越性。

原油直接生產烯烴和芳烴(COTOA)

現有的石油化工技術，基本上都是由煉油工業提供輕餾分油，作為石油化工的基本原料，而用重質原料包括含渣油組分的重質原料生產烯烴和芳烴，則是我國在特殊的國情條件下，由中國石化石科院首先開發成功的，但在石化界從整體的比例來講還很小。

從原油直接生產石油化工原料，是未來發展的必然趨勢。這是因為：用石油生產燃料，特別是發動機燃料，將受到極大的挑戰，這種挑戰來自兩個方面，一是碳排放與環保。無論把油品加工到何等清潔的程度，燃燒後總要產生二氧化碳，如果全球二氧化碳排放量受限制，那以石油生產燃料總有一天要受到限制。現在歐洲一些發達國家，包括德國和義大利等正在醞釀何時停止使用現有汽車發動機，而日本在代用清潔燃料方面已做了大量研發，包括電動車和氫燃料電池車。二是石油作為一種礦產資源，總有一天要用枯竭的。而作為石油化工原料，石油中的碳在世界上生存的時間和空間，也即是它的使用壽命，比發揮燃料瞬時燒成二氧化碳要長得多，「從搖籃到墳墓」，即從碳變成二氧化碳的過程，至少大大延長了排放週期。

正因為以上這些原因，據報導，國際上的一些技術開發巨頭，如埃克森莫比爾，已成功開發原油直接生產化學品的技術，並在新加坡建工業裝置運行一年多了。據《烴加工》2017 年 11 月 28 日報導，國際上的石油資源巨頭沙特阿拉伯與沙特阿美和沙比克共同簽署了諒解備忘錄，共同開發原油生產化學品(COTC)技術。該裝置處理原油40萬桶/天，生產900萬噸/年化學品和潤滑油基礎油，預期2025年投產。COTC複合技術是一個前所未有的創新。該裝置一旦投產，可增加3萬個直接和間接就業機會，刺激沙特王國經濟多元化，預計到2030年，對沙特GDP貢獻率達1.5%.

無論是資源強國還是技術強國，他們的舉措都表明了對原油生產化學品的高度重視。這件事使我回憶發揮2002年3月在美國新奧爾良AIChE年會上我作CPP技術報告時，我把CPP稱為重油制烯烴的飛躍，報告受到高度評價。會議結束時一位美藉華人來與我交談，他是埃克森研究和工程公司的研究人員，他說對我們重油制烯烴技術已跟蹤了6年了。這說明國際上大公司很有策略眼光。

根據以上的訊息和發展趁勢，我認為石科院在原油生產烯烴和芳烴的技術開發上大有可為。首先我們在以往重質油生產輕烯烴方面積累了較豐富的經驗，對解決關鍵技術方向比較明確。重點要在開發新催化材料方面下功夫。要使催化材料能促進以自由基反應為目的才能多生產乙烯，這是與傳統催化裂化完全不同的概念。要在促進自由基反應和正碳離子反應之間找到平衡點或者最佳點，在催化劑表面的B酸和L酸之間找到合理的比值。其次，不但重質油裂解要採用催化過程，輕質原料制烯烴也應該採用催化過程，但必須根據原料的性質開發新的工藝，做到量體裁衣。第三，在反應和分離技術相結合方面，近年來取得長足進展，例如催化反應與蒸餾相結合的CDTech技術，催化反應與吸附分離相結合的S Zorb技術，對於降低能耗、縮短流程、提高反應與分離效率和節約投資方面都取得了顯著效益，這些經驗和技術都值得用來移花接木。第四，要充分利用電子電腦技術，從自動化、精確化、精細化和安全清潔生產發揮大數據的作用。

顧名思義，原油直接生產化學品與煉油和石油化工一體化技術應該是有區別的，最明顯在工藝過程的區別應該是：煉油工藝應該透過蒸餾把原油切割成若干個餾分，然後分別進行物理和化學加工，以達到產品性能符合使用要求，而原油生產化學品對這一工藝過程完全可以省略，這種蒸餾分離過程所消耗的能量完全可以節省下來，這是兩個工藝過程的根本區別。我建議把原油直接生產烯烴和芳烴的工藝英語命名為：COTAC(Crude Oil To Olefin and Aromatics)。

第十二章

在世界石油大會
規劃委員會工作

我擔任了世界石油大會科學規劃委員會第十五和第十六兩屆委員。

世界石油大會(WPC)是國際性的石油科學、技術、經濟及管理論壇，1933 年成立於倫敦，為非政府性、非盈利性的國際學術組織。其組織機構為：由各國國家委員會組成常任理事會(PC)，共 57 個國家，每個國家 3 人；大會執行局(EB)共 38 個國家，每個國家 1 人；科學規劃委員會(SPC)，13 人；大會籌備委員會(CAC)，9 人；發展委員會(DC)，5 人；司庫提名委員會(NOC)，3 人；祕書 1 人。WPC 常設機構為祕書處，總部設在倫敦。

1999 年 4 月 29 日世界石油大會中國國家委員會成員合影
(前排從左至右：袁晴棠、侯芙生、王基銘、侯祥麟、王濤，右二為翟光明；後排左一為汪燮卿)

從 1983 年第十一屆世界石油大會開始，以侯祥麟院士為首的我國代表團就以中國國家委員會的名義參加世界石油大會。由於中國國力的增強和多方面的努力，中國國家委員會於 1994 年申辦在我國舉辦 1997 年第十五屆世界石油大會，並獲成功。這是我國石油界的一件大事，也是我國在國際事務中地位提高的顯示。按慣例，舉辦國必須產生一位科學規劃委員會的委員，負責參與大會有關工作。

經過國家委員會討論透過，推薦我參與世界石油大會科學規劃委員會(SPC)，經 SPC 全體成員選舉後正式任命。

1997 年 10 月，二十世紀最後一次國際石油界的盛會——第十五屆世界石油大會，在北京隆重舉行。

影響全球石油風雲的世界各大石油公司首腦、主要產油國和石油消費國的石油或能源部長以及來自 91 個國家和地區的近 5000 多名代表參加了會議。

時任國家主席的江澤民同志出席了大會開幕式，發表了重要講話，並與時任國務院總理的李鵬同志分別會見了與會各國的貴賓。

本屆大會從 10 月 12 日到 16 日的五天時間裡，以「技術全球化——引導石油工業進入二十一世紀」為主題，進行了 6 個大會發言、2 個特別發言、1 個部長論壇、21 個分組論壇、10 個回顧與展望報告會和一個大會閉幕式，宣讀論文 90 余篇，張貼論文 200 余篇，各國代表廣泛交流和探討新世紀石油工業面臨的挑戰以及石油科技的新發展。

1997 年世界石油大會期間留影

人民大會堂莊嚴隆重的開幕式；光彩奪目的大型文藝演出；

「世紀殿堂」中西合璧的大型音樂會；故宮充滿民族特色的中國之夜；花香濃郁，充滿「聖誕」氣氛的閉幕式；以中華民族的熱情好客，五千年燦爛文化的無比魅力，向國際石油界獻上了中國人民的美好祝願。中國石油人為增進各國人民的友誼，為中國石油走向世界，展示了自己的風采。對本屆大會，各國友人稱之為「盛況空前，令人難忘」。

SPC 委員的主要任務包括：提出本屆大會的主題口號；制定上、下游和石油經濟、環保等各板塊的會議論壇(FORUM)題目和負責人；回顧與展望 RFP 講稿的題目和演講人；邀請大會報告人和大會總結髮言人。

第十五屆大會準備工作的第一次 SPC 會議於 1995 年 2 月 3 日在倫敦世界石油大會本部召開，我與翟光明同志參會。會上討論透過了我為 SPC 委員。會議主席為埃特(C. EIDT)博士。埃特是埃克森研究與工程公司總裁。委員有十一人，包括中、德、法、俄羅斯、日本、伊朗、澳大利亞、挪威等國代表。會議經過反覆討論，確定本屆大會的主題口號是：技術和全球化——引導石油工業進入二十一世紀。接著討論推薦了大會的主旨報告人。這些人都是石油界的巨頭或高級參謀人物，他們都很忙，很可能臨時有變動，因此必須有候補人員，以後的 SPC 會議，幾乎都要來回變動，所以這項工作必須有像埃克森這樣的大石油公司巨頭出面才行。

會議討論了本屆石油大會的整體部署，上下游分九個區塊；21 個論壇(分組)；9 個回顧與展望綜合報告。這些工作任務艱巨，因為在 1995 年就要把 1997 年的具體任務定下來，變動因素太大，所以 SPC 會議幾乎每季度都要開，來回折騰得很厲害。但在埃特博士的領導下，好像是個國際大家庭，一切工作進展得比較順利。舉例來說，美國和伊朗當時已斷絕外交關係，但埃特博士與伊朗的 SPC 委員關係仍然相處很好。由於兩國已斷絕外交關係，要去開會無法得到對方的簽證，只好在美國開會時伊朗代表缺席，在伊朗開會時美國代表缺席，但在一發揮開會討論時還是能平心靜氣。這種把政治與學術分開的作法，有利於學術交流的正常進行。

1995 年與王濤、翟光明參加世界石油大會規劃委員會

1995 年 5 月在伊朗伊斯法罕參加世界石油大會規劃委員會

埃特博士給我的印象很好，會議期間他送給我一本小冊子，書

名為《埃克森研究和工程公司75年的技術機遇和成就》，書中對他們的科學研究成果作了科普性的介紹，非常動人。其中有兩項國際創新成果至今還長盛不衰，在煉油和石油化工中具有里程碑式的意義。一個是，在二次大戰期間開發成功流化催化裂化技術(FCC)，僅用了兩年的時間，從工藝、工程、催化劑的開發到商業運行，可謂是奇蹟。FCC是我國煉油工業中的核心技術，我們在原FCC技術的基礎上有了不少創新。另一個是合成丁基橡膠技術，到現在為止還是獨家壟斷，只賣產品不賣技術。但基本要領已被義大利和俄羅斯掌握。據這本小冊子報導，丁基橡膠的發現純屬偶然，原來這是一個潤滑油添加劑的研究課題，想研究聚異丁烯作黏度指數改進劑，快到下班的時候，實驗員匆匆忙忙把未做完的樣品放到冰箱裡，第二天一看全成白色黏膠狀物，不溶於各種溶劑。這件事引發揮了研究人員的注意，於是在此基礎上進一步研究摸索，開發成功性能優異的丁基橡膠。現在我們在燕山有一套5萬噸/年的裝置運轉很好。丁基橡膠比普通天然橡膠氣密性好很多。在六七十年代，我那時每天騎自行車上下班，自行車內胎打足氣只能騎一個月，改用丁基橡膠內胎後，能騎半年沒問題。FCC研究開發實例告示我們，一個大工藝技術的開發成功，需求各專業密切配合，美國在這方面確有優勢。而丁基橡膠的開發成功之路更能引人深思，即對於實驗過程中出現的異常現象，絕不要輕易放過，要多思考，多問幾個為什麼，可能出現預料不到的效果，就是我們常說的「山窮水盡疑無路，柳暗花明又一村」。

在SPC的成員中有一名德國教授叫懷特康伯(PROF. WEITKAMP)，他是斯圖加特大學知名催化材料研究專家。我與他談發揮在德國的學習經歷後，就有很多共同語言了。他對沸石材料的結構表徵和反應性能之間的關係做了大量工作，有獨到的見解，在國際知名刊物上發表過很多論文，特別是各種烴類在ZSM-5上的催化反應，做出分類表徵。1997年他邀我和夫人訪問德國，我在斯圖加特大學作了一個鈦矽分子篩的合成和表徵的學術報告，用德文演講和回答問題，聽眾覺得很驚奇。因為現在去德國留學的中國學生，基本上都用英語，雖然能彼此溝通，但在親切感方面，總有異樣感覺的。斯圖加特是德國一個古色古香的文化城市，街上跑的計程車全是清一色的奔馳車，因為奔馳公司的總部就在這裡。

1998 年 3 月 24 日世界石油大會期間與大會主席 Van De Meer 先生(左二)合影
(左三為翟光明、左四為陸思恭、左五為汪燮卿)

第十五屆世界石油大會的下游部分——煉油和石油化工共有 6 個論壇和 1 個回顧和展望 RFP。它們分別是：

論壇 3，新的和改進的燃料、潤滑油和精細化學品；

論壇 9，催化煉油的技術進展——為更好的分子管理鋪平道路，包括分子轉化和重排的催化煉油技術、催化裂化、加氫、重整和烷基化；

論壇 11，石油化工：石化產品在全球供需展望，包括烷烴、烯烴、芳烴、聚合物，醇類和羰基合成；

論壇 15，二十一世紀廣泛利用腐蝕性原油的新技術——包括對原油的表徵、對工藝和裝備的影響和風險預防；

論壇 17，非催化煉油工藝的新進展、分子轉化和分離技術，包

括膜分離、反應蒸餾和熱轉化;

論壇20，煉油操作技術的新進展，包括電腦優化控制、節能、降耗、減排和廢催化劑處理。

RFP4——煉油/石油化工裝置一體化的協同機遇——發電、合成氣、渣油氣化，採用深度加工、煉油和石油化工裝置的有機結合，綜合利用煉油廠渣油氣化。

作為世界石油大會規劃委員會的成員，我參與了論文的約稿、選稿和定稿工作。當然對中國參加這次大會的稿子非常重視，盡可能多的入選論文。透過參會人員的論文與交流，讓世界了解中國，讓中國了解世界。茲將本屆大會中國入選的宣讀論文和張貼論文的作者和論文題目整理如下:

第一區　勘探

FORUM 1，綜合研究及其在勘探中的應用。

宣讀論文：胡見義、趙文智、李啟明、竇立榮、鄭曉東的《中國疊加復合沉積盆地綜合研究及其在石油勘探中的應用》。

張貼論文:

1）孫永革、劉德漢、盛國英、傅家謨的《中國含煤盆地成烴潛力研究》;

2）鄭國棟、王春江的《中國西北油氣地球科學系統中的幾個重大科學研究項目》;

3）張紀易的《準噶爾盆地衝積扇的油氣勘探》;

4）許紅、蔡乾忠、吳進民的《中國南海盆地油氣資源綜合評價與成烴成藏模式》;

5）熊永旭、裴振洪、閻秀剛、劉繼順的《中國陸相油氣盆地的形成與分布》;

6）Liu Xijin et al.《中國渤海灣中部第三系湖相和河流相的層序地層學》。

FORUM 7，勘探數據管理。

張貼論文：石廣仁、米雲石、郭秋麟、李阿梅的《盆地模擬新方法》。

FORUM 13 油田或區域詳探的新方法

第一副主席為邱中建。

宣讀論文：陳祖傳、程金箴的《塔里木盆地北部的高精度地震勘探》。

張貼論文：

1）R. Thompson，X. Liu，et al.《中國渤海灣中凹陷地區的盆地評價》；

2）J. Yang，Longana，et al.《神經網路在中國渤海灣地區的岩性及沉積相解釋中的應用》；

3）潘長春的《中國西北準噶爾盆地中部 SX 油田油氣充填史》；

4）傅碧宏的《中國塔里木盆地石油勘探衛星遙感數據分析和評價》；

5）何漢漪的《高分辨地震技術在中國海上油氣勘探中的應用》；

6）林剛的《中國四川盆地邊遠地區複雜高陡地質構造的解釋方法》。

第二區　開發及鑽采

FORUM 2，鑽井及完井工藝新進展。

張貼論文：

1）陶興華、曾義金的《旋轉鑽井工藝》；

2）李相方、田效山、劉書杰、管叢笑、隋秀香的《平衡鑽井新方法》；

3）Z. W. Zhong 的《遠東地質導向水平鑽井增加產能：在中國、印尼巴布亞新幾內亞和澳大利亞的經驗》。

FORUM 5，常規油提高採收率。

主席為王德民。

宣讀論文：韓大匡的《中國陸上石油工業提高採收率技術的成

就和麵臨的挑戰》。

第三區　下游與加工技術

FORUM 9，催化煉油技術的進步：為更好地為分子管理鋪平道路。由我院陳祖庇擔任主席。

宣讀論文：閔恩澤的《石油煉製催化材料的新進展》。

張貼論文：

1）鐘孝湘、汪燮卿、趙玉章的《以新改進的煉油工藝組合為基礎生產汽油含氧化合物原料》；

2）王亞民、汪燮卿、鐘孝湘的《MGG——一種生清潔汽油的催化裂化新工藝》；

3）韓崇仁、童廣明的《加氫裂化技術的新進展》。

FORUM 11，石油化工。

張貼論文：

1）李再婷、施文元的《採用新的煉油技術使石油化工原料多樣化》。

FORUM 15，二十一世紀廣泛利用腐蝕性原油的新技術準備。

張貼論文：

1）陸婉珍、龍義成、吳明清的《中國腐蝕性原油的表徵與加工》。

FORUM 17，非催化煉油技術的進步，更好地為分子管理鋪平道路方面。

宣讀論文：申海平、丁忠禹、李銳的《熱轉化——一種有效的重油加工途徑》。

張貼論文：

1）祖德光的《用非催化煉油技術優化重油改質加工》；

2）範耀華的《一種渣油脫瀝青新工藝》。

FORUM 20，煉油操作技術的最新及未來進展。

宣讀論文：王立行、袁晴棠、李曼的《應用先進控制技術，提高中國石化總公司的生產過程控制水平》。

第四區　天然氣

FORUM 4，二十一世紀天然氣潛力與展望——天然氣的終端應用。

宣讀論文：趙秀光的《中國近海天然氣的利用和前景》。

張貼論文：

1）李虞庚的《中國天然氣工業的發展》；

2）楊登維、張洪年、楊瑞昭的《中國天然氣資源潛力與未來應用》。

第五區　儲量

FORUM 21，供應與需求。

宣讀論文：楊景明、王立華、王金哲、宋武成的《世界石油供需前景分析和中國石油工業發展趨勢》。

第六區　環境與安全

FORUM 14，石油工業對環境的全球性義務–成果與挑戰。

宣讀論文：趙志雄的《塔里木油田的開發與生態環境保護》。

張貼論文：林大泉的《中國在油氣加工中的汙染控制與環境保護》。

FORUM 19，勘探開發環保技術。

宣讀論文：M. E. Boben Yue Yanting 的《西江原油溢出問題的處理方案–就地燃燒》。

張貼論文：

1）謝飛、王家麟的《洗滌法處理含油土壤的研究》；

2）潘增弟的《臺風預報研究對海洋石油工業的影響》。

第七區　研究

FORUM 18，二十一世紀的研究管理。

宣讀論文：吳棣華的《面對未來挑戰的研究與開發活動的管理》。

第八區　運輸

FORUM 6，船運及管道運輸。

張貼論文：

1）羅塘湖、張玉藏的《中國含蠟原油的流變特性研究》；

2）陳吉慶、嚴大凡、張幼軍的《中國含蠟原油的管道運輸》。

此外，我們還組織了48篇補充學術張貼論文，專為東道國提供更多的學術交流機會，在此不一一列舉了。

大會的安排非常緊湊，白天開會，晚上一些大石油公司都舉行招待會，有時一個晚上接到好幾個請帖，我們只能禮節性地每個舉辦公司都去一下，以示禮貌。但也有實質性的收穫，例如德國VEBA能源公司他們聽了我國的催化裂解技術DCC以後，很受啟發，他們準備介紹VCC技術。VCC也是重油輕質化技術，能加工各種不同的原料，甚至可把廢塑料與油混合加氫成液體產品。這種技術是二次大戰年代德國煤的直接液化技術的延伸。他們說VCC可與你們的DCC並駕齊驅。在2013年，VCC技術透過KBR公司與我國延長石油公司合作，共同開發了「油煤共煉」技術，並在2015年透過了鑒定。

SPC會議大部分是與EB執行局會議同時召開的，王濤部長是世界石油大會副主席，翟光明院士和陸思恭同志長期以來都在這些重要機構中擔任職務，所以很多會議都是結伴一發揮去的，比較省心。但也有一人蔘加SPC會議時候，這時就只能我一個人單獨行動了，在生活上出了一些洋相，造成一些困難，其中有兩次印象特別深刻。

一次是 1996 年去澳大利亞墨爾本開會，因為當時出國的生活費是包干制，我就買了很多泡麵、香腸、醃菜，再加上熱得快和不鏽鋼杯等，一應俱全。飛機到達墨爾本時已是清晨四點，大家排隊等入海關，海關人員帶著兩條警犬來回對行李嗅來嗅去，在我面前停的時間很長，我深怕海關人員要當眾檢查，嚇得我滿頭大汗。後來海關巡警又離開了，原來他們主要是檢查毒品的，總算虛驚一場。

另一次是 1997 年去義大利羅馬開會，飛機到達羅馬機場已是晚上十一點多了，下機後在行李傳送帶旁等行李，一位黑人很有禮貌走過來，問我要到哪裡去，我說到某飯店，他說他是出租汽車司機，並拿出駕照在我面前晃了一下，又告訴我，帶的美元最好在機場換成義大利的里拉，因為在旅館換要收手續費不合算。我覺得他真友好，給我考慮得真周到。待一切辦妥，他拖著我的行李帶我出機場。我以為在計程車的停車場就可以上車的，不料他把我帶到了離機場很遠的山坡上。這就讓我心裡發毛了，心想這一下可糟了，他卻一路與我聊天。上了車後，他一邊開車一邊探聽我的情況，知道我是開石油界的會議，一定是個大亨要好好宰一下。回頭想想我的警惕性實在是太差了。可能是他怕自己這輛黑車被警察發現受罰，車開到離飯店很遠的地方才停了下來。好在除車費上被狠狠宰了一下，下車後我又拉著行李箱摸黑走了較遠的一段路外，其他並無大礙，總算平安地渡過了這一劫。

第十六屆世界石油大會 2000 年 6 月 11 ~ 15 日在加拿大的西部石油城市卡爾加里召開，來自 90 多個國家的近 3000 名代表參加了這次會議。加拿大總理克雷蒂安在開幕式上致詞時呼籲與會代表共同努力，使石油工業的發展更好地與保護環境結合發揮來，更好地造福社會。會議期間，各國代表宣讀和張貼的論文約 330 篇，除了有關石油工業的專業技術論文外，大概有四分之一的論文與環境保護、社會發展以及可持續發展有關。

中國石化被錄取了三篇口頭報告：

1）CNSPC 中南局石油研究院的《西藏油氣勘探遠景評估》；

2）我院(RIPP)的《低投資的重油輕質化技術》；

3）我院的《DCC 技術及工業化經驗》。

四篇張貼論文：

1）齊魯石化院的《CATFRACT 技術用於汽油醚類生產》；

2）中國石化科技開發中心的《重油催化裂化先進控制技術開發和應用》；

3）我院的《靈活適應市場的催化裂化新技術》；

4）我院的《催化裂化家族技術——CPP，煉油和石油化工的橋樑》。

第十三章

戰略諮詢與院士工作站活動

從 2002 年 6 月，我被選為化工、冶金與材料工程學部副主任，分管諮詢和學術活動方面的工作，這給我提供了一個新的學習機會。以前在研究院的科學研究工作，都是以解決某項技術問題，或開發新工藝、新產品、新的分析方法為主，對策略性的研究知之甚少，就是對制訂科技發展規劃也只是提供某一方面的素材。而策略諮詢則是全局性和長遠性的，內容可以跨學科，時間可以跨一二十年。這就需求擴展自己的知識面，從更高的層次和角度來考慮問題，提出意見和建議，來指導策略研究方向。

節油與替代能源研究

2003 年在由侯祥麟院士負責的國家「中國可持續發展油氣資源策略研究」項目中，我負責了「油氣資源節約和替代」的課題研究。

2003 年 5 月，非典的肆虐剛剛平息，時任國務院總理的溫家寶來到北京市的一棟民宅，登門拜訪了我國石油化工技術的開拓者之一，我國煉油技術的奠基人、著名的石油科學家侯祥麟。溫家寶總理給侯祥麟院士帶來了黨中央和國務院的問候，同時他告訴侯老，國家即將啟動可持續性發展油氣資源策略研究，希望侯老能出來主持這項工作。溫家寶總理說：「您已經九十多歲了，我真是於心不忍啊！但是考慮到您的威望，還不得不請您來擔當此任」。

已是 91 歲高齡的侯祥麟院士接受了溫家寶總理的委託，邀集了兩大石油公司的中國工程院院士和專家商討，落實任務。侯祥麟院士要求分上、下游儘快組建研究隊伍，一年內規劃出我國數十年後的中國油氣資源發展藍圖。

2003 年，侯祥麟院士在由他負責的國家「中國可持續發展油氣資源策略研究」項目中，要我負責「油氣資源節約和替代」課題研究，要求 2004 年內完成《中國可持續發展油氣資源策略研究》中的「節油與替代能源研究」分報告。

2003 年 5 月 26 日，溫家寶總理在聽取了工程院的匯報後在會上發表了重要講話。他指出：石油資源關係國民經濟建設和社會發展，關係國家安全，是策略資源，黨和政府一直非常關心石油發展策略，人代會前和會議期間，各界人士提出希望政府加強對石油發展策略的關心，甚至有人提出政府應成立專門機構。現在發改委設立能源局，把油氣作為其主要工作來抓。本屆政府把這項策略研究提上了日程，不僅要研究，而且在國民經濟計劃中要採取行動，做好安排。在會議結束時他指出：課題的名稱定為《中國可持續發展油氣資源策略》，是中國工程院的系列課題之一；建議研究內容分 7 個方面(即子課題)：①資源與供需狀況；②國內油氣資源開發策略；③國際資源開發和進口策略；④石油安全和儲備策略；⑤石化發展策略，側重與油氣需求和節能(節油)的連繫；⑥節油策略(節能)；⑦有關政策措施。研究時間為 1 年，3 個月拿出綱要，為有關部門做規劃提供參考。溫家寶總理指出，在研究過程中應注意以「十六大」和「三個代表」重要思想為指導，既要考慮當前又要著眼 2020 年的目標，甚至是 2050 年；應做到政治、經濟和技術的統籌分析研究，如美伊戰爭，政治因素、經濟因素影響都很大；既要研究總體策略，又要落實到具體規劃設想，還要研究法律、政策及相關措施；要打破部門、地方界限，一切從國家整體利益出發考慮問題；這是一個科學、技術與經濟的研究，要堅持理論與實踐相結合，貫徹「雙百」方針，結論要有科學依據，經得住時間和實踐檢驗。

根據溫家寶總理的指示精神和侯祥麟院士的總體安排，除石科院外，我又組織了中國石化工程建設有限公司、中國石化經濟技術研究院、中國汽車協會和中國汽車研究中心等單位參加，分三個專題組開展工作，明確了各專題項目任務、負責人和進度安排，確定了調研提綱和報告編寫提綱。

1990 年 5 月 24 日與侯祥麟(右一)在紹興東湖

隨著石油供需矛盾日益加劇，我國原油對外依存度日趨增加，石油能源節約與替代成為國家能源發展策略的重大課題。首先與大家一發揮理清思路，明確可持續性發展油氣資源策略研究的研究方向，對下游而言：第一，面向未來，為實現中國經濟可持續發展，圍繞石油能源節約和替代兩大主題，煉油行業與汽車行業如何做到協調發展；第二，借鑑國外發達國家車用燃料和替代的發展歷程、現狀和趨勢，緊密結合中國國情，強調首先解決汽車車用燃料需求，石油能源節約和替代的重點也是在汽車燃料節約和替代方面下功夫；第三，如何根據科學的發展觀，充分發揮煉化一體化的優勢，保證車用燃料供應的同時，必須確保蒸汽裂解制乙烯所需化工輕油原料供應和煉油產品的原料平衡；第四，從技術和政策上研討煉油行業和汽車行業需求著重抓好哪些事情，以確保未來石油供需平衡總目標的實現。要求汽車工程學會與中國石化經濟技術研究院用不同研究方法，同時開展汽車保有量、汽車車型、產銷結構和汽車燃油消耗預測進行研究。

2003 年 10 月 30 日，溫家寶總理聽取了《中國可持續發展油氣資源策略》研究階段報告。溫家寶指出，《中國可持續發展油氣資源策略》階段報告(綱要)科學地分析了我國和世界油氣資源的現狀及供需發展趨勢，提出了我國油氣資源可持續發展的總體策略和指導原則、措施和政策建議。在這麼短的時間內，課題組便形成了內容豐富的科學研究成果，參與研究的科學家付出了大量心血。這次研究集中反映了科學家、政府部門和企業的意見。這種集成研究方式是一個創舉，是科學民主決策方法的一種新的嘗試，也是我國科學研究體制改革的一次重要的實踐。他要求，中國工程院課題組要認真研究部門和企業提出的意見和建議，並在階段性報告的基礎上，開始進行總體報告的研究和撰寫，按計劃如期完成課題研究。他說，對涉及經濟社會發展全局的重大問題，要組織跨學科、跨部門、跨行業的專家論證，這是本屆政府成立時確定的一項制度。研究的目的是為了應用。政府制定規劃和政策要認真吸收研究的成果，使規劃和政策更加科學、更加符合實際。

2004 年 2 月 11 日，我主持石油煉製學會與汽車工程學會聯合召開了「油氣資源的節約與替代策略研究」研討會。兩個學會的專家共同認為：要鼓勵發展節能型汽車，而目前有些高耗油汽車的發展趨勢值得注意，節油型汽車應從現有常規發動機的節油開始；考慮到我國的基礎，預期到 2020 年按單車消耗節油 20% 是有可能的；建議著手制定我國車用燃油的經濟性規範，鼓勵學習歐洲經驗，發展柴油轎車。

我與中國石化經濟技術研究院的專家們多次討論，理清和明確了研究內容。參照汽車工程學會的汽車產銷量預測，依據中國石化經濟技術研究院用戶調查法對石油需求的預測，採用高、中、低三種方案測算的汽車保有量，作為預測未來國內車用汽柴油需求量的主要參數；按我國汽車產銷車型發展將以乘用車，特別是轎車為主預估，我國乘用車百公里油耗與歐美國家的差距及燃油經濟性的發展趨勢，對車用燃料節油效果作預測，同時以石科院為主開展國內外情況調研。調研國外(美國、歐盟、日本及巴西等國)替代燃料應用情況，燃料乙醇在國外的最新發展動向和對乙醇燃料法規、規範的要求，世界各國汽車製造商對醇類代用燃料的意見，替代燃料發展趨勢，美國節能技術、政策及效果，美國汽車平均燃油經濟性，基於提高燃料經濟性的政策措施，國際能源機構 IEA 對全球交通運輸用油及汽車節約用油的趨勢，電動汽車和燃料電池汽車發展動向及存在問題等。

在上述工作基本完成後，大家一致同意，對應於汽車保有量高、中、低三種方案和相應全國成品油消費量預測，考慮到化工輕油供需平衡，采取各項可行的節油措施，認為如果採用中方案提出的 2020 年的國內石油需求總量預測是科學的、可行的。進而指導《國外交通運輸節油經驗和啟示》論文的撰寫，詳述國外交通運輸用油情況，分析歐美日等國在交通運輸節油方面所採取的技術和政策措施，取得的效果和存在的問題，分析我國目前交通運輸用油現狀，提出了節油方面的建議。

研究如期達到預期目標，形成報告初稿。2004 年 2 月 25 日，以《節約用油與替代燃料——全面推進節約用油，提高石油使用效率》為題向侯祥麟院士作了階段匯報。鑒於我國每千美元 GDP 的石油消費量(石油消費強度)與美國、日本等發達國家相比要高得多的實際情況，參考發展與改革委能源所「中國能源需求預測」情景分析，在匯報中明確指出，「要實現經濟可持續發展，必須大力節約石油資源」；「有效合理地利用石油資源，應把寶貴的石油資源主要用於生產運輸燃料和化工輕油」。

報告分析了「用油部門油耗過高是石油消費強度大的主要原

2017 年 11 月 10 日審查工程院諮詢項目時與徐承恩院士(右)交談

因」：一是汽車單車油耗太大，汽車是油品消費的第一大戶；二是油田和石化企業自用油比例高；三是小煉油廠資源利用率低；四是不合理用油沒有受到嚴格限制。《節油與替代能源研究》報告中，最終審定的幾點結論性意見如下：

1）要實現經濟可持續發展，必須調整能源消費結構，提高能源利用效率，降低石油消費強度，降低用油行業油耗，嚴格限制不合理用油，大力節約石油資源。因此節油是一項重大國策。

2）開發節油型汽車是節油的關鍵。採取石油、石化行業自身節油、代油，採用節油、代油的新技術。在電力、鋼鐵行業、工業窯爐以煤代油、以氣代油，農業儘量以電代油，鐵路電氣化代油，嚴格控制柴油發電等節油、代油的措施。

3）要堅決關閉資源利用率低、汙染嚴重、產品品質差的企業和生產裝置，限期淘汰耗油高的產品和裝備；要加大油品監測力度，嚴厲打擊偽劣產品，保證汽車使用高品質的石油產品。

4）發展運輸用替代燃料是世界能源發展的趨勢。但在今後相當長的一段時間內，石油替代燃料主要是天然氣和液化氣代油，包括壓縮天然氣作汽車燃料。乙醇汽油主要涉及農業政策和含氧汽油的發展方向問題。生物柴油從降低 CO_2 總排放量是有意義的，但需求解決原料供應。甲醇汽車在資源豐富的地區可以試點，甲醇作為石化原料和燃料電池的燃料在未來將是一種選擇。煤液化制油無論從環保和生產成本而言代價太大，可作為策略儲備開展研發和建立裝置。所有替代燃料能替代石油作運輸燃料的比例都不太大，在農業資源豐富的美國也不到 2%。因此，替代燃料的發展必須在符合環保、節能，確保資源和生產成本合理的前提下，透過科學試驗，與汽車製造部門的技術開發相配合，在先行試點和示範的基礎上，有計劃分步實施，不宜匆忙推廣。

5）訊息技術和優化控制技術對傳統產業的改造和節能在今後將發揮重要作用，應在各工業部門廣泛開發應用。

6）要透過國家宏觀調控和必要的立法來促進節油代油的實施。把鼓勵節約用油作為國家石油安全策略的重要組成部分，加快建立節約型的石油消費模式。政府要將石油天然氣的開發、加工、銷售納入規範的法制化管理軌道，避免資源浪費和環境汙染。

7）國家要透過稅收調節政策，促進節油代油的實施。對於替代燃料的研究和應用，應進行必要的資助和鼓勵。

上述報告研究結果的內容，寫入《油氣資源可持續發展與替代策略研究》下游部分綜合報告。最終匯入《中國可持續發展油氣資源策略研究》總報告。2004 年 6 月 25 日，中國油氣可持續發展策略規劃研究報告會如期在國務院召開，時任國務院總理的溫家寶等中央領導同志認真聽取了課題組的匯報。

溫家寶總理在主持國務院聽取關於《中國可持續發展油氣資源策略研究》成果的報告講座時強調，油氣資源是關係我國現代化建設全局和國家安全的重要策略資源，要抓緊研究制定和實施國家可持續發展油氣資源策略，把節約和合理使用油氣資源放在更加突出的位置，保證油氣資源的長期穩定供給和有效利用，為我國經濟發展、國家安全和全面建設小康社會目標的順利實現提供保障。

在 2004 年完成了《中國可持續發展油氣資源策略研究》報告後，2005 年，我又參加了中國工程院副院長杜祥琬院士組織開展的《中國石油需求遠景展望與替代策略研究》課題研究，仍然負責下游部分，組織了由徐承恩、陳立泉等院士和相關單位專家組成的研究隊伍，開展了我國《2020～2050 年油氣資源可持續發展與替代策略研究》。

在對 2050 年《中國石油需求遠景展望與替代策略研究》中，透過大家共同討論明確以下共識：要遵循和延續以下指導思想，即在 2020 年以後我國社會經濟發展受多種因素綜合影響，都會使石油消費增長幅度降低成為可能；交通運輸用油是影響我國石油消費量的最主要因素，汽車的節油與燃料替代對降低石油需求仍發揮著關鍵性的作用；我國依靠煉油廠生產化工原料油的狀況難以根本改變，實現化工輕油的替代和新的乙烯原料路線及生產工藝的開發是降低石油需求的又一關鍵。

要進一步拓展思路，綜合分析影響汽車燃料需求的諸多因素，一是未來汽車的保有量及汽車生產與消費結構（包括乘用車與商用車的比例、柴油轎車占轎車總量的比例、混合動力車和電動車比例等）；二是汽車發動機設計生產水平；三是汽車行駛里程；四是交通運輸模式可能有根本性的改變。對於石油替代燃料的展望，要著重於對石油替代的可行性與可能性進行分析，要從原料資源的實際可得性、技術成熟程度、對我國資源的整體利用是否合理、能源轉換與利用效率、溫室效應氣體排放、對其他資源的消耗等多方面進行總體綜合研究，在實現產業化和商業化應用時投資及成本方面還必須考慮與石油燃料的競爭能力和實現可持續發展為前提。

透過反覆討論大家一致認為：以長遠發展的眼光，判斷石油消費宏觀市場需求，洞察車用燃料未來市場的變化，研究石油能源的節約和替代方式；石油能源的節約和替代不僅要為我國今天的生存發展著想，更重要還應為國家未來的生存發展做謀劃；能源的節約和替代是大勢所趨，諮詢研究必須主動根據石油資源和未來消費預測，做好石油能源資源節約和替代的頂層設計，提出石油資源節約和替代的策略規劃。

根據課題研究的目標，主要是分析到2050年石油供需平衡是否有可能做到和實現所需的條件，關鍵是要考慮到石油能源安全和石油進口量是否受制於人，石油可能的替代量可否達到新的供需平衡。課題在整體研究目標下開展了「中國石油需求的遠景展望和天然氣作為替代燃料的前景預估」「煤基石油替代燃料」「生物質替代燃料」「電動力替代燃料」四個專題研究，並徵詢了能源、石化、汽車、煤炭、農林、電池等各方面專家的意見，取得了新的進展和結果。

2005年10月23日中國工程院領導聽取了「油氣資源可持續發展與替代策略研究」課題組匯報，我主持了預測方案討論。根據汽車技術研究中心提供數據，對2050年機動車用油需求、石油替代總量、石油供需總量分別作了預測分析。分析了影響我國機動車用油需求因素，汽車節油可能性的依據，我國汽車年平均行駛里程、油耗與美日等國差距；對交通運輸和化工用油需求量，汽車燃料和化工用油替代量，生物質替代燃油量，燃料乙醇、生物柴油的生產能力預測，化工用煤預測，氫燃料在替代能源中的地位和可行性。

特別強調指出：各種替代燃料的競爭能力都需評估。在經濟全球化的條件下，所有替代燃料都要與石油進行技術經濟比較，並最終能處於相當或更為有優勢的條件。要作整體評估比較，即原料、技術、投資和成本、能源利用效率、二氧化碳排放及處理，以及為清潔生產所付出的代價等。提出必要的政策支持，並在可持續發展的基礎上分階段實施。各種替代燃料都可以在商業上進行競爭，替代總量只是一種估計，而不是限制，數據供參考，並盡可能取得共識。但還必須指出，尚有幾個重要未知數：煤的遠景可開採量，各種替代燃料產業化的可能性，天然氣水合物的開發和應用，純電動車的發展前景等須進一步明朗化；對甲醇燃料、純電動汽車和氫燃料電池汽車，石油加工、煉油和石化生產節油與替代等方面存在分歧和爭論的，要與時俱進，不設框框，不抱成見，不守成規，認真展開研討，使預測更科學合理，更接近實際。

按此次會議基調確定了綜合報告編寫提綱。在上述思路的指導下，課題組透過一年多的研究，並組織了多次各方面專家的研討會，對 2050 年我國石油需求和各種替代燃料的發展前景，不同替代方案下的石油需求量和石油消費量進行了重新分析，對各種替代方案的競爭能力作出了重新評估，提出了加快開發石油替代技術，減少對石油能源的依賴的新的可行性方案和策略性建議。

2005 年 12 月下旬，課題組審定了《2020～2050 年油氣資源可持續發展與替代策略研究》下游部分綜合報告初稿。透過石油需求數據分析、模型研究，未來天然氣、煤基、生物質、電動替代燃料技術發展趨勢的預測研究和資源評價，替代燃料資源及石油供需綜合評價等，取得了以下一些關鍵共識：

1）國家倡導建設節約型社會。伴隨著生產結構的調整，原油加工及產品使用效率的提高，訊息技術的廣泛應用，消費觀念的轉變，交通運輸節油與替代，公共交通的重視，可再生能源開發利用等，不僅使石油的節約受到重視，而且使石油的節約具有可能性。訊息化時代的到來，必然會對石油需求帶來影響，會使社會降低對石油的需求。

2）石油消費需求中大部分是交通運輸燃料和化工用油。同其他用油(如用油發電)相比，這兩部分很難大量替代，特別是噴氣燃料更是不可替代的。交通運輸燃料和化工用油的節約與替代是減少石油需求的重要條件。通常石油生產要優先滿足交通運輸，特別是汽車燃料需求。因此交通運輸燃料節約與替代，特別是汽車節油與石油燃料替代成為降低石油需求的重中之重。

3）我國依靠石油生產化工輕油。採用石腦油作原料制乙烯的路線，來滿足未來對乙烯的需求，看來不盡合理，應該走多元化的道路。一是加工原油量生產不出所需量的石腦油，多產化工輕油將影響汽油的供應和品質提高；二是乙烯生產成本高，在原油每桶超過50美元的情況下，以化工輕油作原料不但比用乙烷要貴得多，甚至還不如甲醇制乙烯(MTO)；三是乙烯及其下游產品比石油更易依靠進口來彌補需求的缺口。因此化工輕油替代、化工輕油制乙烯原料路線替代需求重視和研究。

4）汽車燃料的需求取決於：未來汽車保有量，汽車生產與消費結構(包括乘用車占汽車比例，轎車和柴油車占汽車總量的比重，柴油轎車占轎車總量的比重，混合動力車與電動車比例等)，汽車設計生產水平(主要是汽車節油和燃料經濟性，汽車發動機百公里油耗)，汽車行車里程和交通運輸模式等諸多因素。控制好了將可達到降低石油需求的預期目標，若不加控制和引導，情況將發生變化，石油需求將難以滿足。

5）對於石油替代燃料，可有各種各樣選擇：如氣體燃料(包括CNG和LNG，LPG，GTL)，煤基石油替代燃料(包括煤液化油、煤制甲醇、二甲醚)，生物質燃料(包括燃料乙醇、生物航煤、生物柴油、BTL)，電動力替代燃料[包括純電動車(BEV)、混合動力車(HEV)和燃料電池車(FCEV)]等。

對未來，石油燃料替代不是講需求的預測，而是要強調對石油替代的可能性。任何一種替代燃料的產業化和商業化應用必須考慮：原料資源，技術及技術成熟程度，經濟性，即投資、成本與石油燃料競爭力，能源轉換與利用效率，溫室效應氣體排放，水資源消耗等，以及實現可持續發展的可能性。

石油替代燃料，如煤液化油，以甜高粱、稭稈等非糧食原料生產乙醇，以棉籽油、木本油料植物等為原料生產生物航煤和生物柴油，以甲醇為原料生產二甲醚，油電混合動力(HEV)和純電動車(BEV)，以及甲醇制烯烴(MTO)、甲醇制丙烯(MTP)，技術和經濟上能否在未來具有競爭力，能否獲得推廣應用，須待 2020 年前示範項目或示範廠的結果才能定位。

6) 生物質燃料屬可再生能源，在不與糧食、食用油爭地，原料資源有保證的條件下，有廣闊的發展前途；但是生產這種燃料的過程，從耕地、施肥、除草、滅蟲、收穫、運輸、加工各環節所耗能量為數不少，新能源的獲得會被生產過程中能源的消耗部分所抵消，所以應算總帳。非糧食原料、油料植物資源收穫、運輸、供應、儲存等環節也有技術上難題要解決。

7) 工業部門用油的節約和替代在未來也繼續需求得到重視，仍然存在很大的潛力。

最後上報的近兩萬字報告，工程院有關領導認為：報告面向未來，觀點明確，重點突出，有理有據，求真務實，成為一份可供有關部門決策參考的重要資料。

報告首先分析說明了未來能源和石油供需態勢及其面臨的嚴重挑戰。國外對未來石油需求的預計，汽車節油減排、提高燃料經濟性是減少石油需求的重要途徑，採用先進的生物燃料是減少中長期石油需求的有吸引力選擇；我國能源和石油消費面臨的挑戰，必須降低我國能源和石油消費強度，必須提高我國能源和石油利用效率，必須強調並實行「節約優先、環境友好、努力替代」發展策略，必須採取綜合措施保障石油安全。

報告對未來石油需求的基本估計。依據社會經濟發展前景展望和中國能源需求展望，利用石油消費強度法和消費係數法分析預測了中國石油需求，提出了三種情況下石油的需求總量和預測結果，煉油與石化生產用油節約與替代方案，包括依靠技術進步，加快結構調整，降低能耗、物耗，發展深度加工，最大限度地生產輕質油品，降低煉油與石化企業燃料油消耗，提高石油資源利用率，多途徑解決乙烯原料問題等。

報告對未來石油替代總量的基本估計。著眼於：①天然氣用作替代石油的前景展望，分析了燃氣(CNG、LPG)汽車發展的前景，從甲醇汽油、甲醇制低碳烯烴、甲醇合成二甲醚三個途徑分析了天然氣制甲醇替代石油的前景，以及天然氣合成液體燃料(GTL)的前景。②生物質燃料替代石油的前景展望，分析了國外生物質燃料的發展現狀，未來我國生物質燃料的發展及預測思路，預測了未來我國生物質燃料資源，燃料乙醇、生物柴油的生產能力和產量，我國生物質燃料對石油替代量。③煤基石油替代燃料的前景展望，分析了煤直接液化生產石油、煤間接液化生產石油替代燃料現狀，預測了煤炭資源量，到2050年煤炭供需情況(煤炭供應能力，煤炭需求和化工用煤量)，煤液化生產石油替代燃料，煤基甲醇的生產和制取低碳烯烴、二甲醚能力，甲醇供需能力。④電動力替代燃料的前景展望，分析了混合動力車、蓄電池電動車、燃料電池車發展現狀，預測了三類電動車發展前景。在四條石油替代路徑分析、預測基礎上，提出了未來石油替代總量的可能方案，2050年不同替代量方案下石油需求量，不同情景下石油的實際需求量，2050年石油供需平衡。

報告實事求是地指出研究不足之處是，尚有幾個重要的不確定因素。各種替代燃料的競爭能力需評估，包括煤的遠景可開採量；氫燃料在替代能源中的地位，氫能資源量；汽車生產和消費結構，混合動力車、純電動車(BEV)和氫燃料電池車(FCEV)前景；天然氣水合物的開發和應用前景；可再生能源中的風能、太陽能和生物質發電開發和應用前景等，還缺少可靠的商業化數據，因此具有不確定性。

針對替代能源的發展，當時有許多質疑的聲音。必須再三強調，發展替代能源，要注重原料資源、技術路線，要因地制宜、因時制宜，要考慮成本的問題；替代能源要考慮經濟效益和規模化發展前景，產業要向可持續方向發展，資源要落實，技術要成熟可靠，成本要有競爭力。要堅持科學發展觀，研討替代燃料可持續發展趨勢，始終認為利用地球上取之不盡、用之不竭的生物質資源，發展生物燃料產業是替代石油燃料的重要發展趨勢。

在 2006 年 3 月審定提交了《中國石油需求的遠景展望與替代策略研究》綜合報告中，關於到 2050 年石油需求量預估的總結性意見：2050 年，一方面要達到低石油需求量目標，另一方面要達到石油燃料和化工用油有效替代目標，在建設節約型社會的框架下，依靠技術和政策，提高石油使用效率、降低石油消費量增長，積極開展石油替代，控制替代後的石油需求量和石油對外依存度在設定目標範圍內，是有可能做到的。

為達到這一目標，需求各方面共同努力，實現石油需求量控制目標的前提條件或措施是：

1）控制石油消費強度和整體石油需求量。

2）石油消費應優先滿足交通運輸燃料和化工用油的需求，控制機動車用油量、交通運輸用油、占石油總需求量的比重在設定目標範圍內；保持化工用量、占石油總需求量的比重在設定目標範圍內。

3）依靠技術進步和政策支持，使石油燃料和化工用油替代量，包括乙醇(E10)和生物柴油、天然氣和LPG、煤制氣F-T合成油(間接液化)、煤加氫液化生產汽柴油(直接液化)、煤低溫干餾途徑的煤基石油等替代及其他車用燃料替代，透過MTO等替代化工用油，能達到一定目標範圍。

4）控制燃油汽車保有量在設定目標之內，同時調整汽車生產與消費結構：使乘用車占汽車比例、轎車占汽車總保有量的比重、柴油轎車占轎車總量的比重達到一定目標；在乘用車中，要發展油電混合動力車、電動汽車，使其達到較高的比例；要提高汽車設計與生產水平、汽車平均燃料經濟性水平，使汽車百公里油耗平均達到較低水平；大力發展低排量經濟性轎車，控制汽車行車里程，使汽車能適應天然氣與LPG、燃料乙醇、生物柴油等替代燃料的使用。汽車維修和道路交通管理也是汽車節油的重要環節，政府部門應制定相應的政策和法規，促使全社會節約用油的實現。

5）控制其他用油行業石油消費需求及占石油需求量的比重在設定目標範圍以下，比2020年應該進一步下降，並盡可能挖掘潛力、節油與替代。

6）為確保石油燃料和化工用油替代量達到預定目標，2020年前應組織完成各種石油燃料和化工用油替代技術示範、工業化和產業化準備，包括：以木薯、甘蔗乙蜜、甜高粱、木質纖維、植物秸稈等纖維素為原料生產燃料乙醇；以菜籽油、棉籽油、木本植物油等為原料生產生物柴油生產技術；煤的間接液化、直接液化和低溫干餾；加大混合動力車、電動車關鍵零部件(鋰離子動力電池)的研究、開發和產業化力度。

7）樹立全社會節油意識，制訂政策，引導和鼓勵節油與替代。

2005 年在徐匡迪、宋健、錢正英三院士任顧問，王瀫佐院士、張彥仲院士負責的「建設節約型社會策略研究」項目中，我與楊奇遜院士共同負責「能源節約工程」課題，併負責其中「油氣資源的節約技術和措施」子課題研究，完成《油氣資源的節約技術和措施》子課題報告。

2005 年 2 月 27 日，在中國工程院召開「建設節約型社會座談會」上，我受侯祥麟院士委託發言指出：「隨著經濟的快速發展，我國承載了越來越重的資源、能源壓力。要在 2020 年實現國內生產總值翻兩番，可持續發展能力不斷增強，全面建設小康社會的目標，就必須大力降低資源消耗，提高利用效率，建立節約型社會」。

2001 年 5 月 20 日和侯祥麟(中)、侯芙生(左)在武夷山

2004 年我國汽柴油消費量分別達到 4706 萬噸和 10292 萬噸，油品消費增長速度遠大於國民經濟的增長速度。若按此比例增長，則無法保證以較低的能耗實現國內生產總值翻兩番的目標。因此，節約用油，降低單位能耗是一件迫在眉睫的大事。汽車是耗油大戶，我國汽車的單車油耗高的原因有兩個，一是發動機效率低，比國際平均水平落後 15%，二是行駛里程長。因此，汽車節油首先要

考慮城市交通的模式問題。參考外國經驗，建議國家第一要加大投資發展城市軌道交通模式。其次是要靠立法、政策和技術進步提高燃油經濟性。第三是制定適當的經濟和稅收政策鼓勵節油。參照國外普遍做法，建議徵收燃油稅等基於機動車燃料水平的稅費制度，並對汽車製造商規定節油型汽車的最低銷售限額等，最終形成一攬子政策。第四，根據科學發展觀的原則，對能源的使用效率應該制定衡量的標準，鼓勵節油和減少二氧化碳的排放。經濟增長不能以過度消耗資源為代價。

2005 年 3 月到 6 月，專題組多次討論完善子專題研究提綱、研究思路，審定了報告編寫提綱。會上院士專家們要求繼續調研了解我國油氣資源與發展現狀。要求從這四個方面分析我國油氣資源供需現狀和對策：油氣資源量不足，人均占有量低；油氣供需矛盾突出，缺口迅速擴大；我國能源結構與國外不同，石油消費強度高；石油消費最多的部門，運輸用油呈快速增長。

凝練油氣資源節約的基本要求，是「五結合」：油氣資源節約活動要與轉變經濟增長方式、提高經濟增長品質和效益相結合，加快實現循環經濟發展的理念與實踐；要與調整經濟結構相結合，完善產業政策，扶優扶強，促進優勝劣汰；要與技術進步相結合，推動油氣資源節約科技開發，加快科技成果轉化，提高資源節約的整體技術水平；要與緩解經濟社會發展面臨的資源瓶頸制約相結合，以高耗油行業為重點，大力節約用油；要與完善、執行政策法規相結合，堅持依法管理與政策激勵相結合，研究提出有利於替代技術推廣的相關政策。

要求重視油氣資源節約的技術開發。做到「四要」：重點用油行業要統一協調組織對共性、關鍵技術的科學研究開發，要組織節約和替代燃料油技術示範，要對先進成熟的節油技術進行推廣，要抓住交通能源動力系統的轉型這一策略機遇實現跨越式發展。

鑒於《節油與替代能源》諮詢報告上交後的十年間內，石油消費量比原來的設想突破了很多，當然策略諮詢不可能是計劃或規劃，它主要是一些基本原則和指導思想。十年來我不斷反思，我認為這些基本原則和指導思想是對的，是符合我國國情的。2013 年 8 月我擬了「加緊落實汽車節油各項措施」的建議，請曹湘洪、李大東等院士對此進行討論，本著科學的、實事求是的精神向中央有關部門寫了院士建議，作為本課題的結束語。

關於「加緊落實汽車節油各項措施」的建議

2013 年 8 月 31 日，第 24 期，總第 264 期

建議人：曹湘洪、李大東、徐承恩、汪燮卿、舒興田、胡見義、韓大匡、龍軍、吳志新、蔣福康

為了儘快改善大氣品質，降低燃油消耗，從道路交通運輸角度考慮，一方面要提高油品品質和汽車排放控制技術，但更重要的是汽車節油。現在汽車的「三高一低」(保有量及增速高、平均油耗高、行駛里程數高、舊車報廢率低)，導致石油消費過快增長，石油安全形勢日益嚴峻，油耗高，汙染排放也相應增高。為貫徹「十八大」大力推進生態文明建設，努力建設美麗中國，實現中華民族永續發展精神，為確保國家能源策略安全和人民生活品質，建議把節油作為迫切需求抓緊的一項長期策略任務。

一、石油及汽車燃油消費現狀及影響

2003~2004 年原國務院總理溫家寶親自安排了中國工程院進行「中國可持續發展油氣資源策略研究"的重大諮詢項目，完成後得到溫家寶總理的高度評價和多次肯定。溫家寶總理還專門為此召開了各部委參加的國務院第四次學習講座，予以討論和貫徹。為了緩解我國石油供需矛盾日益突出、石油安全堪虞的局面，在這個報告中明確提出了石油消費量 2020 年要控制在 4.5 億噸，對外依存度不超過 60%的目標。並且提出：鑒於汽車用油是石油消費最大的產業部門，當時所提的 2020 年石油消費量控制到 4.5 億噸，就是以汽車保有量由當時的 2694 萬輛增加到一億輛為前提的，還要加上認真落實所提出的節油和發展石油替代產品的重要措施。溫家寶總理還就這個報告作了很多重要的指示，在 2004 年 6 月 25 日的項目匯報會上他說：「當前我國油氣消費進入快速增長時期，油氣資源短缺已成為經濟和社會發展的重要制約因素，必須抓緊制定和實施油氣資源可持續發展策略。」還提出了七條重要措施，其中一條是關於「油氣節約使用」，另一條是強調「大力發展石油替代產品」。在 2004 年 8 月 24 日國務院學習講座會上，溫家寶總理又強調了「當前特別是要切實抓好石油天然氣的節約和綜合使用。」

現在看來，這些措施基本沒有得到落實，以致石油消費量現在已大大突破了當時所提出的 2020 年的目標。據統計，2012 年我國石油消費量已達 4.9 億噸，原油及成品等石油產品進口量已達 2.93 億噸(據國家海關總署資料)。由此折算石油對外依存度已達 59.8%。最主要的影響因素就是汽車保有量已高達 1.2 億輛。據統計，每年新增的石油消費量的 70%以上被新增汽車所消耗。另外節油措施也沒有落實，油耗很高。「十一五」期間，汽車平均燃料消耗量總體水平高；平均百公里油耗達到 7.8~8.0 升，遠高於歐、日水平，且差距還在進一步拉大；在汽車保有量中，高油耗高排放汽車占比很高，「十一五」末，在用車中達不到國Ⅲ及以上排放標準的汽車占 58.9%，在用的乘用車油耗達不到第二階段標準的汽車占汽車總保有量的 60.5%；在汽車銷量中 1.6 升及以下排量的占乘用車總銷量比重從 2009 年達最高峰 719.6 萬輛後逐年在下降，SUV 車占比則逐年上升；國家《節能與新能源汽車示範推廣應用工程推薦車型目錄》所列的推薦車型產量微不足道，2012 年只占總生產量 1927 萬輛的 0.13%；乘用車柴油化率低，占轎車保有量不到 1%。汽車報廢率只有 0.5%~1.0%，與發達國家也有不小差距。這說明策略諮詢中提出的提高汽車平均燃油經濟性、提高柴油車比例、大力發展混合動力車、替代燃料汽車、鼓勵使用節油型車、加速淘汰落後在用車等各項節油措施，均未得到有效落實。石油供應、環境、交通已不堪重負。

二、石油及汽車燃油消費趨勢

隨著我國人均 GDP 達到中等發達國家水平和推進城市化，我國已進入汽車消費或人均擁有汽車量快速增長期。這給未來石油消費增長、城市環境汙染治理帶來了與時俱增的壓力。預測到 2020 年，中國汽車保有量至少達到 2 億輛，其中近 95%仍為傳統內燃機汽車；如果按國內原油產量 2 億噸並穩產到 2020 年計算，那麼 2015 年和 2020 年，我國石油消費量將達到 5.85 億噸和 7.38 億噸，石油對外依存度將「追美跟日」到 66%和 73%。

我們認為，根據科學發展觀關於國民經濟各部門必須統籌兼顧、協調發展的要求，以及努力建設資源節約型和環境友好型社會的要求，雖然汽車工業適當加快發展是必要的，但正如溫家寶總理所指出的那樣，「油氣資源短缺已成為經濟和社會發展的重要制約因素。」關於汽車工業的發展，鑒於它對國民經濟發展的貢獻及城市化的要求，要保持較快的發展是必要的，但是由於我國人口眾多，不可能走美國那樣無限制發展的路子，而不能不受到油氣資源短缺一定的限制。因此，這意味著，降低傳統內燃機汽車油耗、適度控制燃油汽車保有量並減少行駛里程，將成為實現石油節能減排目標的關鍵。抓汽車節油，事關減排和推動產業結構調整，又關係國家石油安全策略。各國和各大汽車公司公認：混合動力車型是今後較理想的節能環保車型，城市工況下節能減排30%左右，應加快發展，作為傳統內燃機汽車向電動汽車的過渡，混合動力汽車技術將有較長的生命週期。柴油汽車在節能和環保方面的優勢已經得到國際汽車業界的肯定，乘用車柴油化被許多國家列為汽車工業未來的發展方向，大力發展先進的柴油車技術，這是汽車節能環保的必由之路；燃氣汽車是當前汽車代用燃料的主流，我國 CNG 和 LNG 汽車銷量快速增長，值得肯定。

三、加大石油供需與汽車節油各項措施落實的建議

儘管近幾年節能與新能源汽車示範推廣應用、公共交通和軌道交通、替代燃料汽車雖有較大發展，但還必須及時控制石油消費過快增長。要行業協同，企業協力，環保監管，區域共治，正確引導消費，在提高油品品質同時應控制汽車油耗，淘汰落後產能和生產力，特別是透過技術創新等策略舉措，加快生產技術進步，加快調整產業和產品結構。為此特提呈以下建議：

1) 研究落實頂層設計目標。依據能源供給和生態環境

承載能力，從政治、經濟、軍事、外交、科技等綜合國力考慮，確保國家石油能源安全供應。控制石油消費總量和對外依存度，作出科學的頂層設計；提高石油資源利用率，優先滿足交通運輸用油、減少汽車單車石油消費量和適度控制燃油汽車保有量作為重點；約束工業和交通運輸行業石油消費需求過快增長。透過節油和替代措施，達到平衡供需和良性可持續發展。

2) 狠抓石油煉製技術的創新與汽車節油各項措施落實。要透過石油煉製技術創新，特別是大力發展高效重油轉化技術，提高輕質油的收率，並不斷提高汽、柴油品質滿足環保要求；另一方面，汽車工業要把進一步提高燃料經濟型水平，切實降低單車年油耗作為重點，加快並有效實施企業平均油耗標準，促進汽車產品結構性調整，實施提高油品品質和汽車燃料經濟型統一、規範的評價監管體系；依據城市(特別是大中城市)汙染現狀和改善情況，確定各大中城市燃油汽車保有量和汙染排放量控制目標，採取有區別的地區限購與相輔的經濟措施，制約汽車用油過快增長；高度重視混合動力、氣體燃料汽車和乘用車柴油機化技術研發和產銷。

3) 研究實施透過價格、稅收等經濟手段控制汽車節油和節油消費政策。可參照水、電、氣價格政策實施汽車用油量累進油價政策與實施方案，限控汽車出行里程和汽車用油量；進一步優化不同車型汽車的購置稅率，由使用大排量、高耗能車輛的群體承擔更高能源消耗和汙染排放成本，抑制盲目奢華消費；對購買和使用節能型汽車實行補貼與出行優惠政策；加快在用車更新；加強節油宣傳，提高全社會節油意識。

發展生物質能

我參加了以曹湘洪院士為首的2012年工程院諮詢項目「我國生物燃料產業關鍵技術開發、示範與應用」，提出了以下幾個概念。

一、「本是同根生，相補更有益」

我們現在消費的能源主要是石油、煤炭和天然氣，叫做不可再生能源，用一噸少一噸，而燒掉以後產生的二氧化碳則燒一噸多一噸，增加了溫室氣體的排放，造成環境的汙染。而如果用生物質及其廢棄物如木薯、甘蔗乙蜜、甜高粱、木質纖維、植物稭稈等纖維素為原料生產燃料乙醇；以菜籽油、棉籽油、木本植物油等為原料生產生物航煤和生物柴油，那就可以年年種年年收，叫做可再生能源，把燒掉以後產生的二氧化碳透過太陽光的光合作用又成為生物質及其廢棄物，從原理上講沒有產生多餘的二氧化碳排放，因此又叫做可再生能源和清潔能源。

根據石油、煤炭和天然氣的有機成因理論，它們都是在億萬年前由生物質經過地質條件的變遷，被埋藏在地下，受溫度、壓力的影響，經過一系列的化學反應，把碳水化合物轉化成碳氫化合物。所以我們現在把它們叫做化石能源而不叫做礦石能源。因此，可以說化石能源與生物質能源本是同根生。既是同根生，那麼就不應該是「相煎何太急」，而是「相補更有益」。在今後的幾十年，國際上有很多能源專家預測，恐怕還是以化石能源的消費為主，而其它能源，包括水能、光能、風能、核能和生物質能等為輔。因為所有的能源利用，都有儲量大小和開採成本的高低，要經過認真細緻的核算，透過市場經濟的競爭，來決定它們在市場經濟中的地位，這是不以人們意志為轉移的客觀規律。

雖然是同根生，但要把生物質能最後轉化成現在交通運輸的燃料，比發揮煉油過程來說還有更長的路程要走，而且更費勁，代價更高。對於科技人員來說，更富有挑戰性。

首先，我們能用的廢棄生物質作原料大部分都是固體，包括木質素、纖維素和半纖維素，它們的元素組成是碳、氫和氧，通常叫做碳水化合物。它們都是大分子，據報導有的木質素分子量在數千到十幾萬範圍內，要把大分子裁剪成分子量在幾百範圍內的中等分子量範圍很不容易。要把碳水化合物轉化成碳氫化合物，即把氧原子摘除掉也並不容易。要把固體轉化為液體更不容易。從煉油工程角度考慮，把生物質煉成油比煉原油技術上要難得多，步驟要複雜得多。當然，生物化工有它自己的特有工藝和工程，但從規模上來說，它比石油化工要小得多。

生物質能的供應形式與石油產品一樣，最終還是要由需求側來定，包括燃料和潤滑材料，這也是我們努力的共同點。

其次，化石能源與生物質能源產生的過程，在時間上和空間上有本質的區別。從時間上說，石油成油時期從新生代到古生代，可跨越幾百萬到幾億年；而我們現在所指的生物質能源只在幾個月或幾年內由生物質直接轉化而成，或者基本上是當年種、當年收、當年用。因此，石油的能量密度大，即每公斤油燃燒的熱值高，而生物質能的能量密度小。表現在組成上當然也有差別，石油基本上是碳和氫二種元素組成，碳燃燒成二氧化碳放出熱量，氫燃燒成水放出熱量。而生物質能是由碳、氫和氧三種元素組成的，氧原子不能燃燒放出熱量，它只能發揮助燃作用，因此生物質能的熱值要低很多。

二、發展生物質能，要摸索如何按照市場規則辦

我對生物質能的研究感興趣，源於對孩提年代生活的回憶。

與大多數人的經歷一樣，童年最美好的回憶是在外婆家的生活。六七歲時，放暑假就到外婆家與舅舅一發揮生活。舅舅到野外放牛，而在收稻穀時給我的任務是看守曬在場上的稻穀子，穀子曬在場上要不讓雞來吃，就要我看守。讓我坐在樹蔭下面拿一根竹棒守護，而那棵不大不小的樹就是烏桕，我已記不清美麗的烏桕花，但對烏桕籽卻忘不了。炎熱的夏天一串串烏桕籽上掛著蟲子，那蟲子像蜘蛛一樣吊在烏桕籽上，如掉下落在背上會無比癢癢，一遇此情我就喊外婆救命，這給我印象十分深刻。種烏桕在我們老家的農民也是一種副業，因為烏桕籽含油率高，榨出的油凝固成白色，澆注成籮筐大小的塊狀油膏挑到城裡去賣，這種烏桕油是做蠟燭的原料，燒香拜佛、過年過節和紅白喜事都要用它。那時也有現在市場上的蠟燭，用石油中的石蠟做成的，但很貴，我們叫它是洋蠟。現在事情又向另外一方面轉化了，烏桕油是典型的生物質能源，是可再生能源，而源於石油的石蠟是化石能源，是不可再生的能源。於是我滿懷激情，對烏桕作了初步調查，想用烏桕籽作原料生產生物柴油。

我的家鄉浙江省衢州市屬亞熱帶季風氣候區，光照充足、降水豐沛，歷年平均氣溫為 17.4℃，年平均降水量 1691.6 毫米。衢州的土壤氣候非常適宜烏桕的栽種。無論是丘陵崗地，還是山區的岩石縫，抑或是農居的屋前屋後、田頭地邊、河道水庫邊，甚至是人行道邊，均可栽種。烏桕種苗 3~4 年開花結果，嫁接苗能提前 1~2 年掛果，10 年後進入盛果期，烏桕的壽命可達一二百年，經濟壽命也可達七十多年。每畝可植烏桕 15~19 枝左右，盛果期一般的單株產量可達 15~50 公斤，高的可達 120 公斤。種仁含脂率達 24%，含油率達 17%，總含油率高達 41%以上。

烏桕種子分為種皮和種仁，由種皮榨出的油為白色固體，稱為桕脂或皮油，皮油可食用，可作為生產類可可脂和巧克力的原料，也可製造硬脂酸、甘油、潤滑油等化工產品，以及用於胭脂、髮蠟等油性和雪花膏、乳液等乳化性化妝料的油料和助乳化劑。由種仁榨出的油為清亮的液體，稱為桕油或梓油、青油，梓油因有毒不能食用，但可替代桐油制高級油漆。籽粕可做飼料。殼可用於製備活性炭或裂解制生物油。

在 2006 年的衢州同鄉春節聯誼會上，我結識了開化同鄉張錦茂大校，他原在空軍部門工作，現已退休，我與他談發揮烏桕的事，他很熟悉也很熱情，願意為家鄉作點貢獻。他介紹從老促會得到的消息，在老革命根據地湖北大悟縣有批量的烏桕籽生產，於是我們購買了烏桕油來石科院做實驗，我請二十二室孟祥堃等同志作些探索，效果很好，與棕櫚油和菜籽油相比，烏桕油加氫所得的柴油餾分十六烷值達 99.5，比菜籽油加氫產物要高 2 個單位，飽和烴含量 100%，其中鏈烷烴 97.4%。我們研製的生物柴油不是一般的脂肪酸甲酯，而是直接製成碳氫化合物，這段餾分既有柴油餾分，也有煤油餾分，英語叫做「Drop in」，可以不受比例任意加入石油餾分中去，但加入量應按油品品質最佳化而定。於是章錦茂同志滿懷激情想為老家浙江開化縣做件好事。

浙江省衢州市開化縣是浙西山區相對比較貧窮的縣，森林覆蓋面積占75%以上，是浙江省錢塘江的發源地，又稱東部森林公園，很適宜種植各種木本作物。他為了支援老家建設，自己掏出一萬元給老家種烏桕樹做試驗。縣林業局雖然表示支持，但沒有紅頭文件，上面沒有指示，沒有想到幹好事也困難重重。首先是家鄉很多年輕人都出去打工了，留下的老人小孩不好幹這種上山的體力活，沒人願意上山；其次長出烏桕籽的毛毛蟲沒人去打藥，而烏桕長在樹上，硬殼採摘也很費勁。採摘下來還要除去硬殼，再加工分成皮油和梓油，這一件件事都要從頭幹發揮，靠個人的積極性根本不可能。整體一句話就是靠個人的良好願望辦不成事，每個環節都要有錢投入，成本太高沒人願意幹。倒是烏桕樹的花很美，有的城市想要買烏桕樹種，用來綠化城市。因此這件好事目前只是嗷嗷待哺。

2011年4月11日參加中國工程科技論壇
（前排左二發揮：譚天偉、舒興田、汪燮卿、
陸婉珍、閔恩澤、石元春、曹湘洪）

另一個實例是奉化的一家杰森綠色能源公司，是一家民營企業，以廢餐飲油為原料生產生物柴油，規模為3萬噸/年，與上海某單位簽訂協議收購原料，採用浙江工業大學的技術，併合作開發水力空化和超重力分離等關鍵技術，產品品質好，適銷對路。在油價低迷時還能保本微利。企業總經理鄔仕全在困難的環境下，依靠技

術開發把副產品甘油回收，把十八碳甲酯用作化工原料，十六碳甲酯用作生物柴油，透過綜合利用提升了附加產值，又在此基礎上實現了裝置的 DCS 控制，把操作工從每班 20 多人減到 2 個人，效益明顯提高，在市場經濟的環境下能做到「遊刃而有餘地」。與全國大多數生物柴油企業奄奄一息的狀態形成鮮明的對比。

這兩個實例使我認識到，市場經濟競爭是嚴酷的，同時在競技場上也大有可為，生物質能源只要政府重視，給予合理的鼓勵政策，經營得當是有前途的，關鍵是經營觀念必須改變，腳踏實地去奮鬥是有出路的。

新生事物沒有政策支持是不行的，特別在低油價時期更顯得重要。

三、要做好資源量的估計，更要研究實現的可能性

在不與糧食、食用油爭地的前提條件下，研究有可能提供的資源量；但是生產這些生物質能的資源，應該考慮從生產到收穫、運輸到加工各環節所耗能量。要構建原料供應保障體系，我國生物質資源，大致包括農林有機廢棄物類生物質資源與邊際性土地種植能源植物生產潛力兩大類。據 2010 年不完全統計，未利用資源量，農作物稭稈 46300 萬噸，農產品加工廢棄物 7800 萬噸，林業剩餘物資源量 15100 萬噸，餐飲廢油、棉籽油 594 萬噸，畜禽糞便量 53700 萬噸，城市生活垃圾 6800 萬噸；適合種植邊際性土地，宜農後備地 2787 萬公頃，宜林後備地 5704 萬公頃，薪炭林、油料林、灌木林 5675 萬公頃，合計 16166 萬公頃。以上這些數據都是經過專家和政府主管部門反覆落實的。問題在於這些提供生物質資源的可能性如何變成現實性。如何落實？在落實過程中的困難如何解決？政府能發表什麼政策去解決？海南島中國海油一個年產 5 萬噸的生物柴油廠關門了，據說主要原因是原料不落實，我們調查了原因，是荒山野地沒有人去種，所提供的種植面積真正利用上的不到百分之十，

我懷疑荒山野地的承包商不按合約規定去種植油料作物，跑馬圈地，是否另有企圖。

四、克服技術瓶頸，突破關鍵技術，加快技術產業化攻關

要儘快在纖維素乙醇、生物丁醇、生物柴油、生物航空燃料、生物燃氣領域諸多關鍵技術上取得突破，實現技術自主創新與集成應用。研究並創新產業發展模式，提高經濟性。纖維素生產乙醇可採用醇氣聯產、醇電聯產、醇化聯產，生物柴油、生物航空燃料與聯產生物化工產品生產結合，生物燃氣採用管道燃氣、車用天然氣及熱電聯供等產業發展模式，構建農業循環經濟體系和資源綜合利用經濟體系，形成多聯產產業鏈。

五、重視全生命週期能效與 CO_2 排放研究

所謂全生命週期，通俗地比喻是一個人從搖籃到墳墓，或者更準確一點就是從十月懷胎到墳墓，在生命的全過程中，你消耗掉多少能量，你提供了多少能量，也即是能量的投入與產出比值。如果產出比投入的能量大，那就是大於 1；如果產出能量還不及投入的能量，那比值就小於 1，就不合算了。舉例說，你把油料作物的樹苗運上山，卡車耗了多少油，噴殺蟲劑耗油，生產殺蟲劑耗油，澆水耗油，油料作物採摘、運輸一直把生產的生物質油料送到加油站為止，在全過程中消耗了多少能量，排放了多少汙染物，而使用你生產的生物質油料能產生多少能量，減少了多少汙染物的排放，把這二者比較來說明清潔能源的減排效果。

六、對策與建議

1）把建立有效、可持續的原料穩定供應體系作為先行任務落實。解決各類生物質和廢棄物資源收集、儲運、裝備、運行模式和政策扶持問題。

2）把「集中科學研究資源，加大科技投入，突破關鍵技術」作為科技策略實施。調整國家生物燃料領域科技規劃，整合科學研究資源，集中研發力量，加大科技投入，統一部署研發，儘快實現突破，形成有效的產業技術支撐體系。

3）實行生物燃料生產與營銷配額制管理。對生物燃料原料生產、供應、產品調和、銷售、使用，分地區、分企業執行年度配額指標；強制規定生物燃料和石油燃料的混合比例；規定政府系統、城市公用系統的公共服務車、公車儘量採用或必須使用一定比例生物燃料動力；並制定配套獎懲措施，確保達標。

4）國家明確產業政策，引導和扶持生物燃料產業健康有序發展。增設專項資金或稅收附加用於鼓勵技術研發、試點示範和運營補助；制定有利於生物燃料產業可持續發展財稅專項補貼政策，實行與其他可再生能源同樣優惠政策，將生物燃料企業視同高新技術企業享受有關優惠政策。

5）研定技術標準規範，政府依據法規加強引導監管。依國情研究制訂非糧生物燃料可持續發展標準，技術與產業發展路線圖，產業建設規範和標準化體系，產品市場準入規範等，加大認證審核制度落實力度，依法實施有效監管。

與世界上先進國家相比，差距在於在關鍵技術上缺乏自主創新，未能實現先進技術集成，注重規模效益不夠，為克服技術瓶頸，應儘快組織攻關取得突破。為「推動能源生產和消費革命」，與解決「三農」問題、城鎮化建設、環境汙染改善相結合，生物燃料產業沒有產能過剩問題。我國生物燃料產業化發展要獲得成功，建成策略性新興產業並可持續發展，為生物燃料創造巨大需求，國家政策扶持和引導發揮著決定性作用。陳化糧仍然是一個重要生產途徑，要考慮糧食儲備過程中，不可避免有些不能食用糧的妥善處置。

生物質液體燃料的開發方針：

① 不與糧油爭地，充分利用農閒地、非可耕地(丘陵、山地、鹽鹼地等)，努力實現原料多元化，把發展生物質燃料作為工農產業的有機結合體，形成產業鏈，作為落實「三農」政策的重要組成部分。

② 著重發展以薯類、甘蔗乙蜜、甜高梁、木質纖維、植物稭稈等纖維素為原料生產燃料乙醇，以棉籽油、菜籽油和木本植物油等為原料生產生物航煤和柴油的生產技術。

③ 由於生物質替代燃料的發展涉及農業、林業、工業、交通運輸等行業，涉及生物、化工、機械等學科，2020 年前以組織科技攻關、建成示範基地，形成一定的生產能力，為 2020~2050 年發展打好基礎。

各種替代石油燃料的全生命週期的研究，包括全生命週期的能源利用效率和溫室效應氣體的排放的研究正方興未艾。美國能源部提出從「油井到車輪子」(Well to Wheels)來評價和比較各種替代燃料的能源利用效率和二氧化碳排放，是比較合理和科學的。它是從油井開採出原油，經加工成汽柴油，運輸到加油站，加注到汽車油箱再驅動輪子全生命週期發生的總體能效和二氧化碳排放量進行對比。

要算「全生命週期」總帳。強調技術經濟、生態環境，包括水資源等統一考慮，這樣我們才能夠做到科學的、可持續的發展。

在這方面我國應該建立一個監測模型，全過程監測燃料乙醇從生物質原料開始到生產運輸等各個環節的能量消耗，這樣統計後才能看出燃料乙醇透過光合作用無碳排放的真正效果。現在美國已經建立類似的一個模型。只有根據我國實際情況建立這種模型，設定一定的標準，透過計算才能得出科學的結論，避免先投入後評估可能造成的巨大損失風險，以便促使成本和效益的最佳化。

在利用生物質作原料時必須考慮到社會的生態平衡。大部分生物質資源尚沒有被人類有效利用，究竟可利用多少和如何利用必須有科學依據，還要考慮到宏觀生態平衡。在現階段生物質能作為可再生能源應是能源供應的重要補充。化石能源的能源密度高，開採和加工技術成熟，總體上儲量還相對比較豐富；但化石能源不可再生，二氧化碳排放量大(特別是煤碳)、二氧化硫汙染嚴重，從長期來看是不可持續發展的；生物質能源的能源密度低，原料分散，品種繁多，除乙醇等生產技術較為成熟外，多數尚處於研發階段，且生產規模也受到限制。二者應該相輔相成，互相補充，而到了「後石油時代」，與其他可再生能源一發揮，生物質能將成為主體能源之一。

院士工作站活動

2002 年 5 月，時任中國工程院院長的徐匡迪院士，帶領各學部有關負責同志到山東濟南討論工程院與山東省合作事項，我作為化工、冶金與材料工程學部代表參加了這項活動。到濟南後，時任山東省委書記的張高麗接見了全體與會同志，並簽訂了中國工程院與山東省合作協議書。相應地，山東省淄博市提出要求與化工、冶金和材料學部簽訂合作協議，目的是使合作項目具體化。由我代表學部與淄博市劉慧晏市長簽字，達成合作協議。

淄博市領導對與工程院的合作非常重視，每年六月到八月之間都要召開科技創新活動和國際陶瓷博覽會，並邀請工程院領導參會。大會完了以後開小會，討論具體的合作對象和內容。事前淄博市科技局做了仔細的準備工作，他們把淄博地區各企業的簡介、對合作內容具體要求都彙總裝訂成冊，會前發給每一位院士，以便院士們能對口參加討論，最後開一個協議簽訂儀式。

按常規，簽訂協議是由代表雙方的實體機構的領導進行的，而院士們來自不同的單位。參加會議未經單位領導同意是不能簽字的，這裡只能採取一點模糊的辦法處理。而且要與對方說明原因，取得諒解才能簽字。當然合作內容是關鍵，如果合作內容涉及到本單位的知識產權，或正在開展的研究工作，那就不能簽字。所以我簽的項目都是不涉及到本單位知識產權和利益的項目，而院士本人在這方面有一定經驗和知識，可以予對方以幫助的項目，或者與本單位正在開展的工作有可能合作的項目。

一、山東恆利導熱油公司院士工作站

在 2002 年 6 月與淄博市科協舉辦的一次小型座談會上，一家民營企業恆利導熱油公司的董事長耿佃華，提出如何提高導熱油品質的問題引發揮了我的興趣。事情要追溯到 1978 年，粉碎「四人幫」後我國引進了一批與人民生活息息相關的項目，其中包括合成纖維，這些裝置的設備很多都用導熱油作熱載體加熱，我當時作為分析研究室主任，也接受過解剖導熱油組成的任務。我們曾經解剖過日本、美國和法國的導熱油，不同使用溫度範圍的導熱油品種、規格和組成都不同。我們院從來沒有研製過導熱油，也沒有這方面的任務。而我覺得我們過去的解剖分析結果會有助於新產品的研製，於是同意給予山東恆利公司在開發新產品方面作些指導。

會議結束後的第二天，耿佃華帶我去參觀了他們的生產裝置，全廠的二十多名職工夾道在泥濘的道路上歡迎我。廠裡的設備非常簡陋，一個調和釜用來調和產品；一個單獨釜用來蒸餾加熱切割餾分油；一個板框過濾機用作白土精製，相當於五十年代建國初期的簡單潤滑油調和廠。該廠建於 1994 年，主要用減壓餾分油調和低檔導熱油產品。我認為導熱油要上檔次，主要是要提高現有產品的品質，即：一是提高現有餾分油的熱安定性和抗氧化安定性；二是要提高導熱油的使用溫度；三是用合成導熱油代替石油餾分油以提高品質和性能。耿總同意我的看法，2003 年開始研究 HD315 系列高溫導熱油。首先從解剖分析國外的某高溫導熱油開始，發現長鏈烷基苯性能很好，但要為導熱油專門合成這種產品顯然成本太高，於是把重點放在尋找是否有把類似的化合物作為副產物的企業，最後了解到合成洗滌劑廠生產的產品分布：他們的目的產品是十二烷基苯，但有高沸點的長鏈烷基苯副產物，正是我們所需求的原料。當時國內主要有兩家烷基苯廠，一家是南京烷基苯廠，另一家是撫順洗化廠，用他們的副產物作為我們的原料油，成本要低很多。該產品命名為 HD315，於 2005 年 6 月獲國家重點新產品證書，新產品開發成功投入市場，使公司銷售收入增加近億元，綜合經濟效益近 2000 萬元。

2006 年 9 月代表中國工程院與山東恆利石油化工股份有限公司董事長耿佃華(右)簽訂合作協議

2006 年淄博市舉辦院士活動時，我向淄博市委張建國書記提出要注意汙水利用，獲得張書記首肯。恆利公司耿總又開闢了一個新領域——工業生產和生活汙水治理。我請我院水處理中心李本高教授給他們介紹我院的中水處理成果，恆利公司相繼承擔了淄博市碧水藍天計劃中的50個生活小區及工業汙水治理的中水回用工程。

2008年淄博市舉辦院士活動時，我向耿總建議要搞廢導熱油回收，對用戶的導熱油以舊換新，價格優惠，廢油再生，減少汙染，實現循環經濟的理念。這個意見被採納，恆利公司又與山東理工大學合作建成萬噸級的分子蒸餾裝置，運行效果良好，二期工程於2013年4月開工，建設10萬噸/年的廢油(HW08)再生利用裝置。

在二十世紀七十年代末，我院就對進口的高溫導熱油做過解剖分析，特別是聯苯類和三環已基取代苯，我估計是煤焦油重組分的加氫產物。2012年恆利公司從石油餾分轉向高溫合成導熱油，從產品品質上有跨越式的進步。從單獨釜到分子蒸餾，裝備上有跨越式的進步。2013年我給恆利公司題詞「持之以**恆**事能成，與民共**利**業常興」。預祝恆利取得新的成就。

二、岳陽市綠色催化氧化工藝院士工作站

2011年5月，岳陽市組織了「岳陽市綠色催化氧化工藝院士工作站」建設的論證會，岳陽市原副市長隋國慶、科技局和財政局領導等一行出席了會議。進站院士有我和舒興田院士以及林民教授組成的團隊，為岳陽昌德化工實業有限公司提供技術諮詢。

岳陽昌德公司成立於1993年，屬中國石化集團公司巴陵分公司改制企業，是國內唯一致力於己內酰胺廢料資源化利用的專業公司。公司透過了QHSE體系認證，2004年發揮被認定為高新技術企業。期間，該公司多次獲得岳陽市「優秀企業」「納稅先進單位」等光榮稱號；獲省發明二等獎1次、省科技進步三等獎1次，市科技進步獎3次。昌德公司累計申請發明專利93件，已授權38件。

公司發展思路：以市場為導向，以技術為動力，以管理為支撐，以清潔生產的模式，走環境化工與精細化工相結合的路子，實現可持續發展。其中環境化工主業：圍繞尼龍產業的「三廢」綜合利用開展回收工藝的開發，包括廢液利用、廢氫氣利用、廢渣的餘熱

利用等，並確保無二次汙染，產出優質的下游產品。

建站五年來，昌德公司每年投入近 1000 萬元研發經費，開展多個項目開發，並取得了一些成績。其中：

1）以院士團隊發明的空心鈦矽分子篩為代表的應用，開展了其催化氧化製備環己醇、戊二醇、環氧環己烷項目等一批新項目。同時指導全新技術脫氫製備鄰苯二酚、愈創木酚、環己醇等。這些項目都取得階段性成果，共申請發明專利 23 件，已授權發明專利 14 件、實用新型專利 1 件。

2）圍繞環己烷氧化「輕質油」廢液的深度利用，開發了環己二醇醚、戊酯等新產品，建成了年產 2000 噸環己二醇醚和 1000 噸戊酯裝置，主要用於塗料溶劑、成膜助劑等。

3）圍繞特種環氧材料的開發：為拓寬公司主導產品環氧環己烷用途，在特種環氧材料方面進行了系列深度開發，開發了環己二醇二縮水甘油醚和環己二胺，並進行小批量生產，由於它們的耐候性和高機械強度，已用於電氣澆注、風力葉片等材料。

4）研究環己烷氧化副產物的綜合利用：環己烷氧化目的產物為環己酮和環己醇，但在氧化過程中產生一系列副產物。為了合理利用這些副產物，我在 2013 年給博士生王乃鑫提出《環己烷氧化副產物的分析表徵與加工應用》的博士論文研究課題。王乃鑫建立了一系列分析表徵副產物的方法。利用減壓蒸餾將副產物切割分為輕、重兩個組分。利用全二維氣相色譜飛行時間質譜表徵輕組分，定性定量分析出 68 種含氧有機物，主要是 $O_1 \sim O_2$ 的環狀酮類、醚類和醇類，這是迄今為止對環己烷氧化副產物輕組分最詳細的分析表徵。利用傅立葉變換離子迴旋共振質譜首次表徵了副產物重組分的組成，其主要是由 $O_1 \sim O_5$ 類的化合物組成，多具有 C ═C、C ═O 雙鍵以及環狀結構。

根據環己烷氧化副產物中幾種典型含氧有機物（環己醇、環己酮、二聚酮、環己醚、丁酸環己酯）的微觀分子尺寸，推測其在質子酸、路易斯酸作用下的脫氧途徑。透過分析這幾種含氧有機物在350℃、400℃、450℃、500℃、550℃溫度下的催化裂化反應產物發現，各種原料以不同的脫氧方式轉化為烴類，其中脫水反應是最主要的脫氧途徑，環己酮、二聚酮與丁酸環己酯存在脫羰反應，只有丁酸環己酯有少量的脫羧反應。研究發現這幾種含氧有機物在催化裂化過程中可以相互轉化，而且它們均可以生成同一烴類物質——環己烯，所以其催化裂化產物組成相似，但每種含氧有機物也都有各自獨特的反應路徑。實驗證明，以上各種含氧有機物無論是單獨發生反應，還是與其他含氧有機物或烴類化合物一發揮發生催化裂化反應，各產物收率均不受影響。由此推斷，各種含氧有機物之間，以及含氧有機物與烴類模型化合物之間，在催化裂化過程中不存在相互作用。

利用催化裂化的方法對環己烷氧化副產物 X 油進行加工。研究發現，副產物中的含氧有機物在催化裂化過程中透過脫水、脫羰基、脫羧基作用將氧元素脫除，轉化為具有實用價值的烴類混合物作餾分油，其中脫水是最主要的脫氧途徑。反應溫度越高，越有利於原料轉化為烴類。其烴類產品的特點是芳烴含量較高，這是由於副產物中的含氧有機物多含有環狀結構，同時脫水反應會帶走大量的氫。實驗證明，使用具有催化活性的催化劑是環己烷氧化副產物轉化為烴類的必要條件。環己烷氧化副產物中的含氧有機物在高溫與催化劑的作用下首先轉化為烴類，再遵循烴類的催化裂化反應機理進一步發生反應。

將環己烷氧化副產物與減壓瓦斯油（VGO）混合共同進行催化裂化反應，隨著副產物在原料中比例的增加，干氣、液化氣、重油產率下降，而汽油、柴油以及焦炭產率基本不變。由於副產物中的含氧有機物更傾向於生成芳烴，所以混煉有助於提升汽油產品的辛烷值。實驗證明，可以透過環己烷氧化副產物在混合原料中的比例來預測催化裂化產物的分布與組成。

三、寧波歐迅化學新材料技術有限公司院士工作站

應寧波歐迅化學新材料技術有限公司的要求，利用當地的原料供應優勢，用鈦矽分子篩作催化劑，開發丙酮肟生產技術。

自2010年成立院士工作站以來，以我和舒興田院士以及林民教授組成的創新團隊，研製成以鈦矽分子篩催化氨氧化丙酮生產丙酮肟的高效綠色催化技術。在此之前，林民在合成高效的鈦矽分子篩方面在國際上已處於先進水平，但應用對象是生產環已酮肟，對生產小分子的丙酮肟缺乏經驗，因此，必須從頭摸索新的合成技術路線。工作站的任務是幫助他們組建研究團隊，制訂研究工作方案，在小試、中試和工業生產裝置建設和運行過程中提供技術指導。由於公司領導的重視，組成了「三結合」的領導團隊，吸收寧波大學的教授參加全過程的開發工作，而且採用了新的協作方式，調動了參與開發者的積極性，工作進展得比較順利。酮肟醚法新工藝乙氧胺鹽酸鹽項目已列為國家級創新基金項目，水煤漿項目為鎮海區「十三五」規劃重點節能環保項目。甲氧胺鹽酸鹽項目為市創新基金項目，市創新基金項目國家火炬計劃。

現在已建成2600噸/年丙酮肟生產裝置，生產出合格產品，產品已經進入國內外市場，我們提供指導的技術已填補國內的空白，達到世界領先水平的先進技術進行了產業化。共申請16項發明專利，其中授權9項，一項為歐洲專利。制定5項國家行業標準，發表論文7篇。培養3名高級工程師，8名工程師以及兩名生產工業化管理人員，培養1名鎮海區「121」人才，1名寧波市巾幗科技人才。

2013年入選為寧波市高成長性科技企業和鎮海區創新技術團隊；2013年被評為寧波市專利示範企業；2016年被評為省級高成長科技企業與科技領航「236工程」企業；2014年12月，公司的甲氧胺鹽酸鹽綠色生產工藝開發項目獲得寧波市科技進步三等獎。

四、寧波杰森綠色能源公司院士工作站

2014 年 6 月 25 日，在浙江省杭州市舉行「院士工作站」簽約儀式，「院士工作站」落戶寧波杰森綠色能源科技有限公司。我和寧波奉化市科協領導，寧波杰森綠色能源科技有限公司總經理鄔仕平，浙江工業大學的計建炳教授、聶勇教授、陸向紅副教授、盧美貞講師參加了簽約儀式。院士工作站採取產、學、研相結合的形式，除我以外，還有浙江工業大學計建炳教授為首的團隊參加。

2014 年 6 月「院士工作站」落戶寧波杰森綠色能源科技有限公司簽約儀式(前排左一為汪燮卿)

寧波杰森綠色能源公司成立於 2005 年 5 月，是一家以廢棄動植物油脂為原料生產生物柴油的綜合利用型新能源企業，也是浙江省唯一一家綠色能源企業。

2007 年 4 月 25 日，工程院化工、冶金與材料工程學部在杭州組織了浙江省生物質能源與化工論壇。會後，以閔恩澤院士為首的院士和專家前往寧波杰森公司參觀指導，充分肯定了他們用地溝油等廢棄動植物油脂生產生物柴油的方向是正確的，這條原料路線不

但是變廢為寶，而且避免廢餐飲油透過不法分子加工後再上餐桌影響人們健康。所採用的技術路線也是正確的，他們採用了浙江工業大學開發的以文透裡管原理對原料與催化劑實行強制混合的「水力空化」技術，顯著提高了反應效率；採用超重力分離技術，顯著提高了分離效果。有穩定的原料供應渠道，制訂了原料油的品質指標，加工成符合要求的生物柴油，有良好的銷售渠道，生產規模為2 萬噸/年。

但從 2014 年 11 月到現在，由於國際原油價格從每桶 100 多美元跌到 50 美元左右，生物柴油價格也隨之被迫下降，但生產成本下降的幅度很小，導致很多生物柴油企業紛紛因虧損而停產。在這種嚴峻形勢下，杰森能源卻逆勢而上。公司總經理鄔仕平能緊緊依靠科技創新謀發展，採用浙工大開發的技術，實現產品開發的多元化和精細化。在產品多元化方面，首先把副產物甘油利用發揮來；在產品精細化方面，透過精密分餾，把油酸甲酯和棕櫚酸甲酯分離，既可作化工原料，又可作生物柴油，提高了產品的附加產值，實現了扭虧為盈。

其次杰森公司在此期間還投入 2000 萬元進行生產設備和 DCS 中控系統改造。率先在生物柴油生產工藝中使用 DCS 控制系統，實現了每班只需 2 人連續 3 班倒，保證產品品質穩定。特別在消除生物柴油除味方面，透過院士工作站我的博士生王乃鑫微量分析研究，掌握了產生異味化合物的組成，並與浙工大的技術改造工作配合，順利地消除了生物柴油的異味。對於重組分生物瀝青，過去一直認為是個累贅，透過王乃鑫對複雜組分的分析，初步搞清它是平均含氧量高達 7 個氧原子的醇、酮、醚、酯類混合物，進一步提出可與石油重組分混合，作為催化裂化的原料加工成汽油和柴油等油品，而在加工過程中，這些氧化物中的氧原子在催化裂化過程中分解成二氧化碳和水，這是一條合理利用汙染廢棄物的潛在新途徑。這一系列的研發工作，致力於提高生物柴油品質，進行生物柴油深加工和副產物精加工，拉開了與同行之間的技術差距，將蕭條扭轉為盈利的局面，2016 年利潤總額比 2015 年翻了一番。2017 年上半年，企業利潤總額已超過 2016 年全年。目前，杰森綠色能源已透過 SGS（瑞士通用公證行）和 ISCC（國際可持續發展與碳認證）雙認證，產品符合出口歐盟的硬性指標，硫含量、十六烷值、甘油、氧化安定性等系列指標均符合歐盟標準。荷蘭殼牌公司也同步完成對企業產品的考察，並達成初步合作意向。

由於技術和管理先進，被外國同行看中為合作對象，2017 年 5 月寧波杰森綠色能源公司與瑞典某生物柴油公司合作，由對方提供原料，採用杰森公司的技術和裝置設備，生產了 3000 噸生物柴油出口到歐洲，這也是浙江省首次出口到歐盟的的生物柴油。

第十四章

歲月鉤沉

戳穿「水變油」騙局

我曾在 1985~1995 年前後十年的時間裡，斷斷續續地參加了水變油的樣品分析與驗證工作。

1985 年的 3 月中旬的一個下午，剛開完全國人大會的黑龍江省省長安振東帶領了六七個人來到院裡，當時由盧成鍬院長和我負責接待，他們介紹了黑龍江省有人發明了水變油技術。說只要將他發明的很少量的一種藥劑加到水中，在常溫常壓下水很快就能變成油，可以熊熊燃燒。他們希望我們配合，協助做水變油的實驗。

我們聽了以後當然很興奮，馬上就答應了，並立即在地質樓旁修了個一米見方的水泥池，旁邊接上水管，等待他們來做實驗。本來定好是在 5 月要做實驗的，但以後對方提出了種種原因一直未做。

在 6 月的一個上午，中國石化總公司陳錦華總經理辦公室來電話，要我下午到公安部去開會。我按時進入公安部領導的接待室，遇到了清華大學化工系的滕藤和林依同志。滕藤同志 1951 年時是清華大學的團委書記，而我當時是清華化工系 51 級的團支委，所以比較熟悉，只是有 30 多年未見面了。林依同志也是清華化工系畢業的，而且她還是我的入黨介紹人。

我問滕藤叫我們來有什麼事。他說等一會兒要聽惠副部長指示。惠副部長進屋後講，哈爾濱有一個青年司機王洪成發明了水變油，要我們搞清楚是怎麼回事，要對油樣進行化驗分析。這件事由滕藤同志負責，我和林依同志做具體工作，後來又有清華化學系宋心琦教授參加此工作。整個工作是保密的。

對這件事我們既懷疑又好奇。懷疑的是，水是由二個氫原子一個氧原子構成的，油是一系列碳氫化合物的混合物，要把原子量 16 的氧轉化成原子量 12 的碳原子，必須髮生原子核的裂變，在常溫常壓下怎麼可能呢？但有人說是親眼目睹，更有人說是千真萬確。我們只好抱著科學的態度去了解情況和對樣品進行分析化驗。滕藤同志帶著我們三個人討論具體做法，第一是跟蹤實驗，了解全過程；第二是取樣品分析，看水變油的成分與石油有何差別。但這兩件事一開始就遇到阻擾。

「水變油」雖是王洪成一個人的「發明」，但參與此事的有一團隊人。而且各人扮演不同的角色，有的人專與你打交道，有的人專門買「藥劑」，有的人做具體實驗，有的人專給你送樣品，而王洪成本人開始時卻一直不露面。經過幾次交涉，他們終於同意在北京一個賓館的洗澡間做實驗了。開始說要去買藥劑，過了一會兒又說藥沒有買到要延期。終於等到了要做實驗的那一天，要我們三人坐的車子跟在他們的車子後面，但他們走進東單一家試劑商店時不讓我們同時進去。買什麼藥劑不告訴我們，買來以後到賓館的洗澡間去做實驗，並說最後一道程式是用電線和兩個電極在水裡通電一分鐘，水就變成油了。然後只允許我們在房間裡離開洗澡間 5 米以外看結果。過了一會兒只聽自來水流的嘩嘩聲，說是實驗做完了，把用水變成的油端過來，要我們親自點燃，當然是點得著了。在我們一再要求下，勉強同意給了一小試管的油樣。我拿回院裡用毛細管色譜分析得到了 200 多個峰，與我們市場上買到的汽油所得到的色譜峰一模一樣。也就是說，用毛細管色譜所畫出的色譜峰就是油的「指紋」，就像每個人的手指紋都不一樣，以此可以區別出世界上每個人都不相同。油的「指紋」一樣說明這個樣品不是水變成的油，而是市場上購買來的油。這一下我們心中就有數了。

我們將此情況向上級匯報，領導未明確表態，仍然不放心，認為如果水能真正變成油，這個發明將對我國的經濟發展產生巨大的影響。而此時王洪成已等得不耐煩了，他提出要建一個洪成研究院，由他任院長，還要授給他將軍軍銜。如果這些條件都得不到滿足，他表示要出國去創業。這樣一來領導更緊張了。一定要我們再與他周旋，設法把事情搞清楚。到了 9 月份，忽然接到通知，對方願意在哈爾濱做放大試驗，要我和清華宋心琦教授參加。

我們坐火車到達哈爾濱時已近傍晚，市公安局接待我們的人說王洪成正在大慶做實驗，能不能趕回來做實驗說不定，無奈之下只好等待。到了晚上十來點鐘，正式通知我們明天可以做一個大型實驗，要我們去觀看。第二天早上如約出發，隊伍很有氣魄，道路實行戒嚴，前面有開道車引路，我們坐在中間前後都有護衛。車從市中心出發跨過大橋直奔江北，進入一片樹林，在五六排平房前停下。下車後，在大門前接受檢查，警衛煞有介事地攔住我們不讓進，這時有一個扮白臉的人說，他們是中央派來的領導，這才給予放行。我們被引入第三排平房，這裡是接待室和實驗室。一位試驗人員帶我們參觀一間實驗室，約五十平方米，裡面有一個一米見方、兩米多高水泥砌成的水池子。這就是水變油的實驗室，水是從另外一個平房的自來水管引過來的。為了證明是自來水，他打開水龍頭，用茶缸取出一杯水給我嘗，除了有點泥土味以外確實是水。他打開水龍頭，再讓我去看那個實驗室的水池子裡，確實水在嘩啦啦流進去，然後要我們離開實驗室休息。我說想看實驗的全過程，他們不同意，說你可以去看有人在配藥劑，無奈之下只得依從。

配藥劑操作就在實驗室門口，一位小夥子坐在小板凳上用一根木棍在水盆裡攪和深紫色的水溶液，搞化學的人一看到這種顏色就會聯想到是高錳酸鉀。我們問他是什麼試劑？他搖頭不答。我又問他，是不是高錳酸鉀？他點點頭。接著又放進一些固體粉末。負責人告訴我們至少還需 30 分鐘，要我們到休息室休息，我們只得遵命。快到實驗結束前的三分鐘又把我叫去，讓我自已親自動手做最後一個操作。他們把兩根電線放入水中，然後把窗子用黑布拉上，整個房間一片黑，要我合上電閘一分鐘時間，實驗即告結束。把燈打開，把窗簾拉開，說實驗成功了，要我們用臉盆到池子去取油，拿到平房外空地上點燃。倒是不假，端出一盆盆的都是油而不是水，水已變成油了，在臉盆裡燃發揮熊熊大火。

為了證明這種油能開汽車，而且比市面上的汽油更有勁，他們用兩輛同型號小轎車做實驗。一輛是用市場上買的汽油，另一輛是用這次水變成的汽油，做的實驗是在 200 米內比較它們的加速性能。司機是他們的，裝油過程都是他們完成的。根據他們實際操作的感受是用水變成的油比市場上買的油性能更好。

表演整整花了一個上午的時間，過了 12 點才結束，為了慶祝實驗成功，王洪成親自出面請我們吃飯。在實驗時我留了個心眼，究竟變出來的是什麼油，我用手指沾點油吸在手帕上，回來仔細用鼻子的嗅覺來鑑別。憑我的經驗，我認為那水池子裡變出的油是另外加進去的，是從煉焦廠裡取來的輕焦油，它有與普通石油不同的氣味，而且呈淡黃色，燃燒發揮來冒煙很厲害，芳烴含量高，燃燒不完全。

在此後一年多的時間裡，與王洪成一夥打交道主要有以下幾個特點：

1）水變油的表演只許遠看，不許近看，只許看局部過程，不能看全過程。有在洗臉盆裡的表演，也有在浴缸裡的表演，最大的是在砌好的一米見方的大池子裡的表演，但只能看他們怎樣配藥劑，不說藥品成分。

2）水變成油以後可以用試管取走讓你拿去化驗，在試驗過程中也可用大臉盆端去潑在地上做燃燒試驗。

3）試管取來的油樣經化驗與該地區市面上的汽油或柴油基本一致。大臉盆取出的油不允許採樣拿回做化驗，但在地面燃燒時烈火熊熊。

4）他們一夥採購的藥劑叫做「膨化劑」，每次採購都顯得非常神祕莫測，到化學試劑商店買東西你只能在商店外面站著，到一家買後又說要到另一家買，買完了以後又回頭再買，讓你丈二金剛摸不著頭腦。

5）他們已形成有組織的團夥，扮演各種角色來對付你。

6）你與王洪成討論科學技術問題是徒勞無功的。他不承認能量守恆，更不與你談熱力學三大定律，他的理論是空前的，要求上級給他建立以他名字命名的研究院。

以上的情況，我認為已經足夠能說明問題了，但始料不及的是愈演愈烈，有國家科委、公安部、物資部和人事部先後介入，而且先後驚動了幾個國家最高領導人和中央政治局常委。

1995 年 3 月 5 日哈爾濱工業大學黨委書記和校長聯名給黨和國家最高領導人寫了信。信的內容部分摘要如下：「發明人王洪成這些年在哈爾濱生活和進行研究工作，十年來，哈爾濱工業大學一直關注著此事。現在我向您匯報以下幾點：1) 1993 年，我校黨委書記××、校長×××等 12 位博士生導師、教授、研究員一同親往，認真地考察了此事。考察後，所有參與者一致認為：王洪成的水基燃料(自來水，除幾滴膨化劑外，近 100%均為水)的完全燃燒確是事實！…… 5) 王洪成這種「水變油」是人類科學史上的一項偉大發明，其意義是無可估量的！」

1995 年 11 月 7 日，原科委「水代油燃料」驗證專家組組長吳承康研究員(科學院院士)等兩人來我院談及要在北京對「水變油」的真實性進行再現性試驗事宜，我、盧成鍬和陳家林同志參加了討論，吳承康院士提議要專門開一次會議討論有關工作。

1995 年 11 月 10 日在中科院力學所開了一小型會議，有何祚庥、吳承康院士及力學所、化學所、石科院等單位的 9 人蔘加。石科院陳家林同志參加並在會上作了發言，要點如下：反偽科學是我們的責任，立場是堅定的；根據國家科委辦公廳〔1995〕023 號文件指示「哈爾濱工業大學或其他單位均不宜介入此事」的精神，作為科委領導的下屬單位，我院也不宜介入「水變油」的試驗過程；但我院願意承擔在京試驗所得產物的理化性質測試，保證分析結果的可靠性，鑒於以往的教訓，只是對樣品負責。(摘自我院的《情況反映》)

我們的要求和觀點是明確的：1)做水變油的實驗，假如要我們參加，我們就要全過程、全方位參加，對於膨化劑的組分，應該受知識產權保護，我們會尊重對方的正當權益。

2) 汽油或柴油樣品要做理化分析和組成分析。

3)如果王洪成對水變油如此有把握有信心，而地方上也有那麼高的積極性，那麼我們建議可否把哈爾濱市的供油卡斷，用松花江的水變成汽油或柴油，在本市先用一段時間，以後再考慮推廣，這才是體現實踐是檢驗真理的唯一標準。

這些要求和建議義正辭嚴，尤其第 3 條更是讓王洪成一夥不敢接招兒而原形畢露，因而我們的意見報上去後就猶如石沉大海，沒有了下文，鑑別「水變油」是真是假的工作就這樣不了了之了。

現在的讀者看了我上述的描寫過程，一定會看出王洪成一夥的所謂「水變油」，其實只是一出沽名釣譽的鬧劇，一個手法拙劣的騙局。但當時我們為了戳穿這個騙局，前後竟歷經了 10 年，確實為此花費了不少的時間和精力。

固體酒精的解剖與試制

1984 年 6 月，北京第一家中外合資的五星級飯店——喜來登長城飯店正式運營。

有一天，飯店的經理請我院盧成鍬院長吃飯，席間談發揮了餐桌上正在燃燒的一盒藍色膠體狀燃料，藍色的小火苗在加熱一碗海參。與會的客人是第一次看見這種使菜餚保溫的方式，覺得這種加熱方式很科學，效果既好又顯得優雅。經理問盧成鍬院長：「你們搞石油的能否研究一下，它是什麼東西？你們能否生產這玩意？我們很多菜餚的原料都可在國內買到，唯獨這玩意要從美國進口，進口太多儲存不划算，進口太少又怕臨時缺貨跟不上，而且價格不菲，一個要近兩美元。」盧成鍬院長當即答應把樣品拿回院做解剖分析。

回院後盧成鍬院長找到我，當即說明任務，要我去一室組織研究。我找到黎潔、王宗明和陳志明同志，共同討論制訂出一個研究方案，請他們剖析這盒樣品，並盡可能自行試製出這種燃料。他們三人立即開展工作，王宗明和陳志明做紅外光譜分析，發現主要成分是乙醇，次要成分是水，還有硝化棉和丙酮等物質。黎潔親自到長城飯店了解使用情況和要求。據服務員介紹，這種藍色膠體狀固體燃料用馬口鐵罐裝，每罐 100 克，用時把罐蓋打開，用火柴一點就著，一罐可燃燒 40 分鐘。

根據剖析成分的定量分析，開始摸索如何試制的程式，難點在於如何將硝化棉與乙醇形成均相的膠狀物。黎潔經過反複試驗，終於發現這幾個組分的互溶和形成膠狀物的過程。從化學反應結果看，這種產物不應該叫固體酒精，因為它不是固體，而應稱為乙醇凝膠。在實驗室初步試製成功後，我們製備出 200 克樣品，提供長城飯店試用。點燃後開始情況尚好，但突然冒出一個小火星，掉到臺布上，把乾淨的白臺布燒了一個窟窿。服務員馬上說品質不行。他說當客人正興致勃勃吃飯時，聽到噗的一聲會嚇一跳，影響食慾，而且把乾淨的白臺布燒個窟隆也是一個事故。黎潔回來以後我們研究結果，認為是原料的純度不夠，特別是硝化棉可能雜質較多。於是對原料中的無機和有機雜質又橫掃了一遍，選用化學純的原料，精心操作配製，燃燒試驗後總算過了關。

實驗室試驗是在 1984 年年末做完的，向盧成鍬院長匯報後他很滿意，並提出作為新產品交由我院三聯公司生產。盧成鍬院長當時是海澱區人大代表，他答允要為區裡扶貧做點好事。區裡領導聽說有這個新產品，工藝過程簡單，原料易得，作為扶貧是好項目。討論結果：由我院三聯公司與海澱區北安河鄉合作共同開發。

遺憾的是，最終這個項目沒有成功。究其原因，我認為是社會主義市場競爭意識不夠，再加上過於「輕敵」，還有利益分配問題沒有達成一致。我認識到，要做成一件事「必須把勝負成敗放在第一位，把是非功過放在第二位」才能做成做好。

快到 1985 年春節了，我們為完成固體酒精剖析與試制也慶祝了一番。黎潔與八室李鎮順等同志共同努力，利用八室的廠房，臨時架了一條電纜，搞了一個攪拌釜，試生產了 2000 多盒固體酒精，每個職工發兩盒試用，回家過春節時涮火鍋。

《石油瀝青基碳纖維及其複合材料研究》工作無果而終的反思

上世紀八十年代，我院對開發新材料有興趣的一些研究人員提出來，要開展以石油瀝青作原料，研究瀝青基碳纖維作複合材料的構思。我作為分管科學研究的副院長，認為這個構思很好，就請丁宗禹、彭保中和周路庚 3 位同志於 1983 年 8 月提出了一個石油瀝青基碳纖維及其複合材料產品的研究和開發規劃。規劃在充分調查研究的基礎上，對碳纖維及其複合材料的現狀和發展前景作了預測；對用石油瀝青作為碳纖維的技術與聚丙烯腈和人造絲作原料的優缺點作了對比；對我院開展此項研究的有利條件進行了分析。該項目報到總部立項後，得到技術開發部和基建條件部門的同意和支持。

對於我院以煉油和石油產品為主的研發單位，要向纖維技術延伸是有一定困難的。為了加速開發和彌補我們的短板，1990 年 4 月份，我院借鑑國防科技大學研製碳化矽纖維的經驗，從該校移植一套單孔紡絲機及後處理成套實驗室設備，用於我們的瀝青基碳纖維的單孔紡絲。對燕山工業紡絲瀝青和遼河乙烯渣油中試瀝青進行可紡性評價，考察了預氧化和碳化條件，先後製成了合格的定長通用級瀝青碳纖維。當時正值世界銀行透過國家計委要支援我國研究開發，要貸款論證，我們正在爭取世界銀行貸款，給我院建昌平中試基地提供資金。申請貸款有一套程式，其中重點是世行派代表團來我院考察技術實力和水平，以決定是否貸款有無償還的能力。為此，我們預先作了充分準備，安排參觀點，其中內容之一就是在實驗室進行了單孔紡絲表演，當他們見到黑乎乎的黏稠體瀝青透過單孔紡絲機形成很細的纖維絲，感到很驚訝。在我的陪同下，一位代表團成員詳細問了這項工作的意義，交談後他伸出大拇指表示稱讚。

由於我院沒有研究纖維複合材料的基礎，我們專門到華東紡織學院引進三位大學畢業生，並與院裡從事重油熱加工的同志組成團隊，在十二室專門從事該項課題研究。從 1991 年研究成功單孔紡絲瀝青基碳纖維，到 1996 年建成 1～5 噸/年通用級碳纖維中試裝置，並進行連續長絲製備工藝的研究，取得不小的成績。但以後既沒有對該課題進行評議，也沒有對裝置進行驗收，工作就不了了之。究其原因，除了沒有按科學研究程式辦事以外，主要是對開題的策略決策沒有在院領導團隊裡認真討論，未從思想上統一認識。

我當時是分管科學研究的副院長，對此應負主要責任，現在回顧反思，停下來的原因主要有以下幾點：

1）國際上的煉油大公司都沒有搞瀝青基碳纖維，埃克森、BP、殼牌，他們都沒有搞，只有美國阿希蘭煉油廠有一套瀝青碳纖維的中試裝置，而當我聽說他們也不再繼續研究時，更動搖了我的決心，認為在煉油行業裡搞碳纖維難度大，看不到前景。聽說阿希蘭煉油廠把這套裝置連同技術資料以 1.2 億元人民幣轉讓給鞍鋼，這無異於卸包袱了。因此認為我們應趁早下馬，否則會更被動。

2）用石油瀝青只能制通用級碳纖維，通用級碳纖維作為原料可以與其他材料製成複合材料，然後生產高性能飛機和汽車剎車片、重量輕強度好的自行車、釣魚桿、高爾夫球拍等一系列高檔消費品，但須要找合作單位，往下延伸才能成為最終產品，這方面我們沒有經驗，不像油品一出廠就成了商品。

3）從煉油到合成纖維是不是延伸太長，特別是拉絲部分的工藝和機械設備沒有基礎，而戰線拉得太長是否會影響主攻方向的精力。

從現在的觀點看，把項目停下來對不對？我自己認為是不對的，是失策。為什麼說是失策？

1）國際上的大石油公司都有精細化工的背景，埃克森有丁基橡膠和各種添加劑，BASF 是靠各種精細化學品發揮家的。技術的太單一化不能拓寬眼界。

2）開發石油瀝青基碳纖維的研究重點有兩個。一個是優良的瀝青原料，從一般石油加工中得到的瀝青是不能直接作紡絲用的，必須經過一系列的加工過程才能得到合格的紡絲料，可以說這個加工過程是重油加工的精細化。這一系列加工過程包括精細的熱加工和催化加工，例如硫、氮、氧雜質的脫除，微量固體顆粒和脫除。瀝青料需求合適的分子量分布、組成和結構。而用催化裂化澄清油作瀝青料則需求固體粉末的脫除、最終形成各向同性到中間相瀝青等，可以說是一個精細的煉油過程。這些工藝過程我們有的有優勢，有的還沒有優勢，對於重油加工來說是可以互相借鑑和互相補充的，在某種程度上可以促進重油加工的工藝發展。另一個重點是紡絲工藝和設備，這需求借鑑外面的力量來發展自己。

3）我們研究院要不要發展新材料，這是值得好好思考的問題。

我們開發催化新材料並與煉油工藝相結合是對的，開發諸如碳纖維新材料並與重油加工相結合也值得考慮。

從最近看到關於瀝青基碳纖維進展的報導，無論是通用型或高性能瀝青基碳纖維，雖然與聚丙烯腈碳纖維相比強度較差，但價格僅為它的 1/4~1/3。在高溫絕熱、密封材料、高性能電池、燃料儲罐、水泥增強和吸附材料等方面，在軍用和民用複合材料開發應用等方面，都顯示出良好的發展前景。與我國煉油工業在國際上的地位相比較，我們的碳纖維工業顯得落後了許多。

另外，把開發項目停下來在程式上也是有欠缺之處，特別是對從事該項研究工作的同志應當有個交代，要向大家說明原因，並聽取他們的意見，對專業人員的工作也要作合理安排。

第十五章

我的家庭

談到我的家庭，當然首先要談我的妻子葉嗣懋。我們倆雖然談不上是兩小無猜時的青梅竹馬，但也相識相知的很早，有一段為期不短的戀愛史。

與葉嗣懋的那些陳年往事

1946年讀初二時，衢州中學從石樑的鄉下遷回了衢州城裡，我們初中二年級在天寧寺裡安了家。這一年從開化中學轉來了一名插班女生，叫葉嗣懋。當時全班只有兩名女生，另一名叫何訓，是杭州人。

當年的衢州城雖小，但也有鐘樓和鼓樓，葉嗣懋家就住在城裡鐘樓旁邊。她父親叫葉伯敬，是當地很有名的中醫，每天就在家裡看門診。葉伯敬解放後曾任衢縣人民醫院副院長多年，衢縣縣誌已為他列傳。

葉嗣懋插班時，社會風氣還是男女授受不親，她又是走讀生，早上去學校，下午回家，而班裡大部分同學都是從外縣來的住宿生，因而我們彼此接觸的機會很少。從當時的社會環境、風氣和年齡來說，也遠遠不到談戀愛的程度，只能說是對某某同學印象好壞而已。

掐指算算，初中兩年加上後來的高中三年，我和葉嗣懋同班同學了5年，兩人在上學時總共沒有說過10句話，但後來她卻成為了我的終生伴侶，似乎有點莫名其妙。不過，幾十年後回憶發揮來，葉嗣懋說，當年雖然沒有說過話，但由於我學習成績好，因而她早就注意到了我，對我有好感。

最早有一件事給她留下了深刻的印象：初二那年我們的教室在天寧寺大雄寶殿後院的兩側廂房，大雄寶殿後院是一大片空場，中間放著一個石製的香爐，同學們下課後就利用這塊空地踢球。一天，有位同學不小心把球踢到教室裡來，球正巧落在了我的桌子上，打翻了我的墨水瓶，墨水灑在我的筆記本上。當時我的第一反應是生氣極了，想要與這位同學去講理，但馬上又一想，人家也不是故意的，得饒人處且饒人，還是算了吧。於是，我默不作聲地先把墨水瓶扶發揮來，再將桌面和筆記本上的墨水漬仔細擦拭乾淨，然後平靜地坐下來繼續寫自己的作業，就像這事根本沒有發生過一樣。人說，吃虧是福。恰巧那天葉嗣懋就在一旁，親眼目睹了這件事的全過程，使她感到汪燮卿這位同學為人老實，寧可自己吃虧也不與別人爭吵，因而在她剛到衢中的第一年，我就給她留下一個樸實有涵養的好印象。

初二時，教音樂的俞淮老師是一位虔誠的佛教徒。他是浙江省新昌人，是為躲避日本鬼子的侵略來到衢中教書的。這學期他教我們唱的一首歌曲叫《天長地久》，描述牛郎織女的愛情故事。我和嗣懋又都很喜歡這首歌，因歌詞表述的感情十分細膩動人，但曲子卻帶有和尚唸經般的味道，唱時只有敲小木魚的「滴答滴答」聲配合。男女獨唱和合唱相結合，男的唱的是牛郎，女的唱的是織女，歌詞如下：

(合)紅遮翠障錦雲中/人間鸞鳳御爐香/飄渺隨風/今宵花月多美好/春氣溢深宮。

(男)願似這金釵彩鳳/雙翅交飛在雲中/願似這玲瓏鈿盒/百歲同心情意濃。

(女)看雙星一年一度重逢/似這般天長地久/願彼此恩愛相同。

(男)櫛風沐雨/盡力耕種/要麥黄稻熟慶豐收/有飯大家吃/民生第一功。

(女)焚膏繼晷/盡力紡織/要成布成帛奪天功/有衣大家穿/民生第一功。

(合)一年容易又秋風/屈指佳期又到/度銀河又夢到巫峰。

(女)你别來無恙/依舊意氣如虹/力田辛苦/雨雨風風/恨盈盈一水/如隔關山重重/不能相依朝夕/只有靈犀一點通。

(男)你韶華永駐/依舊玉貌花容/女紅辛苦/雨雨風風/恨盈盈一水/如隔關山重重/不能歡樂相共/只有靈犀一點通。

(合)來也匆匆/去也匆匆/良宵苦短/情話偏濃/縱使會少離多/都是天長地久/人間天上不相同。

這是一首愛情歌，也是描述男女長期别離時的抒情歌，上世紀三十年代由周璇和白雲主唱，現在上網在酷狗音樂網上能找到。

我們倆之所以喜歡這支歌，不僅因為它表達了樸實無華的愛情，特别後來的離别之情，「恨盈盈一水，如隔關山重重」「來也匆匆，去也匆匆，良宵苦短，情話偏濃」等歌詞引發揮的共鳴。直到現在，我們都八十四五了，還經常在唱，只是歌詞丢三落四，嗣懋就把它從網站下載下來用來練字。

到了 1948 年，初中三年級時，我們從天寧寺遷回了府山上的學校原址。原來在天寧寺唸書的女同學何訓已回杭州去了，三年級又來了一個女同學叫羅愛雲，因而全班還是只有兩位女生。羅愛雲是本地人，年齡比我們要大十來歲。她和葉嗣懋關係很好。

很快初三的學習生活就要結束了，在初中畢業的晚會上，臨别前同學們都互相交換照片留念，不過由於男女授受不親的封建觀念，交換照片都是在男生與男生之間進行。但這時，羅愛雲卻走到我前面，把拉我到牆角處說：「汪小鬼，你和葉嗣懋也交換照片好不好？」這件事出乎我意料之外，搞得我一時不知所措。我當然不好意思拒絕，於是拿出一張一寸的標準照交給她，她馬上就轉交給了正在一旁靜觀我們談話的葉嗣懋，並旋即轉身，很快就把一張葉嗣懋的一寸標準照片塞進了我的手裡。就這樣，我們倆第一次交換了照片，而且這兩張照片至今還保留著。也是從那一刻開始，我意識到了葉嗣懋很關注我，對我有好感，從此我們兩人之間就有了一種朦朦朧朧的心心相印的感覺。

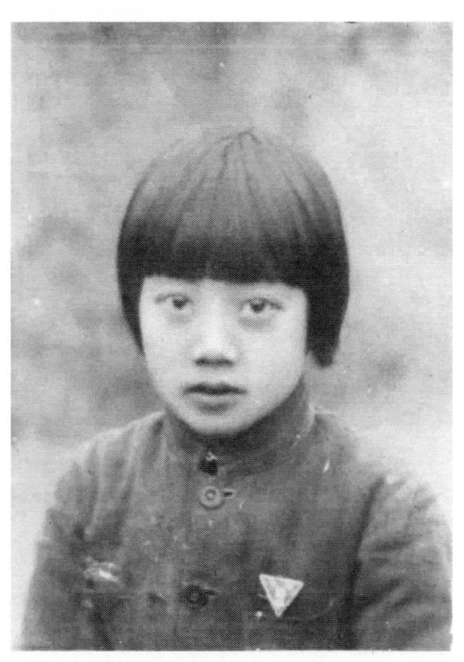

1948 年葉嗣懋贈給我的第一張照片

那是 1948 年冬天在衢中府山上的事。初中畢業後，我在衢州中學繼續讀高中。葉嗣懋也升入了衢州高中，我們倆依舊是同班同學。但在高中的三年中，我們依舊是「男女授受不親」，沒有什麼實質性的接觸，倒是後來參加土改的幾個月中，短暫的分離給了我們堂而皇之的通訊機會。

那時葉嗣懋沒有參加土改，她坐鎮學校以「通訊員」的身分，與下鄉參加土改的同學透過通訊交換土改情況，而就是從那時發揮並非刻意地開始了我們之間的鴻雁傳書，並且一直保持了下去。另外，我去鄉下參加土改前把行李和書籍放在她家裡，由此也多了一層交往。

在那個思想改造這根弦繃得很緊的年代裡，我們不僅「鴻雁傳書」，而且還記日記，從中也能感覺到初戀發揮始階段的那種愛情的朦朧。在我參加土改期間的 1951 年 1 月 26 日，嗣懋在日記裡寫道：

> 昨天晚上做了一個奇怪的夢，好像你是在一個藝術書店裡演話劇，我們都在看，不知怎樣，陶翠英(註：我們班主任陳運鑫先生的愛人)會變成燮卿的母親，她戴著一個女子大約十四五歲的樣子，也穿著軍衣戴著軍帽，說是燮卿的未婚妻。一會兒陶翠英喊道：「她的帽子太大了同你換一頂。」於是燮卿就把帽子從半空中拋了過來。不知怎的就醒了。
>
> 這樣奇怪的夢不知怎樣會做出來，我自己想想也覺得好笑。將他心裡分析發揮來，也分析不出是什麼緣故，真奇怪真好笑。

1951 年我考上了北京的清華大學，葉嗣懋也如願以償地考上了位於杭州的浙江醫學院。「不為良相，願為良醫」，是她們葉家的家教，也是祖訓。不僅她父親是醫生，而且她祖父葉左文也是出身於蘭溪中醫藥世家，原本是在蘭溪縣城開中藥店的。

上大學後，我和葉嗣懋一個在北京一個在杭州，就是因為天南地北，距離產生了思念，通訊往來在不知不覺中漸漸多了發揮來。

1956 年葉嗣懋在浙江醫學院畢業時的照片

1954 年國慶節後我一下收到了她的兩封來信。一封是 9 月 30 日晚上寫的，一封是 10 月 1 日寫的。雖連續兩天連發兩信，其實也沒講什麼要緊的事，只是聊聊天，交流一下思想。9 月 30 日晚上那封信較長，娟秀的豎版小字密密麻麻地寫滿了兩頁紙，信中寫道：

> ……今天是國慶節前夕，我想像不出在首都能有多少熱鬧情況，也想像不到你是怎麼來度過的。今天沒有晚自修，許多同學上街去了，有的到西湖去了，我卻還是關在寢室裡。看書嗎？沒有。玩？也沒有。我的面前擺了一張信紙，手握著筆在發痴，想寫也寫不出什麼來。
>
> 四年級了，明年這個時候你已經畢業，我也在醫院中實習。那時可能會比現在更忙，實習醫生的值班時候是二十四小時制(就是每一天每一時每一刻都是你的值班時間，晚上並沒有例外，有事的話仍舊要發揮來)，寫信的時間

大概更少，可是真的一時一刻也沒有空嗎？也不會的。三年來的學習長了不少知識，感謝黨和政府的關懷和教導，我們由一個不知事的青年，培養成初步掌握了醫學知識的人，初步懂得了如何去和死亡作鬥爭，來使人生活得更愉快，工作的更多一些。這一切雖然我們學的不同，我想你的體會不會比我少，而只會比我多。因為你幸福地生活在北京，生活在離領袖更近的首都。只是回顧發揮來很慚愧的，在政治上對自己的要求是不夠的，擺脫不了小資產階級的圈子，往往還是考慮到個人的利益問題，而沒有參加到革命的大家庭中來，和人家很少談到這個問題，怕作思想鬥爭，有些時候也為這些問題苦惱得夜裡睡不這覺，可是卻不敢向組織上反映，有時覺得算了吧，不要去想。你看過《遠離莫斯科的地方》嗎？我剛看過，當黨委會審查到別裡捷入黨的時候，他曾經自己提出來為什麼大家不問他：「為什麼到現在才入黨？」他的回答正和我一直來的想法相同，認為入團入黨不過是一個形式，只要內心具有覺悟就夠了，在黨外團外同樣可以得到進步。可是這個想法實在是不對的，老實說這其實只是為自己在作辯護，難道在團外真的可以進步得一樣嗎？現在想發揮來還是為了一個個人利益丟不開。對有些問題想得到，可是做不到，因此口裡就懶得說，逃避了現實的考驗，明知這樣做不好，可是還是這樣做了。

談的很雜亂，實在是太多了，寫不完，我只當是對自己的檢查……

10 月 1 日的來信很短，不滿一頁紙，全信如下：

燮卿：祝你在一九五四年國慶節過得愉快，身體健康，學習進步！

羅松來信問你的通訊地址，這個問題只好由你自己回答，因為事實上連我自己也不太清楚。戴昌達、王昌安也問你好，可是慚愧得很，我不能告訴他們關於你的消息。他們都在南京。

我胃病還沒有好，時常發得重一些，心裡很悶。

盼來信。握手！

嗣懋　五四年國慶

正是這一封封的鴻雁傳書，一次次的思想交流和情況互通，我和葉嗣懋兩顆天南地北的心在一點點地拉近，感情也在於無聲處悄悄地建立，積累……

八年後的重逢

我去東德留學後，1960 年 6 月底，高教部安排全體留學生回國集訓。已在異國他鄉待了 3 年，能回趟國大家當然非常高興。而這次回國，我還有一個比別人更高興之處，就是想利用這個機會回國結婚。我與葉嗣懋雖天各一方，相距 7500 多公里，但人相遠卻心相近，一直頻頻魚雁傳書。儘管一別已經 8 年未曾謀面，但透過長期的「兩地書」不僅產生了深厚的感情，而且已經確定了攜手終身的關係，因此我決定趁這次難得的回國探親機會把婚事辦了。

因為外幣是不許帶回國的，帶回去也不能換成人民幣，只能在東德買點東西，所以聽到可以回國以後，大家都忙著買東西。我把準備回去結婚的決定告訴同學們後，支部全體同志旋即就為我們倆買了一本高級相冊，做為結婚禮品。由於葉嗣懋是學醫的，一個喜歡畫畫的同學還在相冊第一頁上，畫了一個女醫生在看顯微鏡的素描，並每人都簽上了名字以資紀念。我則為結婚買了布料、臺布、尼龍絲巾、彩色膠卷和當時尚屬稀少的各種塑料家用器皿。

7 月初在北京集中，經過兩個星期的政治學習及總結後，組織上給每個人發了探親路費，我們可以回家了。

我先到杭州去看葉嗣懋，同行的是麥塞堡的熊大慶同學，他的女朋友王子珍也在浙江醫學院。7 月 16 日坐火車到達杭州城站時，已是晚上 9 點多鐘，立刻見到了來接我們的嗣懋。已經時隔 8 年啦，她都有點認不出我了。雖然照片上也看過多次，但她覺得真人看上去要比照片上的我胖了許多。大概是因為在國外吃得好，營養豐富，所以與她印象裡的我中學時那面黃肌瘦的模樣相差太遠了。不過，那個年代，胖是福呀。當時食品短缺，想瘦容易，想胖難，兩人見面道一句「你胖了」，是一句常見的恭維之語。

我們走出站臺，嗣懋要了一輛三輪車，直接拉到西湖邊上的一家小旅館，把我安頓下後她就回學校去了，約定明天早上來接我去逛西湖。

七月中旬正是杭州最悶熱的天氣，這家旅社裡已沒有空房間，只在堂前放了幾張可供睡覺的竹躺椅。我找了一張，用毛巾擦了一下，躺下去還是覺得火辣辣的，悶熱異常，沒有一絲涼風，身上的汗水不斷往下流。沒辦法，我只好把躺椅搬到門外去睡，殊不知外邊更糟糕，西湖的湖水白天受陽光輻射，晚上蒸發出來的水氣更悶熱。當然，這也與我在德國生活了 3 年有關，已經適應德國那高緯度的寒冷了，一下回到緯度低了 20 多度的杭州，竟一時難以適應家鄉這低緯度的悶熱了。這一夜折騰得我怎麼也睡不著，第二天我要嗣懋換個地方，可當時還找不著有空床的旅館，幸好正趕上學生已放假，我可以棲身學校的教室，睡在醫學院大教室的桌子上倒還涼快些，而且離嗣懋也近了許多。

我在杭州住了兩天，在悶熱的夏天裡游西湖，當然不是最佳季節，但由於這是我與嗣懋相識 13 年以來的第一次牽手，第一次卿卿我我、縱情山水、花前柳下，也是高中畢業分開後的第一次長相聚，所以自然是別有一番風味。第一天游靈隱寺，寺旁邊有條小溪，流水潺潺，我們脫下涼鞋把雙腳泡在水裡，感覺非常舒服；然後攜手飛來峰下，漫步石徑逶迤，一同感受大自然的鬼斧神工；接著我們走進大雄寶殿，先看那裡香菸繚繞，善男信女，唸唸有詞，祈求菩薩保佑；再一發揮看那些菩薩羅漢不同的身姿形態、不同的雕刻藝術，有的使你恐懼，有的使你敬畏，有的和藹可親，有的使你好笑……不覺一上午就過去了，午飯我們是在天外天飯館吃的，就在靈隱寺旁邊，比較大眾化。嗣懋專門請我吃東坡肉，是杭幫名菜，口感真的很美，但吃完後突然嘔吐不止，顯得非常狼狽，趴在桌子上休息了一會兒，才緩過來。我估計是昨晚沒有睡好，剛回國生活不習慣所致。

第二天，我們去游了九溪十八澗。這是西湖靠近農村的地方，小橋、流水、土路、菜園，還有一片片小竹林，農夫在田邊挑糞施肥，與我小時在外婆家的田園景色差不多。一路上游客很少，很安靜，我們邊散步邊聊天，共同享受著「兩人世界」的恬淡和美妙。

在交談中，嗣懋告訴我今年她姑媽去世了，按照當地的風俗，紅白喜事不能當年同時辦，而且我們的終身大事她還沒有和大人們談，所以還是先不辦為好。我表示理解她的難處，本來是件好事，不要因為匆忙而草率從事，弄得大家都不愉快。這天中午，我們是在一家小餐館吃的豆腐燒魚和幾樣素菜，清清淡淡反倒很對胃口。

第三天一早，我就告別嗣懋單獨乘火車回老家龍游了。之後，嗣懋又專門從杭州請假到我家，陪了我三天。這是繼我們剛剛杭州兩日後的第二次長相聚，也是未過門的兒媳婦第一次登婆家門，母親以農村待客的最高規格——水煮糖水雞蛋招待了她。這次小住，嗣懋因親身體驗了我家境的艱難，遂在以後的兩年裡經常給我家寄錢，予以經濟上的資助。

那時正處於三年自然災害時期，面對除我以外的全家七口人，過去善於經營的父親也是「巧婦難為無米之炊」無力回天，一家人只能在貧困線上掙扎。當時我在德國，因外匯不允許寄回國而無法救濟，家裡的生活是靠兩位舅父在經濟上貼補一點才勉強維持下來，沒有餓死人，實屬萬幸。所以這時嗣懋的匯款就成了雪中送炭，救急救困，幫了家裡的大忙。因為那時我們還沒有明確關係，父親對她經濟上予以的支援戲稱為「是前世欠了我的帳」而感激不盡。

龍游的鄉下當時沒有什麼風景名勝，嗣懋來家裡後，我們到小南海玩了一天。那裡有一排大小不等的岩洞，從岩石上面長年不斷地往下滴水，在地面上形成了一個個水池子，我們坐在水池子旁邊甜甜蜜蜜、竊竊私語，非常愜意，也非常涼快。

我還帶嗣懋去了小南海的名勝之地——童壇殿。這是一座寺廟，廟雖不大，但在當地頗有名氣，每逢農曆六月十四是這裡的傳統節日，鄉里要舉行祭神活動，善男信女，香火繚繞。而每年的正月初三，茶圩裡都要到童壇殿去請菩薩，那是全村最熱鬧的一天，一大清早一群小夥子剝光全身衣服不怕寒冷，只穿一條短褲叉，在臉上、身上、腿上塗抹上各色顏料，用色彩畫成鬼怪模樣，手持鋼叉，一路鏗鏘有聲，光著腳到小南海童壇殿去接菩薩，然後安置在我們家旁邊的祠堂裡，供全村人敬拜，到正月十五才送回去，敲鑼打鼓地去寺裡祈求風調雨順，保一方平安。

我與嗣懋之間最珍貴的家產就是來往的信件，在龍游的這幾日，我們把這些信件集在一發揮，彼此交換著看，美好的回憶盡在其中。

相聚的三天很快就過去了，我們乘同一車次離家返程，她回杭州，我到上海。到了杭州城站，她先下車，臨別前她把我的手錶上弦的表頭撥上去，讓時間永遠停留在那一刻珍貴的瞬間。

別有風格的婚禮

我和葉嗣懋從 1946 年初中二年級時在衢州相遇，成為同班同學，經過高中階段的同窗共度，大學階段及留學五年的鴻雁傳書，在長達十六年的相識、相知、相戀和漫長等待後，終於在 1962 年 7 月 28 日，如願以償地走到了結婚和組建家庭這一步。

1962 年結婚照

舉行婚禮的地點是在我們石科院家屬區 6 號樓 618 號房。為辦喜事十一室的同志們幫了很大的忙，非常不容易地為我們借到了一套三間的單元房。這套房子原來是宋副院長住的，因他剛調走房子還空著。這就給了我們一個見縫插針的好機會，先借兩個月，用於新婚燕爾。

那天的結婚儀式非常簡單，但來的領導、朋友和同事相當多，包括副院長侯祥麟、總工程師林風、十一室和十二室的領導在內，簽到的客人共有 57 人。此前當年留蘇回來的糜振暖、李佩珠、尤玉林、呂兆岐、唐俊傑以及時秀香，精心製作了一面絲綢巾，寫上對我們倆的結婚賀詞，並要求來參加結婚典禮的客人都要在上面簽字留念，這件禮物我們一直珍藏著，至今已有 56 年了，因而也保存下了一份參加婚禮的名單，他們是：顏志光、吳逸芳、李秀珍、宋啟宏、鈕培南、郭志新、徐文淵、彭建山、葉祖衡、張溥、劉素忱、蔡艾音、李成林、顧新華、冉祥生、成林森、張東珍、李桂平、關雅琴、何鳴元、胡瑩君、潘聯昌、張景洋、王賢清、李文釗、關書華、杜芳潔、方耕夫、劉子秀、華偉英、張盈珍、沈巧仙、劉濟贏、王永澄、吳朝華、董承訓、侯祥麟、李振清、王幼慧、鄔伯斌、龔顯平、李元芳、林勇強、陳愈、張二水、姜融華、盧成鍬、文志炎，還有嗣懋的大哥彥謙和大嫂友平。

2012 年金婚紀念時，一發揮拿著結婚時領導、朋友、同事簽名的絲巾，再次合影

2013 年 80 歲生日時，同時慶祝金婚，拿著簽名簿的合影

嗣懋的大哥葉彥謙比我大 10 歲，那時就職於南京大學，是數學系教授，後來任數學系主任，數學研究所所長。他的主要成就是從事代數曲線和曲面的拓撲研究，編著有《極限環論》《常微分方程講義》等著作。說發揮來，嗣懋這個大哥也是我們衢州中學的校友，1940 年在衢中高三畢業時他獲得了全浙江省會考國文第一名。但是，他更喜愛數學，同年秋考入浙江大學數學系，成為了大數學家陳建功、蘇步青的親授門生。

嗣懋家由她的大哥大嫂作為女方的家長代表出席了我們的婚禮，而我家父母因為我出不發揮路費，並且父母操著一口家鄉土話不會說普通話，因此沒有來。婚禮上，是由十一室主任兼支部書記張溥作為男方家長代表講的話。

婚後，父親隨信寄來了不到 100 字的賀詞：

葉嗣懋父母、哥哥彥謙和弟弟彥升帶著汪宜和學海

燮卿 嗣懋 結婚誌喜

由煜卿7月28日來信，欣悉您倆已於星期六舉行婚禮，我和您母聞之皆大歡喜。祝賀您倆願花常好，願月常圓，白頭偕老，夫婦齊眉。因我兩袖清風，愧無禮物相贈，深以為憾，特其(寄)數語，聊表紀念。

62，8，5，俊、東同賀

結婚那年，我還收到嗣懋祖父的賀婚七絕一首：

多君猶及憶西湖，
湖上年來道路蕪。
梅老無花鶴飛去，
孤山誰與伴林逋。

以貽燮卿賢倩

詩中所提的林逋，是杭州人氏，北宋詩人。他不趨名利，終身不仕，隱居於西湖孤山，未娶妻，長年與梅花、仙鶴作伴，戲稱「梅妻鶴子」，就是以梅為妻，以鶴為子。而落款處的「賢倩」一詞，是古代翁對婿的敬稱，就是賢婿之意。

說到葉嗣懋的祖父，這是一個很有故事的老人。他姓葉，名渭清，字左文，號俟庵，是一位很有知名度的宋史專家。葉渭清生於1886年，1903年18歲時中舉人，有「神童」之稱。光緒三十三年(1907年)，清廷授給他一個候補廣東鹽運使的官。在候補期間，清末廢科舉，葉渭清遂師事著名史學家陳黻宸，於是轉研史學，與民主促進會創始人、新中國第一任教育部部長和第一任高教部部長的馬敘倫同門。後來他們經陳黻宸介紹與國學大師、一代儒宗馬一浮為友，共同切磋，交遊甚深。在史學界，馬敘倫、馬一浮、葉渭清，合稱「二馬一葉」。

1948年葉嗣懋祖父(前排左三)與熊十力(前排右三)等攝於杭州葛蔭山莊復性書院

1921年，葉渭清應邀到杭州第一師範學校任教。1928年，隨馬敘倫至南京國民政府教育部任職。次年，馬敘倫兼北京圖書館館長，又應邀赴北平任北京圖書館編纂部主任，著手校訂《宋史》，並代馬敘倫處理日常館務。1935年華北事變後回衢州，繼續補訂《宋史》，並編定邵康節、陸放翁、程北山年譜。解放後，馬一浮任新中國第一任浙江文史館館長，葉渭清也隨之入職浙江省文史館任館員，繼續從事研究和補訂、校訂《宋史》的工作，留有《元槧宋史校記》《嵇康集校記》《陶淵明年譜》《陸游年譜》《宋會要輯稿》等手稿。

葉渭清勤奮好學，博覽群書，窮畢生精力研究《宋史》，見解精闢、獨到。曾有舊書記載他清末在廣東候補鹽運使期間是如何博覽群書勤奮好學的，云：「古婺(即今浙西金華一帶)葉渭清，年二十二。以舉人試吏部，授廣東鹽庫大使。落落不慕仕進，常徒步走市中，搜古書，伏而讀之。自歐學東來，士大夫數典而忘其祖，神州舊籍堆置，敗架蠹爛，無復收拾。渭清見書肆常徘徊，終日不肯去。傾其所積，以求周秦兩漢之遺古，學士勝流之所詠嘆，豪杰賢人之所稱述，丹鉛狼藉並蓄兼收，滿箱滿床光氣奪目。」

在廣東這個幅員遼闊，財富甲天下的地方，當時上自督臣大吏，中有府州縣吏，下有主簿典史以及諸雜流人等，不下數千過萬，沒有一人像葉渭清這樣專心於學問的。當恩師陳𡼏宸問發揮他，為何這樣全身心地投入到鑽研學問中？葉渭清回答說，他是一個沒有母親的人。他十九歲時，母親就亡故了。他今天勤於學問，完全是母親對他的教育和影響。

據葉渭清回憶，母親徐氏是浙江蘭溪人，出身於當地的名門望族，十五歲嫁給他的父親。母親嫁給他父親時，葉家已相當貧困。但母親很勤儉，一件衣服往往要穿十多年，而對他讀書識字練書法卻從不吝嗇。葉渭清4歲時，他的母親就從市集購來紙筆，命他學習。在家裡的門上、窗戶的木框上以及板壁上都寫滿了字，教他認。而他「日識數位以為常」。到了第二年，也就是5歲時，母親專

葉嗣懋娘家的全家福
（前排：祖父和祖母，後排右三為父親，左三為母親饒梅仙，
右一為大哥彥謙，左一為大嫂友平）

門請了私塾老師到家設館教他。他家裡雖然窮，但母親很尊敬先生，給塾師的待遇優於別家。他的母親因為識字不多，但為了督促兒子學業，經常在塾師教他時在裡屋靜聽，一字不遺，默默記在心裡。到了晚上睡覺前，母親就叫他將白天所學背給她聽，如果背錯或讀錯，母親就能指出來，並進行更正。葉渭清說，他小的時候，沒有一日荒廢過讀書練字，雖然父親在家時也教他，家中也請了塾師，但還是得益於母親為多。葉渭清家在山鄉，附近很少有文學通才。到了十四歲(虛歲)，他補了邑庠生(就是秀才)，母親就命他到州裡去求良師，一年才回家一次。葉渭清的母親從小就體弱多病，多次面臨死亡。嫁給他父親後，因為父親常年在外經商，家中全靠母親照料。母親就忍住病痛，全心管理家庭。與鄰里融洽、親友和睦，盡心教導兩個兒子，把家治理得井井有條，父親在外也沒有了後顧之憂。一日，他的母親病得很嚴重，葉渭清知道後趕了回來，一心想在家照顧母親，不想再遠離家鄉。母親知道他的心事後，就

對他說：「過去有一個算命先生對你父親說，你適宜在外，十六七歲時一定要離家遠出，否則會母子相剋。你回去，我的病就會痊癒，如果你在家，就會加重我的病情。」舊書云：「蓋母恐渭清廢學為是言，以堅其志耳！」也就是說，實際上是母親為了不耽擱葉渭清的學業和前途而騙他的。可憐天下父母心。正因為有徐氏這樣的母親，才培養出了葉渭清這樣一個遠近聞名的宋史專家，成為了一個於國於民有用的人才。

這次，已 76 歲高齡的葉渭清，贈詩與我這個孫女婿，他是以林逋自喻，借古言今。前兩句「多君猶及憶西湖，湖上年來道路蕪」，意為：大家偶爾還能想發揮杭州的西湖，湖上的道路這些年因走的人少而荒蕪了。那時葉渭清是住在杭州的浙江省文史館，所以詩中的「西湖」是意指他的居住地，而詩句寫得淒淒清清，一是流露出垂老之年的孤獨感，二是為後面的兩句做鋪墊。第三句「梅老無花鶴飛去」，依林逋「梅妻鶴子」的說法可推知，「梅老無花」是說他的老伴現在已經人老珠黃，而詩中的「鶴」，就是指嗣懋了。「鶴飛去」，加上最後一句「孤山誰與伴林逋」，就是向我笑言：你把嗣懋娶走了，以後誰來陪伴我這個孤老頭子呢？……用一首古詩，而且這種嗔怪的口吻來恭賀我們的婚姻，嗣懋祖父真是老得可愛，老得有趣。

葉左文先生和外曾孫女汪宜

1962 年還處於三年困難時期，生活物資供應非常緊張。那時我還是單身戶口，吃大食堂，沒有肉票供應。幸好因從事軍工產品研製，每月有保健肉票，研究室祕書劉景輝同志對我特殊照顧，給了我五斤肉票。我跑到新街口買到湖南的醃肉，用醃肉燒冬瓜招待了從德國回來的同學，算是在家裡簡簡單單地辦了一桌結婚喜宴。還好，在那個「三月不知肉滋味」的日子裡，大家倒也吃得不亦樂乎。

解決兩地分居，嗣懋走上新工作崗位

結婚以後接著就是如何解決兩地分居問題，不是我調到杭州，就是嗣懋調來北京。從可能性分析，還是嗣懋調北京比較容易。於是我們又在調動工作解決戶口上作努力，不過談何容易，從現在解決進京戶口的難度也可以想像出當年的難度。幸好，中央有一條大城市之間可以實行戶口對調的政策，也就是北京與杭州戶口一對一的相互調動。當然，還有專業和學歷等諸多問題。不知從哪兒來的那股子勁，我拿著介紹信到處瞎跑，從北京醫學院、積水潭醫院到朝陽醫院，到處找，到處問，到處連繫，最後終於打聽到北醫病理教研室有一位叫何茂堂的老師想到杭州去。一個願進，一個願出，這樣就形成了對調關係，真是天大的好事。但好事又多磨，北醫不願要人，要我們自己去落實工作單位。最後北京市衛生局同意接收，嗣懋來京終於有了著落，家也隨之安在了北京。

1963 年 4 月，嗣懋被分配到北京市耳鼻喉研究所工作。該所掛靠在北京市同仁醫院，所長是同仁醫院副院長徐蔭祥教授。徐院長為人和藹可親，嗣懋一到所裡就被任命為支部副書記並分管科學研究工作。他對嗣懋說：「我只會取咽喉裡的異物，其他研究工作你們去搞吧。」

嗣懋從浙江醫學院畢業後，先是留校任教。1958 年又到中山醫學院高級師資班進修了一年，師從病理學名教授梁伯強和秦光裕兩位老師，業務上收穫很大。回校後又講課又帶實驗，150 人的大課堂不但課前要充分準備，講完課嗓子簡直要喊啞了。教研室的老師對她說：「你是浙江省第一位女病理醫生。」

現在，這位女病理醫生要改行了，心中難免依依不捨，甚至有點不相情願，但更重要的是要服從需求，服從分配，服從組織安排。耳鼻喉這門課，嗣懋在大學裡只學了幾個學時，如今要帶領一撥人開展研究工作難度可謂不小，但她始終按祖父「清清白白做人，認認真真做事」的家訓去開展研究所的工作。

葉嗣懋工作照

研究所的規模雖小，卻是當時面向全國唯一的耳鼻喉科學研究究機構，全所幾年來一直圍繞研究方向的問題爭執不休，好不容易才統一發揮來。不久，史無前例的「文化大革命」就開始了，嗣懋順理成章地成為所內的第二號走資派和同仁醫院的「黑苗子」，邊勞動邊接受群眾的批判，熬過了四年多的動亂生活，才重新恢復工作。當時研究所只有 6 人，女同志居多。他們一分為二，3 人一組留所恢復原來科學研究門診及部分實驗室工作。另 3 人為一組下樓出院，走進工廠大門，為工人師傅普查及治療噪音性耳聾，兩組定期輪換。1970 年 10 月開始接受防治北京衛戍區警衛師指戰員因施放節日煙火而引發揮的暴震性耳聾的研究課題。在此基礎上隨著回所人員逐漸增加，正式開展了兩項全國性大協作課題——制定《工業噪音安全標準》及《常規武器發射時壓力波對人體損傷的安全標準》。同時不斷結合臨床尋找治療過去認為不治之症的神經性耳聾的中西醫藥物。經歷過「文革」災難的科學研究人員深知這一切來之不易，荒廢了的時光，必須用加倍努力的工作彌補回來。去工廠的同志早出晚歸，轉遍了北京數十個工廠，不論嚴寒酷暑都得關在不到 4 平方米的活動隔聲室裡測聽，一幹就是四五個小時。搞武器噪音的同志更是隨演習的野戰部隊奔走在祖國的四面八方。為了驗證武器的性能，夏天去炎熱的廣州，冬天在零下 40 多度的黑龍江省佳木斯和吉林省白城，東到黃海之濱的青島，西至戈壁灘上的嘉峪關。為了取得暴震性耳聾聽力損傷規律的第一手資料，有時需求追蹤炮手從射擊後即刻至 2 分鐘、4 分鐘、8 分鐘、10 分鐘、15 分鐘、30 分鐘，1 小時、2 小時、4 小時、8 小時、16 小時、24 小時，甚至 2、3 天的整個聽力變化過程，帶著手提式的測試儀器，乘軍用吉普車從一個連隊追到另一個連隊，有時還得讓值勤的戰士將需求複測的戰士從熟睡中叫醒。演習場都在空曠的野外，在清一色的解放軍戰士中冒出幾個穿便衣的老百姓已經夠顯眼，何況有時還是兩個女同志。更麻煩的事是上廁所，野戰軍從來不設女廁所，只能在確認廁所裡沒人時再由兩人換班，一人在外面「站崗放哨」，一個進內「執行任務」。

經過 1974~1978 年為期 4 年的艱苦奮戰，整個試驗共用各種不同的槍、砲彈及 TNT 炸藥一萬多發(塊)，實驗動物二千多只及一千多名砲兵戰士的臨床觀察和測聽結果，共獲得上萬個數據，經過統計整理分析，擬訂出我國常規兵器發射壓力波的安全標準。在中國人民解放軍總後勤部司令部主持召開的技術鑒定會上，海、陸、空三軍所屬有關科學研究機構及醫學部門的技術人員，經過充分認真的討論，提出鑒定意見認為：「此項研究成果既有一定的理論意義，又有很大的實際價值……據現有資料分析，與國外比較，此項成果已達到國際水平，並填補了國內脈衝噪音標準的空白。」鑒定會後，又經向軍口國家標準局申報審查後，終於被批准為中華人民共和國國家軍用標準，由國防科工委於 1982 年發布，1983 年在全軍正式執行。成果 1981 年被評為中國人民解放軍總後勤部科學研究成果一等獎。與此同時所內歷年來所做的其他各項課題也陸續獲得豐收，《工業噪音安全標準》經國家級鑒定會透過，由勞動部、衛生部共同頒布執行，獲北京市科學研究成果獎。《鈣劑搶救鏈霉素急性休克反應》獲衛生部第一屆科學大會獎。1976 年北京市衛生局系統所屬研究所年終評比，耳鼻喉研究所被評為先進單位，評委會一致認為，這個所最突出之點是以十幾個人的力量，做了如此大量的工作，這種苦幹精神值得其他所學習。

嗣懋在北京市耳鼻喉研究所工作了 17 年，為研究所的發展打下了堅實的基礎。但是那時，我在城北海澱區石油化工科學研究院工作，她在城南崇文門工作，家在南池子大街 38 號東華門大街附近，每天我上下班要騎兩小時的自行車，加上考慮孩子的上學問題，權衡再三，只好犧牲她的工作前程，照顧我把家安到了研究院。1980年她設法調到了北醫三院工作。鑒於她的工作經歷，當時的北醫三院黨委書記左奇同志(左奇，女，北醫三院首任院長)曾考慮希望她做黨的工作，但她覺得以前學習了七年的病理，丟掉實在可惜，而「文革」的經歷實在太慘痛了，因此決心把過去學的東西重新揀發揮來，重操舊業。在消化科鄭芝田主任的領導和支持下，嗣懋她們從零開始建立了消化實驗室，培養幹部，以胃鏡腸鏡取的樣本研究病理改變為主，為患者早診斷早預防提供依據。另外她覺得要把臨床與病理檢驗更好的結合，應該自己去看門診。她看專家門診每次只掛 15 個號，對病人耐心仔細回答問題。二十多年來，把全部身心都投入了「萎縮性胃炎與胃癌的防治」的研究工作中。從 1999 年 3 月到 2000 年年底，選擇了兩種藥物：增生平和去甲基斑蝥素(利佳片)，前者是醫科院推薦治療食道癌與癌前病變的得獎藥品，後者是上世紀八十年代就用於肝癌和肝硬化的藥物。經過長期的研究和觀察，認為去甲基斑蝥素效果明顯好於增生平。嗣懋 65 歲退休，繼而又返聘 5 年，按理說是應該回家安度晚年的時候了，但作為一個從醫 47 年的醫生來說，似乎事業才剛開始，她總感到時間不夠，想再多看幾個病人，這是對社會、對父母和那寄予厚望的老祖父的回報吧！

從對待病人的熱情、關心和耐心解釋方面，嗣懋在我們研究院是有名的，平時只要她走在馬路上碰到行人，不管認識與否，只要向她請教有關病情的醫治、防護和調養，只要她知道的，一定仔細回答和討論，因此，我把她叫做「馬路醫生」。我們倆只要一出去散步，一碰到請教她的病人，就會站在馬路邊談上二三十分鐘，有時我等得不耐煩了，只好先走。她在我們院裡認識的人比我還多，除了我認識的人以外，收發室發報紙的、清潔工和住在大院的一些老人都叫她葉大夫。她認為，只要醫治好一個人，救活一條命，就是她天生的職責。

一雙兒女

說到子女，知道我們家的人都很羨慕。

大女兒汪宜，生於 1963 年 11 月。她和女婿秦鈞是清華大學化工系的同班同學，畢業後去美國學習並取得博士學位，後在美國休士頓貝勒醫學院任教。

現女婿秦鈞作為「千人計劃」引進人才歸國工作已 7 年，在蛋白質組研究上頗有成就。女兒也在去年作為「北京聚才工程」引進人才正式回國接受聘任做研究工作。他們都感到國內工作條件好，願為祖國科技事業作貢獻。

1970 年的全家福

兒子汪山，出生於 1970 年，北京大學力學系畢業後，也到美國學習，現從事電腦軟體開發工作。兒媳喬杏文是北醫的畢業生。經過院系調整後，在我們家裡，媽媽、兒子和兒媳都是北大人，父親、女兒和女婿都是清華人，應該說在我們這一代人中是相當滿意的。

家庭的點點滴滴

與同時代大多數知識分子的命運一樣，我們在六七十年代時的生活還是相當艱苦的。

首先是住房問題，嗣懋已懷孕 9 個月了，我還分配不到房子。因為按我院當時的規定，只給女職工分房子，我結婚時借住了三個月的房子必須退出來，也沒有一位領導為我說情。眼看快要臨產，還是同仁醫院伸出了援助之手，分給嗣懋一間小平房，地點在東單洋溢胡同 57 號。那裡原是北京市委的醫務所，分給我們住的是一間傳達室，一進大門靠左面積約有 12 平方米，屋子小而矮，進入門伸手就可觸到屋頂，屋頂的材料是石棉瓦，再在上面鋪一層薄薄的洋鐵皮。這個大雜院有六七戶人家，孩子們中午爬到我家屋頂上打架嬉鬧，吵得我們沒法午睡，待發揮來趕他們時，他們早就溜跑了。因為屋頂沒有保溫層，房間裡是冬冷夏熱。冬天燒蜂窩煤取暖燒飯，有一天早上通風不好，汪宜在屋裡煤氣中毒，嘴唇發紫，我趕緊把她抱到屋外，過了十幾分鐘才慢慢緩過來。

就在這樣的一個小空間裡過日子，我們沒有怨言，覺得有這樣一個棲息之地已經不錯了。冬天房間裡要放兩輛自行車，爐子、鍋、碗櫃、桌子、一張大床 4 人睡，硬板床下面的空間放小箱子，裡面放衣服。桌子上堆滿了書籍和小人書。吃完晚飯收拾完以後，4 個人每人一本書，用我們家鄉的話來形容是「雞蛋殼裡做道場」。

1967年冬天的一個星期天中午，在這個小院子裡還發生了一件有趣的事。那時全國都在打派仗，公安系統做物證檢驗的人員和機構全部下放了，市公安局要破一個「反革命」案子，要甄別反動標語上的油墨、紙張和漿糊，公安局的人尋求幫助居然找到我家裡來了。大院的鄰居們看到門前停了一輛軍用吉普車，以為是來抓我的，等我晚上次家了，才知道沒有出事。

我們在這小傳達室住了5年，鄰里關係很好，我們先後把兩個孩子汪宜和汪山都寄託在隔壁的王叔叔家。王叔叔是北京市口腔醫院的鍋爐工。他的愛人劉姨無業在家，就幫我們看孩子，對待他們像對待自己的親生孩子一樣。他們唯一的一個女兒叫王秋芬，比我女兒大一歲，兩人也像親姐妹一樣。嗣懋把她的一個月工資全開支在這兩個孩子身上，而我的工資則用於維持家庭生活和寄到家裡去支持全家生計。那時日子過得緊巴巴的，我還清楚記得一件事：我的二弟友卿來接我母親回家，在北京車站因行李超重受罰，可我口袋裡空空如也，沒有辦法，只好把原給友卿的20元錢重新要回來，去補罰款。

到了1968年，醫院給我們調房子，調到了南池子大街北口38號，在東華門附近，房子面積約有17平米，另外在對面還有搭發揮來的一間小廚房。這樣空間就比原來那個小傳達室大多了，地方也比較安靜。這裡離天安門很近，往南步行十多分鐘就到了。一出門往西就是護城河，再往西走就到了故宮的午門。地理位置和環境十分理想，唯一不方便的有兩條：一是上公共廁所要橫穿馬路，清晨發揮床後馬上去排隊；二是院子裡6戶人家共用一個自來水的水龍頭，冬天水龍頭結冰凍死打不開，要澆熱水把冰溶化，因此晚上必須把安在地下的自來水龍頭關死，然後用稻草蓋上保溫。從東華門到嗣懋上班的耳鼻喉研究所，騎自行車只要15分鐘，而我騎到研究院需求55分鐘，正值中年時期，精力旺盛，但清晨7點出發前也必須抽一支煙，才能振作精神騎得動車。那時買煙要憑票供應，能買得到的好煙只有北京的大前門和上海的光榮牌。早上騎車到達院裡東三樓正好趕上早請示，背完老三篇，喊過三遍「萬壽無疆」才開始一天的工作。下午 5 點 15 分要「晚匯報」，唸完最高指示，再喊完「萬壽無疆」，馬上騎自行車回家，一邊騎一邊肚子已咕嚕咕嚕的餓得直叫，到家以後凡是能往嘴裡塞的東西，抓發揮來就狼吞虎嚥般地往嘴裡塞。

我們對於家務勞動基本上有個分工，我管買菜做飯，嗣懋管洗衣服和打掃衛生。一到星期天我就騎自行車穿大街過小巷找副食店買肉，因為每次只能買二毛錢肉，買多了就要肉票了，所以要跑三四家副食店買夠肥肉解饞和增加熱量。洗衣服當然是用搓板，因為一到星期天家家都要洗東西，用水的人多而水龍頭只有一個，就得排隊，但大家都很客氣禮讓。有時星期天晚飯後收拾完我們就關發揮門唱歌，我買了一臺電唱機，除了樣板戲等革命歌曲外，我們就愛聽黃河大合唱。汪宜嗓子好，唱得好，音調也準。汪山則唱得常常走調，他就拿一隻筷子敲碗伴奏「張老三，我問你，你的家鄉在哪裡？……」另外，我們也常唱中學裡唱過的如《松花江》《漁光曲》和《慈母心》等歌曲，生活中充滿了家庭的樂趣。

但 1976 年 7 月 28 日凌晨 3 點，唐山的大地震可真的把我們嚇壞了。我們正在熟睡中忽然感到地劇烈搖晃發揮來，我馬上把汪宜抱發揮來，趕緊往大街上走，大家都是穿著背心褲衩，甚至還有一絲不掛的，就像聊齋裡描寫地震的場面一樣。第二天回到院裡上班，我最擔心的是幾臺大型儀器會不會出問題，水和電的供給有沒有中斷，幸好實驗室未出事故。住在院裡的人集體搭帳篷，住在院外的每人發兩根木料和兩米油氈。我用自行車把木料和油氈馱到東單，與原來的鄰居王叔叔他們在東單大馬路上搭帳篷睡覺，但蚊子咬得受不了，又偷偷溜回家去睡。那時汪山還寄養在王叔叔家裡，身體虛弱發燒，到同仁醫院掛點滴。我作為室主任堅持上班，還專門騎自行車到李燕章、潘德全和高紅家去家訪慰問，在大難時刻大家都感到很溫暖。過了十來天地震警報解除後，我們又回到東華門住。為安全發揮見，我們把硬板床的四條腿用磚頭填高，汪宜就睡在我們床底下。

以上就是我們家的點點滴滴，但回憶發揮來還是津津有味的。

汪葉兩家聚會

（從左至右：前排：葉嗣懋、汪燮卿、葉彥復、陳維華；後排：毛彩仙、葉曉暉、汪宜、秦鈞、葉雨涵、葉學思、孫蕾）

传 | 外 | 篇

同行眼中的汪燮卿

殫精竭慮作奉獻

石科院原副總工程師　蔣福康

我是石油化工科學研究院的一名老職工，曾任第二研究室主任工程師；科學研究處副處長、處長；院副總工程師。1985 年發揮 30 年在汪燮卿院士的領導下工作，1985 年他剛擔任研究院副院長，此前因為他長期從事軍工油品的分析工作，一上任對院裡的主要工藝情況不太熟悉，就常來二室 204 組了解情況，我主管 204 組的工作，又是南方人，工作、學習、生活無所不談，覺得院長的為人比較隨和。記得有一次參觀 204 中型試驗裝置時，組裡的青工石永旺跟他開了一個玩笑，在參觀中型裝置的儀表間時，忽然在地上爬來一條「蛇」，把他嚇了一跳，原來是石永旺用塑料薄膜紮成一條蛇的模樣，再涂上墨水偷偷放到地上，等他拿發揮來放在手上玩時，弄得大家哈哈大笑，這也說明當時領導與群眾之間關係是比較融洽的。

在整個催化裂化家族工藝開發中，我參加了催化裂解 DCC 技術的開發，重點是在建立中型裝置開始，直到工業化試驗成功為止的全過程。我清楚地記得，在成立催化裂解矩陣組的動員會上。擔任矩陣組組長的汪院長強調任務的艱巨和光榮。當時院裡正在討論如何用好 1 億噸油。由於我國生產的大慶和勝利原油輕組分少，顧得上汽、柴油的生產供應就顧不上為石油化工提供原料，解決問題的唯一辦法就是用重質原料生產乙烯和丙烯。因此開發這個新技術對國民經濟發展意義十分重大。他說：「在某種程度上講，我們是臨危受命，應該義無反顧」。接著汪院長又分析了我們的有利條件和不利條件：「我們的有利條件是催化裂化的工藝和催化劑研究和開發能力比較強，在我國煉油廠中都採用國產技術，而這些技術都是我院開發的；我們的技術人才隊伍也比較強，幹勁大，人心齊，富有戰鬥力。我們的不利條件是在石油化工領域過去沒有做過多少工作，經驗缺乏，需求學習新知識，闖出新路子，做出新成績」。

隨後，他即著手主持了研究課題技術方案的論證工作，制定了技術研究總體方案和研製任務書。首先調整科學研究方向，適時地將石科院相關研究室科學研究的重點轉向該研究領域。果斷停下了研究室已開展的另一項科學研究探索課題，將研究室有限科學研究資源向該研究課題集中。這是石科院在石油煉製領域一項重大策略決策。意味著石科院向石油化工延伸，從傳統生產汽油、柴油催化裂化技術向多產低碳烯烴方向轉變，也是用重質原料生產乙烯、丙烯技術一次重大創新探索。

與此同時，他還組織了催化裂解反應機理的理論研究，努力搞清新技術與催化裂化的異同。催化裂解生產低碳烯烴反應過程相對複雜，對烴類催化裂解化學反應、反應熱力學和反應動力學特徵了解有限，而正碳離子反應機理提供了合理地揭示碳氫化合物催化反應機理的科學方法，是二十世紀日益發展發揮來的碳氫化合物反應科學知識的基礎。他依據文獻調研啟示，提議：進一步調研催化裂化反應是否都是以正碳離子為過渡態或中間體而進行的，反應過程正碳離子的類型及形成，能否以正碳離子來解釋催化裂解反應機理；要研究重質油催化裂解生成丙烯的反應、裂解反應深度與產物分布關係，原料的組成和性質與丙烯生成反應之間的關係。

他先從抓緊實驗室探索開始。探索實驗是在一個小型固定流化床反應裝置上進行的，選定的原料是石蠟基的大慶蠟油，催化劑選用的是含 HZSM-5 沸石的活性組分催化劑，反應條件是有利於最大量生產丙烯的最苛刻的參數。探索實驗結果令人振奮，主要技術目標——丙烯產率達到預期。接下來在小型固定流化床和連續流化催化裂化裝置上，相繼開展了不同原料、多種不同品種分子篩、不同分子篩含量的催化劑優化組合，不同反應參數的大量實驗，以確定最佳的催化劑配方、最佳工藝條件及最高的丙烯產率。再從催化劑與工藝雙管齊下展開試驗研究。他明確兩大技術關鍵：催化劑與工藝研發方向、目標和進度。他多次強調：利用院研究室已研發的成熟的工業放大催化材料和催化劑製備工藝、研製新的催化劑；立足我國現有催化裂化技術，研究工藝參數與催化裂解反應的關係，優化工藝條件開發新工藝；加緊建立新的分析方法，確定氣、液產品組成和雜質含量，及時提供樣品分析結果，從而為課題研究順利推進確定了方案，並依據前期實驗研究數據確定了量化技術目標，確保研究成果達到了國際先進水平。

1991 年 4 月 16 日汪燮卿(右二)和蔣福康(左一)訪問美國 Amoco 公司

他認為，在實驗室研究基礎上，實驗研究結果，包括催化劑、工藝必須經重複驗證，小試研究結果必需求放大驗證。在石油化工科學研究院儘快建設一套 10 公斤/時的中試裝置，放大製備出滿足中試裝置試驗要求的催化劑，成為確保研究進度和驗證實驗室研究結果的關鍵。當時，為了建立中型試驗裝置，有兩種不同的意見：

一種意見認為既然是新工藝，而且與現有裝置不同，就應該建一套新裝置。而另一種意見認為，新建裝置不但需求更多的資金，而且一切從頭開始，費時間長，若在原有 204 中型裝置加以適當改造，不但節省資金，更重要的是節省時間，加快科學研究進度。他果斷決策選擇改造 204 老裝置，並把這個擔子交給我來挑，要我負全部責任。

中型裝置的重要性是不言而喻的，它是實驗室研究成果邁向工業化的橋樑，中型試驗的結果要能正確反應實驗室的正確結果，難度的確不小。我雖在 204 中型工作多年，也積累了不少經驗，但這次的改造任務，肯定會遇到新問題，但責無旁貸，下決心保證完成任務。

在改造方案完成以後，汪院長召集院裡和室裡的專家討論，我歸納了大家提出的意見進行修改，最後拍板定案。接下來就是有關設備儀表訂貨。為了爭取時間，他很支持我的工作，專門把器材處的黃振聲處長找來，要求加快訂貨進度，處處開綠燈。

1988 年中在年處理量近百噸的新建催化裂解中型裝置上，該課題完成了中型一系列放大研究和對小試結果實驗驗證，取得了可以提供設計的完整數據，按預定計劃研究內容和要求目標終於取得中試階段性成果。

隨即，他把研發工作的注意力轉向了中試階段性成果工業放大轉化。他先內後外，連繫院內外工程設計、工業放大試驗和生產企業專家，及時研討工業放大需求解決的問題。當一致認準關鍵的問題是反應器的選擇時，是重新研製反應器還是借用現催化裂化反應系統，存在分歧和爭論。催化裂化反應系統，上世紀六十年代用的是床層反應器，七十年代改造升級用的是提升管式反應器，而經中試放大做 DCC 比較適用的是床層加提升管反應器。有些人認為，技術進步不能「倒退」，現在大多數生產裝置已是提升管式反應器，因不需改造，可以選用先試。但中試研究證明這樣類型反應器，反應時間受限、氣固分離空間受限，並非對多產丙烯新工藝有效。最後在聽取各方意見基礎上，汪院長決斷：「科學實驗來不得半點想當然，實驗室、中試裡用的什麼樣的反應器，工業試驗也應該用同樣的反應器。」經過研究協調與設計單位取得共識，既考慮工程放大設計改造可行性，又結合企業擬開展工業試驗生產裝置實際，形成了吸收兩種反應器特點、改造工作量少、運行操控風險小的最佳反應器設計方案。

在中國石化總公司的全力支持下，石油化工科學研究院、北京設計院及濟南煉油廠通力合作，最終將濟南煉油廠閒置的一套催化裂化裝置進行了技術改造。濟南煉油廠改造成功為第一套工業規模的催化裂解生產裝置，於 1990 年 11 月，使用齊魯石化公司周村催化劑廠生產的 CHP-1 工業催化劑，開始進行 DCC-I 型催化裂解技術的首次工業試驗。

工業試驗初期，開車不是太順利。汪院長就召集現場各方面專家，采集數據，分析操作，尋找原因，商討對策。當時該試驗萬眾矚目，首次工業試驗成敗關係重大。那時現場技術小組的專家們去工廠分班倒，聚在一發揮碰情況、討論技術問題一天幾次。他帶隊同大家一發揮吃住在企業，一呆就是一兩個月，每天必到工廠，掌握第一手資料。有時上下午一次還不算，吃完晚飯還要進工廠「溜一圈」。未進油前，裝置運行一度不太正常，在停下來和繼續運行兩難境地，到底下一步怎麼辦？需求有人果斷決策和擔責。那次關鍵會議從晚上 12 點討論到凌晨 4 點，各路專家也拿不定主意，他靜心聆聽大家意見，最後還是汪院長陳述了理由，拍板決定：「工業試驗不能停。裝置暫停下來，按修改方案再開車。有什麼責任我來擔。」第二天，經過短時間的操作調整，結果裝置再次按試驗 DCC 方案開車運行漸轉順利。他考慮問題非常細緻和深入，一般不武斷否決別人意見，也不輕易發表意見，但是一旦作出決斷，就必定是深思熟慮的。這是令大家感受非常深的一點，也使企業領導肅然發揮敬。

第一階段自 1990 年 11 月 11 日到 12 月 28 日曆時 18 天正常開停工，第二階段自 1991 年 5 月 10 日到 7 月 5 日，歷時 67 天平穩運行至正常停工。首次工業試驗最終按預期計劃考察的內容全部完成。

濟南煉油廠工業試驗成功後，他的腳步依然沒有停歇，他的精力和注意力立即轉向 DCC 技術的推介交流和產業規模化應用。他再次不辭勞苦，奔波於企業。第一套以重質原料生產丙烯等低碳烯烴的大型工業裝置，40 萬噸/年催化裂解聯合裝置終於在 1995 年 3 月於安慶石化總廠煉油廠開工投產。該裝置投產成功不僅為催化裂解技術的產業化提供了經驗，解決了安慶石化總廠供不應求的丙烯腈生產急需的丙烯原料問題，而且為 DCC 技術推廣應用積累了裝置設計、建設、運行經驗，對提高我國丙烯及下游石化產品自給能力，增加石化企業經濟效益具有重要意義。

可以說，這一國際領先、國內外首創、具有我國自主知識產權的 DCC 技術的開發和轉化歷程，彰顯了我國煉油科技工作者自主創新能力，凝聚了他及其領導科學研究團隊的聰明才智和科學態度，更體現了中國石化團隊協作的效率和為共同科技目標的獻身精神，佐證了攀登技術高峰的艱辛。他只是一位平凡的人，卻擁有高尚的情操和令人尊敬的人格魅力。他是領導，敢擔責，卻不擺架子，平易待人。他是科技工作者，孜孜以求、執著追求，是一個為追求科學研究目標堅持拼博的人。人們會說：人生路上可能會遇到各種險阻，到頭來或多或少總有遺憾。他愛石化科技高於生活、高於生命，將科技征程上險阻終踩腳下，當科學研究預定目標實現時，到頭來他不會有遺憾。

在石油化工領域，以重質原料生產丙烯等產品的催化裂解技術(簡稱 DCC 技術)可謂大名鼎鼎。1991 年獲中國專利金獎，1992 年獲中國石化科技進步特等獎，1995 年摘得了國家發明一等獎，打破了國家這一獎項此前多年空缺，成為中國石化第一個獲得國家發明一等獎的技術，我國第一個煉油技術出口的項目。蘊含著他的智慧和創造，凝聚著他的心血和辛芳。但是在國家發明一等獎的獲獎名單裡，自始至終主持該項技術研發工作的他卻沒有把自己的名字列入其中。

對始終秉持「做事要把成敗放在第一位，是非功過由他人說」價值觀的他來說，對名利顯得特別淡定泰然。提發揮這件事，汪院長曾對採訪他的記者平靜地說：「申請國家發明一等獎當時名額只有6個。但是參與的人員比較多，除了石科院，當時的濟南煉油廠、山東淄博周村催化劑廠在工業化試驗和工業化應用中都作出了重要的貢獻，他們都是承擔了風險的，所以名單中應該有他們的技術負責人；另外還有北京設計院的專家也作出了貢獻，作為開發單位石科院最多只能有2個人入圍。我想，首先要把DCC技術的第一發明人李再婷署上，其次要把承擔具體工作的催化裂化室的科技負責人蔣福康加上。」「勝負成敗是第一位的，是非功過是第二位的，首先要調動各方面的積極性，保證把工作做好。」就這樣，關於署名的爭論最後由他一錘定音，申報獲獎人員名單中他堅持不寫上他自已的名字。

汪院長英語是「文革」中，拿著中英文兩個版本的《毛主席語錄》，把中文版的放在上面、英文版的放在下面，「偷偷地」學的，是石科院幾乎盡人皆知的「趣聞」。因為他覺得作為一名科技工作者，需求閱讀大量的外文資料以獲取最新的技術發展理論和動態，所以他對英語「四會」早就提出了自我要求。1992年在蘭州煉油廠做MGG的工業化試驗時，他每天都要求自己用英語寫日記。

面對國際市場，當初技術出口我們毫無市場經驗。當時中國石化是一邊向國外購買技術，一邊研發自己的技術。前期美國石偉工程公司(Stone & Webster Engineering Corporation)向中國石化提供過渣油催化裂化的技術。催化裂解技術對外公開報導後，看到我們開發的 DCC 新技術他們首先是懷疑，之後才確認沒有侵犯他們的知識產權。此後美國石偉工程公司主動要求作為該技術對外轉讓的代理商，主動和我們洽談在國外代銷技術的事情。他代表中國石化評估對外合作利弊，率隊與對方反覆交流溝通，談判合作條款。1993 年，美國石偉工程公司與中國石化簽約，成為 DCC 技術在中國之外的商務代理。1994 年即與泰國石油化學工業有限公司(TPI)簽署 DCC 技術使用許可協議，在泰國建設一套 72 萬噸/年 DCC 工業裝置，實現了我國煉油成套技術首次出口。與泰國談判簽約過程也一直由他主導和負責。採用中國石化石油化工科學研究院的 DCC 工藝專利技術(專利號為 ZL871054280 和 USP49800053)裝置於 1997 年 5 月在泰國建成投產，一直平穩運轉至今，並一直使用中國石化的 DCC 專用催化劑。自此邁步，我國煉油成套技術出口實現零的突破。

與泰國 TPI 公司達成 DCC 技術使用許可協議後的 10 年之間，中國石化 DCC 技術已有六套裝置被許可到泰國、沙特和印度等國。其中，2004 年中國石化向沙特阿美石油公司輸出該技術，使用我國技術的沙特 Petro Rabigh 公司建設的一套全球最大的(460 萬噸/年) DCC 裝置於 2009 年 5 月一次開車成功，年產乙烯 22.5 萬噸、丙烯 95 萬噸，被戲稱為「丙烯發生器」。這讓我們石化人感到很自豪。這些海外裝置的投產，顯示了 DCC 工藝和催化劑的優異性能和世界領先的技術優勢，顯現了自主創新煉油技術所具有的市場生命力和競爭力，在國際上樹立了中國石化的良好形象。

求索之路，可謂路漫漫兮夜以繼日。科學研究高峰，可謂峰巍巍兮鍥而不捨。由他搭建和領導的石科院科學研究團隊，繼續在以下三方面探尋技術創新新碩果。

汪燮卿院士是重質石油原料多產乙烯、丙烯這一石油化工領域技術創新的開拓者和領軍人物，是該領域默默探索的一流學者。他領導開發的、具有我國自主知識產權、國際領先水平的重質石油原料多產乙烯、丙烯系列技術的經歷，既體現了老一代煉油科技工作者追求科學強國、科教興國、振興石化，急國家所急，為石化科技的發展作出歷史性貢獻的志向與追求，又再現了同時代煉油科技工作者探索創新、團結協作、勇攀煉油科技高峰的真實情景。人們雖知曉他在這一石油化工領域上的成就，卻無人注意過他背後所做的慎密思考、精心組織和不懈努力。這讓我們深切地認識到技術創新、科技進步、成果轉化，需求領軍人物及其帶領的科技團隊的奮發圖強、無私奉獻、團結協作和辛勤付出。

我退休後，還一直協助汪燮卿院士工作了十年，那時他擔任工程院化工、冶金與材料工程學部的副主任，分管技術諮詢和學術活動工作。

2003 年在由侯祥麟院士負責的國家《中國可持續發展油氣資源策略研究》項目中，他負責《油氣資源節約和替代》課題研究，2004 年完成《節油與替代能源研究》分報告。

2004 年，參加了中國石化曹湘洪、李大東兩位院士負責的中國工程院「我國清潔燃料的標準及生產技術」諮詢研究。該項目的目的是聯合中國石油、中國海油等國內車用燃料油的生產商，中國汽車協會和環保部門等，以中國工程院的名義，向國家發改委、科技部、環保總局等部門提交諮詢報告，為制定我國清潔燃料標準和確定合理的生產技術路線提供正確的導向。汪燮卿院士與李大東院士一發揮負責《我國清潔燃料的標準及生產技術》報告修訂。

2004 年 9 月在中國工程院接受上海通用汽車公司委託的「國內車用能源利用現狀及對上海通用汽車發動機規劃的建議」諮詢項目中，他受中國工程院副院長杜祥琬院士之托負責該項諮詢研究，於 2005 年 4 月完成《國內車用能源利用現狀和發展趨勢及對上海通用汽車發動機規劃的建議》諮詢報告。

2005 年，參加中國工程院組織開展的《中國石油需求遠景展望與替代策略研究》，負責下游部分專題研究。圍繞課題整體研究目標，他對 2050 年我國的石油需求進行了預測研究，對未來替代液體燃料技術的發展趨勢和替代的可能性進行了分析，提交了《中國石油需求的遠景展望與替代策略研究》報告。

同年 5 月在徐匡迪、宋健、錢正英三院士任顧問，中國工程院王澱佐副院長、張彥仲院士負責的「建設節約型社會策略研究」項目中，他與楊奇遜院士共同負責「能源節約工程」課題，併負責其中的「油氣資源的節約技術和措施」子課題研究，完成《油氣資源的節約技術和措施》課題報告和《能源節約工程》報告。

2006 年，參加中國工程院院士杜祥琬副院長、黃其勵院士負責的「可再生能源發展策略研究」項目，「生物質能」專題「生物質能源生產技術」子專題，2007 年 6 月底提出子專題報告。

2007 年在原國家環保局負責的「中國環境宏觀策略研究」項目，在中國工程院副院長沈國舫院士領導的「工業汙染防治策略」專題研究中負責「石油與化工工業汙染防治策略研究(包括汽車燃料)」子專題研究，完成《石油和化工汙染防治策略研究》子專題研究報告。

在中國工程院院士杜祥琬副院長牽頭的「中國能源中長期(2030、2050)發展策略研究」中，負責由倪維鬥院士牽頭的「節能專題組」中的「交通節能」子專題研究，2008 年 12 月完成「交通節能」子專題研究報告。

2010 年參與中國工程院院士潘雲鶴常務副院長《中國工程院學部調整和學科劃分調查與研究》項目，並作為主要負責專家完成《中國工程院學部調整和學科劃分調查與研究諮詢》報告。

2013 年他發發揮組織石化系統內中國工程院院士，透過對「交通運輸節油策略諮詢回顧與展望」調研，提出了「加緊落實汽車節油各項措施」院士建議。

汪院士每次接下任務，他都親自物色連繫落實院內外專家，組織專題研究團隊，強調從調查研究入手，先討論擬定諮詢研究提綱。在諮詢研究中，他考慮問題很有前瞻性，思路具有一定預見性，把握研究方向不偏離主題，研究內容強調突出重點，學術觀點要求嚴謹，研究結論要有依據，安排進度略留餘地。研究成果受到國家各有關部門及中國工程院領導的重視和好評，對相關行業(領域)的發展造成了積極的策略性諮詢作用。

如今，85 歲的汪燮卿院士依然孜孜不倦地工作著，並以對科學研究嚴謹務實的學風在煉油化工等技術領域辛勤耕耘，以他的智慧和學識繼續奉獻祖國的石化科技進步事業，為中國石化工業發展殫精竭慮。他不為片面追求名利所羈絆，不為生活塵世的浮華所牽引，不為追求物質的享受所停留。他和常人一樣，經過歷史風雨的洗滌，經過時間隧道的磨損，經過科技征程的激盪，仍舊發光發熱地行進在創新路上。在石化科技領域我們會像記住我國石化行業發展歷史一樣，記住他的名字和作出的貢獻，並從這位德高望重老科技專家的身上，清晰地看到共產黨人可貴的精神境界，學習到受人稱頌的人生價值。

借來東風行春雨

山東恆利石油化工股份有限公司董事長　耿佃華

我與汪院士的結緣是在 2002 年的 9 月淄博新材料論壇組織的院士科技行活動中，我有幸作為民營企業的代表出席了這次會議。當時參會人數眾多，參會人員十分珍惜這難得的機會踴躍提問，我數十次的舉手都沒有得到一個提問的機會。無奈之下我將問題寫了一張紙條，由工作人員傳遞給了汪院士。本以為也是沒什麼希望，沒想到的是汪院士竟然與我做了幾句簡單的交流，決定會後到我公司來看一看實際情況。

汪院士一行到我公司現場考察，當時隨行的報社記者、電視臺記者提問：「為什麼淄博市那麼多大的企業，都想邀請院士到公司實地考察解決企業面臨的難題！而您卻選擇了一家名不見經傳的私營化工企業呢？」汪院士很有哲理地回覆說：「企業的規模大小，不是我十分看重的！因為所有的大都是從小發展發揮來的。就像英國著名汽車品牌勞斯萊斯，不就是兄弟兩個從修自行車開始發揮步的。所以我看重的是企業的發展前景，和企業負責人的思路。而且我在二十幾年前就從事過這方面的研究，對導熱油這個行業也有一定的了解和一定的發言權。相信也能為這種面臨突破發展瓶頸的企業，提供一定的幫助。」聽到汪院士這樣的回答，全場爆發了熱烈的掌聲，也使我的心情難以平靜。汪院士身居高位工作繁忙，但仍時刻不忘關心地方企業，尤其是中小企業的創新發展，這樣的情懷真是讓人敬佩。

在淄博市政府和省人社部門的強有力推動幫助下，我公司從2003 年就開始了與汪院士的產學研合作。

2003 年他指導公司研製開發的 HL-400 型氣/液相導熱油填補了國內空白；二次分切導熱油產品占領了山東省近 1/2 的市場。研製的熱載體整體加熱裝置，2004 年 4 月透過了山東省科技廳組織的高新技術成果鑒定，被列入國家高新技術目錄和地方級火炬計劃。

2004 年他指導研製開發的 HD-315 系列合成導熱油多次獲得省市科學技術進步獎，2006 年被國家科學技術部、商務部、國家品質監督檢驗檢疫局、國家環境保護總局授予國家重點新產品，同時被山東省財政廳定為山東省財政專項資金扶持的新產品，目前已有進口、國產 660 余套生產裝置使用總量達 10800 噸，用戶普遍反映良好。目前山東恆利石油化工股份有限公司已具備 2 萬噸/年生產能力，占領 80%的山東導熱油市場，HD-315 系列合成導熱油共創銷售收入總額 2 億多元，利稅 3000 萬元，節約外匯 3 億元，HD-315 系列合成導熱油產品技術水平達到國內領先水平，產品接近法國進口導熱油 K3120 水平，實踐證明完全可以替代進口產品。

2005 年他指導成立了山東恆利導熱油工程技術研究所，該所不僅是山東省內導熱油行業唯一的研究單位，也是國內唯一的導熱油研究所。為導熱油行業趕超世界先進水平奠定了基礎。

2005 年中國工程院汪燮卿院士(右四)與恆利公司董事長耿佃華(右五)洽談中水應用項目

2006 年與汪院士合作在淄博市周村區鳳鳴小區建設的淄博市第一批中水回用示範工程，透過了省科技成果鑒定及市環保局的驗收，年節水量 15 萬立方米，產生良好的環保節水社會效益。

2006 年承擔的市科技計劃導熱油加熱系統清洗工藝及規範，透過省科技廳鑒定，獲得兩項發明專利。

2007 年參與了有機熱載體國家標準的制定，2007 年編寫出版了熱載體系列知識叢書之一《導熱油應用技術基礎知識》，2009 年出版叢書之二《有機熱載體應用技術基礎知識》，2015 年出版叢書之三《有機熱載體事故案例分析》，汪燮卿院士欣然為之作序，為普及熱載體使用技術作出了積極貢獻。

2008 年 9 月，在汪院士指導下，導熱油研究中心應熱載體國家標準制定委員會特邀，為國家標準徵求意見稿提出五項意見，其中被採納四項，一項被部分採納，為行業標準的發表作出了貢獻。為適應國家標準之需求，中心先後在江蘇徐州，山東臨沂、青島、濟南等地多次召開有機熱載體國家標準宣貫會，為在行業內貫徹、實施有機熱載體國家標準作出貢獻。

2009 年在汪院士的指導下，經山東省科學技術廳批准，建立了山東恆利院士工作站。工作站由 22 人組成，其中：院士 3 名、教授 6 名、博士 3 名、經濟師 2 名、工程師 5 名、專職工作人員 3 名。工作站遵循「科技創新、注重實效、權利明晰、促進轉化」的建站原則，圍繞「建好創新平台、加快科技創新、服務經濟發展」的目標，制定了涉及管理模式、人員聘用管理方式、知識產權和科學研究成果保護，權利、義務、工作、生活環境等內容的山東恆利石油化工院士工作站管理辦法。

2009 年在汪院士的支持下，我公司開發了「1 萬噸/年 HD-360 高溫液相有機熱載體項目」與「10 萬噸/年廢油(HW08)制取有機熱載體項目」，兩項目已於 2011 年 9 月 5 日透過山東省科學技術廳科技鑒定，產品達到國內領先、國際先進水平。2012 年我公司在淄博市周村化工區投資 2.04 億元徵地 60 畝，開始了 10 萬噸/年廢油(HW08)再利用制取有機熱載體項目和 1 萬噸/年高溫有機熱載體項目的工業化生產。現項目已建成，獲得國家發明專利 6 件，正在進行示範化成果推廣。

2013 年在汪院士的指導下，我公司以地溝油、加工渣油為原料，成功研製 10 萬噸/年鍋爐燃料項目，獲得淄博市科技發展計劃項目獎，並在汪院士指導下，制定了該項目的企業標準。

2014 年在汪院士的指導下，我公司與德國化工專家赫爾波特·喬恩，就廢油選擇性加氫工藝技術進行了交流探討取得了可喜成果。喬恩被公司聘請為外籍專家，連續三年在我公司做技術指導。

自合作以來，在汪院士的指導下，我公司已獲得國家專利 15

項，其中10項為發明專利，另有5項科學技術成果透過省部級鑒定，獲得省市科技進步獎10余項，企業被地方政府評為文明企業、規模管理先進企業、科學研究創新先進單位等，多次受到地方政府的表彰和獎勵。這些成績的取得離不開汪院士的關心幫助，離不開汪院士的精心指導，在此我們恆利公司全體幹部職工對德高望重的汪院士表示深切的敬意和衷心的感謝。

「長風破浪會有時，直掛雲帆濟滄海。」在汪院士大力支持下，我們公司也從一個二十幾人的化工作坊，發展成現今5個下屬企業的集團公司(籌)，十幾年來解決社會就業600餘人，上交稅金幾千萬元，企業的點滴進步都傾注了汪院士的心血和汗水，企業的發展也為當地的環保經濟發展與社會進步作出了積極的貢獻。

異想才能天開
——汪院士指導我們開發新工藝

浙江大學聯合化學反應工程研究所原所長　陽永榮

2005年，我擔任浙江大學聯合化學反應工程研究所所長時，與我們所合辦《化學反應工程與工藝》雜誌的上海石油化工研究院林衍華，他與浙大編輯部主任胡曉萍連繫，轉達了汪院士希望能來浙大，指導和加強浙江大學與中國石化的產學研合作，為家鄉作貢獻的心願。當從胡曉萍博士口中得知這一消息時，我喜不自勝，學校也積極響應，為汪院士冕以數份頭銜。但汪院士淡泊名利，只應允了兼職教授一職，但求多為國家做些實事，為石化科學研究作點貢獻。

聯合化學反應工程研究所是浙江大學、華東理工大學和中國石化聯合創立的，有30多年的建所歷史。這個平台面向企業、面向創新、面向未來的特點頗為汪院士所青睞，故而汪院士選擇以此為基地，指導大家的科學研究工作。汪院士在浙大化工 10 餘年的兼職中，我們相關領域的老師都曾受到過他的指點，獲益匪淺。吳素芳教授反應靈敏，她當時正著手從事吸附催化制氫新技術的開發，首先求教於汪院士，並在其指導下取得進展。看到本所老師的學術水平和科學研究進度突飛猛進，高興之餘，我也倍感壓力，隨即主動與汪院士交流，表達了我對從事新的科學研究方向的執著與決心。汪院士被我們的誠意所打動，經過仔細思酌之後，認為我的團隊應該介入煤化工的研究領域。

當時國際油價不斷攀升，如何將我國寶貴的煤炭資源轉化為烯烴，已經成為化學工程界的重要研究課題。憑藉對 ZSM-5 分子篩催化劑失活再生週期的準確把握，汪院士指出：如果要開發甲醇制丙烯（MTP）技術，我們應採用最適於構建催化劑反應-再生循環系統的移動床反應器，作為我們研究課題重點突破，這種對科學技術極具前瞻性的預測和判斷能力著實令人敬佩。認識汪院士之前，我一直專注於流化床，並對其巨大的工業應用價值以及廣大的學術研究空間篤信不疑，而對移動床知之甚少。我記得汪院士在闡釋移動床與含 ZSM-5 分子篩的催化劑結合的優勢時，用了非常形象的比喻：「催化劑就像人一樣會經歷幼年期、壯年期、老年期，如果把甲醇制丙烯採用連續移動床工藝，催化劑就永遠可以處於壯年期。」之後，他老人家的論斷得到了蔣斌波博士的實驗驗證。緣於此，我對移動床終於產生了濃厚的興趣，隨後透過各種渠道深入工廠，並身體力行，爬進工業移動床反應器內部，親自觀察現有移動床的結構，鑽研和開發具有浙大特色的新反應器結構。在一屆屆博士、碩士們的努力之下，我們所提出的新反應器結構不斷完善、並獲得了專利保護，其優越的性能也得到了設計院的肯定，不乏有專家給予好評。

經過一段時間艱苦的實驗和模擬研究，汪院士適時提出必須將移動床甲醇制丙烯這一科學概念迅速轉化為工業生產的實際應用，並把這個新工藝命名為 MMTP。但成果轉化是學術界的老大難問題，也是整個過程開發鏈條中的控制步驟。汪院士在指導我們組建攻關團隊時，以自己的大量親身經歷為例，教育我們必須牢記創新引領、奮力拚搏、勇於探索、包容發展，老先生常說的一句話就是你要當「老大」就要甘於奉獻，在他的幫助下，浙江大學成功組建包括石科院、洛陽院等國內一流研究設計單位在內的 MMTP 攻關團隊，資源整合優勢互補，成果轉化突飛猛進。在攻關的過程中，大家砥礪奮進，我得到了多方面的磨礪，受益終身。除了積累了指揮「大兵團」作戰的能力外，汪院士淵博的學識、精妙的領導藝術，更讓人印象深刻。

汪燮卿院士(中)與王靖岱(左一)、陽永榮(右一)教授合影

如今，汪院士雖年至耄耋，但依然保持著積極的學習態度，對新事物非常敏感，且判斷力敏銳，相繼為我們提出了諸如納米線催化劑催化甲烷活化制乙烯、生物質利用等新課題。他老人家經常教育我們做科學研究，不要作燈泡，光芒萬丈卻永遠照亮不了現象背後的本質。要像雷射一樣把物體打穿，看清事物背後的本質、把問

題徹底解決。在和汪院士的學習過程中，我逐漸有了人生如反應器、如催化劑顆粒的新感悟。人的年紀越大，似乎相當於顆粒的體積就越大。年輕時的我們，就像流化床中的細顆粒，催化活性高，但沒有建立發揮明確的目標，返混劇烈，許多事情往往不求甚解。步入不惑之年之後，我迫切地感覺自己需求像移動床中的球型顆粒一樣有明確的「流型」，朝著既定的目標一步一步地向前邁進，另一方面需求提防自己思維固化保守，莫過早使催化劑結塊而喪失活性。

雲山蒼蒼，江水泱泱。汪院士之於我們浙大化工的廣大的教師，實是傑出的學習榜樣，其學識與風骨，似山高，比水長。

大家風範　良師益友

浙江工業大學之江學院原院長　計建炳

我與汪院士結緣是因為生物柴油，如今算來已有十多年時間了，這也正是我們團隊進行生物柴油技術研究並成功實現產業化的時間。到目前為止，我們研發的技術已在全國 5 家企業成功實現產業化。在這過程中，汪院士給以了我們悉心的指導和無私的幫助。

2007 年，由汪院士倡議，在浙江工業大學召開了「浙江省生物質能源與化工論壇」，汪院士親自主持，並作了《關於發展生物質能源與化工的若干思考》的報告，為我們師生帶來了大量尖端訊息，開闊了眼界。汪院士在論壇總結中指出，環境汙染和能源危機是制約浙江省乃至全世界經濟可持續發展的兩大瓶頸，發展生物質能等可再生能源是解決問題的有效途徑之一。眾多學者的研究表明，發展生物柴油、燃料乙醇等生物質能源在技術上是可能的，但學術界仍需加倍努力，不斷完善現有技術和開發新技術，降低生物質能源的生產成本，使其在經濟上可行。在隨後的幾次中國工程院工程科技論壇上，我聆聽了汪院士的報告和總結講話，每次都深受啟發，受益匪淺。

汪院士對我們的指導不僅在會議上，更多的是對我們具體工作的指導和要求。2006 年，我們在浙江寧波市開始建設 3 萬噸/年生物柴油生產裝置，於 2009 年建成投產，在這過程中以及投產以後，我數次陪同汪院士到寧波企業查看生產情況。他以生產中遇到的實際問題為導向，就產品品質、副產物利用和開拓生物柴油產業鏈等方面給予具體的關心和指導，提出要「吃光榨淨，清潔生產」。

針對以廢油脂為原料生產的生物柴油有異味的問題，他提出要搞清楚產生異味的成分，並幫助我們分析出了產生異味的特定成分，為產品提純技術完善指明了具體路徑。新的生物柴油國家標準要求硫含量在 10 微克/克以下，一般生產的生物柴油均高於此值，脫硫又成了生物柴油生產的一個新課題。同樣，汪院士指導我們先搞清硫元素以何種形態存在，並幫助我們分析出了含硫分子的具體結構，為我們找到脫硫措施提供了很大的幫助。由於解決了生物柴油產品品質的關鍵問題，使得採用我們技術生產的生物柴油品質，不僅能夠穩定達到國家新標準，而且能夠達到歐盟標準，目前與我們合作的企業，生物柴油持續出口到歐洲。

生物柴油精餾產生的輕組分和重組分植物瀝青，一般作為燃料。對此，汪院士指出，應該分析清楚成分加以高值化利用。經分析，輕組分含有較多的低碳鏈脂肪酸甲酯，分離後可以作為洗滌劑的原料。就植物瀝青作為燃料的問題，他指出，其中含有鉀鈉離子，在鍋爐中燃燒會腐蝕爐管，影響鍋爐使用壽命，甚至會有安全問題，必須把鉀鈉離子除去。為此，他親自組織我們、生物柴油生產廠和燃油經銷企業，研究鉀鈉離子脫除問題，隨後我們開展了植物瀝青中鉀鈉離子萃取的工作。在此基礎上，汪院士進一步提出脫除鉀鈉離子後的植物瀝青可與重油一發揮催化裂化，提升植物瀝青價值，他親自連繫有關催化裂化企業共同探討「混煉」的技術問題。生物柴油副產物廢甘油，一般企業就事論事加以處理，不可持續，對此，汪院士提出要將其轉化為工業甘油。由於原料為廢油脂，廢甘油成分特別複雜，分離難度遠大於油脂化工廠廢甘油的提純。在汪院士的指導下，我們與寧波生物柴油廠緊密合作，解決了一系列技術問題，在全國率先建成了2萬噸/年生物柴油廢甘油提純的生產線，為我國生物柴油行業持續發展作出了貢獻。這些工作，不僅對於充分利用寶貴的生物質資源，提高生物柴油生產的經濟效益具有重要的價值，而且他對待問題嚴謹科學的態度，解決問題的思路對我們以及相關企業人士具有重要的教育意義。

生物柴油生產社會效益顯著，而經濟效益不高，針對這個問題，汪院士提出要延長生物柴油的產品鏈。根據汽車可以用電，而飛機必須使用液體燃料的情況，國外發達國家積極發展生物航空燃料的趨勢，汪院士提出要將生物柴油進一步轉化為生物航空燃料，以應對氣候變化和國際形勢，為生物柴油產品鏈延伸指明了重要方向。因此，我們團隊經過多年的研究，完成了地溝油生產生物航空煤油的中試生產。在此基礎上，他提出了「生物質精細化工廠」的概念，要把「為民、惠民」問題放在第一位，因此要積極發展綠色增塑劑、抗磨劑等生物可降解的產品，並做到清潔生產。綠色增塑劑——脂肪酸環氧甲酯是以生物柴油（不飽和脂肪酸甲酯）為原料經雙氧水環氧化制得，其中要使用甲酸為催化劑，甲酸廢水處理難度大成本高。對此，他提出了用鈦矽分子篩催化新工藝，從源頭上消除甲酸廢水，為脂肪酸環氧甲酯清潔生產技術研究指明了方向。生物基抗磨劑是國際上研究活躍的領域，生物柴油(不飽和脂肪酸甲酯)-二聚酸-生物基抗磨劑是其中一條技術路線。針對二聚酸傳統合成工藝存在催化劑用量大、分離困難、得率低和間歇操作等問題，汪院士提出，採用先進移動床技術。為此，他親自組織有關科學研究院所、大學和我們一發揮討論工藝路線、催化劑製備和設備結構問題，具體進行指導，為二聚酸生產新技術的研發指明了方向。這種既立足實際問題，又面向技術尖端的科學研究思想，對於我們團隊提升科學研究水平，樹立解決實際問題的思想，給予了很大的幫助。

汪院士對我們的幫助是無私的，他說：「我對生物質能源感興趣，你們年輕人願意幹，我可以毫無保留幫助你們。」每年我與汪院士有 2~3 次見面的機會，每次見面，他總是把上一次見面討論的內容，將所思所想告訴我們，並回答我們提出的新問題。我們除了討論具體的科學研究工作以外，汪院士還提出了許多富有啟發的見解，例如：「煤炭 200 多年，石油 100 多年，已完成完整產業鏈，生物質能源剛剛開始，不能操之過急」「生物質原料與精細化工結合發揮來」「以生物柴油為切入點到生物航煤規模化——10 萬~20 萬噸/年，建立完整示範裝置，形成生產線，品質、試飛、解決原料、形成完整產業鏈、商業運作」「 防止成果碎片化，形成生產力」「科學研究、教學、企業結合發揮來，最後落實在企業」「看準方向、踏實幹」「與民共利事業興，持之以恆事能成」「做雷射，不做燈泡，聚焦於一點，攻破難關」。這些見解和教誨，無論對我們科學研究工作，還是為人處事都是受益匪淺。

自從有幸認識汪院士以後，我們在生物柴油技術研究道路上有了大師的指點，對生物柴油產業領域有了更加系統全面的認識，研究方向更加明確，遇到困難時信心更加堅定。汪院士對生物柴油產業發展路徑高屋建瓴的見解，讓我們認識到要研發出可複製可推廣的生物柴油產業化技術需求解決一系列問題；汪院士對技術洞察入微的真知灼見，促使我們研究工作更加嚴謹踏實；汪院士不計名利甘當綠葉的奉獻精神，對我們從事公益性項目研究的老師來說，樹立了良好榜樣。我為在科學研究道路上遇到汪院士這樣的良師益友倍感高興！

學生眼中的老師

汪燮卿院士從 1978 年招收了第一個碩士生發揮，至今已培養了碩士 17 名、博士 38 名、博士後 7 名，自 1995 年發揮就不招碩士生了，只招博士生和博士後。

每當提發揮自己的導師，這些學子們個個心生敬意，感慨良多。

許友好：先生風範山高水長

我來到石油化工科學研究院工作轉眼就 30 年了，很有幸一直得到汪先生等知名學者指導和關愛，從汪先生等老一輩專家身上學到許多有價值的東西，使我終身受益。汪先生做人淡泊名利的高尚風格一直是我模仿學習的榜樣，做事敬業精神一直鞭策著我。30 年來，在汪先生身邊學習和工作點滴往事，歷歷在目，常常回味，每次均有收穫和感動。

學習：在 DCC 工業試驗期間，汪先生是石油化工科學研究院副院長，長時間在濟南 DCC 工業試驗現場，與我們同住同吃在濟南煉油廠賓館，由於當時賓館條件有限，汪先生和另一位領導安排在帶廁所的房間，我們住在沒有廁所的房間。未住幾天，與汪先生同住的領導突然提出不與汪先生合住，理由是汪先生一回到房間，就研讀陳俊武院士主編的《催化裂化工藝和工程》一書，很少說話，住在一發揮很彆扭，不如與我們這些年輕人住在一發揮，吹吹牛，打打牌自在。從這件小事反映出汪先生無論在何種情況下，抓緊點滴時間，學習所需求的知識已成習慣。聽老同事講，汪先生最典型的學習事例就是在文化大革命期間，汪先生在毛主席選集下放著《英語900句》。汪先生研究涉及煉油技術許多領域，並均有研究心得，我想這肯定與汪先生勤奮學習有關。現已八十高壽，我每次到他老人家辦公室，還看到汪先生坐在電腦邊看書學習。學習心得還經常與我交流，希望我們在哪些方面進行關注和研究。

爭吵：在 DCC 工業試驗裝置開工期間，由於當時汽提段存在流化輸送不夠穩定，噴入到提升管原料不時被切斷，裝置操作穩定性較差的情況，一直持續到晚上 12 點，無論研究院、設計院和煉油廠有關人員對此情況均感到不滿意，情緒多很激動，不免相互抱怨。在這種情況下，研究院、設計院和煉油廠有關人員召開了問題討論會，會上火藥味極濃，相互抱怨，一直持續到凌晨 5 點，當時，我剛參加工作，平時看到這些領導和專家都很謙虛和禮貌，突然變成如此，我覺得很有趣。汪先生在開會期間基本不講話，研究院衝在最前面的就是蔣福康，一夜爭吵，沒有任何結果，大家各自回去休息。第二天，汪先生才將三方領導和有關技術人員召到一發揮，商討如何解決裝置存在的問題，此時，大家的情緒均已穩定下來，各自提出對存在問題的看法以及解決辦法，很快經過幾天整改，DCC 裝置實現了正常運轉。當時，我也無法理解汪先生的做法。隨著汪先生對我教育的機會增多和我個人的工作閱歷的豐富，我才意識到汪先生在工作上盡可能地團結一切力量，盡可能地少批評同事和下屬，多鼓勵同志們發揮應有作用，以做成事為出發點。

正是汪先生善於團結同志，發揮每位科學研究人員的積極性，大家才願意團結在汪先生周圍，汪先生與煉油技術各個領域專家和下屬均有很好的工作關係，反過來造成了汪先生在煉油技術的許多領域均有建樹。在我以後工作中，汪先生多次提醒我要注意團結同志，與同志們一道做好工作，發揮每位工作人員的積極性。

奉獻：與我國老一輩科學家一樣，汪先生具有強烈的產業報國精神，總是想到研究技術儘快轉化為生產力，經常對我們講，要以做成事為前提，只要對社會和國家有利就做，不要計較個人得失，要服從整體利益，要有大局意識。汪先生一身始終堅守這一信條，只講奉獻。例如，汪先生在 DCC 技術開發中付出大量的心血，與主要技術人員一道參與研究和開發，同時組織和協調各方面力量進行協同攻關，長期吃住在濟南煉油廠工業試驗現場，遇到問題組織解決，保證了 DCC 技術順利地完成工業試驗。但在 DCC 技術獲國家發明一等獎名單上沒有汪先生名字。同事們常常提到此事，汪先生總是笑笑：「這是我應該做的事情，只要對石科院、中國石化和國家有利，我們就應該多做。」又例如，汪先生指導博士研究生進行高酸原油直接催化裂化技術研究與開發，在研究發揮初，所有人對此工作不感興趣，他卻默默地工作著。隨著原油價格不斷上漲，高酸原油加工存在巨大的經濟價值，中國石化將此事放到工作日程上，大家才發現汪先生與他的博士研究生早已提出的高酸原油加工技術方案，按照此方案進行工業試驗和生產，很快就產生了經濟效益，並獲中國石化科技進步獎，同樣沒有汪先生名字。提到此事，汪先生還是笑笑，說「我的想法有用就好」。這樣的事例很多，汪先生淡泊名利的高尚人格常常不知不覺在影響著我。每當我感到不公平時，我也常常想發揮汪先生等老一輩科學家那種淡泊名利的高尚風格，這是社會發展和個人成長必須面對的問題，只有多講奉獻，才能化解一切問題。

教誨：我很榮幸，汪先生對我特別厚愛和關心。在我工作的 30 年中，汪先生常常給我教育和及時指點。在科學研究工作中，我遇到問題總是首先向汪先生匯報和請教，他總是不厭其煩地給予指導，幫助我解決所面臨的問題。對於重要技術的每個細節，他多反覆商討，最終給出準確說法。MIP 技術和 IHCC 技術名稱都是汪先生最後確定的。2016 年，他推薦我的專利參加國家專利局專利獎評選，反覆多次修改申報材料，最終獲專利金獎。在平時接觸過程中，常常有意或無意談談他個人對人生和社會經歷的體會。記得有次他談文革中的體會，教育我在處理人與人之間關係時不要搞鬥爭，要搞競爭。鬥爭和競爭雖然一字之差，但相差甚遠。鬥爭只為個人一己之利，不顧他人死活，競爭是尊重每個人才能和人格，對社會進步和國家發展均有利。在談到學習曾國藩時，要求我們在工作中多下苦功夫，多下笨功夫，才能在科學研究工作中做出成就，不能投機取巧。總之，我在幾十年科學研究工作取得的點滴成績，都離不開汪先生的厚愛和教育。在我也將進入退休的年齡期間，前面還有老師指點，也是人生有幸啊。

先生風範，山高水長……

林民：汪老師指導我開發鈦矽分子篩

有機化合物氧化是生產含氧化學品的重要化工過程。但傳統氧化工藝存在過程複雜、反應條件苛刻、汙染環境等缺陷，嚴重限制了含氧有機化合物的生產和應用。義大利 Enichem 公司研發的鈦矽分子篩(TS-1)在有機物的選擇性氧化方面，顯示了優良的催化性能，突破了分子篩酸性催化的侷限，被譽為分子篩領域的里程碑，成為國內外催化科學研究者的研究焦點。儘管各國都投入了大量人力物力，但因 TS-1 製備難度大，合成重複性差，除了發明者 Enichem 公司實現了 TS-1 的批量生產外，尚無其他公司能工業生產。

閔恩澤院士和汪老師早在二十世紀八十年代鈦矽分子篩剛剛問世時，就敏銳地意識到這種催化材料的重要性，安排舒興田任主任的二十二室組織科學研究人員進行這種催化氧化新材料的開發。但當時我院的研究與國內外眾多研究者一樣均無法實現鈦矽分子篩 TS-1 工業生產技術開發。

1996 年 6 月我榮幸地成為汪老師指導的石科院化學工程與工業化學學科的博士後。汪老師認為石科院是中國石化的直屬研究院，作為石科院的博士後要重點研究新材料、新反應和新工藝等方面的新技術，以支撐中國石化的科學技術進步。汪老師為我提出三個研究課題：瀝青製備碳纖維的研究；利用分子模擬進行新反應開發的研究；催化氧化新材料鈦矽分子篩的研究。汪老師希望我能從中選擇一個帶有挑戰性的課題作為博士後研究課題。

透過文獻調研，綜合比較，考慮到新催化材料是支撐新反應的重要基礎，經汪老師多次審查指導，最終選擇《催化氧化新材料鈦矽分子篩的研究》作為我的博士後研究課題，舒院士一發揮協助指導我進行博士後課題研究。

確定課題後，汪老師希望我博士後課題能從基礎做發揮，仔細研究鈦矽分子篩 TS-1 合成規律，發現 TS-1 難於合成，重複性差的原因，找到解決問題的方法途徑，為我院開發鈦矽分子篩 TS-1 提供技術支撐。

研究中汪老師提出做研究要像雷射，能集中到一個點，不要像燈泡四處發散。在研究尋找鈦矽分子篩難於合成的原因時，發現只有當鈦原子插入到矽氧骨架中去，實現了被矽分隔孤立的鈦才具有催化氧化活性，而鈦與矽分屬不同的主副族，如何實現相互分隔而孤立化，工業上很難做到，這應該是鈦矽分子篩難於工業合成的重要原因，因此研究鈦與矽的相互之間如何交聯過程和狀態很重要。針對這個問題，需求了解矽、鈦酯水解產生的不同矽、鈦物種，它們相互之間的連繫和作用，以及對鈦矽分子篩合成的影響等，而當時連矽酯的水解行為都鮮見有規律研究的報導。對此，汪老師希望我要像雷射一樣集中精力細緻地研究矽鈦酯的水解行為。

研究矽、鈦酯水解時，採用院內的核磁共振儀來跟蹤矽酯水解，以判別矽酯水解過程所產生的各種矽物種，從而解析矽酯的水解反應，但實驗未取得理想結果。汪老師發揮他分析基本功扎實的綜合判斷能力，認為可能是當時我院的核磁共振儀功率不夠，在鈦酯水解物的干擾影響下，難以清晰分辨矽酯水解物種之間的區別，從而未能獲得真實的矽酯水解行為。為此，他和舒興田老師連繫安排我去中科院大連化物所，利用化物所的高功率核磁共振儀進行矽酯水解行為研究。與兩位導師討論後，在化物所設計了不同水解溫度下，對矽、鈦酯處於不同反應階段的水解樣品進行核磁試驗。透過^{1}HNMR 和^{29}SiNMR 的化學位移值測定，獲得了矽酯水解的不同狀態矽物種。從而較為細緻地研究了矽酯在 TPAOH 中的水解行為。研究發現：不同溫度下矽酯水解都存在著單體、二聚、三聚及環聚等矽酸根物種的平衡；產生的矽酸根物種分布與水解溫度和時間有關；低聚矽酸根物種有利於矽鈦相互分隔而孤立化；水解過程中加水會使水解產物多聚矽酸根物種轉化為低聚物種；而大量異丙醇加入將導致單聚和二聚矽酸根物種的高聚；鈦酯 TBOT 加入到 TEOS-TPAOH 水解體系中得到的^{29}SiNMR 結果明顯不同於 TEOS-TEAOH 水解體系；TEOS-TPAOH 水解體系較適合矽鈦相互分隔。依據這些研究發現，開發了適當調配矽酯水解，使之與鈦酯協同水解的矽、鈦酯適度匹配水解和移醇促聚加速矽鈦成核的矽鈦膠製備新技術，為鈦矽分子篩穩定製備提供了重要基礎，初步解答了鈦矽分子篩 TS-1工業難生產的問題。

由於鈦矽分子篩 TS-1 知識產權屬於國外 Enichem 公司，在工業應用開發中，需求突破其知識產權制約。汪老師認為不要受現有知識框架約束，要勇於創新，提出「要異想天開，敢有異想，才會有天開」。在與汪老師和舒老師討論時，認為氧化反應本征動力學是快速反應，制約反應速率和效率的重要因素是擴散，特別是內擴散應該是分子篩催化的氧化反應主要影響因素。為增強反應分子內擴散速率，提高催化效率，提出在粒徑約為頭髮的 1/200 的鈦矽分子篩晶粒內製造空心結構，以增強反應分子與催化劑活性中心的可接近性，開發具有自主知識產權的空心鈦矽分子篩。

在汪老師和舒老師的精心指導和參與下，我們發明了空心鈦矽分子篩。產品獲中國、美國、歐洲和日本發明專利。開發了矽鈦羥基縮合促進技術，大幅提升了鈦矽分子篩的催化性能。發明矽、鈦酯匹配水解，分散包裹 Ti 羥基，控制晶相前驅體生成時機和晶核數量等創新技術，實現了空心鈦矽分子篩工業穩定生產。發明分子篩表面均布富鈦技術，實現了高活性的同時降低表觀黏度及提高耐鹼性。開發原位黏結、細顆粒去除和表面改性等多項技術，發明可直接用於催化氧化反應的空心鈦矽分子篩原粉催化劑。

在表徵空心鈦矽分子篩時，汪老師指導我找透射電鏡(TEM)專家薛用芳教授幫助，在薛用芳用 TEM 細心表徵時，發現確實在鈦矽分子篩晶內存在空心結構，但當時院內 TEM 儀器提供的相片不是很清晰。隨後透過大連化物所包信和院士連繫德國 BASF，將樣品交換到德國進行 TEM 表徵，由德國 BASF 進一步提供了明顯的鈦矽分子篩晶內空心的 TEM 相片，為空心鈦矽分子篩申報國內外產品發明專利提供了佐證材料和依據。當時製備這種空心鈦矽分子篩，沒有現成技術，沒有技術名稱定義。與汪老師討論時，不知該如何稱呼這種技術。汪老師提出將這種兼具產生分子篩晶內空心和矽鈦羥基縮合的過程命名為「重排技術」，至今這都是製備空心鈦矽分子篩過程技術的名稱，並已拓展用於其他分子篩製備。

為研究鈦矽分子篩結晶過程對催化活性的影響，需求做大量的 X 射線衍射(XRD)表徵。當時院內僅有的一臺 XRD 衍射儀，不僅要完成眾多石科院科學研究項目，還需求為院內攻讀碩士和博士的研究生提供 XRD 分析表徵，沒有太多空餘時間滿足這種研究結晶過程需大量 XRD 表徵的需求。在汪老師與相關部門協調下，提出傍晚分析室 X 射線衍射儀工作人員下班後，提供晚上 17：30~23：30 時間供我自己去做鈦矽分子篩結晶過程 XRD 分析表徵，解決了研究鈦矽分子篩結晶過程需求大量 XRD 表徵的需求。

2008 年汪燮卿夫婦(中)與學生林民(左一)、張寶吉(右一)在千島湖合影

汪老師與舒老師指導的鈦矽分子篩創新團隊，開發了具有自主知識產權的催化氧化新材料空心鈦矽分子篩，使中國石化成為繼 Enichem 之後第二家能工業化生產鈦矽分子篩的企業，不僅掌握了催化氧化新材料空心鈦矽分子篩工業化製備技術，更是創造了四個「首創」：首創世界獨特的空心分子篩；首創無須成型可直接用於氧化反應的納米/亞微米多空心鈦矽分子篩原粉催化劑；首創空心鈦矽分子篩水解成核新工藝；首創低排放低能耗的工業製造技術。

催化新材料空心鈦矽分子篩的開發和應用先後獲國家技術發明獎二等獎 2 項，中國發明專利優秀獎 2 項，中國石化技術發明一等獎 3 項，中國石化科技進步一等獎 1 項，湖南省科技進步二等獎 1 項。我們這些鈦矽分子篩研究工作者與汪老師和舒老師組成的研究團隊也獲得 2016 年中國石化優秀創新團隊稱號。

我從 1996 年師從汪老師做博士後，到博士後出站以來的二十多年研究鈦矽分子篩開發中，一直受汪老師精心指導和幫助，在兩位導師精心指導和培養下，我本人被中國石化評定為學術帶頭人、高級專家、突出貢獻專家和科技創新功勛，並獲得中國工程院光華工程科技獎。

在鈦矽分子篩研究領域，基於汪老師對催化氧化新材料空心鈦矽分子篩所作的貢獻，汪老師不僅是優秀創新團隊指導者和成員，還獲得國家技術發明二等獎 1 項；中國發明專利優秀獎 2 項；中國石化技術發明一等獎 2 項。

朱玉霞：我的恩師汪老師

汪燮卿院士是我的恩師，也是我生命中最敬重和感激的人。

1981 年我考入清華大學化學與化學工程系物理化學及儀器分析專業，恰好與汪老師的女兒汪宜一個班。汪宜勤奮好學，為人低調，大約過了很長時間才聽說她父親不僅是清華的學長，而且早已經是儀器分析方面的專家了。寒假期間到汪宜家裡玩，有幸見到了汪老師，感覺老師非常和藹，平易近人。家庭生活中，汪老師以身作則，嚴於律己，子女教育上也是不怒而威，孩子們耳濡目染，從小養成很好的學習習慣，女兒和兒子分別考上了清華和北大。

慕名汪老師的成就和石科院良好的科學研究環境，1986 年本科畢業後我想報考汪老師的研究生。然而不巧的是，汪老師當年已經收取了兩個免試推薦的學生，好消息是陸婉珍老師當時也招研究生，因此透過考試我還是幸運地被錄取到石科院攻讀碩士學位，1989 年畢業以後留在石科院工作。

經過幾年的工作，對石油化工專業領域有了進一步的認識和了解，為了進一步拓展知識面和提升知識水平，1995 年我終於有幸成為了汪老師的博士生，也圓了自己當年的拜師夢。有緣跟隨汪燮卿院士讀博士，對我的個人成長和事業發展都產生了深遠的影響。

汪老師給我論文的選題緊密結合當時的煉油形勢，博士論文的題目是《幾種高釩原油釩化合物形態及催化裂化催化劑抗釩組分的研究》。在催化裂化過程中，原料油中的釩化合物組分會沉積在催化劑上，在再生器的水熱高溫氣氛下，分解後呈現很強的流動性，以非化學計量的方式使分子篩的骨架嚴重脫鋁，破壞分子篩的骨架結構，造成催化劑嚴重失活，因此尋找新的抗釩催化材料和製備性能更好的催化劑已成為當時的一個焦點。在尋找能夠與釩形成高熔點化合物新材料的過程中，汪老師推薦我看《蓋墨林無機化學手冊》（Gmelins Handbuch der Anorganichen Chemie），該手冊是德國化學會主編的。雖然在清華學習五年中有過文獻檢索的介紹，但這手冊我還真是沒有實際接觸過。當時石科院圖書館沒有，我就去中科院圖書館查找，查到的相圖資料，德文標註不明白的，就去找老師幫助翻譯和解釋。老師的悉心指導和這本手冊打開了我的論文思路，導師淵博的學識，嚴謹的科學研究態度以及勤奮忘我的科學研究精神使我受益匪淺。在汪老師的指導下，對煉油技術，特別是催化裂化工藝和催化劑有了更多的理解。論文工作期間，一直鞭策自己要更加努力，更加優秀。論文工作涉及分析、合成、表徵和催化劑微反測試，受到了比較全面的訓練，培養了具有一定獨立工作和創新思維的能力，博士畢業論文獲得了侯祥麟獎。

汪老師是德國留學的博士，德語好可以理解，但是英文水平也很高。老師的英文，都是點點滴滴的時間自學出來的。博士論文工作期間，有一篇文章到美國 ACS 年會上交流，最初的 ACS 文章稿件，寫的磕磕絆絆，老師修改後才拿的出手。參加會議後深感英文聽力太差，交流比較吃力，所以博士畢業後，我想到英語國家讀博士後。加拿大重油加工中心的 Dr. Siauw Ng 博士收到我的簡歷後，馬上次信給我，說他認識汪老師，只要導師能推薦就可以給我機會。由此在汪老師的推薦下，我順利申請到了加拿大自然基金會的基金，以博士後的身分來到加拿大阿爾伯塔省的國家重油加工中心，從事重油加工方面的有關研究工作。在加拿大期間，除了科學研究工作，我也利用這個機會特別注重英語學習。實驗室裡不同國家來的移民，發音差異很大，多注意和他們交流，訓練出比較好的聽力和溝通能力。這段時間的工作積累，為我在開拓催化裂化催化劑的海外市場和技術服務中奠定了基礎。無論在和客戶面對面的溝通，還是透過電話會議的交流中，英語方面基本上不存在困難了。

汪老師對我們的教誨、幫助、啟迪，不僅體現在做學問上，還包括做人做事的道理。在加拿大兩年博士後工作結束後回院，面對工作管理中的一些問題向老師請教，老師給我留下最深刻的一句話就是：成敗第一，功名其次。石油煉製領域的工作都是團隊合作，單獨靠一兩個人是不能完成的，只有團結協作，才能取得最好的結果，取得工業應用的成功。記住了老師的叮囑，真使自己工作中少走了很多彎路。再次對老師深深地鞠躬感謝！

1998 年 8 月朱玉霞博士論文答辯會

答辯委員從左至右依次為：陸婉珍(左二)、侯芙生(左三)、汪燮卿(左四)、徐承恩(右三)、袁乃駒(右二)

傅曉欽：言傳身教益終生

2003 年 9 月，我光榮地成為了一名石油化工科學研究院的博士研究生，在這裡我也幸運遇到了我的導師——中國工程院院士汪燮卿。

我的導師是一位平易近人、愛崗敬業的老師。還記得 2003 年 9 月初，到石科院報到後第二天下午，我去老師辦公室拜見導師。雖然以前就聽說汪老師非常和藹可親，平易近人，但我不免還是有點緊張。但是真的見到老師後，發現汪老師真的和氣，說話不急不緩，嘮家常式地詢問了我在鎮海煉化期間的工作和生活情況，還細心地徵求我以後想學習研究的方向。交談中我提到以前在煉化做工藝研究時經常碰到分析數據和工藝研究結果不對稱的情況，希望以後的研究方向能做一些分析研究，來提高工作能力。汪老師語重心長地對我說，分析確實很重要，它是工藝的眼睛，但只有把工藝和分析結合發揮來，研究才會更有意義。老師還和我聊到現在常規原油高價徘徊，每桶接近 80～90 美元，而高酸原油價格只有 70 多美元左右，加工高酸原油有相當不錯的利潤。但目前有一個大問題，它對加工設備腐蝕厲害，目前還沒有一個很好的加工工藝，而高酸原油腐蝕卻有明顯的溫度特點，在<220℃石油酸腐蝕極弱；>220℃時，腐蝕隨溫度升高而加劇；270～280℃，腐蝕性最強；280～350℃，溫度升高，腐蝕下降；350～400℃，腐蝕重新加劇；>400℃時，腐蝕明顯減弱。老師建議我的博士課題可定為高酸原油脫酸研究方向，把高酸原油腐蝕特點和煉油工藝有機的結合發揮來，這樣既有分析研究又有工藝研究，一定會提高我的工作能力的。就這樣老師當天就把我的研究方向定了，我心裡真是很高興，能遇到一位這樣學識淵博，平易近人的好老師，真的很幸運。再後來我的課題研究中遇到問題，就會經常去找老師求教，而老師總是不厭其煩地指導我，每次都能讓我心滿意足地回去，而那時候老師已經是接近 80 歲的高齡老人了。每次我向老師匯報課題或有問題需求向他求助時，幾乎都沒有和他提前約好，卻都能在辦公室裡遇見他，這充分說明了我的老師是多麼的愛崗敬業，他言傳身教也激勵著我要以老師為榜樣，好好工作，幹一行，愛一行，鑽一行，精一行。

我的導師是一位以創新為己任的老師。根據石科院的教學進度安排，2004 年上半學期要開展博士開題報告。老師在「五一」放假前讓我到辦公室去匯報高酸原油催化脫酸技術研究的文獻調研、文獻综述等進展情況。匯報後，老師說開展課題研究，要打破框框，要有創新思維，要有哥倫布豎雞蛋的精神。然後就和我說發揮了哥倫布豎雞蛋的故事，直到今日故事的情節還讓我記憶猶新：在西班牙國王的支持下，哥倫布先後四次出海遠航，開闢了橫渡大西洋到美洲的航路。1492 年 10 月，哥倫布終於發現了美洲大陸。在臨行前，國王舉行宴會為他餞行，作陪的有國王的親信和大臣們。席間，國王令侍衛端來一盤煮熟了的雞蛋，發給參宴的每一位客人，要他們把雞蛋豎發揮來。大臣們小心翼翼用雙手把雞蛋豎了發揮來，一放手又倒下去了。國王心中暗自好笑，見哥倫布不動聲色，於是也要哥倫布把雞蛋豎發揮來。哥倫布毫不猶豫地把雞蛋的一端往桌上一敲，雞蛋就乖乖地豎在桌子上了。國王對哥倫布的智慧大為讚賞。老師說，現在研究題目高酸原油直接催化裂化，就是考驗你有沒有哥倫布豎雞蛋的精神。這個哥倫布豎雞蛋的故事一直激勵著我完成了整個研究生的過程，同時在老師們的認真指導和關心下，我先後完成了石油酸的催化脫羧分子模擬研究、高酸原油催化脫羧機理實驗驗證和高酸原油催化脫羧工藝中試等研究項目，並取得了滿意的成果，順利地拿到了博士畢業文憑。

高酸原油流化催化脫酸技術工作引發揮石科院領導的高度重視，認為有可能開闢一條高酸原油加工的新工藝，有必要在此基礎上進一步做工業化試驗來驗證它的可行性和經濟性，經向中國石化總公司申請後同意在清江石化和高橋石化進行工業化試驗，試驗結果表明該技術為加工高酸原油提供了一條目前世界上獨有的技術路線，具有創新性和顯著的經濟效益。因此該技術獲得了 2009 年度中國石化集團公司科技進步獎一等獎和 2009 年國家能源局科技進步二等獎，獲獎名單上沒有我導師的名字，卻有我這個學生的名字。我所獲得三個授權中國發明專利中，老師的排位也是靠後的。老師的淡泊名利、高風亮節給我留下了深刻的印象。

老師啟發我的創新精神，也一直鞭策著我之後的研究工作。在當前的工作中我把傅立葉紅外技術和分析前處理吹掃技術有效的結合發揮來，發明了一種水中揮發性物質檢測裝置，獲得了中國發明專利，且裝置產品實現了商業化。

我雖然和老師只有短暫的三年相處時間，但老師循循善誘的教導和不拘一格的思路給予我無盡的啟迪，他平易近人的態度、愛崗敬業的精神、執著創新的精神、淡泊名利的思想，一直在影響、激勵著我，讓我受益終生。

李本高：恩師向我傳真經

「問渠哪得清如許，為有源頭活水來。」我即將步入退休大軍的隊伍了，回顧自己三十幾年的職業生涯，以及在科學研究和管理方面取得的一點成績，與汪老師的教誨和栽培是分不開的，由衷感謝老師無私地傳授給我做人的真經。

想當初，我們初入職場的年輕人，往往是帶著美好的理想參加工作，工作中難免眼高手低，缺少經驗，不能把一件事扎扎實實地做好、做精，且有些好高騖遠。自己也不例外，但工作中的問題沒有逃過汪老師的火眼金睛。

記得一次在汪老師辦公室匯報工作，快要結束時，老師語重心長地對我說：「一個人在工作中要有自己的根據地，你才能有發展。退一步講，如果沒有根據地，一個單人間也行；再退一步講，如果沒有單人間，一張床位也行，總之要有自己的立足之地。」這些話給我留下了極其深刻的印象，不但終身難忘，而且影響我的職業生涯。這次談話使我有點茅塞頓開的感覺，是啊，如果連一張床都沒有，那人就沒法生存了。從此以後，力求把工作做實做好，經過日積月累，慢慢在自己的研究領域得到了領導和同行的認可和尊重，有了自己的「一張床」，企業在遇到水處理技術方面的問題時，一般總是能夠想到我。

老師不但關心我的人生道路，而且向我傳授解決問題的具體方法。記得自己剛剛走上研究室領導崗位，在解決員工之間的矛盾時，當事雙方總是認為自己對、對方錯，感到棘手，矛盾解決的效果不理想，甚至有時出現事與願違的結果，感到壓力大。經過幾次挫折後去向汪老師請教，老師告訴我：「你知道不等式的傳遞原理嗎？如果甲、乙、丙、丁……等人，甲乙兩人產生矛盾，往往很難分清誰是誰非，但如果甲又與丙或丁產生矛盾，這時可以判斷問題主要出在甲。」經過老師的指點，加上自己舉一反三的靈活應用，慢慢掌握了解決矛盾的方法，使我領導的二十五室逐步成為全院人際關係最和諧的研究室。

唐津蓮：仰之彌高，鑽之彌堅

2007 年 9 月，我有幸成為汪燮卿院士的博士研究生，一入師門受益一生。正如某師兄在 2013 年 2 月 23 日老師八十壽辰時所言：汪老師正直寬容、嚴謹求實、文理兼修。老師從我認識以來，確實是一位嚴謹博學、耐心寬容、以育人為己任的好老師。

2007 年 9 月 2 日我和同期師弟門秀杰開學後見導師，導師問我們石油化工科學研究院的門口寫了什麼？聽到回答以後，老師說：「『崇尚科學、求實創新』是石科院的院訓，也是我對你們的要求。老師叮囑我們：「要做事先做人。作為科學研究工作者，要做一個誠實正直的人，更要做一個愛國愛科學，實事求是，理論連繫實際的學者。」汪老師在 2009 年研究生院士座談會上的主題就是「做人、做事、做學問」，也談到了怎樣做人，談到了自己早年求學德國的經歷，談到了侯祥麟院士等將個人命運同祖國的命運連繫在一發揮的老一代石化人的經歷。汪老師重視做學問也重視德才兼修，在 2013 年 2 月八十壽辰之日要求所有的學生以「愛國、創新、包容、厚德」的北京精神檢視自我，「有目標，有計劃，自我檢查」「忠厚傳家久，詩書繼世長」。2016 年教師節老師對學生們提出「清清白白做人，認認真真做事」的要求。

汪老師在八十壽辰之日和研究生座談會上都提到「莫等閒，白了少年頭，空悲切」，並親筆題寫贈送給學生們。老師說：「人要有立足之地，我們科學研究人的立足之地就是創新。」「創新是興趣，創新是責任，有恆為成功之本。」怎樣創新呢？老師教導我們：「溫故而知新，經常思考，常思出靈感。」要求我們：對實驗過程仔細觀察分析、對比，靈活運用知識、理論，舉一反三、理論連繫實際，把知識與生活緊密結合。老師說：「餃子為什麼香，是因為餃子裡面蒸氣壓高；燈火焰溫度為什麼越裡層溫度越低，這與本生燈溫度區原理一致。」老師在研究生座談會上理論連繫實際，還為我們講解了馬王堆屍體不腐的化學分析，飛機機翼結垢原因分析。老師說：「學習貴在融會貫通，貴在勤奮，認真思考、反覆思考，科學來不得偷懶。」

汪老師說：「做科學研究要異想天開。」哥倫布立雞蛋，創新就是要打破常規，膽大心細。異想天開也是有跡可循的，在 2009 年 5 月 13 日我和汪老師討論課題時，老師說在產業界搞應用研究，科學研究創新要注意採用 3N 原則，3N 即 Neighbor、Next、Nearest。Neighbor 即關注相鄰領域的新進展新突破，他山之石可以攻玉，能否為我所用。Next 即關注本領域的理論研究新進展，下一階段要搞什麼。Nearest 即關注本領域的工業生產新動向，根據生產需求攻克技術難題取得突破。3N 原則也體現了科學研究開發的循序漸進過程：別人在幹什麼(Neighbor)，我們要幹什麼(Next)，我們怎麼著手干(Nearest)。

汪老師交給我的第一個課題《S Zorb 煙氣膜分離工藝開發》，就是科學研究創新 3N 原則的很好體現。該課題主要是針對 S Zorb 裝置煙氣 N_2 含量高而 O_2 含量低，SO_2 含量高而 CO_2 含量低的特點，採用已在 CO_2 富集領域工業化應用的聚砜復合中空纖維膜富集煙氣中 SO_2 並回收 N_2 作為裝置回用。實驗證明膜分離 S Zorb 煙氣工藝是可行的，滲透氣富集了煙氣中 97% 的 SO_2，而收率為 60% 的尾氣 SO_2 品質分數不高於 0.5%，滿足一級工業氮氣要求，也可以用於 S Zorb 吸附劑的再生或汽提。

2009 年 9 月 8 日在談到膜法煙氣脫硫技術實施可行性時，汪老師指示：開發新技術要考慮技術經濟概念。要考慮所開發技術的應用屬性「雪中送炭，錦上添花，畫蛇添足」。「雪中送炭」是急煉油廠之所需，應時而生；如果是「雪中送炭」，就要有「雷射精神」，攻克難題，以點帶面，認真分析數據，提煉精華。「錦上添花」對已有技術改進完善，「錦上添花」的技術也可以有但可以後進行，技術開發要抓住主要矛盾。「畫蛇添足」雖是打破了常規，卻不是我們所需求的，科學技術開發是要失敗的。

創新要異想天開打破常規，然而技術開發卻要本著「3 個精細」原則，即：成本精打細算、工藝精耕細作、產品品質精雕細刻。我的博士論文題目是《多環芳烴在催化裂化反應過程中的空間約束研究》，主要是採用八氫菲、全氫菲、二異丙基萘等模型化合物，研究其在 Y 型分子篩催化劑上進行的多環芳烴環烷環開環反應和烷基側鏈斷裂反應行為，為高液體收率、低生焦的 HSCC 技術重質油選擇性催化裂化技術開發提供理論依據。2009 年 5 月 4 日開題伊始，討論該論文立意時，催化裂化技術開發要體現分子煉油概念，具體要分子剪裁、最大液收、最少代價；要以石油資源的高效利用和循環利用為目標，以「減量化、再利用、資源化」為原則實現石油加工的循環經濟。2010 年 6 月 30 日我博士論文即將答辯之際，汪老師說，煉油應從粗放型到精細化，煉油技術開發要遵循「精打細算、精耕細作、精雕細刻」的「3 精細」原則。

汪老師是和藹可親的。我在老師面前談工作也談生活談孩子教育。談工作之餘，老師也會關心我們的家庭瑣事個人得失，年年教師節我們看望老師也問問我們一年的得失，2015 年教師節老師要我們說說一年的好事。在孩子教育方面老師是成功的，兒女一個清華一個北大又留學國外。我問老師怎麼做到的，老師說，言傳身教，大人都白天忙於工作晚上還要學習，孩子自然要跟著學習自立自強。

汪老師也是嚴謹的。2008年我的一篇待發表文章《H_2S對FCC汽油硫化物生成的影響》拿給老師指正。老師不僅逐字看了，問了相關問題還指出了英文摘要某個用詞錯誤。我不服氣地說：「印度已發表文章就是這樣用詞的。」老師拿出牛津字典查到相關字條，給我詳細講解詞條內涵；並由此引導我不要反駁老師也不要人云亦云。2009年12月2日，我寫了《S Zorb煙氣膜分離工藝開發》報告，拿給老師審閱，老師糾正了我一些用詞：「膜法制氮」應為「膜法回收氮氣」，「吸收」應是「反應」，老師指出要考慮氮氣回收與買氮氣成本；我寫了「基礎設計與可行性分析」，老師說應命名為「設計基礎」，挺多工作沒做不能寫「工藝設計」，沒做壽命試驗就不能稱做「可行性」。最後老師教導我：做了什麼工作就做了什麼工作，不能放大優點忽略劣勢；力求嚴謹避免言過其實，科學要實事求是。

汪老師還是與時俱進的。汪老師穿著質樸但卻喜歡緊跟新技術潮流，並喜歡推薦一些科學家名人逸事給我們所有學生。工作上老師走在煉油技術開發前端，指導我們工作上的研究開發方向，2016年在談到生物燃料開發時老師提到評價產品環境友好性要看生命週期。生活上老師也會倡導新事物，我買智慧手機有了微信，就是因為老師在2014年教師節推薦我們用微信，介紹微信的方便之處。

美國教育心理學家、認知心理學家布魯納說，教師不僅是知識的傳播者，而且是模範。汪老師就是這樣一位科學家，一名好老師。《論語・子罕》中有一句話「仰之彌高，鑽之彌堅」，意為「越仰望越顯得高遠，越鑽研它越顯得堅固」，最能表達博導汪院士的教導對我的影響，師恩讓作為一名科學研究人員的我受益終生，也鞭策著我前進。

天涯海角有盡處，只有師恩無窮期。感謝我的老師，成為您的學生何其幸運！

王振宇：我的導師汪燮卿先生

汪燮卿先生是我做博士研究生時的導師。我做博士期間從汪老

2013 年汪燮卿(右四)八十歲生日時與曹湘洪院士(右三)、工程院學部負責人及學生們合影

師那兒得到的教誨，是我一生中最重要的精神財富。

2002 年我正好三十歲，正是精力充沛，雄心勃勃的年紀，那年我報考了汪老師的博士研究生。博士研究生面試時的場景，我至今還記得。面試的考官有兩位，一位是我的導師汪燮卿先生，另一位是一室的主任楊明彪，這也是我第一次和汪老師正式接觸。那時汪老師已經快七十歲了，但氣色很好，滿臉的慈祥，目光柔和，鎮定從容，似乎一切難題到汪老師這裡就全都化解了，我本來緊張的心情也一下子平靜了下來。汪老師的名氣很大，擁有諸多頭銜，如：工程院院士，副院長，國際知名的科學家，還在 15 屆世界石油大會參加審稿和組織工作，我想汪老師一定會問一些高深的專業知識，因此頗費了一番心思做準備，希望給汪老師留下一個好印象。然而汪老師的問題卻出乎意料，汪老師說：「你的成績還不錯，但關鍵是要把書本上的知識運用到實踐中去。舉個簡單的例子吧，我們都吃過餃子，熱餃子好吃，涼餃子就沒那麼好吃了，這是為什麼呢？」我一下子語塞了，腦子飛快地旋轉，試圖把這個問題和哪個高深的理論連繫發揮來。汪老師頓了一下，接著說道：「剛煮出來的餃子裡面充滿高溫時的飽和蒸氣壓，吃的時候氣味兒就先飄出來了，自然很香，涼餃子的飽和蒸氣壓低，氣味也不濃，自然不香。」哦，原來如此，我頓時覺得眼前一亮，這樣的話我還是第一次聽到。汪老師給我的第一印象就是：注重實際，要能解決實際的問題，要學會從簡單的習以為常的現象中，發現其背後的道理。

汪老師對學生的要求還是很高的。要知識面寬，能找到創新點，特別是開題的時候，要查閱大量的文獻，了解前人研究的歷史和目前的研究狀況，才能提出新的想法，新的思路，解決別人不能解決的問題，我記得有一次我寫了一篇開題時的文獻調研報告提交給汪老師。其中有一個不同廠家生產藥劑的表格，這個表格是從別人的文章中摘抄的，也沒有認真分析。汪老師後來找到我，問我為什麼表格中廠家的生產能力要比實際產量大很多，我這才發現的確如此。我當時也看了這個表格，只是沒有汪老師這麼細緻，能發現其中的問題。是啊，產能與產量的差異，不是從另一個側面反映了市場的需求嗎？

做博士論文期間，汪老師會不定期地找學生討論研究進展。每次去見汪老師，我都有些惴惴不安，因為汪老師看問題非常準，每次都能切中要害。我深恐因為自己努力不夠，或進展不快，遭到汪老師批評，其實汪老師從來沒有正面批評過我，只是從我疏忽的地方啟發我的思路，給我建議。每次從汪老師辦公室出來，我都覺得頭腦清醒，幹勁兒十足。

汪老師就是這樣的一位智慧長者，因為自身修養很高，從他那裡總能學到一些做人做事的道理。俗話說，「聽君一席話，勝讀十年書」，用在汪老師身上再恰當不過了。

王乃鑫：一次難忘的答辯會

我是 2013 年師從汪燮卿院士的，當時老師已經 80 歲高齡，而我才剛剛進入石油領域 3 年。能在入行之初就得到名師大家的指導，是我的幸運。汪老師的教誨，不僅僅是知識上業務上的，更多的是如何做人做事，如何面對人生。老師給予的知識可能使我受益 10 年，教我的學習方法能使我受益 20 年，而老師言傳身教的做人道理，將使我受益終身，永難忘懷。

自從開始跟隨汪老師學習，老師嚴謹的治學態度，縝密的邏輯思維，扎實的知識基礎，清晰的科學研究思路，都給我留下了深深的印象。剛開始向老師匯報工作時，我特別緊張，要心情忐忑地認真準備好幾天。課題出現問題，向老師請教時，老師不會直接告訴你怎麼做，而是用一些他親身經歷的實例引導啟發，讓學生自己找到解決方法，即使做錯了也不會批評，而是指導學生總結經驗教訓。有時涉及到具體實驗方案，我的方法和老師提出的不太一樣，老師也不會武斷地否定我，而是認真地聽我解釋我的思路，然後和我一發揮討論，選出最佳方案。談完課題工作，汪老師都會和我閒談幾句，有時問問我的生活情況，有時說說自己的工作生活經歷。當時的我總覺得就是閒談，可是靜下心來想一想，老師的工作生活經歷，就是最好的人生指導、生活智慧。而這些教誨如春風潛入夜，潤物細無聲，使我不知不覺的有所收穫。所以到後期，能和老師匯報工作，和老師閒談幾句家常，簡直是一種享受，讓我如沐春風。

汪老師對我的教誨，既有言傳又有身教，而身教更多，更令我難忘。我記憶最深刻的一件事發生在我畢業答辯時，當時請的答辯主席是梁文杰先生，梁先生也是石油煉製界的泰斗。答辯定於工作日的早上 9 點 30 分，但梁先生家住的比較遠，車程要 90 分鐘，而且必經之路是北京最擁堵的京承高速。梁先生年事已高，不方便住在附近的賓館，而答辯時間也不能改為下午。所以，只能早上 6 點就去接老先生出門，以避開上班的早高峰。這裡要特別感謝梁文杰先生不辭勞苦，不畏奔波，一點兒沒有老先生的架子，而是特別痛快地答應了我們的安排。這些安排我都向汪老師進行了匯報。

答辯當天，作為主角的我 7 點剛過就來到答辯現場調試設備，使我萬萬沒有想到的是，汪老師也幾乎與我同時來到了答辯現場。我滿腹疑惑地問老師為什麼來這麼早，老師說了一句非常平常，但使我銘記一生的話：「這麼早去接梁先生，他肯定到早了，我早點過來陪他。」我頓時心中百般滋味，不知如何感謝老師的細心與周到，更敬佩老師的為人，老師的大家風範，以及處處為他人著想的精神。臨近答辯的我，滿是興奮，不安，緊張，激動，可以說當時滿腦子都是自己的事情，而絲毫沒有考慮其他。早早的去接梁先生是為了保證答辯順利進行，而沒有考慮為了躲開早高峰，年過 80 的老先生要早到答辯現場 1 個多小時，即使是在休息室裡休息，如果沒有相熟的人做伴，也是十分尷尬的。而這一切，汪老師竟然都為我考慮到了，特意早發揮過來等梁先生，為了不讓我分心，讓我全身心地準備答辯，這些細節也都沒有提前告訴我，而是自己用實際行動幫我把這個漏洞補上了。這個細節，給我上了重要的一課——尊師重道不是掛在嘴邊，而是要融入行動中。越是面對人生重大事件，越不能只站在自己的角度，也要為他人著想。這些話，老師沒有對我說，但用自己的行動給我做了最好的詮釋，這就是真正的為人師表！

果然不出汪老師所料，由於接梁先生的車出發得早，成功地避開了京承高速的早高峰，到達答辯現場時才剛剛 7 點 30 分，而此時，汪老師已經在休息室等候梁先生了。如果沒有汪老師的細心周到，年過耄耋的梁先生可能要在休息室白白等上將近兩個多小時，這將是多大的失禮與不周！還好有汪老師的相伴，時間過得很快，兩位老先生相談甚歡，而我的博士答辯也順利透過。

白駒過隙，每當我回憶當天的事情，想發揮的不是答辯的緊張激動，不是答辯委員問的問題，也不是老師同學的祝賀，而是汪老師那句「這麼早去接梁先生，他肯定到早了，我早點過來陪他。」這句話包含著老先生們對學生負責的態度，甘於奉獻的精神，為他人著想的習慣，這些正是我要學習的。

正所謂「教誨如春風，師恩似海深」。我有幸成為汪老師的弟子，在老師的教誨中成長成熟。老師儼然一位智慧的老者，傳播做人做事的智慧；又猶如一座明塔，讓我的人生有前進的方向；但更像一縷春風，一絲細雨，無聲無息，潛移默化地滋潤著自己的學生。在科學研究上，學生們不可能都達到汪老師的高度，但在人生的道路上，我們每個學生都會以汪老師為榜樣！

2003 年 70 歲生日時汪燮卿院士(左六)與學生們攝於怡生園

XBS‖宋清虎：2005 年 9 月，我讀博士的第一天，我去汪老師辦公室。汪老師慈祥地看著我：「跟我讀博士，你打算學什麼呀？」

原以為，我已經 32 歲了，我來讀博士，我是有想法的。但是，既然汪老師這麼問了，他的問題一定有超出我預期的東西。

所以，我堅定地說：「汪老，我不知道！」

汪老師緩緩道來：「第一，學做人。第二，學方法。第三，學這篇博士論文。」果不其然！

2008 年 8 月，我博士論文答辯透過。我在想，汪老師講的第三點，博士論文是完成了。第二點講的學方法，好像也學到了一些。

就是，三年中，汪老師從來沒有專門跟我提過「學做人」的事。當然，我也相信「學做人」不是教的，而是悟的！這件事，我一直在思考、在回憶。

記得有一次，汪老師作為研究生答辯評委，點評一名碩士生的時候，說了兩句話：「年輕人，錯了不要緊，要改；不會不要緊，要學！」

至今，我一直以為「錯了不要緊，要改；不會不要緊，要學！」是我跟汪老師學到的「學做人」。

XBS〗侯小敏：2016 年 9 月，按照石科院博士研究生培養要求，汪老師在培訓樓給我們上博士尖端課，下課之後，幾位同學一發揮送汪老師回家，在回去的路上，一位博士同班同學施洋問我：「聽說汪院士在德國留過學？」我說：「是的。」這位中國人民大學德語專業畢業的同學頓時來了興致，說：「我要突擊試探一下汪院士的德語水平。」說罷他就走到汪老師身邊直接用德語對話，汪老師很高興地與他用德語聊發揮天來，兩個人一邊走一邊聊，直到汪老師家樓下兩人才停下對話。最後汪老師誇讚施洋同學德語不錯，我這位同學很不好意思的說：「沒想到汪院士德語這麼流利，我德語專業過了八級都不如您，您實在太厲害了！」再後來見到我後常問：「汪院士最近在院裡吧？他德語真的太好了，我實在佩服他，我想找機會再去跟他德語對話。」

汪老師早年在德國留學，至今 85 歲高齡的他對待德語的態度依然是活到老，學到老。他這種終身學習的態度值得我們每個人學習。

汪老師培養學生的態度是十分盡心盡力的。我在 2016 年 10 月份上完博士課之後進入實驗室，根據老師給出的課題製備樣品和調研選擇反應儀器。由於我的課題反應體系是油擔載在催化劑上，這區別於常規的油和催化劑在反應前分開的情況。這種新的反應體系產物的定量和定性需求建立新的表徵方法。2016 年 12 月份，我用 TG-MS 做了探索實驗，將數據結果拿給汪老師看。汪老師針對我的結果提出了寶貴建議，並親自來到石科院第一室研究室 107 組 212 房間與 TG-MS 負責人鄒亢教授進行溝通交流。汪老師這種對學生課題盡心盡力的態度和嚴謹求實的科學態度讓我心生敬意。

由於我課題反應體系的特殊性，需求用到 Py-GC/MS(熱解色譜/質譜儀)，但是目前石科院還沒有可用於我實驗的這種平台，因此需求自己搭建 Py-GC/MS。對於一個學生來講，搭建這樣一個平台幾乎是不可能的事，我將難處告訴了汪老師，汪老師馬上找到張月琴師姐和劉澤龍老師給我幫助，並時時關注儀器搭建情況。在此過程中，汪老師可謂是嘔心瀝血。汪老師常給我說的一句話是:「有什麼解絕不了的問題就來找我。」聽了這句話後我深受感動。汪老師慈祥、善良、大氣、厚德載物，像培養自己的孩子一樣培養學生，盡心盡力。汪老師不但學術造詣有目共睹，為人為學更是令人敬仰。我為自己能在這樣一位大師麾下學習感到榮耀。

XBS‖張書紅：早在 2003 年，汪院士提出了「煉油造氣一體化技術」的構思，該構思的出發點是為煉油廠提供氫源，解決 FCCU 碳質過剩的問題，減少金屬、硫氮的汙染，為焦炭甚至渣油的利用提供一條有益的途徑。當時在討論此技術構思時，院學委會主任、主持人閔恩澤院士認為，這一課題雖然不確定性因素很多，風險很大，但是是導向性基礎研究，是策略性題目，意義長遠、重大。在目前國家即將發表政策禁止高硫石油焦出廠的嚴格限制下，該技術思路更體現出了其策略性和意義重大。該技術由於採用劣質渣油流態化加工、同時焦炭原位氣化的組合技術，在技術、工程上都有很大的難度，汪院士對此有深刻認識，他指出該技術必須很好地解決「四化」問題(即霧化、流化、裂化和氣化)才有生命力。在他的帶領下，一批研發人員包括他的學生王子軍、朱玉霞、張書紅、李延軍、吳治國、門秀杰、張美菊、譚麗、朱元寶等都投入到對該技術的開發中。經過大家的不懈努力，該構思最終以劣質渣油接觸裂化-焦炭氣化一體化技術(Resid Cracking and Coke Gasification Integrated Technology，簡稱 RCGT)得以實現，申請專利 70 多件，授權 36 件。RCGT 技術是延遲焦化技術的升級，主要是解決劣質渣油焦化過程產生的高硫石油焦的利用和液收低的問題，目前正在開展中型試驗研究，初步結果達到了預期目標。

附錄一　汪燮卿大事年表

1933年2月15日(農曆正月二十一)，生於浙江省龍游縣茶圩鎮的一個手工業者家庭，父親汪高俊，母親徐東鳳。

1938年8月，進入靖端小學學習。

1941年4月，家鄉遭到日本飛機轟炸。

1942年5~8月，龍游縣城被日寇占領；同年夏天，家中產業及茶圩鎮因衢江改道而被洪水吞噬，舉家遷入外婆家。

1943年2月，在龍游北鄉的模環小學讀五年級。

1944年2月，在龍游城內育德小學讀六年級春季班。

1944年9月，在龍游西門小學讀六年級秋季班。

1945年2月~1948年2月，在省立衢州中學讀初中。

1948年2月~1950年10月，在省立衢州中學讀高中。

1950年3月，參加了新民主主義青年團。

1950年10月，響應政府號召，參加衢州的土地改革。

1951年9月，就讀於清華大學化工系。

1953年9月，高等院校院系調整，轉入新成立的北京石油學院煉製系。

1953年6月29日，加入中國共產黨。

1956年7月，北京石油學院大學畢業。

1956年8月，赴民主德國萊比錫留學，在卡爾馬克思大學工農學院學習德語。

1957年9月，在麥塞堡化工學院有機化工專業讀研究生。

1959年3月24日，在貝林市「奧托・格羅提渥」聯合企業做博士論文實驗。

1960 年 6~8 月，回國參加留學生暑期集訓。

1961 年 5 月，完成博士生的論文和考試，成為麥塞堡化工學院第一個拿到博士學位的外國留學生。

1961 年 5 ~ 6 月，在洛伊納(LEUNA)石油化工廠和布納(BUNA)化工廠實習，並參觀了蔡茨(Zeitz)加氫廠，司娃蔡特(Schwarzeide)費-托合成油廠，費娃(FEWA)合成洗滌劑廠。

1961 年 7 月，離開民主德國，學成回國。

1961 年 10 月，到石油部石油科學研究院工作，被分配到航空煤油研究室(十一室)。

1962 年 2~6 月，任專題組長，進行了國產大慶、新疆(克拉瑪依)和玉門一號輕航空煤油的烴族組成分析，並對蘇聯 T-5 型噴氣燃料化學組成進行了對比分析。

1962 年 7 月 28 日，與中學同學葉嗣懋結婚。

1962 年 10 月 ，擔任工程師、課題組長。

1963~1965 年，進行國外軍用噴氣燃料的剖析，先後分析了 99 號、74 號和 528 號三個油樣。

1963 年 11 月 25 日，女兒汪宜出生。

1963 年 3 月 ~1964 年 6 月，參加空軍油料部針對大慶航煤在使用過程中出現的變色現象組織的實地調查，開展了顏色變化的原因及其對使用性能的影響研究。

1963~1964 年，將第六屆世界石油大會論文《航空燃料的清潔標準》翻譯為中文，收集在《第六屆世界石油會議報告論文集》中，1965 年 5 月由中國工業出版社出版。

1964 年 7 月，作為課題組長，具體負責日本日立公司製造的 HU-11A 透射電子顯微鏡的安裝調試和應用工作。

1964 年 10~12 月，作為兼職翻譯，隨石油部生產技術司代表團赴英國、瑞士和法國考察煉油設備。

1965 年 1 月，主持日本引進的 JNM－4H－100 型核磁共振(NMR)儀的安裝調試和應用。

1965 年 6 月，擔任第十四研究室副主任。

1965 年 10 月底，作為翻譯，參與石油部勘探開發部門從聯邦德國引進的第一臺修井作業機的安裝、調試和驗收工作。

1966 年年底~1968 年年底，自學日語，並翻譯了日文書《核磁氣共鳴法》，1968 年完成譯稿。

1967 年 4~5 月，作為翻譯，在上海石油機械廠驗收從聯邦德國引進的第二臺作業機。

1968 年 5 月底，赴太原機場調查飛機熄火事故，從飛機油路系統找出技術原因，排除故障。

1969 年 5 月，主持對在珍寶島保衛戰中被我軍繳獲的 T-62 型坦克的發動機燃料、潤滑油和潤滑脂的全面分析。

1971 年 6 月~1972 年 9 月，主持國產紅旗高級轎車剎車失靈事故的油品分析工作。1971 年 6 月 18 日提交了分析報告，並成功開發出 719 合成剎車油。

1970 年 3 月 5 日，兒子汪山出生。

1972 年 6 月底，與同事王宗明南下長沙，開始研究馬王堆漢墓「防腐棺水之謎」。

1973 年 5 月，去河南太康幹校參加第一期幹校輪訓。

1974 年 1 月，從河南五七幹校輪訓回來，被正式任命為第一研究室主任。

1974 年 3 月，主持從聯邦德國引進的 MAT-311A 有機質譜儀的安裝和調試工作。

1974 年 6 月 12 日，隨同燃料化學工業部副部長徐今強訪問聯邦德國，參觀訪問了巴斯夫、赫斯特、拜爾、殼牌哥道夫煉油廠、克虜伯、魯奇、德馬克、烏德、齊默和小精細化工廠。

1975 年 5 月，主持雷射拉曼光譜儀的安裝和調試工作。

1978 年 5 月，擔任中國石油學會理事。

1979 年 7~8 月，與盧成鍬副院長訪問美國，參觀美國克利夫蘭城的路博利佐爾(Lubrizol)添加劑公司總部、紐約埃克森公司國際事業部和添加劑事業部，以及位於聖安東尼奧的美國西南研究院，討論合作事宜。

1979 年 12 月，隨石油部侯祥麟副部長參觀巴黎國際實驗室儀器博覽會。

1980 年 5 月 20 日~6 月 12 日，隨石油部侯祥麟副部長率領的代表團訪問殼牌公司在法國、英國、荷蘭和聯邦德國的煉油廠和研究所。5 月 20~29 日參觀訪問了法國 PAUILLAC 煉油廠、PETIT COURONNE 煉油廠、GRAND-COURONNE 研究中心。5 月 29 日發揮，參觀英國桑頓(THORNTON)研究中心、斯坦洛(STANLOW)煉油廠、殼牌總部、殼牌海文煉油廠(SHELL HAVEN REFINERY)。6 月 4 日發揮訪問荷蘭殼牌總部、殼牌鹿特丹煉油廠、殼牌皇家實驗室。6 月 11 日參觀殼牌在西德的哥道夫(GODORF)煉油廠。

1981 年 5 月，參加在明尼蘇達州明尼阿堡利斯城召開的第 21 屆 ASMS 美國質譜年會，提交論文《用質譜法鑒定中國某些原油和生油岩中的生物標記化合物》，以張貼論文被大會錄用。

1983 年 4 月，被石油工業部任命為石油化工科學研究院副院長。

1984 年 11 月，隨中國石化副總經理盛華仁率領的石油化工技術考察團訪問聯邦德國和英國。這是中國石化總公司成立後第一個出國技術考察團。

1986 年 1 月 30 日~2 月 5 日，隨中國石化張皓若副總經理參加時任國家經委副主任朱鎔基率領的代表團，赴瑞士達沃斯參加了世界經濟論壇討論會。會後，順訪了瑞士的汽巴-嘉基公司、聯邦德國的巴斯夫、赫司特、許爾斯和諾貝爾公司，法國的道達爾、埃爾夫、阿托化學公司和法國石油研究院。

1987年4月，訪問民主德國，在貝林接受了當地政府授予的「榮譽市民」的稱號及證書。

1987年11月，被評為教授級高級工程師。

1990年10月，在濟南煉油廠主持DCC工業試驗。

1991年4月8日，在美國休士頓AIChE春季年會的「催化和熱加工生產烯烴」分組會上作學術報告，介紹了1990年11月DCC工業裝置運行結果。

1992年8月，在蘭州煉油廠，主持MGG工業化試驗。

1994年6月，訪問日本千代田化工建設株式會社。

1995年2月3日，在倫敦世界石油大會本部，參加第十五屆世界石油大會科學規劃委員會(SPC)，會上被選為SPC委員。

1995年3月，第一套40萬噸/年催化裂解工業裝置在安慶石化開車成功，並於當年8月16~18日進行了工業標定。

1995年5月，當選為中國工程院院士。

1995年5月，去伊朗伊斯法罕參加世界石油大會規劃委員會。

1995年9月，參加第一次海峽兩岸石油科技研討會，訪問臺灣中油公司。

1996年1月，改任石油化工科學研究院總工程師。

1997年4月，到華盛頓參加世界石油大會規劃委員會。

1997年10月12~16日，第十五屆世界石油大會在北京隆重舉行。作為世界石油大會科學規劃委員會委員，參與組織了本次大會。

1999年4月，到布達佩斯參加世界石油大會科學規劃委員會。

1999年4月，應邀順訪德國，在斯圖加特大學作了《鈦矽分子篩的合成和表徵》的學術報告。

1999年8月，退居二線，任院學位委員會主任。

2001年9月，在貴陽參加《石油煉製與化工》編委會。

2002年5月，在美國AIChE春季新奧爾良年會上宣讀了論文

《催化熱裂解(CPP)——重油催化裂化向生產乙烯和丙烯的飛躍》。

2002年5月，時任中國工程院院長的徐匡迪院士，帶領各學部有關負責同志到山東濟南討論中國工程院與山東省合作事項，作為化工、冶金與材料工程學部代表參加了簽字儀式。之後又代表化工、冶金與材料學部與山東省淄博市劉慧晏市長簽訂合作協議。

2002年6月~2010年6月，任中國工程院化工、冶金與材料工程學部副主任，分管諮詢和學術活動。

2003年5月26日，以徐匡迪院長和侯祥麟院士為首，聽取時任總理的溫家寶同志關於「研究石油天然氣資源可持續發展策略問題」的指示。

2003年6月~2004年6月，參與侯祥麟院士負責的國家「中國可持續發展油氣資源策略研究」項目，負責「油氣資源節約和替代」課題研究，完成《中國可持續發展油氣資源策略研究》中的《節油與替代能源研究》分報告。

2003年8月25日，給時任國家發改委的副主任張國寶寫報告，希望將CPP工藝推向工業化，當天就得到同意的批示，準備在瀋陽石蠟化工廠應用此技術。

2003年10月30日，參加向時任國務院總理的溫家寶同志匯報《中國可持續發展油氣資源策略研究》階段報告。

2004年2月11日，主持石油煉製學會與汽車工程學會聯合召開的「油氣資源的節約與替代策略研究」研討會。

2004年4月，被海南省人民政府聘任為科技顧問。

2004年4月，在工程院「中長期科技發展規劃策略研究」諮詢項目中，負責專題1「科技發展總體策略研究。」

2004年6月~2005年7月，參加侯祥麟院士主持的《油氣資源發展趨勢與潛力(2020~2050)》策略諮詢。

2004年10月，與李大東、曹湘洪院士共同完成工程院資詢項目「我國清潔燃料標準及生產技術」。

2004年9月~2005年4月，受中國工程院副院長杜祥琬院士委託，接受上海通用汽車公司提出的「國內車用能源利用現狀及對上海通用汽車發動機規劃的建議」諮詢項目。

2005年5月，應徵為浙江大學聯合研究所兼職教授。

2005年8月，參加中國工程院副院長杜祥琬院士組織的《中國石油需求遠景展望與替代策略研究》課題研究，負責下游部分，組織了由徐承恩、陳立泉等院士和相關單位專家組成的研究隊伍，開展了我國《2020~2050年油氣資源可持續發展與替代策略研究》。

2005年8月，在「建設資源節約和環境友好型社會若干重大策略問題研究」諮詢項目中負責「能源節約」課題組。

2006年5月~2007年6月，參加杜祥琬副院長負責的「可再生能源發展策略研究」項目，負責「生物質能」專題「生物質能源生產技術」子專題報告。

2006年9月，負責完成「中國可持續發展油氣資源策略研究」後續課題的第二課題「中國石油需求的遠景展望與替代(2020~2050)」。

2007年4月25日，組織工程院化工、冶金與材料工程學部在杭州召開了浙江省生物質能源與化工論壇。

2007年5月~2014年10月，與舒興田院士共同主持，組織開發成功《移動床甲醇制丙烯催化劑和工藝研究》，透過由王基銘院士主持的中國石化股份公司技術評議。

2007年5月，在中國工程院副院長沈國舫院士主持的「工業汙染防治策略」專題研究中，負責「石油與化工工業汙染防治策略研究(包括汽車燃料)」子專題研究，完成《石油和化工汙染防治策略研究》子專題研究報告。

2008年12月，在中國工程院院士杜祥琬副院長主持的「中國能源中長期(2030、2050)發展策略研究」中，完成「交通節能」子專題研究報告。

2009 年 4 月，組織工程科技論壇第 84 場「生產生物質燃料的原料與技術」。

2009 年 9 月，經山東省科學技術廳批准，建立了山東恆利院士工作站。

2010 年 5 月，與舒興田院士共建寧波歐迅化學新材料技術有限公司院士工作站。

2011 年 4 月，組織工程科技論壇第 116 場「非糧作物和生物質廢棄物綜合利用技術——生物與化學加工」。

2011 年 5 月，岳陽市組織了「岳陽市綠色催化氧化工藝院士工作站」建設的論證會，和舒興田院士共同組建院士工作站，為岳陽昌德化工實業有限公司提供技術諮詢。

2011 年 11 月~2014 年 2 月，參加中國工程院潘雲鶴常務副院長主持的「中國工程院學部調整和學科劃分調查與研究」諮詢項目，完成《中國工程院學部調整和學科劃分調查與研究》諮詢報告。

2012 年 5 月~2014 年 8 月，參加中國工程院重大諮詢研究項目「我國交通運輸用生物燃料產業關鍵技術開發、示範與應用」。

2012 年 11 月 11 日，衢州中學(現稱衢州第一中學)成立 110 週年，和夫人葉嗣懋參加了慶祝典禮。

2013 年 8 月，提出「加緊落實汽車節油各項措施」院士建議。

2014 年 6 月 25 日，參加在浙江省寧波市舉行的「院士工作站」簽約儀式，「院士工作站」落戶寧波杰森綠色能源科技有限公司。

2016 年 2 月~2017 年 12 月，參加由王基銘院士主持的「中國煉油和現代煤化工產業可持續發展重大問題策略研究」諮詢。

附録二　汪爕卿主要論著目録

1. Wang Xieqing, Birthler R, Leibnitz E. Beitraege zur Kenntnis asphaltischer Stoffe in der Mitteldrucksumpfphase(in German)[M]. Freiberger Forschungshefte (East Germany), 1964.
2. 陸婉珍，汪爕卿．近代物理分析方法及其在石油工業中的應用[M]．北京：石油工業出版社，1984.
3. 汪爕卿，劉濟瀛．石油樹結奇异果[M]．北京：清華大學出版社，2000.
4. 李大東，龍軍，汪爕卿，張寶吉．中國石油學會第五届石油煉制學術年會論文集[M]．北京：中國石化出版社，2005.
5. 曹湘洪，李大東，汪爕卿，龍軍．中國工程院化工、冶金與材料工程學部第五届學術會議論文集[M]．北京：中國石化出版社，2005．
6. 侯芙生，汪爕卿，龍軍．中國煉油技術[M].3 版．北京：中國石化出版社，2011.
7. 汪爕卿，舒興田．重質油裂解制輕烯烴[M]．北京：中國石化出版社，2014.
8. Wang Xieqing, Xie Chaogang, Li Zaiting, Zhu Genquan. Catalytic processes for light olefin production[M]//Hsu C S, Robinson P R. Practical Advances in Petroleum Processing, Springer, New York, 2006: 149-168.
9. Zhu Genquan, Xie Chaogang, Li Zaiting, Wang Xieqing. Catalytic Processes for Light Olefin Production[M]// Hsu Robinson. Springer Handbook of Petroleum Technology, Springer, 2017.
10. 何鳴元，汪爕卿，魏鳳新．氣相色譜法用於煤油輕餾分烴類組成分析[J]．燃料化學學報，1966，(1)：54-61.
11. 薛用芳，安秀文，汪爕卿．潤滑脂結構的電子顯微鏡觀察[J]．石油化工，1974，(1)：1-6.
12. 汪爕卿，唐偉英，陸婉珍．我國石油分析的進展[J]．分析化學，1979，(6)：450-456.
13. Wang Zongming, Wang Xieqing, Lu Wanzhen. The vibrational spectra of phosphorus sulfides and quantitative determination of phosphorus sulfide (P4S9) in phosphorus sulfide (P4S10) by laser Raman spectrophotometry[C]. C. R. -Conf. Int. Spectrosc. Raman, 7th, 1980.
14. 汪爕卿，李科，郎紉赤，尚慧雲．中國某些盆地的生油岩和原油中的生物標記化合物

[J]. 石油學報，1980，(1)：52-62.

15. 汪燮卿，祁魯樑．石油卟啉的分離和鑒定方法[J]. 石油勘探與開發，1980，(6)：25-33.

16. 祁魯樑，郎紉赤，汪燮卿．我國一些原油中鎳卟啉化合物初步研究[J]. 石油學報，1981，(4)：107-116.

17. 林文瑛，林瑞芳，汪燮卿．ZSM-5 分子篩催化劑的擇形性能及反應產物分佈的初步研究[J]. 石油煉制與化工，1981，(11)：18-23.

18. 汪燮卿，張慶恩．氣相色譜/質譜/計算機聯用中若干技術問題的討論[J]. 分析儀器，1982，(1)：39.

19. Wang Xieqing，Huang Xinfen，Ren Chengmin，Zhang Qingen. Analysis of basic nitrogen compounds in cat-cracked gasoline by capillary gas chromatography/mass spectrometry and thermionic detector[C]. Proc. Sino-West Ger. Symp. Chromatogr.，1983.

20. Lu Wanzhen，Zou Naizhong，Yu Erguo，Wang Xieqing. Capillary columns made from Chinese quartz[C]. Proc. Sino-West Ger. Symp. Chromatogr.，1983.

21. 鄒乃忠，於爾果，汪燮卿，陸婉珍．國産天然石英製作彈性毛細管色譜柱[J]. 石油煉制與化工，1983，(1)：51-56，44.

22. 汪燮卿，郎紉赤，祁魯樑．Petroporphyrins in Gaosheng Crude Oil[J]. Geochemistry (English Language Edition)，1983，(3)：251-260.

23. 汪燮卿，張慶恩．氣相色譜/質譜/數據處理系統聯用中若干技術問題的探討[J]. 石油煉制與化工，1983，(3)：46-51.

24. 董玉春，汪燮卿，付霞雲，劉鴻．用激光拉曼光譜研究 SO_3-HNO_3 和 HNO_3-$H_2S_2O_7$ 溶液的分子-離子組成及測定 NO_2^+ 的濃度[J]. 分析化學，1983，(4)：241-245.

25. 陸貴根，汪燮卿，陸婉珍．質譜法分析單烷基苯分子量分佈[J]. 分析化學，1983，11(5)：329-335.

26. 汪燮卿，王宗明．新實驗技術在材料研究中的應用講座 第十講 激光喇曼光譜及其應用[J]. 物理，1984，(1)：44-49，32.

27. 丁繼紅，李占武，汪燮卿，陸婉珍．國産 52# 强酸型陽離子交換樹脂在碱性氮化物富集中的應用[J]. 化學試劑，1984，(4)：224-226.

28. 祁魯樑，張錚，汪燮卿．勝利渣油中鎳化合物的類型及其鎳含量在溶劑脱瀝青/加氫精製過程中的變化[J]. 石油煉制與化工，1984，(4)：49-51.

29. 汪燮卿．我國煉油分析技術的回顧與展望[J]. 石油煉制與化工，1987，(9)：46-50.

30. 趙天波，祁魯樑，汪燮卿．我國一些原油中鹽類的組成及脱鹽效果的研究[J]. 石油學報(石油加工)，1988，(3)：76-81.

31. 杜吉洲，張金鋭，袁雙印，汪燮卿．原油加工過程鹹金屬及鹹土金屬氯化物的變化及分佈[J]．石油煉制與化工，1989，(5)：28-35.

32. 李再婷，蔣福康，閔恩澤，汪燮卿．催化裂解制取氣體烯烴[J]．石油煉制與化工，1989，(7)：31-34.

33. Wang Xieqing, Liao Huisheng, Hu Yanxiou, Da Zhijian, Min Enze. Properties and application of noble metal containing pillared montmorillonite for hydrocracking and aromatization[C]. Proc. Int. Conf. Pet. Refin. Petrochem. Process., 1991.

34. 相先春，闞景杰，虞至廢，汪燮卿．層柱分子篩改性中喇曼光譜特性研究[C]//中國物理學會光散射專業委員會．中國物理學會光散射專業委員會成立十週年暨第六届學術會議論文集(下册)，1991.

35. 張青，吴文輝，汪燮卿．孤島混合原油 250~400℃餾分中石油羧酸的組成研究[J]．石油學報(石油加工)，1991，(1)：70-79.

36. 周涵，李科，汪燮卿，徐亦方，沈復．潤滑油基礎油的氧化安定性與結構組成關係的模式識别[J]．石油學報(石油加工)，1992，(1)：10-16.

37. 周涵，李科，汪燮卿，徐亦方，沈復．我國潤滑油基礎油黏度指數的模式識别[J]．石油學報(石油加工)，1992，(3)：59-66.

38. 周涵，李科，汪燮卿，徐亦方，沈復．潤滑油基礎油結構組成對其降凝劑感受性影響的模式識别[J]．石油學報(石油加工)，1992，(4)：17-23.

39. 霍永清，王亞民，汪燮卿，陳祖庇，方紀才，徐世泰．多產液化氣和高辛烷值汽油 MGG 工藝技術[J]．石油煉制與化工，1993，(5)：41-52.

40. 趙天波，薩學理，汪燮卿，陸婉珍．同時測定氫及烴類的微反色譜系統[J]．色譜，1994，(3)：192-193.

41. 段啓偉，戴隆秀，汪燮卿，黄大智，李照非．由烷氧基鋁制備催化劑載體氧化鋁[J]．石油煉制與化工，1994，(3)：1-3.

42. 戴隆秀，段啓偉，汪燮卿，黄大智，李照非．低碳烷氧基鋁水解制備氧化鋁的新方法[J]．石油學報(石油加工)，1994，(4)：25-30.

43. 汪燮卿，蔣福康．論重質油生産氣體烯烴幾種技術的特點及前景[J]．石油煉制與化工，1994，(7)：1-8.

44. Chen, Z. B., Huo, Y. Q., Zhong, L. S., Wang, Z. Y., Wang, X. Q.. Residue catalytic cracking to produce light olefins and gasoline[C]. Preprints - American Chemical Society, Division of Petroleum Chemistry, 1995.

45. 趙天波，薩學理，汪燮卿，陸婉珍．釩沉積對 Y 沸石催化劑裂化活性及物相的影響[J]．石油學報(石油加工)，1995，(2)：109-115.

46. 汪燮卿，陳祖庇，蔣福康．重質油生產輕烯烴的 FCC 家族工藝比較[J]．煉油設計，1995，(6)：15-18，3.

47. 劉澤龍，彭樸，汪燮卿．二次加工柴油中烯烴的分析[J]．分析化學，1996，(5)：530-534.

48. 李鳳艷，趙天波，薩學理，汪燮卿，陸婉珍．釩對催化裂化催化劑的中毒機理[J]．石油化工，1996，(6)：55-60.

49. Guan Jingjie，Yu Zhiqing，Chen Zhenyu，Liu Qinglin，Wang Xieqing. Pillared rectorite microspheric catalyst for cracking heavy oil [C]. Preprints - American Chemical Society, Division of Petroleum Chemistry，1997.

50. Wang Xieqing，Yue Shufan，Fu Wei. ^{27}Al, ^{29}Si，and ^{31}P NMR study of ZRP series zeolite. A modified HZSM5 type zeolite series[J]. Shiyou Lianzhi Yu Huagong，1997，28(S)：10-16.

51. Guan Jingjie，Yu Zhiqing，Chen Zhenyu，Tang Liwen，Wang Xieqing. A new synthetic route and catalytic characteristics of pillared rectorite molecular sieves[J]. Studies in Surface Science and Catalysis，1997，105：61-68.

52. 陳擁軍，李本高，汪燮卿．有機抗菌劑研究的新進展[J]．石油煉制與化工，1997，28(1)：56-63.

53. 蔣福康，汪燮卿．煉油廠增產柴油技術的探討[J]．石油煉制與化工，1997，28(7)：1-6.

54. 蔣福康，汪燮卿．催化裂化增產柴油的研究[J]．石油煉制與化工，1997，28(8)：9-13.

55. Zhu Yuxiia，Wang Xieqing，Liu Zelong. Analysis of vanadium components in vacuum residue of Chinese crude and its impact on HDM process[C]. Preprints-American Chemical Society, Division of Petroleum Chemistry，1998.

56. Wang Xieqing，Zhong Xiaoxiang，Zhao Yuzhang，Jiang Fukang. Production of gasoline oxygenate feeds totally based on the integration of novel and improved refining process[C]. Proceedings of the World Petroleum Congress，1998.

57. 林民，汪燮卿，王賢清．石蠟微小乳化液的制備研究(Ⅰ)[J]．石油與天然氣化工，1998，(1)：25-27，34.

58. 彭樸，胡延秀，汪燮卿．催化裂解輕油精製新途徑[J]．石油煉制與化工，1998，29(2)：15-18.

59. 林民，汪燮卿，王賢清．石蠟微小乳化液的制備研究(Ⅱ)[J]．石油與天然氣化工，1998(2)：96-99+132-133.

60. 孫明永，胡延秀，汪燮卿．DCC 與 MIO 汽油餾分的選擇性加氫[J]．石油煉制與化工，

1998, 29, (3): 18–22.

61. 朱玉霞, 汪燮卿. 我國原油中的鈣含量及其分佈的初步研究[J]. 石油學報(石油加工), 1998, (3): 60–64.

62. 汪燮卿. 從第 15 屆世界石油大會看煉油工業的發展趨勢[J]. 石油煉制與化工, 1998, 29(4): 3–9.

63. 林民, 舒興田, 汪燮卿. TS–1 分子篩合成配方模型的研究[J]. 石油學報(石油加工), 1998, (4): 42–46.

64. 張永光, 汪燮卿. 中國汽油組成適應環保要求的對策[C]//中國科學技術協會、浙江省人民政府. 面向 21 世紀的科技進步與社會經濟發展(下册), 1999.

65. 林民, 舒興田, 汪燮卿, 趙琦, 韓秀文, 林勵吾, 包信和. TS–1 分子篩的合成 Ⅰ. ^{29}Si 和^{1}H NMR 研究正硅酸乙酯的水解[J]. 催化學報, 1999, (1): 30–35.

66. 朱玉霞, 汪燮卿. 原料油中的鈣分佈在催化裂化過程中的變化[J]. 石油學報(石油加工), 1999, (1): 40–45.

67. 林民, 舒興田, 汪燮卿. TS–1 分子篩合成影響因素研究[J]. 石油學報(石油加工), 1999, (2): 18–24.

68. 張青, 張文星, 汪燮卿. 原油脱鈣技術現狀與展望[J]. 石油化工動態, 1999, (3): 44–46.

69. 林民, 舒興田, 汪燮卿. 環境友好催化劑 TS–1 分子篩的合成及應用研究[J]. 石油煉制與化工, 1999, 30(8): 1–4.

70. Xie Chaogang, Zhang Zhigang, Li Zaiting, Wang Xieqing. Catalyst hydrothermal deactivation and coke formation in catalytic pyrolysis process for ethylene production[C]. Preprints – American Chemical Society, Division of Petroleum Chemistry, 2000.

71. 侯典國, 汪燮卿. 我國一些原油中鈣化合物分佈及形態的研究[J]. 石油學報(石油加工), 2000, (1): 54–59.

72. 李鳳艷, 汪燮卿, 陳擁軍, 李本高. 氯球制備水不溶性海因類殺菌劑的研究[J]. 精細化工, 2000, (4): 220–222+240.

73. 侯典國, 汪燮卿. 鈣對催化裂化催化劑活性的影響及抗鈣助劑的研究[J]. 石油學報(石油加工), 2000, (4): 13–18.

74. 李鳳艷, 汪燮卿, 陳擁軍, 李本高. 樹脂親水性對水不溶性海因類殺菌劑殺菌活性的影響[J]. 精細化工, 2000, (5): 260–262.

75. 李鳳艷, 汪燮卿, 陳擁軍, 李本高. 交聯結構對水不溶性聚季銨鹽類殺菌劑性能的影響[J]. 應用化學, 2000, (5): 566–568.

76. 李鳳艷, 趙天波, 汪燮卿, 陳擁軍, 李本高. 硅膠固載 γ–氯丙基三甲氧基硅烷制備水不溶性殺菌劑中間體[J]. 精細化工，2001，(1)：59-61.

77. 李鳳艷，汪燮卿，陳擁軍，李本高．水不溶性聚合物殺菌劑[J]. 石油化工高等學校學報，2001，(2)：39-43.

78. 劉鴻洲，汪燮卿．ZSM-5 分子篩中引入過渡金屬對催化熱裂解反應的影響[J]. 石油煉制與化工，2001，32(2)：48-51.

79. Xu Youhao，Zhang Jiushun，Long Jun，Wang Xieqing. A new FCC process MIP for production of clean gasoline component [J]. China Petroleum Processing and Petrochemical Technology，2001，(3)：43-48.

80. 李鳳艷，趙天波，汪燮卿，陳擁軍，李本高．交聯聚苯乙烯樹脂固載殺菌活性官能團制備季銨鹽類殺菌劑[J]. 石油化工高等學校學報，2001，(3)：22-25.

81. 劉澤龍，汪燮卿．酚類化合物對柴油安定性的影響[J]. 石油學報(石油加工)，2001，(3)：16-20.

82. 李鳳艷，趙天波，汪燮卿，陳擁軍，李本高．以硅膠爲載體通過 3-胺丙基三甲氧基硅烷偶聯劑制備季銨鹽類水不溶性殺菌劑的方法研究(I)[J]. 離子交換與吸附，2001，(4)：350-354.

83. 李鳳艷，汪燮卿，陳擁軍，李本高．以硅膠爲載體合成水不溶性季銨鹽類殺菌劑[J]. 應用化學，2001，(6)：496-497.

84. 李鳳艷，趙天波，汪燮卿，陳擁軍．以離子交換樹脂爲原料合成水不溶性殺菌劑[J]. 石油煉制與化工，2001，32(9)：61-63.

85. 謝朝鋼，汪燮卿，郭志雄，魏强．催化熱裂解(CPP)制取烯烴技術的開發及其工業試驗[J]. 石油煉制與化工，2001，32(12)：7-10.

86. 侯祥麟，汪燮卿．制約我國石油加工科技發展的幾個因素[N]. 光明日報，2002-08-16.

87. Wang Xieqing，Shi Wenyuan，Xie Chaogang，Li Zaiting. Catalytic pyrolysis process (CPP) - An upswing of RFCC for ethylene and propylene production [C]. Pre - Print Archive - American Institute of Chemical Engineers，2002.

88. Xie Chaogang，Wang Xieqing，Guo Zhixiong，Wei Qiang. Commercial trial of catalytic pyrolysis process for manufacturing ethylene and propylene[C]. Proceedings of the World Petroleum Congress，2002.

89. 彭樸，汪燮卿．加入 WTO 後的油田化學品發展對策[C]//中國科學技術協會、四川省人民政府．加入 WTO 和中國科技與可持續發展——挑戰與機遇、責任和對策(下册)，2002.

90. 王永峰，王京，黄蔚霞，劉冬雲，李鳳艷，汪燮卿．核磁共振在新型水不溶性殺菌劑研制中的應用[C]//中國物理學會波譜專業委員會．第十二屆全國波譜學學術會議論文摘要集，2002.

91. Wang Xieqing，Peng Pu. Development of oilfield chemicals based on advantages in petrochemical feedstocks[J]. China Petroleum Processing and Petrochemical Technology，2002，(1)：1–6.

92. 汪燮卿．莫等閒，白了少年頭，空悲切——回憶我的少年時代[J]. 江淮文史，2002，(1)：27–39.

93. 李鳳艷，趙天波，汪燮卿，陳擁軍，李本高．以硅膠爲載體通過 γ-胺丙基三甲氧基硅烷偶聯劑制備季銨鹽類水不溶性殺菌劑的方法研究(Ⅱ)[J]. 離子交換與吸附，2002，(2)：111–118.

94. 陳涓，彭樸，汪燮卿．化學交聯聚乙烯醇的降濾失機理[J]. 油田化學，2002，(2)：101–104，117.

95. Lin Min，Shu Xingtian，Wang Xieqing，Zhao Qi，Bao Xinhe，Han Xiuwen. ^{29}Si and ^{1}H high-resolution NMR investigation on the hydrolysis of TEOS in TS-1 synthesis[J]. China Petroleum Processing and Petrochemical Technology，2002，(3)：35–39.

96. 李鳳艷，趙天波，汪燮卿，陳擁軍，李本高．以磺酸陽離子交換樹脂爲原料合成含硫水不溶性殺菌劑[J]. 環境污染與防治，2002(3)：147–149.

97. 伊紅亮，施至誠，李才英，汪燮卿．催化熱裂解工藝專用催化劑 CEP–1 的研製開發及工業應用[J]. 石油煉制與化工，2002，33(3)：38–42.

98. 張劍秋，田輝平，達志堅，範中碧，汪燮卿．磷改性 Y 型分子篩的氫轉移性能考察[J]. 石油學報(石油加工)，2002，(3)：70–74.

99. 李鳳艷，趙天波，汪燮卿，陳擁軍，李本高．以固載氯烷基硅氧烷的硅烷的硅膠中間體爲原料制備水不溶性殺菌劑[J]. 水處理技術，2002，(3)：143–145.

100. Hou Dianguo，Wang Xieqing，Xi，Chaogang，Shi Zhicheng. Studies on the reaction mechanism of CPP and the factors affecting the yields of ethylene andpropylene[J]. China Petroleum Processing and Petrochemical Technology，2002，(4)：51–55.

101. 趙天波，李鳳艷，汪燮卿，王京，陳擁軍，李本高．硅膠固載硅烷偶聯劑的核磁共振波譜研究[J]. 波譜學雜誌，2002，(4)：359–363.

102. 李本高，陳擁軍，汪燮卿．可再生不溶性殺菌劑構效關係研究[J]. 工業用水與廢水，2002，(4)：1–3.

103. 侯典國，汪燮卿，謝朝鋼，施至誠．催化熱裂解工藝機理及影響因素[J]. 乙烯工業，2002，(4)：1–5.

104. 陳涓，彭樸，汪燮卿，趙艷，周仕明，丁士東．化學交聯聚乙烯醇的交聯度和降失水性能的關係[J]. 鑽井液與完井液，2002，(5)：25-27，57.

105. 魯維民，汪燮卿，鐘孝湘，李鬆年．FCC 再生催化劑快速汽提的研究[J]. 石油煉制與化工，2002，33(9)：9-12.

106. 趙天波，李鳳艷，汪燮卿，陳擁軍，李本高．帶長鏈烷基季銨鹽殺菌活性官能團樹脂的合成[J]. 環境污染治理技術與設備，2002，(10)：68-71.

107. 侯祥麟，汪燮卿．20 世紀中國石油加工領域科技發展[J]. 自然辯證法研究，2002，(11)：5-9.

108. 謝朝鋼，汪燮卿．催化熱裂解技術的工業應用前景[C]//中國化工學會石油化工專業委員會．中國化工學會 2003 年石油化工學術年會論文集，2003.

109. Hou Dianguo，Xie Chaogang，Wang Xieqing. Commercial Application of CPP for Producing Ethylene and Propylene from Heavy Oil Feed[J]. China Petroleum Processing and Petrochemical Technology，2003，(1)：19-22.

110. 李鳳艷，趙天波，汪燮卿，陳擁軍，李本高．紅外光譜法研究硅膠表面固載硅氧烷的鍵合反應[J]. 石油化工高等學校學報，2003，(2)：20-24.

111. 汪燮卿．催化熱裂解——以重質原料發展石化的新途徑[J]. 石油知識，2003，(2)：4-5.

112. Zhang Baoji，Wang Xieqing. Study on Preparation and Application of Ti/Si Complex Zeolite[J]. China Petroleum Processing and Petrochemical Technology，2003，(3)：49-52.

113. 李鳳艷，趙天波，汪燮卿，陳擁軍．氯丙基硅氧烷作偶聯劑制備的硅膠類殺菌劑的表征和再生性能研究[J]. 石油煉制與化工，2003，34(3)：56-60.

114. 林民，舒興田，汪燮卿．$^{1}H \rightarrow ^{13}C$ 和 $^{1}H \rightarrow ^{29}Si$CP/MAS NMR 研究鈦硅分子篩晶化[J]. 石油學報(石油加工)，2003，(3)：33-37.

115. 朱玉霞，汪燮卿．釩酸鹽化合物熱穩定性研究[J]. 石油學報(石油加工)，2003，(3)：78-82.

116. 申海平，嚴加鬆，丁宗禹，汪燮卿．石油瀝青制備炭質催化劑載體的研究[J]. 石油瀝青，2003，(4)：14-18.

117. 朱玉霞，汪燮卿．鑭、磷複合添加組分對催化裂化催化劑物化性能的影響[J]. 石油學報(石油加工)，2003，(4)：8-14.

118. 柯明，汪燮卿，張鳳美．磷改性 ZSM-5 分子篩催化裂解制乙烯性能的研究[J]. 石油學報(石油加工)，2003，(4)：28-35.

119. 柯明，汪燮卿，張鳳美．Physicochemical Features of Phosph orus-Modified ZSM-5 Zeolite and Its Performance on Catalytic Pyrolysis to Produce Ethylene[J]. Chinese Journal of Chemical Engineering，2003，(6)：59-64.

120. 汪燮卿．關於開發碳四、碳五餾分生產丙烯技術方案的探討[J]．當代石油石化，2003，(9)：5-8.

121. 柯明，汪燮卿，張鳳美．分子篩孔結構和硅鋁比對催化裂化產品中乙烯選擇性的影響[J]．石油煉制與化工，2003，34(9)：53-58.

122. 林民，舒興田，汪燮卿．鈦硅分子篩晶化過程 XRD 和 FT-IR 的研究[J]．石油煉制與化工，2003，34(10)：38-43.

123. Xu Youhao，Wang Xieqing. Study on Reaction Mechanism for Cracking FCC Gasoline on Acid Catalyst[J]. China Petroleum Processing and Petrochemical Technology，2004，(1)：23-28.

124. Xu Youhao，Wang Xieqing. Study on Disproportionation Reaction of FCC Gasoline on Acid Catalyst[J]. China Petroleum Processing and Petrochemical Technology，2004，(2)：35-40.

125. 汪燮卿．我國節約用油問題探討[J]．當代石油石化，2004，(2)：1-4.

126. 黃蔚霞，李雲龍，汪燮卿．離子液體在催化裂化汽油脫硫中的應用[J]．化工進展，2004，(3)：297-299.

127. 徐振洪，於麗，譚麗，李本高，汪燮卿．新型高效原油脫鈣劑 RPD-Ⅱ及其應用研究[J]．煉油技術與工程，2004，(4)：44-48.

128. 徐振洪，譚麗，於麗，汪燮卿．原油脫鈣劑工業試驗[J]．煉油技術與工程，2004，(10)：46-48.

129. 劉杰，李本高，汪燮卿．超支化聚合物殺菌劑的合成及性能評價[J]．石油煉制與化工，2004，35(10)：68-72.

130. 林民，朱斌，舒興田，汪燮卿．鈦硅分子篩 HTS 的開發和應用[C]//中國化工學會、中國化工學會石油化工專業委員會．中國化工學會 2005 年石油化工學術年會論文集，2005.

131. 汪燮卿．對汽車節油與發展替代燃料若干問題的思考[J]．當代石油石化，2005，(2)：1-4.

132. 郝小明，劉偉，代振宇，周涵，景振華，汪燮卿．茂金屬催化劑負載化及負載機理的研究進展[J]．化工進展，2005，(2)：169-173.

133. 朱根權，張久順，汪燮卿．丁烯催化裂解制取丙烯及乙烯的研究[J]．石油煉制與化工，2005，36(2)：33-37.

134. 朱丙田，汪燮卿，候栓弟，許克家，鐘孝湘．一種新型下行管入口結構流體力學性能的數值模擬[J]．計算機與應用化學，2005，(3)：189-194.

135. 柯明，汪燮卿，張鳳美．高溫水熱處理後磷改性 HZSM-5 分子篩的結構變化[J]．石油化工，2005，(3)：226-232.

136. 胡曉春，汪燮卿．國外交通運輸節油經驗和啓示[J]．中國工程科學，2005，(3)：1-5.

137. 吴治國，張瑞馳，汪燮卿．煉油與氣化結合工藝技術的探索[J]．石油學報(石油加工)，2005，21(4)：1-6.

138. 吴治國，張久順，汪燮卿．温度和氧氣分壓對 FCC 再生器中一氧化碳濃度的影響[J]．石油煉制與化工，2005，36(8)：18-22.

139. 傅曉欽，田松柏，侯栓弟，汪燮卿．高酸原油催化脱酸工藝研究進展[J]．化工進展，2005，(9)：968-970.

140. 郝小明，代振宇，周涵，景振華，汪燮卿．分子模擬技術在茂金屬催化劑研究中的應用[J]．化工學報，2005，(10)：2033-2035.

141. 沈希軍，張軍，王嘉駿，馮連芳，蔣士成，汪燮卿．聚酯切片流態化特性的研究[J]．石油化工，2005，(12)：1164-1167.

142. 林民，朱斌，舒興田，汪燮卿．新型鈦硅分子篩 HTS 合成及表征[C]//中國化學會催化委員會．第十三届全國催化學術會議論文集，2006.

143. 汪燮卿，李本高．石油化工污水回用現狀和發展趨勢[C]//中國海水淡化與水再利用學會、中國工程院化工冶金與材料學部、浙江省膜學會．第一届海水淡化與水再利用西湖論壇論文集，2006.

144. 沈希軍，張軍，李金霞，馮連芳，蔣士成，汪燮卿．PET 固相縮聚工藝技術分析[J]．合成技術及應用，2006，(1)：30-33.

145. 朱丙田，侯栓弟，許克家，張占柱，汪燮卿．一種新型入口結構的下行管的流體力學性能[J]．過程工程學報，2006，(2)：173-177.

146. 沈希軍，李金霞，馮連芳，張軍，蔣士成，汪燮卿．PET 固相縮聚前後的結晶行爲[J]．華東理工大學學報(自然科學版)，2006，(2)：165-168，176.

147. 陶志平，檪馨，劉建華，汪燮卿．油-水體系中枝孢霉菌對 A3 鋼腐蝕行爲的影響[J]．石油學報(石油加工)，2006，22(2)：98-102.

148. 葉宗君，許友好，汪燮卿．FCC 汽油重餾分的催化裂化和熱裂化産物組成的研究[J]．石油學報(石油加工)，2006，22(3)：46-53.

149. 李本高，汪燮卿．污水回用技術進展與發展趨勢[J]．工業用水與廢水，2006，(4)：1-6.

150. 郝小明，周涵，劉偉，代振宇，景振華，汪燮卿．茂金屬化合物 Cp_2ZrCl_2 與硅膠表面相互作用分子模擬[J]．計算機與應用化學，2006，(5)：457-461.

151. 汪燮卿，傅曉欽，田松柏，侯栓弟．高酸原油流化催化裂解脱羧酸技術的初步研究

[J]. 當代石油石化，2006，(10)：7-13，49.

152. 沈希軍，張軍，馮連芳，蔣士成，汪燮卿．聚酯熔體熱水中造粒傳熱過程的模擬[J]. 石油化工，2007，(1)：55-58.

153. 李本高，汪燮卿，陸婉珍．污水回用技術的進展與發展趨勢[J]. 環境經濟，2007，(5)：59-64.

154. 傅曉欽，田松柏，侯栓弟，汪燮卿．蓬萊和蘇丹高酸原油中的石油酸結構組成研究[J]. 石油與天然氣化工，2007，(6)：507-510.

155. 許友好，汪燮卿．催化裂化過程反應化學的進展[J]. 中國工程科學，2007，(8)：6-14.

156. 許友好，崔守業，汪燮卿．FCC 汽油烯烴雙分子裂化反應及其與雙分子氫轉移反應之比的研究[J]. 石油煉制與化工，2007，38(9)：1-5.

157. 張月琴，汪燮卿，楊海鷹．離子色譜在石化煉廠氣中氮氧化物測定方面的應用[C]// 厦門大學譜學分析與儀器教育部重點實驗室．第十二届全國離子色譜學術報告會論文集，2008.

158. Fu Xiaoqin, Dai Zhenyu, Tian Songbai, Long Jun, Hou Shuandi, Wang Xieqing. Catalytic decarboxylation of petroleum acids from high acid crude oils over solid acidcatalysts[J]. Energy & Fuels, 2008, 22(3): 1923-1929.

159. 王振宇，汪燮卿，徐振洪，李本高．環烷酸對高瀝青質稠油乳狀液穩定性的影響[J]. 石油煉制與化工，2008，39(10)：43-47.

160. Fu Xiaoqin, Dai Zhenyu, Tian Songbai, Hou Shuandi Wang Xieqing. Molecular simulation of naphthenic acid removal on acidic catalyst -（Ⅰ）Mechanism of catalytic decarboxylation [J]. China Petroleum Processing and Petrochemical Technology, 2008, (1): 49-54.

161. Fu Xiaoqin, Tian Songbai, Hou Shuandi, Long Jun, Wang Xieqing. Molecular simulation of naphthenic acid removal on acidic catalyst Ⅱ. Experimental results of catalytic decarboxylation over acidic catalysts[J]. China Petroleum Processing and Petrochemical Technology, 2008, (2): 29-33.

162. 唐津蓮，許友好，徐莉，汪燮卿．庚烯與 H_2S 在酸性催化劑上的反應機理Ⅰ．硫醇、硫醚生成機理[J]. 石油學報(石油加工)，2008，24(2)：121-127.

163. Tang Jinlian, Xu Youhao, Gong Jianhong, Wang Xieqing. Effect of Olefins on Formation of Sulfur Compounds in FCC Gasoline[J]. China Petroleum Processing and Petrochemical Technology, 2008, (3): 23-31.

164. Lin Min, Zhu Bin, Shu Xingtian, Wang Xieqing. Synthesis and Characterization of Hollow Titanium Silicalite Zeolite(HTS)[J]. China Petroleum Processing and Petrochemical Tech-

nology, 2008, (3): 1-5.

165. 唐津蓮，許友好，徐莉，汪燮卿．庚烯與 H_2S 在酸性催化劑上的反應機理Ⅱ．噻吩類化合物生成機理[J]．石油學報(石油加工)，2008，24(3)：243-250.

166. Lin Min, Zhu Bin , Shu Xingtian, Wang Xieqing. Study on Crystallization of Titanium Silicalite(Ⅰ)[J]. China Petroleum Processing and Petrochemical Technology, 2008, (4): 19-24.

167. 沈希軍，張軍，顧雪萍，馮連芳，蔣士成，汪燮卿．聚酯切片結晶行爲與固相縮聚過程新流程方案[J]．高分子材料科學與工程，2008，(8)：155-158.

168. 李本高，汪燮卿．水質特性與水質的關係研究[J]．工業水處理，2008，(10)：71-73.

169. 朱斌，林民，舒興田，汪燮卿．鈦硅分子篩 HTS-2 的合成[C]//中國化學會分子篩專業委員會．第十五届全國分子篩學術大會論文集，2009.

170. 林民，劉鬱東，朱斌，舒興田，汪燮卿．苯乙烯環境友好氧化制備苯乙醛[C]//中國化學會催化委員會．第六届全國環境催化與環境材料學術會議論文集，2009.

171. 汪燮卿．山高流水繼世長——懷念侯祥麟院士[J]．化學進展，2009，21(4)：573-576.

172. 唐津蓮，許友好，龔劍洪，汪燮卿．FCC 汽油硫化物的生成動力學[J]．石油學報(石油加工)，2009，25(4)：477-484.

173. 唐津蓮，許友好，劉憲龍，汪燮卿．流化催化裂化汽油含硫化合物生成規律的考察[J]．石油化工，2009，38(1)：30-34.

174. 唐津蓮，許友好，程從禮，汪燮卿．H_2S 對 FCC 汽油硫化物生成的影響[J]．石油煉制與化工，2009，40(1)：34-38.

175. Lin Min, Zhu Bin, Shu Xingtian, Wang Xieqing. Study on Crystallization of Titanium Silicalite Zeolite (Ⅱ) [J] . China Petroleum Processing and Petrochemical Technology, 2009 (1): 31-38.

176. Xu Li, Zhang Wenhao, Fan Heli, Xie Chaogang, Wang Danhong, Peng Zhien, Wang Xieqing. Oxidative desulfurization over molybdenum - containing MCM - 41 [J] . China Petroleum Processing and Petrochemical Technology, 2009, (3): 39-47.

177. 張月琴，汪燮卿，楊海鷹．氣體中氮氧化物分析方法進展[J]．現代科學儀器，2009，(3)：109-111.

178. Tang Jinlian, Xu Youhao, Cheng Congli, Wang Xieqing. Study on MIP Technology for Production of EURO Ⅳ Clean Gasoline: 1. Analysis of Rules for Transformation of Sulfur Compounds and Factors Influencing Sulfur Content in MIP Naphtha[J]. China Petroleum Process-

ing and Petrochemical Technology, 2009, (4): 27-33.

179. Wu Sufang, Li Lianbao, Zhu Yanqing, Wang Xieqing. A micro-sphere catalyst complex with nano $CaCO_3$ precursor for hydrogen production used in ReSER process[J]. Engineering Sciences, 2010, 8(1): 22-26.

180. Men Xiujie, Zhan Shuhong, Li Yanjun, Wu Zhiguo, Wang Zijun, Wang Xieqing. Characterization of Catalytic Cracking Catalysts Regenerated by Gasifying Deposited Coke[J]. China Petroleum Processing and Petrochemical Technology, 2010, 12(1): 5-12.

181. Tang Jinlian, Xu Youhao, Gong Jianhong, Wang Xieqing. MIP Technology for Pruduction of Euro Ⅳ Clean Gasoline: Ⅱ. Correlation Model of Sulfur Content of MIP Naphtha and Its Application[J]. China Petroleum Processing and Petrochemical Technology, 2010, 12(1): 49-53.

182. Men Xiujie, Zhan Shuhong, Li Yanjun, Wang Zijun, Wang Xieqing. Comparison on Non-isothermal Oxidation between Spent Catalytic Cracking Catalysts and Coal [J]. China Petroleum Processing and Petrochemical Technology, 2010, 12(2): 33-40.

183. 吴治國，汪燮卿，張久順.FCC 再生低碳排放供氫工藝探索研究[J]. 石油學報(石油加工)，2011，27(4)：516-521.

184. 唐津蓮，許友好，汪燮卿，龔劍洪. 二异丙基萘在分子篩催化劑上的側鏈斷裂反應[J]. 石油學報(石油加工)，2012，28(2)：174-179.

185. 門秀杰，張書紅，張美菊，李延軍，王子軍，汪燮卿. 焦炭氣化對接觸裂化催化劑物化性能的影響[J]. 石油學報(石油加工)，2012，28(5)：717-723.

186. 門秀杰，張書紅，張美菊，李延軍，王子軍，汪燮卿. 接觸劑上焦炭的氣化反應性能[J]. 石油學報(石油加工)，2012，28(6)：1001-1005.

187. 唐津蓮，許友好，汪燮卿. 八氫菲在分子篩催化劑上的環烷環開環反應[J]. 石油學報(石油加工)，2012，28(6)：900-906.

188. 唐津蓮，許友好，汪燮卿. 全氫菲在分子篩催化劑上環烷環開環反應的研究[J]. 燃料化學學報，2012，40(6)：721-726.

189. 唐津蓮，許友好，汪燮卿，程從禮. 十氫萘在分子篩催化劑上的開環反應研究[J]. 燃料化學學報，2012，40(12)：1422-1428.

190. 唐津蓮，許友好，汪燮卿，龔劍洪. 四氫萘在分子篩催化劑上環烷環開環反應的研究[J]. 石油煉制與化工，2012，43(1)：20-25.

191. 胡曉春，張寶吉，蔣福康，汪燮卿. 汽車節油迫在眉睫[J]. 中國工程科學，2013，15(10)：10-15.

192. 李財富，李本高，汪燮卿. 國内水基鑽井液降濾失劑研究現狀[J]. 中外能源，2013，18(2)：39-44.

193. 胡曉春，汪燮卿，蔣福康，張寶吉. 汽車節油減排措施和政策[J]. 中外能源，2013，18(12)：10-17.

194. 譚麗，汪燮卿，朱玉霞，王子軍. 釩在催化裂化過程中的價態及其對催化劑的毒害[J]. 石油煉制與化工，2013，44(2)：1-7.

195. 譚麗，汪燮卿，朱玉霞，王子軍，任飛，李本高．釩污染 FCC 催化劑上釩的價態變化及其對催化劑結構的影響[J]．石油學報(石油加工)，2014，30(3)：391-397.
196. 張書紅，王子軍，龍軍，汪燮卿．反應溫度對塔河常壓渣油接觸熱裂化反應的影響[J]．石油學報(石油加工)，2014，30(4)：575-580.
197. 朱元寶，張書紅，王子軍，汪燮卿．鐵沉積對劣質重油裂化接觸劑性能的影響[J]．石油煉制與化工，2014，45(1)：6-10.
198. 張書紅，王子軍，龍軍，汪燮卿．科威特減壓渣油及其窄餾分接觸熱裂化反應規律研究[J]．石油煉制與化工，2014，45(2)：1-7.
199. 朱元寶，王子軍，朱玉霞，汪燮卿．鈣對劣質重油接觸裂化接觸劑性能的影響[J]．石油煉制與化工，2014，45(4)：14-18.
200. 嚴麗霞，蔣雲濤，蔣斌波，廖祖維，黄正樑，王靖岱，陽永榮，汪燮卿．移動床甲醇制丙烯技術的工藝與工程[J]．化工學報，2014，65(1)：2-11.
201. 蔣斌波，嚴麗霞，魏令澤，馮翔，廖祖維，黄正樑，王靖岱，陽永榮，汪燮卿．稀釋氣對甲醇制丙烯反應產物的影響[J]．石油學報(石油加工)，2015，31(2)：556-562.
202. 汪燮卿．爲創新鋪路[J]．石油學報(石油加工)，2015，31(2)：205-207.
203. 汪燮卿．汽車節油利國利民[J]．科技導報，2015，33(8)：1.
204. 王乃鑫，劉澤龍，汪燮卿，祝馨怡，田松柏．氣相色譜-飛行時間質譜表征餾分油芳烴分子組成的餾程分佈[J]．石油化工，2015，44(11)：1388-1395.
205. 張月琴，汪燮卿，宋以常，凌烈祥，煉油廠烯烴資源氣中 NO_x 的分析方法研究與應用[J]．石油煉制與化工，2015，46(1)：83-88.
206. 唐津蓮，許友好，徐莉，汪燮卿．S Zorb 煙氣膜分離技術考察[J]．石油學報(石油加工)，2016，32(1)：170-174.
207. 唐津蓮，劉憲龍，許友好，汪燮卿．N_2 中 SO_2 對 S Zorb 吸附劑活性組分的影響[J]．石油學報(石油加工)，2016，32(2)：350-354.
208. 王乃鑫，汪燮卿，劉澤龍．環己烷氧化副產物全組分的質譜分析[J]．質譜學報，2016，37(1)：43-51.
209. 李延軍，張書紅，申海平，汪燮卿．接觸裂化積炭接觸劑物化性質研究[J]．煉油技術與工程，2016，46(6)：20-24.
210. 張書紅，任磊，李延軍，汪燮卿．待生劑上焦炭部分氧化制 CO 本征反應動力學[J]．石油煉制與化工，2016，47(5)：1-5.
211. 王乃鑫，汪燮卿，劉澤龍，朱玉霞．生物重油與減壓蠟油共催化裂化生產高辛烷值汽油的研究[J]．石油煉制與化工，2016，47(7)：27-31.
212. 許友好，汪燮卿．石油重質烴高效利用的 IHCC 工藝理論基礎與工業實踐[J]．石油學報(石油加工)，2017，33(3)：395-402.

附録三　汪燮卿主要授權專利

中國專利授權：

1. 廖暉生，胡延秀，吴佳，張馨維，何鳴元，汪燮卿，閔恩澤．低芳烴溶劑油的製造方法：中國，ZL91104458.2[P].1995-11-22.
2. 謝朝鋼，潘仁南，李再婷，施文元，汪燮卿．石油烴的催化熱裂解方法：中國，ZL92109775.1[P].1995-11-22.
3. 孫明永，胡延秀，汪燮卿，龐桂賜，石玉林，石亞華，劉健生，楊克勇．催化裂解汽油加氫精製方法：中國，ZL94102955.7[P]. 1997-09-03.
4. 顧侃英，蘇兆輝，任永林，汪燮卿．脈冲微型裂解反應裝置：中國，ZL97249764.1[P].1999-03-31.
5. 李明林，黄志淵，畢財章，楊克勇，王瑾，張鳳美，朱斌，汪燮卿．苯的液相烷基化工藝：中國，ZL95101006.9[P].1999-09-29.
6. 李鬆年，汪燮卿，霍永清．石油烴類催化轉化方法：中國，ZL96100050.3[P].1999-10-06.
7. 戴隆秀，段啓偉，王如恩，汪燮卿，紀洪波，林偉國，鄧毅．一種制備高純氧化鋁的方法：中國，ZL97104442.2[P].2000-05-17.
8. 闞景杰，虞至慶，劉進彦，陳振宇，汪燮卿．一種多産烯烴的改性的層柱黏土催化劑及其制法和應用：中國，ZL96103411.4[P]. 2000-09-27.
9. 鐘孝湘，潘煜，林文才，張瑞馳，李世春，毛安國，汪燮卿，陳祖庇．多産烯烴的催化裂化方法及其提昇管反應系統：中國，ZL97120272.9[P].2000-11-01.
10. 闞景杰，汪燮卿，虞至慶，陳振宇，劉清林．一種層柱黏土微球重油裂化催化劑及其制備：中國，ZL97116446.0[P].2001-01-03.
11. 謝朝鋼，李再婷，施文元，汪燮卿．催化熱裂解制取乙烯和丙烯的方法：中國，ZL98120236.5[P].2001-01-17.
12. 陳擁軍，李本高，汪燮卿．水不溶性聚季鏻鹽型殺菌劑：中國，ZL98120488.0[P].2001-03-07.
13. 陳擁軍，汪燮卿，李本高．一種水不溶性聚季鏻鹽型殺菌劑及其制備：中國，

ZL97116831. 8[P]. 2001-03-07.
14. 陳擁軍，汪燮卿，李本高．一種水不溶性聚季鏻鹽型殺菌劑及其制備：中國，ZL97116830. X[P]. 2001-03-07.
15. 陳擁軍，汪燮卿，李本高．一種水不溶性聚合物型殺菌劑及其制備：中國，ZL97116726. 5[P]. 2001-06-27.
16. 關景杰，汪燮卿，虞至慶，陳振宇，劉清林，廖易．重油催化熱裂解層柱黏土催化劑：中國，ZL97122089. 1[P]. 2001-08-15.
17. 張鳳美，舒興田，施至誠，王衛東，秦鳳明，汪燮卿．一種五元環分子篩組合物的制備方法：中國，ZL97116435. 5[P]. 2001-10-03.
18. 張鳳美，舒興田，施至誠，王衛東，秦鳳明，汪燮卿．多産乙烯和丙烯的五元環分子篩組合物：中國，ZL97116445. 2[P]. 2001-10-03.
19. 許友好，張久順，楊軼男，龍軍，汪燮卿，李再婷，施至誠．一種制取异丁烷和富含异構烷烴汽油的催化轉化方法：中國，ZL99105904. 2[P]. 2001-12-26.
20. 許友好，餘本德，張久順，龍軍，汪燮卿，蔣福康．一種降低汽油烯烴、硫和氮含量的催化轉化方法：中國，ZL99109196. 5[P]. 2001-12-26.
21. 陳擁軍，李本高，汪燮卿．水不溶性聚季鏻鹽型殺菌劑：中國，ZL98120489. 9[P]. 2002-07-03.
22. 陳擁軍，李本高，汪燮卿．水不溶性聚季鏻鹽型殺菌劑：中國，ZL98124442. 4[P]. 2002-07-03.
23. 陳擁軍，李本高，汪燮卿．水不溶性聚季鏻鹽型殺菌劑：中國，ZL98125095. 5[P]. 2002-07-03.
24. 林民，舒興田，汪燮卿，朱斌．一種鈦硅分子篩的改性方法：中國，ZL98117503. 1[P]. 2002-07-31.
25. 林民，舒興田，汪燮卿，朱斌．一種鈦硅分子篩的合成方法：中國，ZL98102390. 8[P]. 2002-08-21.
26. 林民，舒興田，汪燮卿，朱斌．一種鈦硅分子篩的制備方法：中國，ZL98102391. 6[P]. 2002-08-21.
27. 林民，舒興田，汪燮卿，朱斌．一種鈦硅分子篩的合成方法：中國，ZL98119915. 1[P]. 2002-08-21.
28. 李鬆年，汪燮卿，鐘孝湘，許克家，張久順，張執剛．一種用於流化催化轉化的提昇管反應器：中國，ZL98125665. 1[P]. 2002-12-04.
29. 施至誠，王亞民，李再婷，汪燮卿．一種提高液化氣産率和汽油辛烷值的方法：中國，ZL00100398. 4[P]. 2003-01-29.

30. 許友好，張瑞馳，張久順，龍軍，汪燮卿．降低汽油中烯烴及硫、氮含量的催化轉化方法：中國，ZL00103283.6[P].2003-01-29.
31. 林民，舒興田，汪燮卿，朱斌．一種制備鈦硅分子篩的方法：中國，ZL98101357.0[P].2003-03-05.
32. 朱玉霞，汪燮卿．含磷和稀土的烴類裂化催化劑鈍化劑組分及其制備方法：中國，ZL99107788.1[P].2003-06-11.
33. 陳振宇，虞至慶，桂躍强，關景杰，李才英，汪燮卿．層柱黏土催化劑的制備方法：中國，ZL00130261.2[P].2003-06-11.
34. 朱玉霞，汪燮卿．一種含磷和稀土的烴類裂化催化劑及其制備方法：中國，ZL99107787.3[P].2003-06-25.
35. 侯典國，汪燮卿．一種催化裂化抗鈣助劑及其應用：中國，ZL99119553.1[P].2003-07-23.
36. 魯維民，汪燮卿，鐘孝湘，李鬆年．改善流化質量的方法和裝置：中國，ZL00107415.6[P].2003-07-23.
37. 虞至慶，關景杰，陳振宇，汪燮卿．層柱分子篩的制備方法：中國，ZL00107714.7[P].2003-08-27.
38. 申海平，丁宗禹，嚴加鬆，汪燮卿．中孔發達的活性炭的制備方法：中國，ZL99100354.3[P].2003-09-24.
39. 張劍秋，田輝平，範中碧，汪燮卿．一種含磷Y型沸石及其制備方法：中國，ZL00109746.6[P].2003-09-24.
40. 付英鋭，汪燮卿，關景杰，虞至慶．一種乙烯和丙烯的制取方法：中國，ZL00103425.1[P].2003-10-22.
41. 陳擁軍，李本高，汪燮卿，王秀，李亞紅．聚合物型兩性殺菌劑及其制備：中國，ZL99100352.7[P].2003-11-26.
42. 陳擁軍，李本高，汪燮卿，王秀，李亞紅．一種聚合物型兩性殺菌劑及其制備：中國，ZL99100353.5[P].2003-11-26.
43. 林民，舒興田，汪燮卿，朱斌．一種鈦硅分子篩及其制備方法：中國，ZL99126289.1[P].2003-12-31.
44. 李鬆年，汪燮卿，侯栓弟，許克家．烴油的兩段催化裂化方法：中國，ZL00122845.5[P].2004-02-11.
45. 張劍秋，田輝平，範中碧，汪燮卿．含磷Y型沸石及其制備方法：中國，ZL00109745.8[P].2004-03-17.
46. 魯維民，汪燮卿，鐘孝湘，李鬆年．一種再生催化劑汽提塔和汽提再生催化劑的方法：

中國，ZL00103385.9[P].2004-07-07.

47. 李鳳艷，汪燮卿，李本高，陳擁軍．水不溶性殺菌劑及其制備方法：中國，ZL00105685.9[P].2004-09-08.

48. 林民，舒興田，汪燮卿，朱斌，汝迎春，王一萌，宗保寧．一種鈦硅分子篩的改性方法：中國，ZL01140182.6[P].2004-09-15.

49. 吴治國，張久順，汪燮卿．一種利用催化裂化再生煙氣制氫的方法：中國，ZL01123770.8[P].2004-10-06.

50. 魯維民，汪燮卿，鐘孝湘，李鬆年．一種催化劑脱氣塔和脱除催化劑携帶氣體的方法：中國，ZL00103384.0[P].2004-10-13.

51. 謝朝鋼，汪燮卿，李再婷，張久順，張執剛，侯典國．一種增産乙烯和丙烯的重質石油烴催化轉化方法：中國，ZL01119807.9[P].2004-12-08.

52. 李鬆年，侯栓弟，許克家，汪燮卿，鐘孝湘，武雪峰，何峻．一種組合式烴油催化轉化方法：中國，ZL02120781.X[P].2004-12-22.

53. 朱丙田，侯栓弟，龍軍，許克家，李鬆年，鐘孝湘，趙俊鵬，汪燮卿．待生催化劑的汽提方法：中國，ZL02130789.X[P].2005-03-02.

54. 朱丙田，侯栓弟，龍軍，許克家，李鬆年，鐘孝湘，何峻，汪燮卿．一種塔盤式催化裂化汽提器内構件：中國，ZL02130790.3[P].2005-03-02.

55. 張劍秋，田輝平，範中碧，汪燮卿．一種含磷Y型沸石裂化催化劑及其制備方法：中國，ZL01115620.1[P].2005-05-04.

56. 張劍秋，田輝平，範中碧，汪燮卿．含磷Y型沸石裂化催化劑及其制備方法：中國，ZL01115621.X[P].2005-05-04.

57. 陳涓，彭樸，汪燮卿．一種油井水泥降失水劑組合物：中國，ZL01130979.2[P].2005-05-04.

58. 徐振洪，李本高，汪燮卿．用石蠟氧化生産脂肪酸的副産物脱除烴油中金屬的方法：中國，ZL02100236.3[P].2005-06-08.

59. 謝朝鋼，羅一斌，趙留周，王殿中，施至誠，李明罡，舒興田，汪燮卿．一種石油烴裂解制取低碳烯烴的催化劑：中國，ZL02153374.1[P].2005-06-08.

60. 張寶吉，汪燮卿，薛用芳．一種中孔含鋁分子篩的制備方法：中國，ZL02125737.X[P].2005-06-29.

61. 徐莉，楊明彪，汪燮卿，李雲龍，田松柏．一種燃料油脱硫吸附劑及其制備方法：中國，ZL03102401.7[P].2005-07-27.

62. 張寶吉，汪燮卿，薛用芳．一種鈦硅分子篩的制備方法：中國，ZL02125738.8[P].2005-08-31.

63. 劉憲龍，徐莉，楊明彪，汪燮卿，許友好，張久順．一種降低汽油硫含量的方法：中國，ZL03122848.8[P].2005-10-26.
64. 朱丙田，侯栓弟，龍軍，許克家，李鬆年，鐘孝湘，武雪峰，汪燮卿．一種使再生催化劑脫除煙氣的方法：中國，ZL02130788.1[P].2005-11-09.
65. 張寶吉，汪燮卿．一種鈦硅分子篩複合材料及其合成方法：中國，ZL03137915.X[P].2005-11-09.
66. 謝朝鋼，李再婷，龍軍，汪燮卿．一種制取乙烯和丙烯的石油烴催化熱裂解方法：中國，ZL03147978.2[P].2006-01-04.
67. 謝朝鋼，李再婷，龍軍，汪燮卿．一種增產輕烯烴的石油烴催化轉化方法：中國，ZL03147977.4[P].2006-01-04.
68. 張寶吉，汪燮卿．一種高鈦含量中孔分子篩的制備方法：中國，ZL02125736.1[P].2006-03-22.
69. 謝朝鋼，楊義華，朱根權，龍軍，汪燮卿．利用輕質石油餾分催化轉化生產乙烯和丙烯的方法：中國，ZL03147976.6[P].2006-03-29.
70. 吴治國，張久順，汪燮卿，張瑞馳，謝朝鋼，朱根權，高永燦，馬建國．一種煉油與氣化相結合的工藝方法：中國，ZL02153378.4[P].2006-04-26.
71. 黄蔚霞，李雲龍，楊明彪，段啓偉，汪燮卿．噻吩類化合物烷基化方法及在餾分油脫硫中的應用：中國，ZL03137916.8[P].2006-05-31.
72. 趙留周，羅一斌，謝朝鋼，歐陽穎，賀方，王殿中，舒興田，汪燮卿．一種增產乙烯和丙烯的催化熱裂解催化劑：中國，ZL200410004477.3[P].2006-08-02.
73. 吴治國，張久順，汪燮卿．一種上流式低灰氣化爐：中國，ZL03102270.7[P].2006-08-30.
74. 黄蔚霞，李雲龍，汪燮卿．負載型催化劑及其制備和在汽油脫硫降烯烴中的應用：中國，ZL200410037677.9[P].2006-10-25.
75. 劉杰，李本高，汪燮卿．一種高分子殺菌劑及其制備方法：中國，ZL200310122461.8[P].2006-11-29.
76. 朱根權，舒興田，汪燮卿，羅一斌，吴治國，施至誠．一種制取小分子烯烴的催化轉化催化劑：中國，ZL200410068931.1[P].2007-08-22.
77. 龍軍，達志堅，李大東，汪燮卿，舒興田，張久順，聶紅，謝朝鋼，張執剛，王巍．一種生產低碳烯烴和芳烴的方法和裝置：中國，ZL200410068934.5[P].2007-08-22.
78. 朱根權，張久順，謝朝鋼，汪燮卿，吴治國．一種選擇性制取小分子烯烴的催化轉化方法：中國，ZL200410068930.7[P].2007-11-28.
79. 田松柏，傅曉欽，汪燮卿，侯栓弟，龍軍，張久順，許友好．一種加工高酸值原油的方法：中國，ZL200510051243. 9[P]. 2008-01-23.

80. 侯栓弟，李鬆年，張占柱，龍軍，達志堅，張久順，汪燮卿．烴類反應油氣的分離方法：中國，ZL200410086224. 5[P]. 2008-01-23.

81. 張占柱，李鬆年，侯栓弟，龍軍，達志堅，張久順，謝朝鋼，李家棟，汪燮卿．烴油催化裂解反應產物的分離方法：中國，ZL200410096306. 8[P]. 2008-04-02.

82. 田松柏，傅曉欽，汪燮卿，侯栓弟．一種烴原料催化脱酸方法：中國，ZL200510087234. 5[P]. 2008-04-02.

83. 龍軍，達志堅，李大東，汪燮卿，舒興田，張久順，聶紅，謝朝鋼，張執剛，王巍．一種生産低碳烯烴和芳烴的方法：中國，ZL200580001369. 3[P]. 2009-03-04.

84. 李大東，汪燮卿，龍軍，達志堅，舒興田，謝朝鋼，聶紅，張久順．一種生産低碳烯烴和芳烴的化工型煉油方法：中國，ZL200410006189. 1[P]. 2009-05-13.

85. 龍軍，侯栓弟，毛俊義，張占柱，張久順，汪燮卿，武雪峰，何峻．一種脱除烴油中石油酸的方法：中國，ZL200510135233. 3[P]. 2009-07-08.

86. 黄蔚霞，李雲龍，汪燮卿．一種離子液體酸量測定及表征方法：中國，ZL200410096312. 3[P]. 2009-08-05.

87. 劉杰，李本高，汪燮卿．負載型超支化聚合物、其制備及作爲殺菌劑的應用：中國，ZL200510105435. 3[P]. 2009-10-14.

88. 侯栓弟，傅曉欽，汪燮卿，田松柏，龍軍，張久順，舒興田，羅一斌，達志堅．一種催化脱除烴油中石油酸的方法：中國，ZL200510135179. 2[P]. 2010-02-03.

89. 朱根權，張久順，謝朝鋼，汪燮卿，高永燦，崔淑新．一種制取小分子烯烴的組合工藝方法：中國，ZL200510126066. 6[P]. 2010-05-12.

90. 唐津蓮，許友好，劉憲龍，程從禮，徐莉，汪燮卿．一種烴油在流態化反應器内非臨氫催化吸附脱硫的方法：中國，ZL200610112729. 3[P]. 2010-08-25.

91. 王振宇，徐振洪，汪燮卿，李本高．一種破乳劑及其制備方法和應用：中國，ZL200710119555. 8[P]. 2010-08-25.

92. 王振宇，徐振洪，汪燮卿，李本高．一種複合破乳劑及其使用方法：中國，ZL200710119554. 3[P]. 2010-08-25.

93. 朱根權，謝朝鋼，張久順，汪燮卿．一種制取小分子烯烴的方法：中國，ZL200610083442. 2[P]. 2010-08-25.

94. 唐津蓮，許友好，劉憲龍，程從禮，徐莉，汪燮卿．一種烴油在固定床反應器内非臨氫催化吸附脱硫的方法：中國，ZL200610112727. 4[P]. 2010-09-22.

95. 許友好，程從禮，汪燮卿，劉憲龍，常學良．一種有煙氣換熱的甲醇制二甲醚的流化催化轉化方法：中國，ZL200610114160. 4[P]. 2010-10-20.

96. 林民，史春風，龍軍，朱斌，舒興田，汪燮卿，汝迎春．一種 TS-1 分子篩的制備方法：中國，ZL200610112721.7[P].2010-12-22.
97. 許友好，程從禮，汪燮卿，劉憲龍，常學良．一種有催化劑换熱的甲醇制二甲醚的流化催化轉化方法：中國，ZL200610114161.9[P].2010-12-22.
98. 門秀杰，張書紅，王子軍，李延軍，吴治國，汪燮卿．一種用於含炭質材料氣化的氣化爐：中國，ZL201020172843.7[P].2010-12-22.
99. 林民，史春風，龍軍，朱斌，舒興田，慕旭宏，羅一斌，汪燮卿，汝迎春．一種 TS-1 分子篩的合成方法：中國，ZL200610144214.1[P].2011-01-19.
100. 林民，黄順賢，朱斌，舒興田，慕旭宏，羅一斌，汪燮卿，汝迎春．一種制備環氧丙烷的方法：中國，ZL200710064980.1[P].2011-01-19.
101. 史春風，林民，朱斌，舒興田，慕旭宏，羅一斌，汪燮卿，汝迎春．一種鈦硅分子篩的改性方法：中國，ZL200810115866.1[P].2011-02-09.
102. 龍軍，汪燮卿，程從禮，許友好，龔劍洪，朱根權，謝朝鋼，毛安國，達志堅，張久順．甲醇制二甲醚的流化催化轉化方法：中國，ZL200610113489.9[P].2011-04-20.
103. 龍軍，汪燮卿，程從禮，許友好，龔劍洪，謝朝鋼，毛安國，達志堅，張久順．甲醇制二甲醚的雙反應區流化催化轉化方法：中國，ZL200610113490.1[P].2011-04-20.
104. 林民，黄順賢，朱斌，舒興田，慕旭宏，羅一斌，汪燮卿，汝迎春．一種連續生産環氧丙烷的方法：中國，ZL200710099853.5[P].2011-04-20.
105. 林民，史春風，龍軍，朱斌，舒興田，慕旭宏，羅一斌，汪燮卿，汝迎春．一種催化丙烯環氧化生産環氧丙烷的方法：中國，ZL200710175281.4[P].2011-04-20.
106. 林民，史春風，龍軍，朱斌，舒興田，慕旭宏，羅一斌，汪燮卿，汝迎春．一種制備環氧丙烷的方法：中國，ZL200710175278.2[P].2011-04-20.
107. 林民，史春風，朱斌，舒興田，慕旭宏，羅一斌，汪燮卿，汝迎春．一種合成 TS-1 分子篩的方法：中國，ZL200710177407.1[P].2011-04-20.
108. 汪燮卿，唐津蓮，許友好，謝朝鋼，徐莉，張久順．一種用膜回收煙氣中硫的方法：中國，ZL200810055795.0[P].2011-04-20.
109. 林民，史春風，朱斌，舒興田，慕旭宏，羅一斌，汪燮卿，汝迎春．一種鈦硅分子篩的改性方法：中國，ZL200810102304.3[P].2011-04-20.
110. 唐津蓮，汪燮卿，許友好，劉憲龍，張久順，謝朝鋼．一種用膜回收煙氣中氮氣的方法：中國，ZL200810055797.X[P]. 2011-04-20.
111. 龍軍，張久順，侯栓弟，武雪峰，毛安國，張占柱，田松柏，汪燮卿．一種劣質原油生産高辛烷值汽油的方法：中國，ZL200710099847.X[P].2011-05-18.
112. 史春風，林民，朱斌，舒興田，慕旭宏，羅一斌，汪燮卿，汝迎春．一種改性鈦硅分子篩的方法：中國，ZL200810115865.7[P].2011-05-18.

113. 林民，史春風，朱斌，舒興田，慕旭宏，羅一斌，汪燮卿，汝迎春．一種合成TS-1分子篩的方法：中國，ZL200710177408.6[P].2011-06-15.

114. 林民，史春風，朱斌，舒興田，慕旭宏，羅一斌，汪燮卿，汝迎春．一種微孔鈦硅分子篩材料及其制備方法：中國，ZL200810055798.4[P].2011-06-15.

115. 林民，史春風，朱斌，舒興田，慕旭宏，羅一斌，汪燮卿，汝迎春．一種高鈦含量介孔分子篩的合成方法：中國，ZL200810101125.8[P].2011-06-15.

116. 林民，史春風，朱斌，舒興田，慕旭宏，羅一斌，汪燮卿，汝迎春．一種具有介孔和微孔結構的鈦硅材料的合成方法：中國，ZL200810101124.3[P].2011-06-15.

117. 林民，史春風，朱斌，舒興田，慕旭宏，羅一斌，汪燮卿，汝迎春．一種催化氧化苯乙烯合成環氧苯乙烷的方法：中國，ZL200710177417.5[P].2011-07-20.

118. 林民，史春風，朱斌，舒興田，慕旭宏，羅一斌，汪燮卿，汝迎春．介孔鈦硅材料的制備方法：中國，ZL200810057266.4[P].2011-07-20.

119. 龍軍，侯栓弟，王子軍，田輝平，許克家，嚴加鬆，朱丙田，汪燮卿．一種烴油轉化方法：中國，ZL200610169868.X[P].2011-07-20.

120. 林民，史春風，龍軍，朱斌，舒興田，慕旭宏，羅一斌，汪燮卿，汝迎春．一種介孔鈦硅分子篩材料的合成方法：中國，ZL200610144215.6[P].2011-08-10.

121. 侯栓弟，龍軍，張久順，張占柱，許克家，何峻，武雪峰，汪燮卿，李鬆年．一種烴油轉化方法：中國，ZL200610169869.4[P].2011-08-10.

122. 林民，史春風，龍軍，朱斌，舒興田，慕旭宏，羅一斌，汪燮卿，汝迎春．一種合成含鈦分子篩材料的方法：中國，ZL200610169520.0[P].2011-11-02.

123. 朱斌，史春風，林民，舒興田，慕旭宏，羅一斌，汪燮卿，汝迎春．一種催化氧化烯丙醇生產環氧丙醇的方法：中國，ZL200810105370.6[P].2011-11-02.

124. 張月琴，楊海鷹，汪燮卿．一種 NO_2 吸收劑和吸收管及其應用：中國，ZL200810117458.X[P].2011-11-02.

125. 林民，史春風，朱斌，舒興田，慕旭宏，羅一斌，汪燮卿，汝迎春．一種制備含鈦介孔材料的方法：中國，ZL200810057265.X[P].2011-11-02.

126. 林民，史春風，龍軍，朱斌，舒興田，慕旭宏，羅一斌，汪燮卿，汝迎春．一種含貴金屬的微孔鈦硅材料及其制備方法：中國，ZL200710064981.6[P].2011-11-30.

127. 汪燮卿，徐莉，唐津蓮，許友好，謝朝鋼，李正．一種降低烴油中硫化物的吸附劑：中國，ZL200710177410.3[P].2011-11-30.

128. 唐津蓮，許友好，汪燮卿，龔劍洪，程從禮，謝朝鋼．一種采用膜分離處理克勞斯尾氣的方法：中國，ZL200810055796.5[P].2011-11-30.

129. 林民，史春風，朱斌，舒興田，慕旭宏，羅一斌，汪燮卿，汝迎春．一種鈦硅分子篩的改性方法：中國，ZL200810102305. 8[P]. 2011-12-21.

130. 林民，史春風，朱斌，舒興田，慕旭宏，羅一斌，汪燮卿，汝迎春．一種合成環氧丙烷的方法：中國，ZL200810115873. 1[P]. 2011-12-21.

131. 史春風，林民，朱斌，舒興田，慕旭宏，羅一斌，汪燮卿，汝迎春．一種合成含貴金屬鈦硅材料的方法：中國，ZL200810118777. 2[P]. 2011-12-21.

132. 史春風，林民，朱斌，舒興田，慕旭宏，羅一斌，汪燮卿，汝迎春．一種原位合成含貴金屬的鈦硅分子篩材料的方法：中國，ZL200810118778. 7[P]. 2012-01-25.

133. 林民，史春風，龍軍，朱斌，舒興田，慕旭宏，羅一斌，汪燮卿，汝迎春．一種催化氧化環己烷的方法：中國，ZL200710175280. X[P]. 2012-02-15.

134. 林民，史春風，朱斌，舒興田，慕旭宏，羅一斌，汪燮卿，汝迎春．一種鈦硅分子篩材料的改性方法：中國，ZL200810116447. X[P]. 2012-02-15.

135. 張月琴，楊海鷹，汪燮卿．便携式 NO_x 採樣裝置：中國，ZL200810222629. 5[P]. 2012-02-15.

136. 朱斌，史春風，林民，舒興田，慕旭宏，羅一斌，汪燮卿，汝迎春．一種 *N*-氧化吡啶的制備方法：中國，ZL200810105369. 3[P]. 2012-02-22.

137. 史春風，林民，朱斌，舒興田，慕旭宏，羅一斌，汪燮卿，汝迎春．一種改性鈦硅分子篩的方法：中國，ZL200810222193. X[P]. 2012-02-22.

138. 林民，史春風，龍軍，朱斌，舒興田，慕旭宏，羅一斌，汪燮卿，汝迎春．一種催化氧化叔丁醇的方法：中國，ZL200710099851. 6[P]. 2012-05-09.

139. 許友好，徐莉，汪燮卿，達志堅，張久順，謝朝鋼，唐津蓮．一種脱硫吸附劑：中國，ZL200710177415. 6[P]. 2012-05-09.

140. 史春風，林民，朱斌，舒興田，慕旭宏，羅一斌，汪燮卿，汝迎春．一種鈦硅分子篩材料的後處理方法：中國，ZL200810118776. 8[P]. 2012-05-23.

141. 朱斌，林民，舒興田，慕旭宏，羅一斌，汪燮卿，史春風，汝迎春．一種鈦硅分子篩的改性處理方法：中國，ZL200810119342. X[P]. 2012-05-23.

142. 龍軍，李正，謝朝鋼，朱根權，汪燮卿，舒興田，羅一斌，楊義華．一種生物油脂的催化轉化方法：中國，ZL200710099837. 6[P]. 2012-05-30.

143. 謝朝鋼，朱根權，李正，龍軍，汪燮卿，舒興田，羅一斌，宋寶梅．一種植物油脂或/和動物油脂的催化轉化方法：中國，ZL200710099839. 5[P]. 2012-05-30.

144. 張久順，侯栓弟，何峻，毛安國，張占柱，田松柏，汪燮卿．一種劣質原油生產低碳烯烴的方法：中國，ZL200710304474. 5[P]. 2012-05-30.

145. 張月琴，汪燮卿．氣體計量檢測裝置的隔爆外殼和隔爆氣體計量檢測設備：中國，

ZL201120371396. 2[P]. 2012-05-30.

146. 吴治國，張久順，謝朝鋼，龍軍，汪燮卿，高永燦，朱根權，馬建國，宋寶梅，張萍. 一種重質石油烴與甲醇共同進料制取低碳烯烴和汽油的方法：中國，ZL200610169666. 5[P]. 2012-06-27.

147. 林民，史春風，朱斌，舒興田，慕旭宏，羅一斌，汪燮卿，汝迎春. 一種丁酮肟的合成方法：中國，ZL200810102835. 2[P]. 2012-06-27.

148. 史春風，林民，朱斌，舒興田，慕旭宏，羅一斌，汪燮卿，汝迎春. 一種含貴金屬鈦硅沸石材料的制備方法：中國，ZL200910131991. 6[P]. 2012-07-04.

149. 史春風，林民，朱斌，舒興田，慕旭宏，羅一斌，汪燮卿，汝迎春. 一種制備含貴金屬鈦硅沸石的方法：中國，ZL200910131990. 1[P]. 2012-07-04.

150. 唐津蓮，許友好，劉憲龍，程從禮，徐莉，汪燮卿. 一種烴油在移動床反應器内非臨氫催化吸附脱硫的方法：中國，ZL200610112731. 0[P]. 2012-07-18.

151. 王振宇，徐振洪，汪燮卿，李本高. 一種複合脱鹽劑及其使用方法：中國，ZL200710119556. 2[P]. 2012-07-18.

152. 吴治國，龍軍，汪燮卿，張久順，謝朝鋼，侯栓弟. 一種熱裂解與氣化聯合加工重質油的方法：中國，ZL200710178843. 0[P]. 2012-07-18.

153. 林民，史春風，朱斌，舒興田，慕旭宏，羅一斌，汪燮卿，汝迎春. 一種氫氣氧氣存在下的氯丙烯環氧化方法：中國，ZL200710177418. X[P]. 2012-07-18.

154. 林民，史春風，朱斌，舒興田，慕旭宏，羅一斌，汪燮卿，汝迎春. 一種環氧環己烷的制備方法：中國，ZL200810102836. 7[P]. 2012-07-18.

155. 林民，史春風，朱斌，舒興田，慕旭宏，羅一斌，汪燮卿，汝迎春. 一種鈦硅分子篩材料後處理的方法：中國，ZL200810119448. X[P]. 2012-07-18.

156. 史春風，林民，朱斌，舒興田，慕旭宏，羅一斌，汪燮卿，汝迎春. 一種鈦硅材料的制備方法：中國，ZL200810166857. 5[P]. 2012-07-18.

157. 龍軍，吴治國，汪燮卿，張久順，毛安國，謝朝鋼. 一種烴油轉化方法：中國，ZL200710179609. X[P]. 2012-07-18.

158. 林民，史春風，龍軍，朱斌，舒興田，慕旭宏，羅一斌，汪燮卿，汝迎春. 一種催化環己酮氨肟化的方法：中國，ZL200710099850. 1[P]. 2012-07-25.

159. 林民，史春風，朱斌，舒興田，慕旭宏，羅一斌，汪燮卿，汝迎春. 一種用貴金屬源處理鈦硅分子篩的方法：中國，ZL200810119341. 5[P]. 2012-07-25.

160. 朱斌，林民，舒興田，慕旭宏，羅一斌，汪燮卿，史春風，汝迎春. 一種合成含貴金屬鈦硅材料的方法：中國，ZL200810166855. 6[P]. 2012-07-25.

161. 林民，史春風，朱斌，舒興田，慕旭宏，羅一斌，汪燮卿，汝迎春. 一種鈦硅分子篩材料的改性方法：中國，ZL200810119447. 5[P]. 2012-08-15.

162. 史春風，林民，朱斌，舒興田，慕旭宏，羅一斌，汪燮卿，汝迎春．一種鈦硅沸石材料的改性方法：中國，ZL200910131993. 5[P]. 2012-08-15.

163. 史春風，林民，朱斌，舒興田，慕旭宏，羅一斌，汪燮卿，汝迎春．一種對鈦硅沸石進行改性的方法：中國，ZL200910131992. 0[P]. 2012-08-15.

164. 龍軍，徐莉，許友好，謝朝鋼，汪燮卿，李正，達志堅，張久順，林偉．一種降低烴油硫含量的吸附劑：中國，ZL200710177411. 8[P]. 2012-08-29.

165. 史春風，林民，朱斌，舒興田，慕旭宏，羅一斌，汪燮卿，汝迎春．一種含貴金屬鈦硅材料的合成方法：中國，ZL200810222192. 5[P]. 2012-08-29.

166. 吳治國，王子軍，門秀杰，汪燮卿．一種劣質重油裂化氣化催化劑：中國，ZL200910143623. 3[P]. 2012-08-29.

167. 朱斌，史春風，林民，舒興田，慕旭宏，羅一斌，汪燮卿，汝迎春．一種氧化丁烯的制備方法：中國，ZL200810117924. 4[P]. 2012-09-05.

168. 徐莉，許友好，唐津蓮，汪燮卿，楊萍華，謝朝鋼．一種脱硫吸附劑組合物：中國，ZL200710177409. 0[P]. 2012-09-12.

169. 李本高，羅咏濤，於麗，汪燮卿，譚麗．一種脱除烴原料中鎳和釩的方法：中國，ZL200710303999. 7[P]. 2012-09-12.

170. 龍軍，吳治國，汪燮卿，張久順，毛安國，謝朝鋼．一種烴油轉化方法：中國，ZL200710179701. 6[P]. 2012-09-12.

171. 許友好，田龍勝，謝朝鋼，魯維民，張久順，龍軍，達志堅，汪燮卿，舒興田，田輝平．一種多産丙烯同時制取芳烴的催化轉化方法：中國，ZL200710120106. 5[P]. 2012-10-10.

172. 林民，史春風，朱斌，舒興田，慕旭宏，羅一斌，汪燮卿，汝迎春．一種苯酚的制備方法：中國，ZL200710177419. 4[P]. 2012-10-10.

173. 林民，史春風，龍軍，朱斌，舒興田，慕旭宏，羅一斌，汪燮卿，汝迎春．一種苯酚羥基化制備對苯二酚和鄰苯二酚的方法：中國，ZL200710175279. 7[P]. 2012-12-12.

174. 許友好，田龍勝，謝朝鋼，魯維民，張久順，龍軍，達志堅，汪燮卿，舒興田，田輝平．一種制取乙烯、丙烯和芳烴的催化轉化方法：中國，ZL200710120105. 0[P]. 2012-12-12.

175. 林民，史春風，朱斌，舒興田，慕旭宏，羅一斌，汪燮卿，汝迎春．一種含鈦介孔材料的合成方法：中國，ZL200810101123. 9[P]. 2012-12-12.

176. 林民，史春風，朱斌，舒興田，慕旭宏，羅一斌，汪燮卿，汝迎春．一種含貴金屬鈦硅材料的原位合成方法：中國，ZL200810166856. 0[P]. 2012-12-12.

177. 朱根權，謝朝鋼，龍軍，汪燮卿，舒興田．一種從生物油脂制取低碳烯烴和芳烴的催化轉化方法：中國，ZL200710176573. X[P]. 2013-01-09.
178. 張書紅，王子軍，龍軍，李延軍，李子鋒，申海平，朱丙田，汪燮卿．一種用於待生劑上焦炭氣化制合成氣的再生器：中國，ZL201220355497. 5[P]. 2013-01-30.
179. 朱丙田，侯栓弟，王子軍，張書紅，汪燮卿．一種重油霧化噴嘴：中國，ZL201220336904. 8[P]. 2013-01-30.
180. 林民，史春風，龍軍，朱斌，舒興田，慕旭宏，羅一斌，汪燮卿，汝迎春．一種合成鈦硅分子篩的方法：中國，ZL200610144213. 7[P]. 2013-03-06.
181. 朱根權，謝朝鋼，李正，龍軍，汪燮卿，舒興田，羅一斌．一種生物油脂和礦物油組合催化轉化方法：中國，ZL200710099840. 8[P]. 2013-03-06.
182. 徐莉，許友好，林偉，汪燮卿，謝朝鋼，達志堅，張久順，唐津蓮．一種降低輕質烴油硫含量的吸附劑：中國，ZL200710177413. 7[P]. 2013-03-06.
183. 王振宇，王征，李本高，汪燮卿．一種烴油深度脱鹽的方法：中國，ZL200910131996. 9[P]. 2013-03-06.
184. 李正，謝朝鋼，朱根權，龍軍，汪燮卿，舒興田，羅一斌，宋寶梅．提高生物油脂催化轉化反應中低碳烯烴產率的方法：中國，ZL200710099838. 0[P]. 2013-03-27.
185. 許友好，汪燮卿，謝朝鋼，田龍勝，張久順，龍軍，達志堅，舒興田，田輝平．一種制取丙烯的催化轉化方法：中國，ZL200710120110. 1[P]. 2013-03-27.
186. 林民，史春風，龍軍，朱斌，舒興田，慕旭宏，羅一斌，汪燮卿，汝迎春．一種具有介孔和微孔結構的含鈦複合材料及其制備方法：中國，ZL200710099852. 0[P]. 2013-04-24.
187. 許友好，謝朝鋼，戴立順，崔守業，魯維民，張久順，龍軍，達志堅，聶紅，郭錦標，田松柏，田輝平，汪燮卿，舒興田，何鳴元，李大東．一種制取丙烯和芳烴的催化轉化方法：中國，ZL200810101852. 4[P]. 2013-04-24.
188. 徐莉，許友好，汪燮卿，達志堅，張久順，謝朝鋼，林偉，田輝平．一種降低輕質烴油中硫化物的方法：中國，ZL200710177412. 2[P]. 2013-06-05.
189. 徐莉，謝朝鋼，許友好，唐津蓮，楊萍華，汪燮卿，達志堅，張久順．一種降低輕質烴油中硫化物的吸附劑：中國，ZL200710177414. 1[P]. 2013-06-05.
190. 吴治國，王子軍，門秀杰，汪燮卿．一種兼具裂化和氣化作用的催化劑及其制備方法：中國，ZL200810246526. 2[P]. 2013-06-05.
191. 龍軍，吴治國，汪燮卿，張久順，毛安國，謝朝鋼．一種烴油轉化方法：中國，ZL200710179607. 0[P]. 2013-06-05.
192. 張月琴，楊海鷹，汪燮卿．烴類氣體中所含 H_2S 的吸收劑及應用：中國，

ZL200810119439. 0[P]. 2013-06-26.

193. 武雪峰，侯栓弟，許友好，汪燮卿，張占柱，趙俊杰，張同旺．一種流化床甲烷水蒸氣重整制氫的方法：中國，ZL201110074454. X[P]. 2013-06-26.

194. 龍軍，吴治國，汪燮卿，張久順，毛安國，謝朝鋼．一種烴油轉化方法：中國，ZL200710179702. 0[P]. 2013-06-26.

195. 侯典國，汪燮卿，謝朝鋼．一種烴油的催化轉化方法：中國，ZL200910148618. 1[P]. 2013-09-04.

196. 龍軍，汪燮卿，吴治國，王子軍，申海平，張久順，李延軍．一種重質烴油原料的加工方法：中國，ZL200910177440. 3[P]. 2013-09-04.

197. 龍軍，汪燮卿，吴治國，王子軍，申海平，張久順，李延軍．一種弱催化裂化渣油加工方法：中國，ZL200910177439. 0[P]. 2013-09-25.

198. 侯典國，汪燮卿，謝朝鋼．一種烴油的催化轉化方法：中國，ZL200910148617. 7[P]. 2013-11-06.

199. 侯典國，汪燮卿，謝朝鋼．一種烴油的催化轉化方法：中國，ZL200910157461. 9[P]. 2013-12-25.

200. 門秀杰，張書紅，王子軍，李延軍，吴治國，汪燮卿．一種加工劣質重油的方法：中國，ZL201010158093. 2[P]. 2014-01-15.

201. 朱元寶，張書紅，王子軍，李延軍，李子鋒，汪燮卿．一種用於待生劑上焦炭氣化的再生設備：中國，ZL201320534878. 4[P]. 2014-03-12.

202. 唐津蓮，許友好，崔守業，汪燮卿．原油生産丙烯和高辛烷值汽油的催化轉化方法：中國，ZL201010000950. 6[P]. 2014-03-12.

203. 唐津蓮，汪燮卿，劉憲龍，徐莉．一種用膜回收煙氣中氮氣的方法：中國，ZL201010132009. X[P]. 2014-03-12.

204. 龍軍，汪燮卿，吴治國，王子軍，張久順，申海平，王衛平．一種沉積含碳化合物的固體顆粒的處理方法：中國，ZL200910135881. 7[P]. 2014-03-26.

205. 侯典國，汪燮卿，謝朝鋼，張久順．烴油轉化方法：中國，ZL201010519116. 8[P]. 2014-03-26.

206. 侯典國，汪燮卿，謝朝鋼，張久順．一種烴油轉化方法：中國，ZL201010519140. 1[P]. 2014-03-26.

207. 龍軍，汪燮卿，吴治國，王子軍，申海平，張久順，李延軍．一種劣質重油加工焦炭氣化的組合方法：中國，ZL200910177441. 8[P]. 2014-04-30.

208. 門秀杰，張書紅，王子軍，李延軍，吴治國，汪燮卿．一種加工劣質重油兼産合成氣的方法：中國，ZL201010158103. 2[P]. 2014-04-30.

209. 謝朝鋼，朱根權，汪燮卿，張執剛，陳昀，高永燦. 一種頁岩油加工方法：中國，ZL201010202744. 3[P]. 2014-04-30.

210. 朱根權，謝朝鋼，汪燮卿，張執剛，陳昀，高永燦. 一種頁岩油的催化轉化方法：中國，ZL201010202781. 4[P]. 2014-04-30.

211. 唐津蓮，許友好，程從禮，龔劍洪，汪燮卿. 原油生產優質輕質燃料的催化轉化方法：中國，ZL200910224270. X[P]. 2014-04-30.

212. 唐津蓮，許友好，崔守業，汪燮卿. 原油生產高辛烷值汽油的催化轉化方法：中國，ZL200910260073. 3[P]. 2014-04-30.

213. 唐津蓮，許友好，崔守業，汪燮卿. 一種原油生產丙烯和高辛烷值汽油的催化轉化方法：中國，ZL201010000949. 3[P]. 2014-04-30.

214. 吴治國，王子軍，門秀杰，汪燮卿. 一種焦炭轉移劑及其制備方法：中國，ZL200910078392. 2[P]. 2014-07-02.

215. 張書紅，王子軍，李延軍，汪燮卿. 一種劣質重油接觸裂化-氣化-再生的組合方法：中國，ZL201010519197. 1[P]. 2014-07-02.

216. 張書紅，王子軍，門秀杰，李延軍，汪燮卿，魏曉麗，董建偉. 一種加工劣質重油的組合方法：中國，ZL201010184343. X[P]. 2014-07-30.

217. 張書紅，李延軍，王子軍，汪燮卿. 劣質重油接觸裂化-氣化聯合加工方法：中國，ZL201110074448. 4[P]. 2014-08-20.

218. 唐津蓮，許友好，龔劍洪，程從禮，汪燮卿. 一種原油生產優質輕質燃料的催化轉化方法：中國，ZL200910224269. 7[P]. 2014-08-20.

219. 門秀杰，張書紅，王子軍，李延軍，吴治國，汪燮卿. 一種含炭質材料氣化制合成氣的方法：中國，ZL201010158083. 9[P]. 2014-10-01.

220. 張書紅，王子軍，門秀杰，李延軍，汪燮卿，董建偉. 一種提高液體收率的加工重油組合方法：中國，ZL201010184340. 6[P]. 2014-10-01.

221. 李延軍，張書紅，王子軍，汪燮卿，張美菊，於凱. 一種重油轉化方法：中國，ZL201110256369. 5[P]. 2014-12-31.

222. 張美菊，張書紅，王子軍，汪燮卿，李延軍. 一種具有裂化和氣化作用的催化劑及其制備方法：中國，ZL201110449244. 4[P]. 2015-01-14.

223. 張美菊，張書紅，王子軍，李延軍，汪燮卿. 一種催化劑再生方法：中國，ZL201110324563. 2[P]. 2015-02-25.

224. 朱根權，謝朝鋼，汪燮卿. 一種烯烴原料催化轉化制取丙烯的方法：中國，ZL201010233664. 4[P]. 2015-03-18.

225. 張美菊，朱玉霞，王子軍，汪燮卿，張書紅，李延軍. 一種劣質重油的接觸裂化催化劑及其制備方法：中國，ZL201210132013. 5[P]. 2015-04-29.

226. 張美菊，王子軍，朱玉霞，汪燮卿，張書紅，李延軍．一種重質油接觸裂化-焦炭氣化催化劑及其制備方法：中國，ZL201210132022. 4[P]. 2015-05-20.

227. 耿曉棉，林民，朱斌，舒興田，汪燮卿，史春風，汝迎春．一種苯二酚的制備方法：中國，ZL200810246524. 3[P]. 2015-07-29.

228. 吳治國，汪燮卿，王子軍．一種甲烷重整制氫方法及裝置：中國，ZL201210219917. 1[P]. 2015-07-29.

229. 王子軍，張書紅，龍軍，朱玉霞，李延軍，李子鋒，申海平，朱丙田，汪燮卿，楊雪．一種劣質重油的加工方法：中國，ZL201210226614. 2[P]. 2015-07-29.

230. 朱根權，汪燮卿，謝朝鋼，張執剛，劉銀亮．一種由甲醇高選擇性制取丙烯的方法：中國，ZL201210088912. X[P]. 2015-08-26.

231. 朱根權，汪燮卿，謝朝鋼，張執剛，劉銀亮，陳昀．一種甲醇高選擇性制取丙烯的組合工藝：中國，ZL201210088952. 4[P]. 2015-08-26.

232. 張書紅，王子軍，李延軍，李子鋒，吳治國，汪燮卿．一種用於加工劣質重油的接觸劑及其制備方法和應用：中國，ZL201210227067. X[P]. 2015-08-26.

233. 張書紅，王子軍，龍軍，申海平，朱玉霞，李延軍，李子鋒，朱丙田，汪燮卿，陳振宇．一種重油加工方法：中國，ZL201210253866. 4[P]. 2015-08-26.

234. 王子軍，張書紅，龍軍，朱玉霞，李延軍，李子鋒，申海平，朱丙田，汪燮卿，楊雪．一種重油的組合加工方法：中國，ZL201210253850. 3[P]. 2015-08-26.

235. 張書紅，王子軍，龍軍，李延軍，李子鋒，申海平，朱丙田，朱玉霞，汪燮卿，楊雪．一種重油的組合加工方法：中國，ZL201210225940. 1[P]. 2015-09-23.

236. 楊雪，朱玉霞，王子軍，陳振宇，羅一斌，張書紅，汪燮卿．一種多功能催化組合物：中國，ZL201210262817. 7[P]. 2015-09-23.

237. 朱丙田，侯栓弟，王子軍，張書紅，汪燮卿．一種重油接觸裂化方法和重油接觸裂化裝置：中國，ZL201210397407. 3[P]. 2015-09-23.

238. 朱丙田，侯栓弟，王子軍，張書紅，汪燮卿．一種重油裂化反應器和重油裂化方法：中國，ZL201210397732. X[P]. 2015-09-23.

239. 唐津蓮，汪燮卿，龔劍洪，劉憲龍．一種采用膜分離處理克勞斯尾氣的方法：中國，ZL201110272622. 6[P]. 2015-11-25.

240. 申海平，張書紅，王子軍，龍軍，朱玉霞，李延軍，李子鋒，朱丙田，汪燮卿，陳振宇．一種兼產甲烷的重油組合加工方法：中國，ZL201210252796. 0[P]. 2016-01-13.

241. 張書紅，王子軍，申海平，吳治國，李延軍，李子鋒，汪燮卿．一種劣質重油高效利用的方法：中國，ZL201210410124. 8[P]. 2016-01-20.

242. 張書紅，王子軍，申海平，吴治國，李延軍，李子鋒，汪燮卿．一種重油的加工方法：中國，ZL201210409263. 9[P]. 2016-01-20.

243. 申海平，張書紅，王子軍，龍軍，朱玉霞，李延軍，李子鋒，朱丙田，汪燮卿，楊雪．一種兼産甲烷的重油加工方法：中國，ZL201210253853. 7[P]. 2016-05-25.

244. 楊雪，王子軍，朱玉霞，陳振宇，張書紅，羅一斌，汪燮卿．一種多功能催化組合物：中國，ZL201210262943. 2[P]. 2016-05-25.

245. 李明罡，張巍，王萍，王殿中，羅一斌，慕旭宏，舒興田，汪燮卿，劉建强．一種核殼型 ZSM-5 分子篩小球催化劑：中國，ZL201310093888. 3[P]. 2016-05-25.

246. 朱丙田，侯栓弟，王子軍，張書紅，汪燮卿．一種重油接觸裂化方法和重油接觸裂化裝置：中國，ZL201210397428. 5[P]. 2016-05-25.

247. 李明罡，張巍，王萍，王殿中，羅一斌，慕旭宏，舒興田，汪燮卿，劉建强．一種 ZSM-5 分子篩組合物、制備方法及其應用：中國，ZL201310093921. 2[P]. 2016-07-06.

248. 李明罡，張巍，王萍，王殿中，羅一斌，慕旭宏，舒興田，汪燮卿，劉建强．一種核殼型小球催化劑：中國，ZL201310093973. X[P]. 2016-07-06.

249. 李明罡，張巍，王萍，王殿中，羅一斌，慕旭宏，舒興田，汪燮卿，劉建强．一種甲醇制丙烯催化劑：中國，ZL201310093902. X[P]. 2016-09-07.

250. 張書紅，王子軍，申海平，汪燮卿，李延軍，李子鋒，任磊．一種劣質重油流化加工方法：中國，ZL201310529040. 0[P]. 2017-01-04.

251. 李子鋒，張書紅，王子軍，李延軍，申海平，任磊，朱玉霞，汪燮卿．一種同時脱除接觸劑上金屬的重油輕質化方法：中國，ZL201310526754. 6[P]. 2017-02-01.

252. 侯栓弟，朱丙田，武雪峰，汪燮卿，張久順，毛安國，李鋭，張哲民，張同旺，宋寧寧，劉凌濤，趙俊杰．一種石油烴的吸附脱硫方法：中國，ZL201410584903. 9[P]. 2017-03-01.

253. 李子鋒，張書紅，王子軍，李延軍，申海平，任磊，朱玉霞，汪燮卿．一種用於重油加工的氣化催化劑及其制備方法和應用：中國，ZL201310524833. 3[P]. 2017-07-25.

254. 朱丙田，侯栓弟，武雪峰，汪燮卿，李鋭，張久順，毛安國，張哲民，張同旺，趙俊杰，劉凌濤，宋寧寧．一種甲烷重整制氫方法：中國，ZL201410584961. 1[P]. 2017-07-25.

255. 朱丙田，侯栓弟，武雪峰，汪燮卿，張久順，張同旺，宋寧寧，劉凌濤，趙俊杰．一種甲烷重整制氫方法：中國，ZL201410582125. X[P]. 2017-08-22.

256. 李延軍，張書紅，申海平，李子鋒，任磊，汪燮卿．一種重油霧化噴嘴：中國，ZL201720512268. 2[P]. 2018-03-20.

257. 李延軍，張書紅，申海平，李子鋒，任磊，汪燮卿．一種渣油霧化噴嘴：中國，ZL201720512266.3[P].2018-03-20.

258. 王蘊，吴治國，王衛平，王鵬飛，崔龍鵬，汪燮卿．一種中低温煤焦油全餾分的加工方法：中國，ZL201510717972.7[P].2018-03-20.

境外授權專利：

1. 許友好，張久順，楊軼男，龍軍，汪燮卿，李再婷，張瑞馳．一種制取异丁烷和富含异構烷烴汽油的催化轉化方法：歐洲，1046696[P].2014-06-11.
2. 許友好，張久順，楊軼男，龍軍，汪燮卿，李再婷，張瑞馳．一種制取异丁烷和富含异構烷烴汽油的催化轉化方法：美國，6495028B1[P].2002-12-17.
3. 許友好，張久順，楊軼男，龍軍，汪燮卿，李再婷，張瑞馳．一種制取异丁烷和富含异構烷烴汽油的催化轉化方法：日本，3996320[P].2007-08-10.
4. 林民，舒興田，汪燮卿，朱斌．一種鈦硅分子篩及其制備方法：日本，3839662[P].2006-08-11.
5. 林民，舒興田，汪燮卿，朱斌．一種鈦硅分子篩及其制備方法：美國，6475465B2[P].2002-11-05.
6. 林民，舒興田，汪燮卿，朱斌．一種鈦硅分子篩及其制備方法：歐洲，1110910[P].2008-02-13.
7. 魯維民，汪燮卿，鐘孝湘，李鬆年．脱除再生催化劑携帶煙氣的汽提塔和汽提方法：芬蘭，121989[P].2011-07-15.
8. 魯維民，汪燮卿，鐘孝湘，李鬆年．脱除再生催化劑携帶煙氣的汽提塔和汽提方法：日本，4326742[P].2009-06-19.
9. 魯維民，汪燮卿，鐘孝湘，李鬆年．脱除再生催化劑携帶煙氣的汽提塔和汽提方法：加拿大，2400500[P].2008-08-26.
10. 魯維民，汪燮卿，鐘孝湘，李鬆年．脱除再生催化劑携帶煙氣的汽提塔和汽提方法：挪威，330759[P].2011-07-04.
11. 魯維民，汪燮卿，鐘孝湘，李鬆年．脱除再生催化劑携帶煙氣的汽提塔和汽提方法：馬來西亞，MY-128827-A[P].2007-02-28.
12. 魯維民，汪燮卿，鐘孝湘，李鬆年．脱除再生催化劑携帶煙氣的汽提塔和汽提方法：泰國，21266[P].2007-01-19.
13. 魯維民，汪燮卿，鐘孝湘，李鬆年．脱除再生催化劑携帶煙氣的汽提塔和汽提方法：美國，US6723292[P].2004-04-20.
14. 魯維民，汪燮卿，鐘孝湘，李鬆年．脱除再生催化劑携帶煙氣的汽提方法：美國，6939823[P].2005-09-06.

15. 謝朝鋼，龍軍，張久順，李再婷，汪燮卿．一種增產輕烯烴的石油烴催化轉化方法：美國，US7375256B2[P].2008-05-20.
16. 謝朝鋼，龍軍，張久順，李再婷，汪燮卿．一種增產輕烯烴的石油烴催化轉化方法：印度，257009[P].2013-08-26.
17. 謝朝鋼，龍軍，張久順，李再婷，汪燮卿．一種增產輕烯烴的石油烴催化轉化方法：新加坡，115708[P].2007-03-30.
18. 謝朝鋼，龍軍，張久順，李再婷，汪燮卿．一種增產輕烯烴的石油烴催化轉化方法：中國臺灣，I259106[P].2006-08-01.
19. 黄志淵，舒興田，徐亞麗，朱斌，王衛東，張鳳美，汪燮卿．用於苯液相烷基化及烷基交換的沸石催化劑：意大利，01271256[P].1997-05-27.
20. 黄志淵，舒興田，徐亞麗，朱斌，王衛東，張鳳美，汪燮卿．用於苯液相烷基化及烷基交換的沸石催化劑：美國，5600050[P].1997-02-04.
21. 謝朝鋼，李再婷，施文元，汪燮卿．催化熱裂解制取乙烯和丙烯的方法(CPP)：歐洲，0909804[P].2010-09-08.
22. 謝朝鋼，李再婷，施文元，汪燮卿．催化熱裂解制取乙烯和丙烯的方法(CPP)：挪威，319519[P].2005-08-22.
23. 謝朝鋼，李再婷，施文元，汪燮卿．催化熱裂解制取乙烯和丙烯的方法(CPP)：美國，6210562[P].2001-04-03.
24. 謝朝鋼，李再婷，施文元，汪燮卿．催化熱裂解制取乙烯和丙烯的方法(CPP)：日本，4590435[P].2010-12-01.
25. 陳擁軍，汪燮卿，李本高．水不溶性聚季鏻鹽型殺菌劑：德國，19849755[P].2006-01-05.
26. 陳擁軍，汪燮卿，李本高．水不溶性聚季鏻鹽型殺菌劑：美國，6261538[P].2001-07-17.
27. 陳擁軍，汪燮卿，李本高．水不溶性聚季鏻鹽型殺菌劑：日本，3949295[P].2007-04-27.
28. 關景杰，汪燮卿，虞至慶，陳振宇，劉清林，廖易．重油催化熱裂解層柱黏土催化劑及其制備(CPP)：挪威，319040[P].2005-06-05.
29. 關景杰，汪燮卿，虞至慶，陳振宇，劉清林，廖易．重油催化熱裂解層柱黏土催化劑及其制備(CPP)：美國，6342153B1[P].2002-01-29.
30. 關景杰，汪燮卿，虞至慶，陳振宇，劉清林，廖易．重油催化熱裂解層柱黏土催化劑及其制備(CPP)：日本，4068246[P].2008-01-18.
31. 張鳳美，舒興田，施至誠，王衛東，秦鳳明，汪燮卿．一種含有 Pentasil 型分子篩的組合物及其制備(CPP)：歐洲，0903178[P].2003-11-26.
32. 張鳳美，舒興田，施至誠，王衛東，秦鳳明，汪燮卿．一種含有 Pentasil 型分子篩的組合物及其制備(CPP)：挪威，321464[P].2006-05-15.
33. 張鳳美，舒興田，施至誠，王衛東，秦鳳明，汪燮卿．一種含有 Pentasil 型分子篩的組合物及其制備(CPP)：美國，6080698[P].2000-06-27.
34. 張鳳美，舒興田，施至誠，王衛東，秦鳳明，汪燮卿．一種含有 Pentasil 型分子篩的組合物及其制備(CPP)：日本，3741548[P].2005-11-18.
35. 龍軍，達志堅，李大東，汪燮卿，舒興田，張久順，聶紅，謝朝鋼，張執剛，王巍．一種生產低碳烯烴和芳烴的方法：伊朗，32925[P].2005-10-19.
36. 龍軍，達志堅，李大東，汪燮卿，舒興田，張久順，聶紅，謝朝鋼，張執剛，王巍．一種生產低碳烯烴和芳烴的方法：沙特阿拉伯，2332[P].2009-12-15.
37. 林民，舒興田，汪燮卿，朱斌．一種鈦硅分子篩及其制備方法：日本，4897321[P].2012-01-06.
38. 龍軍，達志堅，李大東，汪燮卿，舒興田，張久順，聶紅，謝朝鋼，張執剛，王巍．一種生產低碳烯烴和芳烴的方法：印度尼西亞，ID P0028759[P].2011-07-15.
39. 龍軍，達志堅，李大東，汪燮卿，舒興田，張久順，聶紅，謝朝鋼，張執剛，王巍．一種生產低碳烯烴和芳烴的方法：韓國，10-1147469[P].2012-05-11.
40. 龍軍，達志堅，李大東，汪燮卿，舒興田，張久順，聶紅，謝朝鋼，張執剛，王巍．一種生產低碳烯烴和芳烴的方法：新加坡，125012[P].2007-06-29.
41. 龍軍，達志堅，李大東，汪燮卿，舒興田，張久順，聶紅，謝朝鋼，張執剛，王巍．一種生產低碳烯烴和芳烴的方法：美國，8778170[P].2014-07-15.
42. 龍軍，達志堅，李大東，汪燮卿，舒興田，張久順，聶紅，謝朝鋼，張執剛，王巍．一種生產低碳烯烴和芳烴的方法：印度，247340[P].2011-03-31.
43. 林民，史春風，龍軍，朱斌，舒興田，慕旭宏，羅一斌，汪燮卿，汝迎春．一種含貴金屬的微孔鈦硅材料及其制備方法：中國臺灣，I370751[P].2012-08-21.
44. 林民，史春風，龍軍，朱斌，舒興田，慕旭宏，羅一斌，汪燮卿，汝迎春．一種含貴金屬的微孔鈦硅材料及其制備方法：南非，2009/06473[P].2012-01-25.
45. 林民，史春風，龍軍，朱斌，舒興田，慕旭宏，羅一斌，汪燮卿，汝迎春．一種含貴金屬的微孔鈦硅材料及其制備方法：韓國，10-1466631[P].2014-11-24.
46. 林民，史春風，龍軍，朱斌，舒興田，慕旭宏，羅一斌，汪燮卿，汝迎春．一種含貴金屬的微孔鈦硅材料及其制備方法：澳大利亞，2008234308[P].2012-12-20.
47. 龍軍，達志堅，李大東，汪燮卿，舒興田，張久順，聶紅，謝朝鋼，張執剛，王巍．一種生產低碳烯烴和芳烴的方法：日本，4808209[P].2011-08-26.
48. 林民，史春風，龍軍，朱斌，舒興田，慕旭宏，羅一斌，汪燮卿，汝迎春．一種含貴金屬的微孔鈦硅材料及其制備方法：日本，5340258[P].2013-08-16.

49. 林民，史春風，龍軍，朱斌，舒興田，慕旭宏，羅一斌，汪燮卿，汝迎春．一種含貴金屬的微孔鈦硅材料及其制備方法：巴西，PI 0808615-0[P].2017-06-27.
50. 林民，史春風，龍軍，朱斌，舒興田，慕旭宏，羅一斌，汪燮卿，汝迎春．一種含貴金屬的微孔鈦硅材料及其制備方法：越南，14466[P].2015-08-24.
51. 林民，史春風，龍軍，朱斌，舒興田，慕旭宏，羅一斌，汪燮卿，汝迎春．一種含貴金屬的微孔鈦硅材料及其制備方法：俄羅斯聯邦，2459661[P].2012-08-27.
52. 林民，史春風，龍軍，朱斌，舒興田，慕旭宏，羅一斌，汪燮卿，汝迎春．一種含貴金屬的微孔鈦硅材料及其制備方法：新加坡，155559[P].2010-10-29.
53. 林民，史春風，龍軍，朱斌，舒興田，慕旭宏，羅一斌，汪燮卿，汝迎春．一種含貴金屬的微孔鈦硅材料及其制備方法：美國，8349756[P].2013-01-08.
54. 龍軍，達志堅，李大東，汪燮卿，舒興田，張久順，聶紅，謝朝鋼，張執剛，王巍．一種生產低碳烯烴和芳烴的方法：美國，9，771，529[P].2017-09-26.
55. 闞景杰，汪燮卿，虞至慶，陳振宇，劉清林，廖易．重油催化熱裂解層柱黏土催化劑及其制備(CPP)：歐洲，0925831[P].2010-07-21.
56. 林民，史春風，龍軍，朱斌，舒興田，慕旭宏，羅一斌，汪燮卿，汝迎春．一種含貴金屬的微孔鈦硅材料及其制備方法：沙特阿拉伯，3921[P].2015-03-05.

後　記

可以把我這85年劃分成前45年和後40年兩個階段。

前45年是動盪年代，從日本鬼子的侵略、國民黨的腐敗垮臺到新中國成立，中國人民站起來了。以後開展了一系列政治運動，這一歷史階段是以鬥争爲綱的。1978年改革開放以來的這後40年國家强大起來了，人民生活富起來了，我們現在要提倡競争。競争與鬥争雖一字之差，但内涵十分深刻，我認爲最本質的差别是競争是法治下進行的活動，是按遊戲規則進行的活動，是公平的對稱的活動，而鬥争則缺這三條，所以我反復提倡現在的年輕人要學會競争，避免鬥争。這是做人的一門最重要的學問。

現在社會已經進入大數據時代，我認爲大數據首先要建立人的大數據庫，人的大數據庫要包括人的全生命週期的活動，换句話説就是傳記的内容。現在的年輕人整天忙於競争，但不妨每天花幾分鐘在筆記本電腦或手機裏寫點最簡單的日記，將來年老了看看自己的人生軌迹，於人於己都有好處。

我的這本傳記是我們三個人共同勞動的結晶。

我先用五筆字型打出20多萬字的“原坯”，這對於青年人來説是小事一樁，但對我這個老頭來説困難不小。首先是記憶力差，各種筆形記不住，我老伴就畫了一張表，放在桌子上使我容易找，但還是常常有誤，再加上我的血栓後遺症，使左手五個指頭腫脹麻木常按錯鍵。但不管怎樣，邊思考内容邊找筆形交替用腦袋反而更輕鬆。我把“原坯”發給佳齊和鴻洲二位，佳齊主要先從文字上下功夫，從文字糾誤、修飾、藝術加工到人物、地理古典考證，以及一些章節的取名編排到全書的布局作出安排，半夜三更還通過微信給我發材料。鴻洲則從學生征稿開始，對重點技術章節審稿，選擇合適照片插圖並對全書總體作出布置，在本職工作之外增加了不少工作量。我查閱了很多“文革”期間的科研報告，九室906組負責檔案管理的魏榮田同志主動幫助我查找和提供資料，在此表示感謝。

本書内容比較平凡，但讀懂並不困難，如果讀者能在茶餘飯後把它作爲閒談資料也就心滿意足了。

汪懷卿

2018年8月20日於北京

汪夔卿自傳

作　　者：汪夔卿
發 行 人：黃振庭
出 版 者：崧博出版事業有限公司
發 行 者：崧博出版事業有限公司
E-mail：sonbookservice@gmailcom
粉 絲 頁：https://wwwfacebookcom/sonbookss/
網　　址：https://sonbooknet/
地　　址：台北市中正區重慶南路一段六十一號八樓 815 室
Rm 815, 8F, No61, Sec 1, Chongqing S Rd, Zhongzheng Dist, Taipei City 100, Taiwan
電　　話：(02)2370-3310
傳　　真：(02)2388-1990
印　　刷：京峯數位服務有限公司
律師顧問：廣華律師事務所 張珮琦律師

-版權聲明

本書版權為中國石化出版社授權崧博出版事業有限公司獨家發行電子書及繁體書繁體字版。若有其他相關權利及授權需求請與本公司連繫。

定　　價： 750 元
發行日期： 2024 年 03 月第一版
◎本書以 POD 印製

國家圖書館出版品預行編目資料

汪夔卿自傳 / 汪夔卿 著 -- 第一版 -- 臺北市：崧博出版事業有限公司，2024.03
面； 公分
POD 版
ISBN 978-626-363-895-2(平裝)
1CST: 汪夔卿 2CST: 傳記
782887　113002380

電子書購買

臉書

爽讀 APP